Axel Drescher

Sambia

Perthes
Länderprofile

Geographische Strukturen, Entwicklungen, Probleme
(vormals Klett/Länderprofile)

Wissenschaftliche Beratung:
Prof. Dr. Gerhard Fuchs, Universität-Gesamthochschule Paderborn

Perthes Länderprofile

Geographische Strukturen, Entwicklungen, Probleme

Axel Drescher

Sambia

mit einem Anhang

Fakten – Zahlen – Übersichten

82 Karten und Abbildungen sowie 19 Übersichten und
48 Tabellen

KLETT-PERTHES

Gotha und Stuttgart

Die Deutsche Bibliothek – CIP-Einheitsaufnahme

Axel Drescher:
Sambia: mit einem Anhang Fakten – Zahlen – Übersichten ;
19 Übersichten und 48 Tabellen / Axel Drescher. –
1. Aufl. – Gotha : Perthes, 1998
   (Perthes Länderprofile)
   ISBN 3-623-00686-6

Anschrift des Autors:
Privatdozent Dr. Axel W. Drescher
Stühlinger Straße 18
79106 Freiburg i. Br.

Folgende Abbildungen mit freundlicher Genehmigung der Verlage entnommen aus:

S. 17:   © 1983, J. Schultz: Zambia (Wissenschaftliche Länderkunden, Bd. 23),
         Wissenschaftliche Buchgesellschaft, Darmstadt
S. 121 u. 124: © 1995, S. Nebel: Habitat, Verstädterung und kulturelle Identität.
         Entwicklungsbedingungen kulturspezifischer Wohnformen in Verstädterungsräumen
         von Entwicklungsländern –dargestellt am Beispiel Lusaka / Zambia.
         IKO-Verlag für interkulturelle Kommunikation, Frankfurt / Main

ISBN 3-623-00686-6
1. Auflage

© Justus Perthes Verlag Gotha GmbH, Gotha 1998
Alle Rechte vorbehalten.

Fotomechanische Wiedergabe nur mit Genehmigung des Verlages.
Druck und buchbinderische Verarbeitung: Salzland Druck & Verlag, Staßfurt
Einbandgestaltung: Klaus Martin und Uwe Voigt, Arnstadt und Erfurt
Vignetten im Anhang: Katrin Kuhr, Gotha

Inhalt

Verzeichnis der Abbildungen   8
Verzeichnis der Tabellen   10
Verzeichnis der Übersichten   12

1	**Zambia – ein Entwicklungsland im Wandel**	15
1.1	Die frühen Eroberer	15
1.2	Strategien der Kolonialmacht	18
1.3	Die Auswirkungen der Kolonialzeit	20
1.4	Der Weg in die Unabhängigkeit	22
1.5	Die Politische Kultur nach der Unabhängigkeit – Die zwei Republiken des Kenneth Kaunda	23
1.5.1	Die Erste Republik (1964–1972)	23
1.5.2	Die Zweite Republik (1973–1991)	24
1.6	30 Jahre 'Frontline State': Zambia und seine Nachbarn	25
2	**Der Demokratisierungsprozeß und die ersten freien Wahlen 1991**	27
2.1	Zambia heute: Politische Kultur und Staatsaufbau der Dritten Republik	27
2.2	1996 – das Ende der Demokratie ?	28
2.3	Zambia und die Organisation der SADC	29
3	**Kultur, Bildung und Gesundheitssystem**	31
3.1	Ethnische Vielfalt — wenn eine Nation aus 70 Völkern besteht	31
3.2	Das Bildungssystem: Lernen und Studieren in Zambia	33
3.2.1	Die Universitäten: Hoffnungsträger ?	34
3.2.2	Berufserwartungen zambischer Studierender am Beispiel des Faches Geographie	37
3.3	Das Gesundheitswesen und die Rolle der traditionellen Medizin	38
3.4	Die Rolle der Frauen und die Ernährungssicherung	42
3.5	Ernährungssicherung: Das Beispiel Nordwestprovinz	45
4	**Der Naturraum und Naturhaushalt**	51
4.1	Physiogeographie, Klima und Vegetation	53
4.1.1	Landschaftsgliederung	53
4.1.2	Das Klima	55
4.1.3	Die Vegetation	58
4.2	Die agroklimatischen Regionen	59
4.2.1	Die Regionen mit tropisch-moderaten Temperaturen	60
4.2.2	Die Regionen mit tropisch-heißen Temperaturen	61
4.3	Nationalparks als Entwicklungsträger des ländlichen Raums?	61

5	**Kupferbergbau: eine Monoökonomie und ihre wirtschaftlich-sozialen Folgen**	68
5.1	Der Mythos vom „Kupferland"	68
5.2	Neue wirtschaftliche Entwicklungsperspektiven	70
5.2.1	Der informelle Sektor – ein Hoffnungsträger ?	71
5.2.2	Das Transportwesen – ein typisches Entwicklungsproblem ?	75
5.2.3	Tourismus als Entwicklungschance ?	76
6	**Das Agrarland Zambia**	77
6.1	Die wichtigsten landwirtschaftlichen Nutzungssysteme	77
6.1.1	Der Wanderfeldbau	77
6.1.2	Der semipermanente Hackbau	78
6.1.3	Der semipermanente Hack- und Ochsenpflugbau	79
6.1.4	Der teilweise marktorientierte Ochsen- und Traktorpflugbau	80
6.2	Landnutzungs- und Strukturwandel im stadtnahen Umland von Lusaka am Beispiel der Nutzung natürlicher Grasländer	80
6.3	Marktorientierte Landwirtschaft auf "State Land"	89
6.4	Tierhaltung	92
6.5	Agrare Marktproduktion – der Mais und seine Folgen	93
6.5.1	Die „Invasion" des Mais – Landwirtschaft im Wandel	95
6.5.2	Agroindustrie versus traditionelle Subsistenzwirtschaft	100
6.6	Die Ausbreitung und die Bedeutung von Kassave	102
6.7	Bewässerungswirtschaft als Sonderform der Landwirtschaft	104
6.8	Die Rolle der Sammelwirtschaft und traditioneller Gemüsearten ("local vegetables") für die Ernährungssicherung	111
7	**Entwicklungsprobleme**	116
7.1	Bevölkerungswachstum und die Folgen	116
7.2	Lusaka: Tropische Großstadt mit Problemen	119
7.2.1	Die 'garden city' – urbane Landwirtschaft und Ernährungssicherung	125
7.2.2	Hausgärten und Nahrungsproduktion in den Armenvierteln Lusakas	130
7.2.3	Die Auswirkungen von Stadt- und Infrastrukturentwicklung auf die Verfügbarkeit und Qualität von Gartenland	132
7.2.4	Einzug der Moderne ?: Müll und Müllmanagement in Lusaka	134
7.2.5	Zukunftsproblem Altlasten	135
7.3	Landbesitzrechte – Wem gehört das Land ?	137
7.4	Umweltprobleme und Umweltschutz	141
7.4.1	Energiewirtschaft und Umwelt – Wasserkraft und Holzkohle, zwei ungleiche Energiequellen	141
7.4.2	Aktiver Umwelt- und Ressourcenschutz — das "Wetlands-Projekt"	144

Inhalt 7

8	**Der Kariba-Staudamm: Die Umsiedlungspolitik und ihre Folgen**	148
8.1	Veränderungen der traditionellen Landnutzung in der Südprovinz Zambias (Gwembe-Distrikt) durch den Staudammbau	148
8.2	Traditionelle Landnutzungssysteme am Zambezi	149
8.3	Das traditionelle Nahrungssicherungssystem der Tonga im Zambezital	151
8.4	Der Bau des Kariba-Staudamms und seine Folgen	151
8.4.1	Gartenbau und Tierhaltung	154
8.4.2	Der Einfluß von Feuer	156
9	**Projekte der Entwicklungszusammenarbeit**	158
9.1	Projektbeispiele	158
9.2	Entwicklung von innen – Zum Einsatz lokaler Experten in Projekten der Entwicklungszusammenarbeit	160
10	**Weltbank, IWF und das Strukturanpassungsprogramm – ein Weg aus der Krise ?**	162
Literatur		163
Register		178

Anhang: Zambia – Fakten, Zahlen, Übersichten (Datenzusammenstellung: Chr. Weber)

1	Staat und Territorium	181
2	Landesnatur	183
3	Geschichte	185
4	Bevölkerung und Siedlungen	188
5	Wirtschaft	190
6	Verkehr und Nachrichtenwesen	195
7	Soziales, Gesundheitswesen, Bildung und Kultur	197

Verzeichnis der Abbildungen

Abb. 1. 1:	Das heutige Zambia im Jahre 1561	16
Abb. 1. 2:	Frühe Handelsrouten im südlichen Zentralafrika	17
Abb. 1. 3:	Heutige politische und administrative Struktur Zambias	19
Abb. 1. 4:	Regionale Desintegration in Zambia	20
Abb. 1. 5:	Binnenlage Zambias und Größenvergleich zu Europa	25
Abb. 2. 1:	Zambias wichtigste Geldgeber	30
Abb. 3. 1:	Verbreitung der wichtigtsen Sprachgruppen im Zambia	31
Abb. 3. 2:	Gehaltsentwicklung eines Hochschullehrers an der Universität Zambia (1992/93)	36
Abb. 3. 3:	Entwicklung der Studiengebühren an der Universität von Zambia 1989 – 1994	36
Abb. 3. 4:	Berufserwartungen zambischer Geographiestudenten	37
Abb. 3. 5:	Entwicklung der Aidserkrankungen in Zambia und den Nachbarländern Zimbabwe und Malawi	39
Abb. 3. 6:	Todesursache Mangelernährung in Zambia	39
Abb. 3. 7:	Beschäftigung im informellen Sektor Zambias	42
Abb. 3. 8:	Prozentualer Anteil der Befragten, die urbanen Regenfeldbau oder urbanen Bewässerungsgartenbau betreiben	44
Abb. 3. 9:	Übersichtskarte von Kabompo und Umgebung	45
Abb. 3.10:	Kalender der Nahrungsverfügbarkeit in der Nordwestprovinz Zambias	46
Abb. 3.11:	Relative Arbeitsintensität für den Anbau von Mais und Kassave, wie sie von den Befragten empfunden wird	48
Abb. 3.12:	Relative Arbeitsintensität für den Anbau von Erdnuß und Kassave, wie sie von den Befragten empfunden wird	48
Abb. 3.13:	Relative Arbeitsintensität für den Anbau von Sorghum und Kassave, wie sie von den Befragten empfunden wird	48
Abb. 4. 1:	Querschnitt durch ein natürliches Grasland (dambo) in Zambia	51
Abb. 4. 2:	Victoria-Fälle – Veränderungen der Lage	53
Abb. 4. 3:	Physiogeographische Regionen Zambias	54
Abb. 4. 4:	Dauer der Regenzeit in Zambia nach Tagen	56
Abb. 4. 5:	Die Auswirkungen der großen Dürre 1992 auf die Niederschlagsverteilung	56
Abb. 4. 6:	Die wichtigsten agroklimatischen Zonen Zambias	60
Abb. 4. 7:	Entwicklung der Nashornpopulation in Zambia (1960 – 1988)	62
Abb. 4. 8:	Lage der Nationalparks in Zambia	62
Abb. 4. 9:	Teilkomponenten des Wildtierschutzes in Zambia	63
Abb. 4.10:	Entwicklung der Elefantenpopulation in Zambia (1960 – 1988)	64
Abb. 5. 1:	Die Kupferproduktion in Zambia 1954 – 1994	68
Abb. 5. 2:	Beschäftigung im informellen Sektor Zambias einschließlich Subsistenzlandwirtschaft 1986	72
Abb. 5. 3:	Beschäftigung im formellen Sektor Zambias 1991	72

Verzeichnis der Abbildungen 9

Abb. 6. 1:	Schema des Chitemeneanbaus in Zambia	78
Abb. 6. 2:	Maschinenbestand der kommerziellen Farmer Zambias (1961-1984)	80
Abb. 6. 3:	Beginn der Dambo-Nutzung durch Familien von Chinena, ca. 90 km nördlich von Lusaka	82
Abb. 6. 4:	Dambonutzung des oberen Kapete-/Kaluba-Dambo-Systems im Nordosten Lusakas 1963 und 1990/93	84/85
Abb. 6. 5:	Die Nutzung des Kapete-/Kaluba-Dambo-Systems im unteren Dambobereich 1963 und 1991	86/87
Abb. 6. 6:	Bodennutzung in Zambia (1959-1989)	89
Abb. 6. 7:	Düngemittelverbrauch in Zambia (1961-1991)	91
Abb. 6. 8:	Index der landwirtschaftlichen Produktion Zambias (1980-1992)	91
Abb. 6. 9:	Rekonstruierte präkoloniale Landnutzungsstruktur Zambias (um ca. 1650)	94
Abb. 6.10:	Ungefähre Verbreitung des Mais von 1789-1895	96
Abb. 6.11:	Marktproduktion von Mais (1965-1993)	96
Abb. 6.12:	Nutzpflanzen in Zambia um 1940	98
Abb. 6.13:	Nutzpflanzen in Zambia um 1960	99
Abb. 6.14:	Nutzpflanzen in Zambia um 1980	100
Abb. 6.15:	Ausgewählte Komponenten des urbanen Stoffkreislaufs und die Stellung von Hausgärten im Gesamtsystem	99
Abb. 6.16:	Zusammenhänge zwischen traditioneller Landnutzung und der Verfügbarkeit natürlicher Ressourcen	101
Abb. 6.17:	Skizze eines Gartens am Kapete River, östlich von Lusaka, Oktober 1993	104
Abb. 6.18:	Bewässerungssystem in den Gemüsegärten des Kapete-Dambos	106
Abb. 6.19:	Kartierung der landwirtschaftlichen Nutzung des Shantumbu-Escarpments	107
Abb. 6.20:	Schematische Darstellung der Plateau- und Escarpment-Region und die Veränderung der Lage des Quellsaumes 1967 und 1991	108
Abb. 6.21:	Skizze eines Bewässerungsgartens im Shantumbu-Escarpment mit stark marktorientiertem Gemüseanbau	108
Abb. 6.22:	Schema eines Bewässerungssystems im Shantumbu-Escarpment	110
Abb. 6.23:	Anteil lokaler Gemüsearten an 97 Mahlzeiten von Familien in der Südprovinz Zambias	113
Abb. 7. 1:	Bevölkerungswachstum in Zambia 1911-2025	116
Abb. 7. 2:	Bevölkerungsaufbau in Zambia 1980, 1985 und 1990	117
Abb. 7. 3:	Stadtübersicht Lusaka	118
Abb. 7. 4:	Bevölkerungsentwicklung von Lusaka 1950-1992	120
Abb. 7. 5:	Siedlungsdichte in zwei Stadtteilen von Lusaka	120
Abb. 7. 6:	Verteilung formell/informell geprägter Siedlungsgebiete in Lusaka	121
Abb. 7. 7:	Siedlungsentwicklung in den Stadtteilen Kalingalinga und Mtendere von Lusaka 1978-1993	123
Abb. 7. 8:	Lage der Wohngebiete ärmerer Bevölkerungsgruppen zu freien Flächen im Stadtgebiet von Lusaka mit potentieller Eignung für landwirtschaftliche Produktion	124
Abb. 7. 9:	Beziehung zwischen Einkommen und landwirtschaftlicher Tätigkeit von Familien in Lusaka	127

Abb. 7.10: Anbaukalender für Lusaka 129
Abb. 7.11: Skizze eines Gartens im Stadtteil Mtendere von Lusaka, August 1993 130
Abb. 7.12: Skizze eines Gartens im Stadtteil Kanyama von Lusaka, September 1993 131
Abb. 7.13: Skizze eines Gartens im Stadtteil Matero von Lusaka, September 1993 132
Abb. 7.14: Abnahme der Gartenflächen im Stadtteil George Compound
von Lusaka 1968–1989 133
Abb. 7.15: Bleibelastung der Straßenränder einer Hauptverkehrstrasse in Lusaka 133
Abb. 7 16: Mülldeponien und illegale Müllablagerungen in Lusaka und Umgebung 135
Abb. 7.17: Skizze eines Gartens auf der ehemaligen Mülldeponie Kabangwe
von Lusaka 136
Abb. 7.18: Energieverbrauch nach Herkunft in Zambia 141
Abb. 7.19: Übersichtskarte der Kafue Flats 145
Abb. 7.20: Übersichtskarte der Bangweulu Swamps 145

Abb. 8. 1: Übersichtskarte über das Lusitugebiet in der Südprovinz Zambias 148
Abb. 8. 2: Gartenanlagen am Mittellauf des Zambezi vor dem Bau
des Kariba Staudamms 149
Abb. 8. 3: Faktoren zur Entwicklung indigener Landklassifikationssysteme 150
Abb. 8. 4: Wichtigste Bestandteile des traditionellen Nahrungssicherungs-
systems der Tonga im Zambezital 151
Abb. 8. 5: Veränderung der Vegetationsbedeckung des Lusitu-
gebietes 1957–1990 155
Abb. 8. 6: Querschnitt durch den oberen Lusitu-Lauf im Juli 1993 156

Abb.10. 1: Index der Verbraucherpreise in Zambia 1986–1991 162

Vorderes Vorsatz links: Afrika – Südteil: Relief 1:18 750 000
Vorderes Vorsatz rechts: Sambia 1 : 9 000 000

Hinteres Vorsatz: Afrika – Südteil 1:15 000 000

Verzeichnis der Tabellen

Tab. 1.1: Ländervergleich Zambia – Zimbabwe – Malawi 22

Tab. 3.1: Durchschnittliche Anzahl Bücher pro Studierender an einigen
afrikanischen Universitäten 36
Tab. 3.2: Beispiele für die Nutzung der natürlichen Vegetation für medizinische
und andere Zwecke in Zambia 40
Tab. 3.3: Anteil der Frauen im zambischen Kleingewerbe (Besitz und
Angstelltenverhältnis) 43
Tab. 3.4: Gemüsekonsumierung in der Vorwoche 47
Tab. 3.5: Kombinationen von arbeitsintensiven Anbaufrüchten 47
Tab. 3.6: Anzahl der befragten Frauen, die selbst bzw. deren Haushalte
einen Gemüsegarten betreiben 49
Tab. 3.7: Die wichtigsten Feldfrüchte der befragten Frauen 50

Verzeichnis der Tabellen

Tab. 5. 1:	Auslandsgäste in Zambia nach Reisezweck	76
Tab. 6. 1:	Landnutzungsstruktur des Kapete-Dambos 1993	83
Tab. 6. 2:	Agrarproduktion Zambias nach Produkten ausgewählter Jahre zwischen 1965 und 1993	90
Tab. 6. 3:	Mais und Kassave (Maniok) im Vergleich mit traditionell angebauten Getreidearten	93
Tab. 6. 4:	Wirtschaftliche Vor- und Nachteile von Kassave als Grundnahrungsmittel im Vergleich zu Getreide	103
Tab. 6. 5:	Verfügbarkeit verschiedener lokaler Gemüsearten auf dem Chilenje-Markt (März 1993 – Februar 1994)	112
Tab. 6. 6:	Beispiele lokaler Gemüsearten auf den Märkten in Lusaka	113
Tab. 7. 1:	Bevölkerung Zambias nach Provinzen (1989)	116
Tab. 7. 2:	Fläche und Bevölkerung Zambias	116
Tab. 7. 3:	Größe von Regenfeldern in Lusaka	126
Tab. 7. 4:	Hauptquellen von Gemüse für urbane Haushalte in Zambia	127
Tab. 7. 5:	Fahrzeuge der städtischen Müllabfuhr von Lusaka	134
Tab. 8. 1:	Feld- bzw. Gartentypen und Landnutzung der Tonga vor und nach der Umsiedlung	153
Tab. A 1:	Fläche, Bevölkerung und Bevölkerungsdichte Zambias nach Provinzen	182
Tab. A 2:	Bevölkerung Zambias nach Stadt und Land	182
Tab. A 3:	Das Klima Zambias	184
Tab. A 4:	Fläche und Bevölkerung Zambias	189
Tab. A 5:	Bevölkerung in ausgewählten Städten Zambias	189
Tab. A 6:	Bevölkerung nach Stammes- bzw. Sprachgruppen	189
Tab. A 7:	Bevölkerung Zambias 1980 nach Religionszugehörigkeit	189
Tab. A 8:	Lohn- und Gehaltsempfänger in Zambia nach Wirtschaftsbereichen	191
Tab. A 9:	Erwerbspersonen in Zambia und deren Anteil an der Gesamtbevölkerung	191
Tab. A 10:	Elektrizitätsverbrauch in Zambia	192
Tab. A 11:	Gefördertes Kupfererz in Zambia nach Abbaugebieten	192
Tab. A 12:	Außenhandelsentwicklung Zambias	192
Tab. A 13:	Ausgewählte Einfuhrwaren Zambias	192
Tab. A 14:	Ausgewählte Ausfuhrwaren Zambias	192
Tab. A 15:	Ausgewählte Einfuhrwaren Deutschlands aus Zambia	193
Tab. A 16:	Ausgewählte Ausfuhrwaren Deutschlands nach Zambia	193
Tab. A 17:	Landwirtschaft: Agrarproduktion Zambias nach Produkten ausgewählter Jahre zwischen 1965 und 1993	194
Tab. A 18:	Tourismus Zambias	193
Tab. A 19:	Auslandsgäste in Zambia nach ausgewählten Herkunftsgebieten und -ländern	194
Tab. A 20:	Beförderungsleistungen der zambischen Eisenbahn	196
Tab. A 21:	Neuzulassungen von Kraftfahrzeugen in Zambia	196
Tab. A 22:	Nachrichtenübermittlung in Zambia	196
Tab. A 23:	Zambia im Internet	196

Tab. A 24:   Sterbefälle in Zambia nach ausgewählten Todesursachen   198
Tab. A 25:   Ärzte, Zahnärzte und anderes medizinisches Personal in Zambia   198
Tab. A 26:   Analphabeten in Zambia   198
Tab. A 27:   Zambische Studenten im Ausland nach ausgewählten Gastländern   198

Verzeichnis der Übersichten

Übersicht 3.1:   Ein Beispiel eines neunjährigen Schulmädchens aus der
                 Ostprovinz Zambias 1994   33

Übersicht 4.1:   Das Frühwarnsystem der FAO – Earlay Warning Systems –
                 DIMS und FHANIS   57

Übersicht 5.1:   Die Steinklopferinnen von Lusaka   73
Übersicht 5.2.: Hausgartennutzung bei einer Familie im Armenviertel
                 von Kalingalinga (Lusaka)   74

Übersicht 6.1:   Subsistenzwirtschaft unter Druck – das Beispiel chitemene   79
Übersicht 6.2:   Das Gwembetal – Extrembeispiel für die Tierhaltung in Zambia   92
Übersicht 6.3:   "Low external input systems"   101
Übersicht 6.4:   Beispiele für gartenbauliche Nutzung am Kapete River   105
Übersicht 6.5:   Beispiele für die vielfältige Nutzung der natürlichen Vegetation
                 in der Ernährung der zambischen Bevölkerung   114

Übersicht 7.1:   Lusaka – eine Stadt hat Durst   122
Übersicht 7.2:   Hausgärten und Nahrungsproduktion in den Armenvierteln Lusakas
         7.2.1: Das Fallbeispiel des Stadtteils Mtendere   130
         7.2.2: Das Fallbeispiel des Stadtteils Kanyama   131
         7.2.3: Das Fallbeispiel des Stadtteils Matero   132
Übersicht 7.3:   Das Fallbeispiel „Gartenbauliche Nutzung einer
                 ehemaligen Mülldeponie" in Lusaka   137
Übersicht 7.4:   Entwicklung und Merkmale des Systems der Landpacht
                 in Zambia – ein Kommentar   139/140
Übersicht 7.5:   Wasserqualitätsprüfungen der University of Zambia – das "Environ-
                 mental/Public Health Engineering Laboratory" – ein Kommentar   143
Übersicht 7.6:   "WWF–DANIDA BANGWEULU WETLANDS Project" –
                 ein Kommentar   147

Übersicht 8.1:   Die Gärten am Oberlauf des Lusitu als Beispiel der
                 aktuellen Landnutzung in Zambia

Übersicht 9.1:   PTD – "Participatory Technology Development"   160
Übersicht 9.2:   Zum Einsatz lokaler Experten in Projekten der Entwicklungs-
                 zusammenarbeit – ein Erfahrungsbericht aus Zambia   161
Übersicht10.1:   Zambia im Vergleich von 1991 und 1996:   ein Entwicklungsland
                 im Wandel – Eindrücke eines deutschen Experten   163

Vorwort

Die düsteren Prognosen für den afrikanischen Kontinent reißen nicht ab. Übervölkerung, wirtschaftlicher Niedergang, Überschuldung, Ernteausfälle durch mangelnde Niederschläge, Krankheit, Elend, Krieg und Hunger sind Themen der Presse und bestimmen die Meinungen und Assoziationen, die der Leser häufig mit Afrika verbindet. Das 'innere Bild' vieler Menschen von Afrika entspricht deshalb oft dem in den Medien verbreiteten Szenario (MICHLER 1991).

Nicht ohne Grund werden inzwischen sehr kritische Stimmen laut, die dieses Afrikabild in Frage stellen und hinter manchen politischen Entscheidungen und Pressemitteilungen eine subtile Fortführung postkolonial geprägter Interessen sehen. MICHLER nennt Afrika zurecht den 'entwürdigten Kontinent', denn die Serie der Entwürdigungen hat seit der (nach historischen Maßstäben noch nicht lange zurückliegenden) Kolonialzeit nicht aufgehört. Kolonialisierung, wirtschaftliche und menschliche Ausbeutung, Diskriminierung, Versklavung, kulturelle Indoktrinierung und unverständliche Forderungen nach der „Europäisierung Afrikas" waren die Anfänge dieser Entwicklung. Die heutigen Krisen sind teilweise ihr Resultat. Bis heute hat die Diskriminierung kein Ende gefunden, spricht man doch häufig immer noch von „Schutzmacht" anstatt von Kolonialmacht im Zusammenhang mit afrikanischen Staaten und ihren Besatzern.

Die Realität in vielen afrikanischen Ländern widerlegt auch die pessimistische Sichtweise der Europäer. Zambias Bevölkerung hat sich z.B. in den letzen zwanzig Jahren verdoppelt, und es hungert unter normalen Bedingungen dort niemand. Trotzdem geht es für die Bevölkerung in erster Linie um die Sicherung der Ernährung, die hier wie in vielen Ländern Afrikas durch häufig wiederkehrende Dürreereignisse gefährdet ist. Deshalb greift dieses Buch das Thema Ernährungssicherung immer wieder auf.

Unter anderem bedingt durch das eindeutige Scheitern vieler bisheriger entwicklungspolitischer Strategien und durch den Globalisierungsprozeß hat sich langsam die Meinung der Entscheidungsträger geändert und man beginnt sich vorsichtig an neue Formen der Hilfe heranzutasten. So fand der Begriff der Basisentwicklung seinen Einzug in die Literatur, der auf die Entwicklung kleinräumiger und familienbezogener Strukturen zielt. Hierzu gehört die Förderung von Familienbetrieben, Kleinhandel, Gartenbau und vor allem die stärkere Berücksichtigung der Frauen bei Entwicklungsfragen. Auch wurde zunehmend deutlich, daß Entwicklung auch durch den Abbau bestehender hemmender Strukturen gefördert werden muß, was die Tätigkeit im Entwicklungsbereich zwangsläufig stark politisiert.

Die Berichte über das „Kupferland Zambia", täuschen darüber hinweg, daß es sich hier in erster Linie um ein reines Agrarland und nicht um eine Industrienation handelt.

Das Entwicklungsland Zambia ist ein gutes Beispiel um einige der obigen Äußerungen zu veranschaulichen. Das vorliegende „Länderprofil" versucht, auf das komplexe Gesamtkonzept der Entwicklung einzugehen und dieses anhand einiger Beispiele zu belegen. Derzeit gibt es vier umfassende Werke unterschiedlicher Ausrichtung über Zambia. Das deutsche Standardwerk ist die wissenschaftliche Länderkunde von JÜRGEN SCHULTZ (1983), nach wie vor informativ, aber im politischen und wirtschaftlichen Teil veraltet. Aus dem englischsprachigen Raum stammen das "Country Profil" von ROBERT HALL (1965) und die "Country Study" von IRVING KAPLAN (1979). Aus dem französischsprachigen Raum kommt das jüngst erschienene Werk „La Zambie contemporaine" von JEAN PASCAL DALOZ/JOHN D. CHILESE (1996)

Ursprünglich war geplant, dies hier vorliegende Länderprofil zu einem Forum zambischer Kommentatoren zu machen, die aus ihrer Sicht die Verhältnisse in ihrem Lande schildern sollten. Leider ist dies an fehlenden Kommunikationsmöglichkeiten gescheitert, ein Faktor der in vielen Entwicklungsländern sehr entwicklungshemmend wirkt.

Dieses Länderprofil erhebt keinen Anspruch auf vollständige Darstellung des Landes Zambia – vielmehr sollen exemplarisch einige politische, wirtschaftliche, naturgeographische und gesellschaftliche Eigenheiten des Landes dargestellt werden.

Nach reiflicher Überlegung wurde das Land bewußt als Zambia und nicht als Sambia geschrieben, zum einen, weil es sich selbst so nennt, und zum anderen, weil die bisherige deutsche Sprachregelung Verwirrung stiftet, wenn es darum geht, das Land eindeutig alphabetisch zuzuordnen.

1 Zambia – ein Entwicklungsland im Wandel

Schon vor 300 000 Jahren lebten im heutigen Zambia Menschen, die die sogenannte „Handaxt-Kultur" repräsentierten. Zahlreiche Funde solcher Werkzeuge im Norden des Landes und in der Nähe der Victoria-Fälle, im Süden, belegen dies. Diese Völker lebten in Fluß- oder Seenähe und benutzten die steinernen Äxte zum Enthäuten von Tieren und um pflanzliche Nahrung aus dem Boden zu graben. In der späteren Steinzeit, vor ca. 6 000 Jahren, breitete sich das Volk der Buschleute (bushmen) in Zambia aus und wurde später sukzessive durch die modernen Bantustämme, die direkten Vorfahren der heutigen ethnischen Gruppen, weiter nach Süden verdrängt (HALL 1965, S. 5ff.).

Den größten Teil ihrer Geschichte lebten die Bewohner des heutigen Zambias in der Steinzeit. Sie hatten weder Vieh noch praktizierten sie Landwirtschaft. Der wohl bekannteste Beleg hierfür ist der Fund eines ca. 50 000 Jahre alten fossilen direkten Vorfahren des heutigen Menschen, des Homo rhodesiensis, auch "Broken Hill Man" genannt, der sehr nah mit dem Neandertaler verwandt ist (PHILLIPSON 1971, S. 28). Dieser Fund zeigt ein viel menschenähnlicheres Aussehen als der Homo habilis, dem weit älteren Vorfahren des Menschen. Erst vor ca. 2 000 Jahren wurde die Bevölkerung von größeren Veränderungen betroffen, die hauptsächlich durch die Hochkulturen im heutigen Sudan und Nahen Osten beeinflußt waren. C_{14}-Untersuchungen datieren die frühe Eisenzeit auf das Jahr 96 ± 212 (FAGAN 1966, S. 83). Frühe Siedlungen waren in der heutigen Südprovinz Zambias bereits um das Jahr 650 vorhanden, verschwanden aber im 13. Jh. Die Gründe für diesen Niedergang sind unklar, es gibt jedoch Hinweise darauf, daß auch hier, wie in vielen anderen Teilen der Welt, eine ökologische Katastrophe zum Zusammenbruch der Kultur geführt haben mag. Mündliche Überlieferungen sagen, daß das Volk, welches um 1500 die Gegend wiederbesiedelte, diese verwüstet vorgefunden hätte. Ausgrabungen zeigen auch, daß der Viehbestand der frühen Bewohner schnell zunahm, was die These einer frühen, durch Überweidung und Ressourcenübernutzung bedingten Desertifikation unterstützt. Besucht man heute bestimmte Teile der Südprovinz Zambias, drängt sich der Gedanke auf, daß die Geschichte sich wiederholen könnte (s. Kap. 6), nicht zuletzt deshalb, weil sich die Lebenssituation der heutigen Bewohner nach Ansicht FAGANS wenig von der ihrer Vorgänger unterscheidet (FAGAN 1966, S. 69). Inzwischen ist einer der historischen Fundorte (Ingombe Ilede – „Wo die Kuh schläft") im Gwembetal/Südprovinz – früher wahrscheinlich direkt am Zambezi gelegen) von der Erosion betroffen, welche die alten Gräber zu zerstören droht und einen uralten Baobab-Baum (Adansonia digitata) – möglicherweise ein Zeuge der Geschichte –, unterspült. Andere historische Fundorte, vor allem von prähistorischen Kunstgegenständen und Felsmalereien, finden sich in den Nsalu Caves, den Höhlen nördlich von Serenje (Zentralprovinz), den Na Chitalo-Hügeln im Mkushi-Distrikt und den Mwela-Felsen östlich von Kasama (Nordprovinz).

1.1 Die frühen Eroberer

Bereits 1514 drang die erste portugiesische Expedition in das Zambezital vor und erreichte 1561 die Gegend um die heutige Hauptstadt Lusaka. Dies wird durch eine historische Karte des Portugiesen Bartholomeu Veloh belegt, auf der bereits der Kafue River verzeichnet ist (Abb. 1.1).

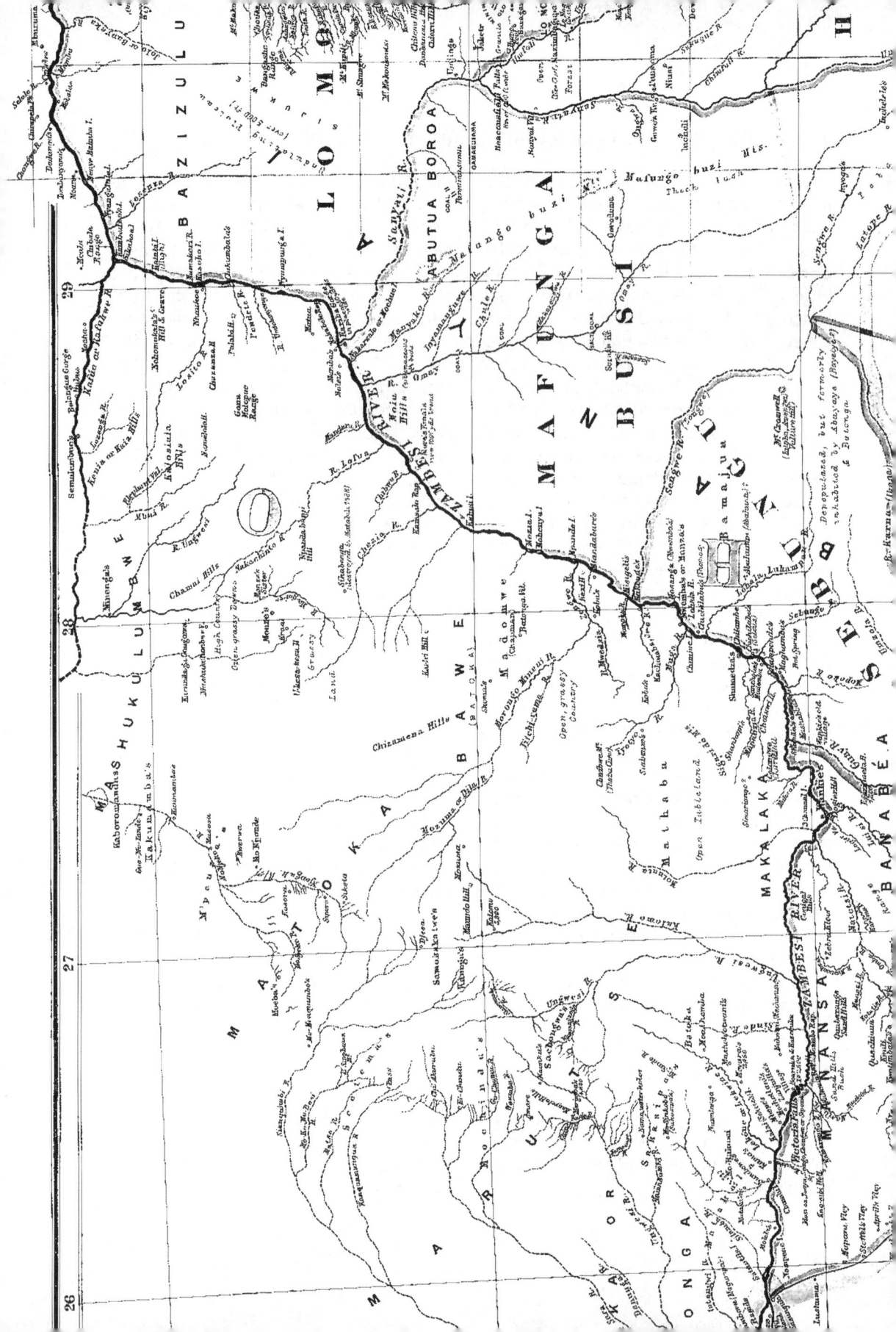

Die frühen Eroberer

Rege Handelsbeziehungen bestanden zwischen den afrikanischen Völkern bereits zu vorkolonialer Zeit. Abbildung 1.2 zeigt den Verlauf der wichtigsten frühen Handelsrouten. Der Zambezi war zwar das innerkontinentale „Eintrittstor" und damit eine wichtige Handelsroute, hatte aber nicht die Bedeutung wie die transkontinentalen Routen, die das innere des Kontinents mit den beiden Ozeanen (Atlantischem und Indischem Ozean) verbanden (SCHULTZ 1983, S. 95).

Sehr wahrscheinlich wurde die Massenwanderung der bantustämmigen Lunda-Luba-Völker aus dem Kongobecken in das heutige Staatsgebiet Zambias bereits durch die Einflüsse der Portugiesen ausgelöst. Migration ist eine Maßnahme, die seßhafte Völker erst dann ergreifen, wenn entweder eine ökologische Katastrophe droht oder aber der äußere Druck, z.B. durch Sklavenhandel, Inanspruchnahme von Kulturland oder ähnliches, so groß wird, daß kein Ausweg bleibt.

Vieles spricht dafür, daß die aus dem Lunda-Luba-Reich stammenden Völker der Lozi und Bemba, zwei wichtige ethnische Gruppen im heutigen Zambia, bereits um 1650 aus dem Kongobecken in ihre heutigen Siedlungsgebiete einwanderten. Während sich die Bemba südöstlich, in die heutige Nord- und Nordostprovinz, bewegten, wanderten die Lozi mehr südwestlich, in das obere Zambezital und die heutige Westprovinz, ein. Hierbei wurden die ansässigen

Abb. 1.2: Frühe Handelsrouten im südlichen Zentralafrika
Quelle: nach ROBERTS 1969, in SCHULTZ 1983, S. 95

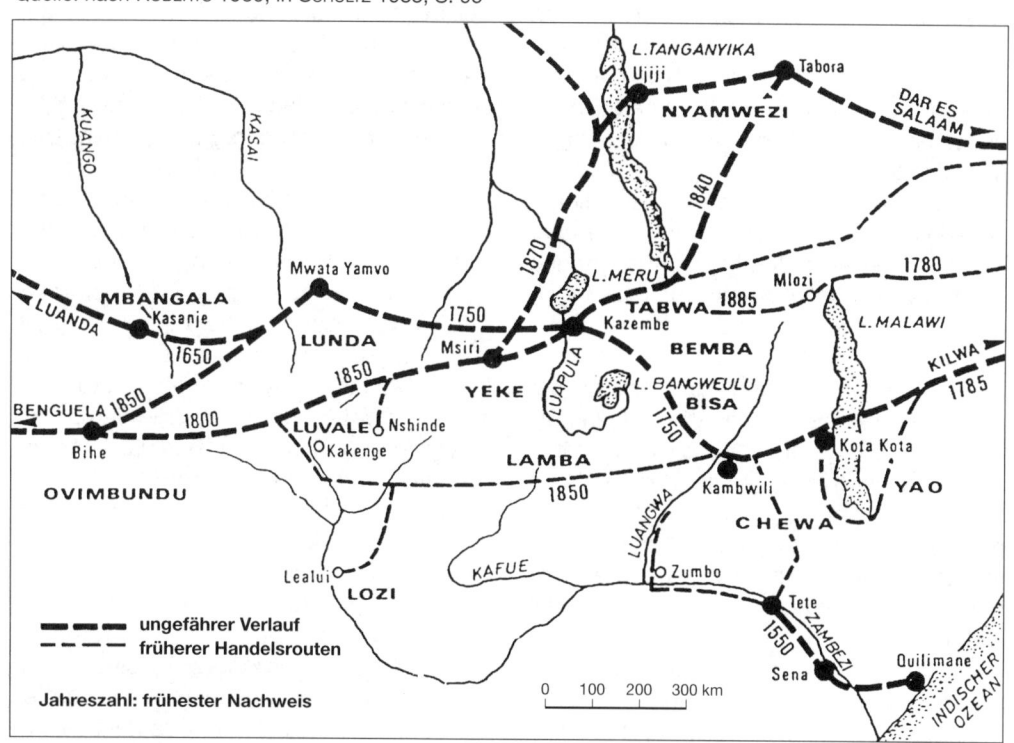

◄— **Abb. 1.1: Das heutige Zambia im Jahre 1561 (Maßstab ca. 1 : 1 750 000)**
Quelle: British South Africa ... 1895

bushmen in die weiter südlich gelegene Kalahariwüste vertrieben, wo sich heute noch Reste dieser untergehenden Kultur befinden.

Die Engländer kamen weit später als die Portugiesen, ihr bekanntester Vertreter ist wohl der Schotte David Livingstone (1813 bis 1873), der 1853–56 seine erste Entdeckungsreise in das heutige Zambia unternahm. Auf dieser Reise entdeckte er die mächtigen Victoria-Fälle (16.11.1855), die heute zum UNESCO-Erbe der Menschheit zählen. 1873, auf seiner vierten Reise starb Livingstone in der Nähe des Bangweulu-Sees im Norden Zambias.

1.2 Strategien der Kolonialmacht

Drei Jahre vor Livingstones Tod trat eine weitere geschichtliche Gestalt in Erscheinung: Cecil Rhodes (1853–1902), ein britisch-südafrikanischer Politiker und Geschäftsmann. Er sollte die weitere Entwicklung des heutigen Zambias wesentlich mitbestimmen. Die British South Africa (BSA) Company, deren Chef Rhodes damals war, erhielt durch die Britische Regierung die Royal Charter für die Gebiete nördlich von Transvaal und dem damaligen Bechuanaland (Botswana), sowie östlich von Angola (SCHULTZ 1983, S. 1). Es war im Interesse der britischen Regierung, den Einfluß der Portugiesen in diesem Gebiet zu schmälern, allerdings erhielt die BSA Company keine finanzielle Unterstützung. Die Royal Charter war der entscheidende Schritt zur Ausdehnung des britischen Einflußbereiches in das heutige Zambia hinein. In der Zwischenzeit hatten sich die mächtigen Reiche der Barotse im Westen des heutigen Zambias und der Matabele, ein kriegerisches Volk im heutigen Zimbabwe entwickelt. Wichtig war auch das Lunda-Reich Kazembes in der heutigen Luapula Provinz Zambias. Die BSA Company war zunächst daran interessiert, das Matabele Reich vertraglich zu binden und damit die landwirtschaftliche Nutzung des Gebietes durch weiße Siedler zu ermöglichen. Das Barotsereich war anfangs nur von sekundärem Interesse. Schließlich ging die Initiative, sich unter den Schutz der Company zu stellen, vom Lewanika, dem Führer der Barotse aus, der die kriegerischen Übergriffe der Matabele fürchtete. Im Schutzvertrag waren der Company die Abbau- und Handelsrechte für Bodenschätze zugesichert worden und die Briten gewährleisteten die innere Sicherheit des Barotse Protektorates. Die Barotse verdienten an diesem Abkommen recht gut, was mit der Zeit zu einer Anhäufung eines beachtlichen Staatsvermögens führte.

Dieses gesamte Vermögen ging später bei der Staatsgründung Zambias an den neuen Staat über, jedoch mit Vorbehalten, was die Verwendung angeht. 1995 kam es wegen dieses Geldes zu einer ernsten Krise zwischen der Zentralregierung in Lusaka und der Provinzregierung der Westprovinz, der administrativen Nachfolgerin des Barotsereiches. (Zur Lage der Provinzen und zum Sitz der Provinzregierungen vgl. Abb. 1.3).

Die Provinzregierung warf der Zentralregierung vor, das oben erwähnte Geld ohne Genehmigung ausgegeben zu haben. Bei Polizeiaktionen wurden in der Westprovinz schwere Waffen gefunden, die vermutlich über den Krisenherd Angola in das Land gekommen waren. Es wird also deutlich, wie stark die geschichtliche Entwicklung noch heute in das aktuelle politische Tagesgeschehen hineinwirkt.

Der 17.10.1890 war ein historischer Tag in der Geschichte Zambias. Hier wurde die Macht der Briten vertraglich besiegelt. Danach begann die Aufteilung der Territorien durch die Kolonialmächte. Das heutige Malawi (damals Nyassaland) gehörte bereits den Briten. Die Deutschen sicherten sich mit dem Caprivi-Zipfel von Deutsch-Südwest-

Strategien der Kolonialmacht

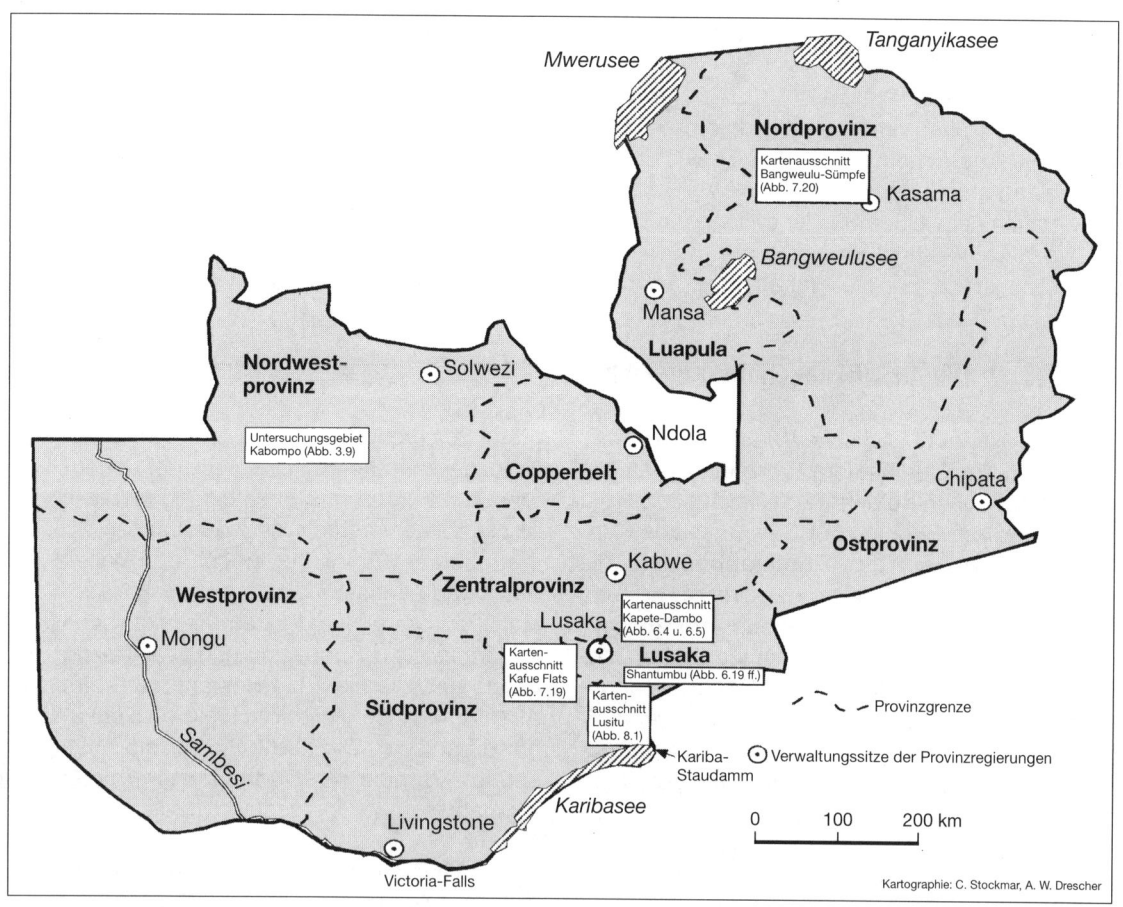

Abb. 1.3: Heutige politische und administrative Struktur Zambias
Die Markierungen zeigen die Lage der Ausschnittskarten in den folgenden Kapiteln.

afrika (dem heutigen Namibia) aus den Zugang zum Zambezi, von Deutsch-Ostafrika (dem heutigen Tansania) aus sicherten sie sich die Grenze im Norden. 1894 zog Belgien die Grenze zum heutigen Zaïre. 1911 entstand das britische Protektorat von Nordwest- (Barotseland) und Nordostrhodesien, das dann am 19.04.1924 zur Britischen Kronkolonie wurde. Die erste Hauptstadt Nordrhodesiens wurde Livingstone an den Victoria Fällen.

In den Jahren darauf begann der Kupferabbau in Nordrhodesien. Die abbauwürdigen Kupfererzvorkommen wurden in den 1920er Jahren im Norden des Landes entdeckt, dem heutigen Kupfergürtel (Copperbelt). Die BSA Company wollte nun endlich Gewinne erwirtschaften, nachdem die Sicherung des Einflusses bisher nur zur Erhebung von Steuern bei der afrikanischen Bevölkerung geführt hatte.

In den drei Jahrzehnten ihrer Vorherrschaft hat die BSA Company entscheidend die weitere Entwicklung des Landes bis zum heutigen Tag mitbestimmt. Die wesentlichen Erfolge waren die Bekämpfung des Sklavenhandels, der Bau der Eisenbahn und die Festlegung von Entwicklungsleitlinien, die den Interessen der weißen Siedler und den Minengesellschaften hohe Priorität einräumten (SCHULTZ 1983, S. 104). Die Company war aufgrund finanzieller Probleme nicht in der Lage einen territorialen Entwicklungsplan zu entwerfen. Dies führte zur Konzentration der weißen Siedler entlang der Eisenbahnlinie (Line of Rail) zwischen Kabwe und Livingstone. Für die Afrikaner gab es kaum Entwicklungsmöglichkeiten. Sie mußten die Steuern aufbringen und verdingten sich deshalb entweder als Lohnarbeiter an die Minen im Kupfergürtel bzw. Südrhodesien oder wurden zu Diener der Kolonialherren.

Als sich die BSA Company 1924 aus der Verwaltungsverantwortung zurückzog, hinterließ sie eines der am stärksten vernachlässigten Gebiete Afrikas (HALL 1965, S. 96).

1.3 Die Auswirkungen der Kolonialzeit

Die extrem dualistische Wirtschaft des heutigen Zambias hat ihre Wurzeln also bereits in der frühen Kolonial (SCHULTZ 1983, S. 104, LUCHEMBE 1992, S. 50). Die Einseitige Konzentration auf den Kupferabbau und die Landwirtschaft entlang der Line of Rail und die Vernachlässigung der Subsistenzbauern hat sich bis heute kaum geändert (Abb. 1.4).

Die Bevölkerungsstruktur zeigt eindeutige regionale Disparität, die Einwohner konzentrieren sich in und entlang der ehemaligen Entwicklungszentren der Kolonialmacht.

Das sind die Eisenbahnlinie von Livingstone im Südwesten zur Hauptstadt Lusaka, die Hauptstadt selbst, die Minengebiete in Zentralzambia und der sogenannte Kupfergürtel (die großen Kupfervorkommen an der Grenze zum früheren Zaïre). Eine der bedeutendsten Folgen des Entwicklungsgefälles ist die starke Verstädterung des Landes.

Im Jahre 1953 wurde gegen den Willen des gerade konstitutionierten African National Congress (ANC) die Zentralafrikanische Föderation von Rhodesien und Nyassaland gegründet, die bis 1964 Bestand hatte. Im ANC hatten sich die politisch aktiven Afrikaner organisiert. Die Föderation schloß das heutige Zambia mit Südrhodesien (heute Zimbabwe) und Nyassaland (Malawi) zusammen.

Der Zusammenschluß hatte wenig positive Wirkung auf Nordrhodesien. Ganz im Gegenteil: Salisbury (Harare, die Hauptstadt des heutigen Zimbabwe) wurde Hauptstadt der Konföderation und erlebte einen wahren Entwicklungsboom. Die Wahl Salisburys machte die Bevorzugung des Südens durch die Europäer deutlich. Die Bildung der Föderation hatte für die beiden Mitglieder Nordrhodesien und Nyassaland gravierende politische, wirtschaftliche und soziale Auswirkungen.

Die Steuereinnahmen aus dem Kupferbergbau wurden ungleich verteilt, der Löwenanteil floß an Südrhodesien. Das südrhodesische Bruttoinlandsprodukt vergrößerte sich infolgedessen in diesen Jahren erheblich stärker und schneller als das der beiden anderen Konföderationspartner (SCHULTZ 1983, S. 112). Dies bewirkte, daß

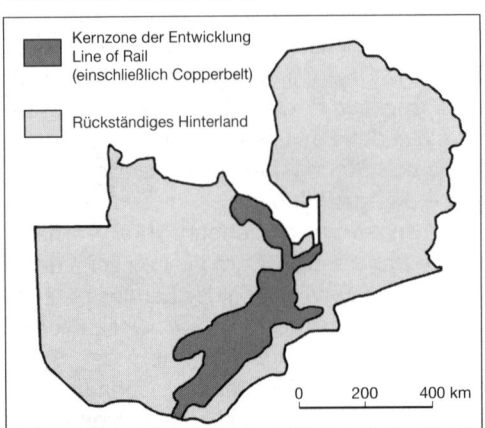

Abb. 1.4: Regionale Desintegration in Zambia
Quelle: nach SCHULTZ 1983, S. 29

Nordrhodesien in seiner wirtschaftlichen Entwicklung deutlich hinter Südrhodesien zurückblieb.

Unter der Kolonialherrschaft war nach PHIRI (1982) die ländliche Entwicklung geprägt durch die Enteignung afrikanischen Landbesitzes und die Ausbeutung afrikanischer Arbeitskräfte. Erste Schritte waren die Umsiedlung der einheimischen Bevölkerung in sogenannte Native Reserves und die Erhebung von Steuern. PHIRI (1982) vermutet als Hintergrund der Umsiedlungen die Vereinfachung des Eintreibens von Steuern durch den Staat und die bessere Ausbeutung der Afrikaner für die Entwicklung des landwirtschaftlichen Sektors. KAJOBA (1982) sieht hier eine der Hauptursachen für ländliche Armut und Unterentwicklung. Die heutigen Disparitäten zwischen ländlichem und urbanem Raum hängen somit direkt mit dem Einfluß des Kolonialismus zusammen und wurden auch durch die Interessen der nachkolonialen Führungsschicht verstärkt (vgl. RAUCH 1990, GAEBE 1983).

Die Notwendigkeit nachhaltiger Programme der landwirtschaftlichen und ländlichen Entwicklung war zwar seit der Unabhängigkeit ein Thema der Zentralregierung in Lusaka, die Ergebnisse sind jedoch enttäuschend. Unter anderem muß wegen der mangelnden Realisierung das Dezentralisierungskonzept als gescheitert angesehen werden (vgl. RAUCH 1986). Heute verbleiben 90 % der gesamten Regierungsausgaben bei der Zentralregierung, während die restlichen 10 % auf die lokalen Regierungen im ländlichen Raum verteilt werden. Die Financial Mail (1993) meint deshalb, daß die ländlichen Gebiete ignoriert werden, und stützt sich dabei auf Berichte des United Nations Development Programmes (UNDP). Die ungleiche Verteilung von Finanzmitteln erzeugt nach der Financial Mail weiterhin Disparitäten zwischen städtischem und ländlichem Raum. Nur eine Dezentralisierung könnte Abhilfe schaffen.

Faktisch hat die Vernachlässigung der ländlichen Entwicklung dazu geführt, daß die Ernährungssicherung im ländlichen Raum gefährdet ist, wie sich insbesondere während des Nahrungshilfeprogrammes (Food Relief Programme) im Jahre 1992 gezeigt hat. Gleichzeitig hat die regionale Desintegration, insbesondere zwischen der Line of Rail und dem Hinterland, zu einer Binnenwanderung in die Städte geführt (SCHULTZ 1983, S. 32). Dies hat sich dies bis heute nicht geändert, was wiederum bedeutet, daß die regionalen Disparitäten zu tiefgreifenden Problemen auf beiden Seiten, sowohl in den ländlichen Gebieten als auch in den städtischen Zentren, führen.

Völlig unzureichende Infrastruktur, schwache Marktentwicklung und mangelnde Kommunikationssysteme haben die landwirtschaftliche Entwicklung im ländlichen Raum behindert, wenn nicht sogar verhindert. Insbesondere bei der Versorgung mit Saatgut und beim Transport der produzierten landwirtschaftlichen Güter sind immer wieder Engpässe zu beobachten, die z.B. dazu führen, daß die Maisernte in manchen Orten einfach unter freiem Himmel verrottet. RAUCH (1990) nennt dies ein typisches Beispiel einer 'urban biased' Ökonomie und Gesellschaft, welche durch ein starkes Übergewicht städtischer Bevölkerung und deren Interesse geprägt ist (vgl. auch MANSHARD/MÄCKEL 1995). Dies führt u.a. dazu, daß die kleinbäuerliche Landwirtschaft weitgehend vernachlässigt (RAUCH 1990) und vor allem auch in ihrer Bedeutung für die Ernährung des Landes verkannt wird.

Die Vernachlässigung der nordrhodesischen Entwicklung wirkt bis heute nach. Eines der folgenschwersten Versäumnisse der Föderationsregierung war die mangelnde Arbeitsplatzbeschaffung für Afrikaner. Gegen Ende der Föderation gab es in Nordrhode-sien gerade einmal 255 000 Beschäftigte (SCHULTZ 1983, S. 112). Heute befinden sich ca. 30 % der Gesamtbevölkerung in einem mehr oder weniger formellen Arbeitsverhältnis (Stat. Bundesamt 1991, S. 40).

	Zimbabwe	Malawi	Zambia
Gesamtfläche (km^2)	390 759	118 484	752 614
Hauptstädte Einwohner Mio./ (Jahr)	Harare 1,184 (1992)	Lilongwe 0,450 (1990)	Lusaka 0,982 (1990) 1,6 (1998)
Gesamtbevölkerung 1991/92 (Mio.)	10,5	8,8	8,8
geschätzte Bevölkerung im Jahr 2000 (Mio.)	15	12	12
Bevölkerungsdichte (Ew./km^2)	26	75	12
Verdopplungszeit der Bevölkerung (Jahre)	21	20	23
Lebenserwartung 1993 Frauen Männer	54 52	46 45	49 47
Bruttosozialprodukt 1993 (Mio.) US-$/Ew.	5 756 520	2 034 200	3 152 380

Tab. 1.1:
Ländervergleich Zambia–Zimbabwe–Malawi

Das Entwicklungsgefälle zwischen den drei ehemaligen Mitgliedern der Föderation manifestiert sich noch heute in der wirtschaftlichen Entwicklung (Tab. 1.1).

Seit 1991 hat sich das Bruttosozialprodukt pro Einwohner in den drei ehemaligen Mitgliedern der Konföderation deutlich verschlechtert. In Malawi ist ein Rückgang von 15 % zu verzeichnen, in Zimbabwe von fast 20 % und in Zambia von knapp 8 %.

Obwohl nach der Unabhängigkeit eine gute Basis für die ländliche Infrastruktur Zambias angelegt worden sei, wie CHILIVUMBO (1987) berichtet, seien die meisten Straßen heute, vor allem in der Regenzeit, unpassierbar und durch mangelnde Wartung in sehr schlechtem Zustand.

1.4 Der Weg in die Unabhängigkeit

Die Arbeitslosigkeit, die zunehmende Armut der afrikanischen Bevölkerung inmitten der Hauptentwicklungszone sowie die Vernachlässigung der ländlichen Entwicklung führten Anfang der 1960er Jahre zu immer stärkerer Unzufriedenheit unter der Bevölkerung Zambias.

Dies manifestierte sich in politischem Widerstand der Afrikaner und der Forderung nach Unabhängigkeit durch den African National Congress (ANC), die wohl bekannteste Partei junger, aufstrebender und politisch aktiver Afrikaner der damaligen Zeit.

Einer der Vertreter dieser Bewegung war Kenneth David Kaunda, der spätere Präsident Zambias und damals Präsident der Splitterpartei ZANC (Zambia African National Congress), die sich von der Mutterpartei ANC abgelöst hatte.

1959 wurde der Zambia African National Congress verboten und Kaunda sowie weitere Mitglieder seiner Partei ins Gefängnis gesperrt. Die Föderationsregierung vermochte jedoch den Widerstand nicht zu brechen, es bildeten sich neue Parteien heraus, die sich schließlich zur United National Independence Party (UNIP) zusammenschlossen.

Diese seit 1960 von Kenneth Kaunda geführte Partei, die vergleichbar mit den späteren Unabhängigkeitsbewegungen in den Nachbarländern war, übernahm im Jahre 1964 nach allgemeinen Wahlen die Macht und bildete die Regierung des neuen Landes Zambia.

Kaunda sollte die nächsten 27 Jahre ein herausragende Rolle in der zambischen und afrikanischen Politik spielen und als "KK" weltweit Berühmtheit erlagen. Ein anderer Spitzname des Präsidenten, wohl nicht nur wegen seines weißen Taschentuchs, welches er immer sichtbar mit sich führte, war „der weinende Präsident" ("the crying president").

1.5 Die Politische Kultur nach der Unabhängigkeit – Die zwei Republiken des Kenneth Kaunda

Die politische Kultur im jungen Zambia war stark durch den von Kaunda begründeten „zambischen Humanismus" geprägt. Dieser stellt eine Form des afrikanischen Sozialismus dar, in dessen Zentrum der Mensch und die Würde des Menschen steht.

Weitere wichtige Bestandteile des zambischen Humanismus sind die Ablehnung von Ausbeutung und Rassismus. Soziale Spannungen sollen friedlich gelöst werden und kooperative Formen der Zusammenarbeit sind anzustreben (SCHULTZ 1983, S. 116).

Obwohl Kaunda in vielen Bereichen an seiner eigenen Philosophie scheiterte, war er in einem Gedanken seiner Zeit weit voraus und zwar darin, die „Partizipation des Einzelnen an Entscheidungsprozessen" zu fordern. Dieser Gedanke ist heute im Bereich der Entwicklungszusammenarbeit von höchster Aktualität.

Insgesamt hat Kaunda durch den „zambischen Humanismus" zunächst wohl einen Weg der Integration gewählt, der dem jungen Staat zu einer Identität verhalf und somit zur Nationwerdung wesentlich beitrug.

1.5.1 Die Erste Republik (1964–1972)

Die Anfänge der Ersten Republik waren durch Reformen und Aufbruchstimmung geprägt. SCHULTZ nennt sie die „fetten Anfangsjahre" (SCHULTZ 1983, S. 114). Die nachteilige Steuerzuteilung der Föderation war aufgelöst, und Zambia konnte voll über die Steuereinkünfte aus dem Kupferbergbau verfügen.

Im Ersten Nationalen Entwicklungsplan (FNDP 1966) wurden die Entwicklungsziele und Reformen festgelegt. Wichtige Forderungen waren radikale Änderungen der industriellen Strukturen, die sich zum einen auf die Kupferindustrien, zum anderen aber auch auf die Schaffung von Kleinindustrien zur besseren Selbstversorgung bezogen. Natürlich hatte man die Nachteile der kupferlastigen Volkswirtschaft erkannt und forderte zurecht deren Diversifizierung.

Zur besseren Anbindung des Landes an seine Nachbarländer und zur Erschließung der ländlichen Räume wurde die Asphaltierung der meistbefahrenen Straßen beschlossen. Diese Maßnahmen bezogen sich vor allem auf die von Lusaka ausgehenden Fernstraßen Great East Road (Verbindung nach Malawi) und Great North Road (Verbindung nach Zaïre und Tansania).

Darüber hinausgehend, wurde 1965 der Bau der Eisenbahnlinie nach Tansania beschlossen. Nach der einseitigen Unabhängigkeitserklärung der weißen Bevölkerung in Südrhodesien war der Zugang zu den lebenswichtigen Verkehrshäfen von Beira und Maputo (Mosambik) erschwert. Dies machte erforderlich, einen neuen Hafen zu erschließen. ENGELHARD (1994, S. 225ff.) geht im Detail auf den Bau dieser Eisenbahnlinie ein.

Der Ausbau des Bildungssystems wurde z.B. 1966 durch die Eröffnung der University of Zambia (UNZA) demonstriert. Oberstes Ziel war die „Zambianisierung" der öffentlichen und privaten Sektoren des Landes, d.h. die Übernahme sämtlicher Schlüsselpostionen im Lande durch einheimische Fachkräfte (FNDP 1966, S. 59). Diese Forderung bezog sich u.a. auf die Wirtschaftsunternehmen, die zu diesem Zeitpunkt zum größten Teil von Weißen bzw. Ausländern kontrolliert wurden (FNDP 1966, S. 34).

Eine Maßnahme zur besseren staatlichen Kontrolle der Privatwirtschaft war die Teilverstaatlichung der großen Wirtschaftsunternehmen durch „Aufkauf" von 51 % der

Anteile. Diese Anteile wurden durch halbstaatliche Unternehmen (parastatals), die extra zu diesem Zweck gegründet wurden, verwaltet (SCHULTZ 1983, S. 117).

Bei den ersten Wahlen 1968 verbuchte die UNIP mit 82 % der abgegebenen Stimmen einen glänzenden Erfolg. Trotzdem war Kaunda enttäuscht, denn er verlor einige seiner Hochburgen an die Oppositionspartei ANC.

1971 kam es zur Abspaltung der United Progress Party (UPP) von der Mutterpartei UNIP, und zwar ausgerechnet in der für die wirtschaftliche Entwicklung so wichtigen Region des Kupfergürtels.

Diese Abspaltung und der Zusammenschluß der UPP mit dem ANC veranlaßte Kaunda zur Schaffung eines Einparteienstaates, der im Jahre 1972 unter dem Namen „Zweite Republik" ausgerufen wurde. Damit war der entscheidende Schritt getan, ein totalitäres System zu gründen (SENFTLEBEN 1989, S. 44).

1.5.2 Die Zweite Republik (1973–1991)

Die Gründung der Zweiten Republik war im Grunde ein Verrat am zambischen Humanismus, obwohl Kaunda versuchte, den Anschein der Demokratie zu wahren, indem er dem autoritären System den Namen "one party and industrial participatory democracy" gab.

Tatsächlich diente das neue System zum Ausbau der Macht einer Partei und eines Mannes: UNIP und Kenneth Kaunda. Viele Autoren weisen darauf hin, daß das „partizipative Prinzip" der zambischen Demokratie mit der Schaffung der Zweiten Republik gescheitert ist. So meint DRAISMA (1987, S. 109), daß das neue Konzept in Wirklichkeit nur die parteiinternen Machtdiskussionen erleichterte, die Armen jedoch vom politischen Einfluß und von Reichtum des Landes ausschließe.

Die Hauptmerkmale der neuen Entwicklung waren das Verbot von Oppositionsparteien, die Gleichschaltung der Presse, die enorme Machtstärkung des Staatspräsidenten, die Abschaffung des Amtes des Ministerpräsidenten, die staatliche Aufsicht über die Gewerkschaften etc. Kaunda schöpfte seine Machtfülle voll aus. Unbequeme Parteigenossen wurden in weit von der Hauptstadt entfernte Provinzen versetzt oder aus der Partei ausgeschlossen.

Die Zweite Republik ist durch den Niedergang der zambischen Wirtschaft gekennzeichnet. Zurecht nennt SCHULTZ (1983, S. 132) die 1970er Jahre „die mageren" wovon auch die 80er Jahre weitgehend nicht auszuschließen sind.

1986 versuchte die Regierung im Rahmen des Strukturanpassungsprogrammes des Internationalen Währungsfonds (IWF) und der Weltbank die Staatswirtschaft zu liberalisieren. Die damit verbundene fünfzigprozentige Erhöhung der Grundnahrungsmittelpreise führte in der Folge zu Hungeraufständen der Bevölkerung. Die Regierung nahm die Preiserhöhungen daraufhin zurück und kehrte dem IWF den Rücken.

In der Praxis bedeutete dies einen Schritt in die wirtschaftliche und politische Isolation. Die Auslandskredite wurden nur noch mit 10 % der Exporteinnahmen bedient, abzüglich des Devisenbedarfs für die nationale Fluglinie, den Bergbau und die Landwirtschaft. Dadurch wurde das Land von weiteren internationalen Krediten ausgeschlossen (Infodienst 1994). Erst zwei Jahr später kehrte Zambia an den Verhandlungstisch mit dem IWF zurück.

"One party – one nation" war die täglich wiederkehrende Durchhalteparole im staatlichen Fernsehen. Gegen Ende der Zweiten Republik (1991) wurden die Parteisprüche der Regierung entschärft, und von nun an hieß es wieder "Zambia – one country – one nation".

1.6 30 Jahre 'Frontline State': Zambia und seine Nachbarn

Die Frontstaaten (frontline states – FLS) waren eine informell organisierte Gruppe von Staaten im südlichen Afrika, die durch gemeinsame politische Zielsetzung gegenüber der Apartheidspolitik versuchten, das ehemalige Regime in Südafrika politisch und wirtschaftlich zu isolieren.

Zu den Frontstaaten gehörten Angola, Botswana, Mosambik, Zambia, Zimbabwe und Tansania.

Die Frontstaaten organisierten sich ursprünglich gegen die weiße Regierung von Südrhodesien. Wegen seiner zentralen Lage in den Krisengebieten operierten verschiedene Befreiungsbewegungen von zambischem Territorium aus, so z.B. die SWAPO, die Befreiungsbewegung Namibias und die ZANU (Zimbabwe African National Union), die Befreiungsbewegung Zimbabwes. Außerdem war Zambia jahrelang Sitz des Hauptquartiers des ANC, der für die Befreiung Südafrikas kämpfte. Letzteres machte eine Zusammenarbeit mit Südafrika besonders problematisch. Lusaka war deshalb in der Vergangenheit auch Angriffsziel südafrikanischer Luftstreitkräfte.

Zambia war durch die Boykottbewegung gegen Südafrika in einer besonders schweren Lage. Die Binnenlage des Landes macht einen Zugang zum Meer notwendig, der mit den Konflikten in Mosambik (Hafen von Beira) und Angola (Hafen von Lobito) immer mehr in Frage gestellt wurde. (Zur Lage und Größe des Landes vgl. Abb. 1.5.)

Für Zambia blieb nur der Ausweg über Tansania (Hafen von Dar es Salaam) oder Südafrika (Hafen von Durban). Bis zur Einseitigen Unabhängigkeitserklärung Rhodesiens im Jahre 1965 war Beira der wichtigste, nächstgelegene und am meisten genutzte Hafen Zambias. Der Lobito-Korridor war ab 1975 durch den Bürgerkrieg in Angola nicht mehr nutzbar.

Eine der Folgen des Frontline-Status war die Aufrechterhaltung eines jahrelangen Ausnahmezustands (state of emergency), der den Sicherheitskräften größere Machtbefugnisse gab. Es war verboten, Landkarten mit sich zu führen und bestimmte Objekte zu photographieren. Aus Angst vor Bombenattentaten durften z.B nach 18.00 Uhr keine Briefe mehr im Hauptpostamt einge-

Abb. 1.5: Binnenlage Zambias und Größenvergleich zu Europa

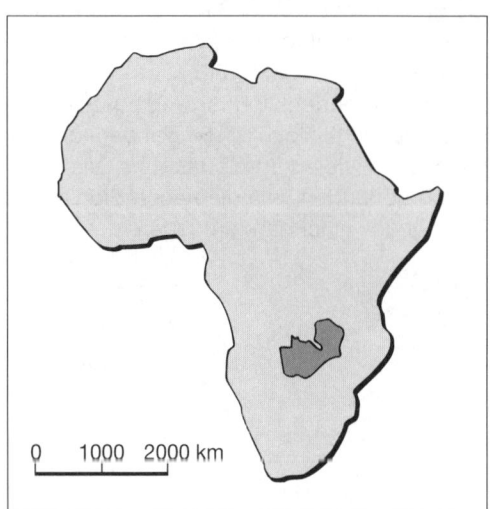
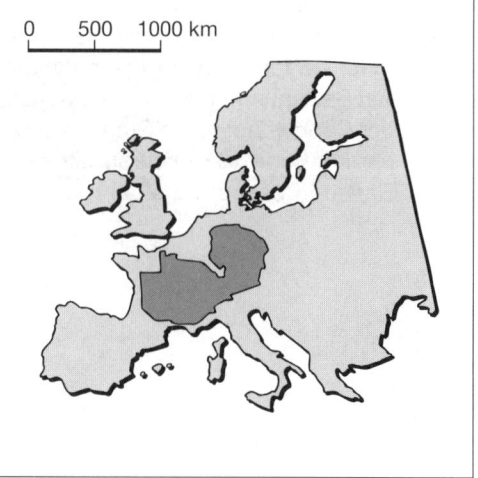

worfen werden. Noch heute ist der Präsidentensitz in Lusaka in keinem Stadtplan verzeichnet, statt dessen findet man dort eine weiße Fläche.

Zambia nutzte geschickt den Wirtschaftsboykott der USA gegen Südafrika, indem die damalige Nationale Fluggesellschaft (Zambia Airways) eine Flugverbindung nach New York einrichtete. Diese war durch Fluggäste aus Südafrika ausgelastet, da die Südafrikanische Fluggesellschaft Landeverbot hatte.

Die Krisen in den Nachbarländern Mosambik, Angola, Zaïre und Namibia, allesamt Folgen der Kolonialpolitik, hatten vielfältige direkte und indirekte Auswirkungen auf Zambia. Noch Ende 1994 befanden sich ca. 136 000 Flüchtlinge aus Zaïre, Angola und Mosambik auf zambischem Staatsgebiet. Der Krieg in Mosambik führte entlang der gemeinsamen Grenze in der Ostprovinz zeitweise zu Übergriffen der Rebellen auf zambisches Staatsgebiet.

Der Krieg in Angola versperrte den Weg zum Hafen von Lobito und führte zu einer Flüchtlingskonzentration in der Nordwestprovinz Zambias.

Das Unrechtsregime in Zaïre (heute Kongo) zwingt die Bevölkerung immer wieder zur Flucht in das benachbarte Ausland, wie auch die jüngsten Ereignisse wieder deutlich machten.

Erst seit der Unabhängigkeit Namibias (März 1990) begannen sich die nachbarstaatlichen Beziehungen dorthin zu normalisieren. Der Caprivi-Zipfel, die Grenze zu Namibia, war bis Ende 1989 von südafrikanischen Einheiten besetzt, die von dort aus auch auf zambischem Gebiet operieren konnten (MICHLER 1991, S. 278).

Zambia war also seit der Unabhängigkeit ununterbrochen durch die Konflikte in den Nachbarländern beeinträchtigt. Dies hat der wirtschaftlichen und politischen Entwicklung des Landes und des gesamten Raumes stark geschadet. Die jüngsten Entwicklungen im südlichen Afrika, insbesondere der Machtwechsel in Südafrika, aber auch der Friede in Mosambik, geben Anlaß zur Hoffnung auf eine Besserung der Situation und neuen politischen und wirtschaftlichen Aufschwung.

Die (weißen) Südafrikaner beginnen Zambia als Agrarland zu entdecken, und viele von ihnen denken an Emigration. Dahinter steckt auch die Idee, die nördlichen Staaten der Region zu Agrarländern zu entwickeln, die von Südafrika, der Industrienation, mit Industriegütern versorgt werden (SPARKS 1993).

Die Auswanderungswelle wird durch die Bemühungen der zambischen Regierung, ausländisches Kapital ins Land zu ziehen, und durch die Liberalisierung der Landpacht unterstützt (vgl. S.139f.). Die Regierung verpachtet das Land für 99 Jahre, bietet günstige Einkommensteuersätze für die Investoren, zollfreie Einfuhr für landwirtschaftliches Gerät und gestattet, daß ein Teil des Exporteinkommens in harter Währung behalten wird (SHERRIFF 1996, S. 50f.).

Ganz unbedenklich ist diese neue Entwicklung nicht. Noch ist die Zeit der kolonialen Siedler vielen im Gedächtnis. Viel wird davon abhängen, wie die neuen Siedler mit ihren neuen Nachbarn umgehen.

2 Der Demokratisierungsprozeß und die ersten freien Wahlen 1991

Der Demokratisierungsprozeß Zambias wurde durch ein von Kaunda zugelassenes Referendum eingeleitet, welches wohl unter dem Druck der „Geberländer" zustande kam. In diesem Referendum konnte das zambische Volk entscheiden, ob es ein Mehrparteiensystem wünscht oder bei der bisherigen Staatsform bleiben will.

Bei den ersten demokratischen Wahlen am 31. Oktober 1991, entschied sich eine überwältigende Mehrheit der Zambier für die Bewegung für Mehrparteien-Demokratie (Movement for Multiparty Democracy – MMD) unter der Führung von Frederick J. Chiluba. Chiluba war der bisherigen Generalsekretär der Gewerkschaftsbewegung Zambian Congress of Trade Unions (ZCTU).

Das Wahlziel Chilubas war die Ablösung der bestehenden Regierung und die Gründung der Dritten Repulik. Sein Wahlspruch „die Stunde ist gekommen" ("the hour has come") wurde zum stehenden Begriff. Das erste Mal in der Geschichte Afrikas wurde ein Parteigründer in freien Wahlen entthront (Infodienst 1994).

Kaunda akzeptierte die Niederlage sichtlich bewegt, seine Abschiedsrede hinterließ national und international einen tiefen Eindruck. Er blieb Vorsitzender von UNIP, hatte aber keinen Sitz im Parlament. 1992 wurde er auf dem Parteitag der UNIP als Parteiführer abgewählt und begab sich – zunächst – in den Ruhestand (The Courier 1993, S. 32).

2.1 Zambia heute: Politische Kultur und Staatsaufbau der Dritten Republik

Die neue Regierung Chiluba genoß international anfänglich hohes Ansehen und bekam viele Vorschußlorbeeren, wollte man doch mit der unter der Kaunda-Regierung gängigen Praxis der Korruption gründlich aufräumen und zur wirklichen Demokratie zurückkehren.

Chiluba begann sein Werk mit viel Elan. Seine Hauptanliegen waren die Liberalisierung des Handels, die Privatisierung der staatlichen und halbstaatlichen Betriebe, die Schaffung der Pressefreiheit. Hierzu bedurfte es, ganz im Sinne von Weltbank und IWF, einer rigorosen Streichung der Subventionen. Begleitend zu diesen Maßnahmen wurde ein Sozialprogramm eingeführt, welches dabei helfen sollte, die schlimmsten Auswirkungen der Sparpolitik auf die ärmsten Bevölkerungsschichten aufzufangen. Die Stärkung des ländlichen Raums, bessere Ausbildung, Wasser- und Gesundheitsversorgung standen hier im Vordergrund. Einen deutlichen Rückschlag erlitten die Regierungsbemühungen durch die Dürreereignisse im Jahre 1992. Eine der schwersten Katastrophen erfaßte beinahe das ganze südliche Afrika. In Zambia waren sieben von neun Provinzen von großen Ernteverlusten betroffen (The Courier 1993, S. 33). Insgesamt sank die Agrarproduktion um 39,3 % und die Handelsbilanz wies ein Loch von 94 Mio. US-$ auf (TAZ 1993).

Über den Kurs der Regierung Chiluba nach 1992 herrscht keine einhellige Meinung. Während "The Courier" sich z.B. lobend über die Pressefreiheit äußert (The Courier 1993, S. 32), wird diese im Lande selbst in Frage gestellt (Infodienst 1994).

Die Ernüchterung über den politischen Wechsel kam nicht nur mit zunehmender Armut der einfachen Bevölkerung sondern auch mit der Erkenntnis, daß über die Hälfte der 23 Minister der Chiluba-Mannschaft aus dem alten Kader der UNIP stammten (Infodienst 1994). Dies brachte Chiluba in den Verdacht, die Korruption nicht mit der versprochenen Radikalität zu bekämpfen, was sich bald bestätigen sollte. Einige der Minister mußten sich massiven Vorwürfen des internationalen Drogenhandels und der Korruption stellen und zurücktreten. Chiluba wurde vorgeworfen, nicht schnell und entschieden genug gehandelt zu haben. Zahlreiche kleinere und größere Skandale brachten die Regierung weiter in Verruf.

Im Jahre 1993 kam es zur Abspaltung einer größeren Gruppe von Abgeordneten der MMD und zur Gründung der Nationalen Partei (National Party - NP). Die Abspaltung, an der sich prominente Mitglieder der MMD beteiligten, wurde mit Wählertäuschung durch die Partei begründet (Int. Afrikaforum 1993, S. 350).

Im März 1993 wurde überraschend der Ausnahmezustand über das Land verhängt. Die "Zero Option", ein mysteriöses Papier, in welchem Pläne dargelegt wurden, wie man das Land unregierbar machen könnte, erregte die Regierenden. Man vermutete die Opposition um Kaundas ehemalige Partei hinter den Plänen und verhaftete zahlreiche Oppositionspolitiker. Die internationale Staatengemeinschaft reagierte mit Empörung auf die unverständliche Reaktion des „demokratischen Musterkindes" Zambia.

2.2   1996 – das Ende der Demokratie ?

1995 begann sich der Machtkampf zwischen der Regierungspartei, NP und UNIP zu verstärken, da sowohl Lokalwahlen als auch allgemeine Wahlen (Oktober 1996) anstanden. Neue Parteien stehen vor der Gründung, so z.B. die Lima-Partei (LP), die die Interessen der Bauern im Parlament vertreten sollen. Die Hauptakteure dieser geplanten Partei sind der Präsident der Bauerngewerkschaft und der ehemalige Landwirtschaftsminister der MMD-Regierung. Die parteiinternen Machtkämpfe in NP und UNIP erleichtern dem bisher als Parteiführer unumstrittenen Chiluba die Situation etwas.

Deutlich erschwert wird die Situation jedoch durch eine Verfassungsänderung Mitte 1996, die dem erneut an die Macht strebenden ehemaligen Präsidenten Kaunda die Kandidatur verbieten soll. Der geänderte Artikel schreibt dem Präsidentschaftskandidaten vor, daß beide Elternteile in Zambia geboren sein müssen und daß er mindestens 20 Jahre lang in Zambia gewohnt haben muß. Tatsächlich stammt der Vater Kaundas ursprünglich aus dem heutigen Malawi. Bedenkt man jedoch das Geburtsjahr des ehemaligen Präsidenten, 1926, wird deutlich wie unsinnig die neue Regelung ist. Damals gab es noch kein Zambia. Vielleicht schoß Chiluba auch ein Eigentor: Gerüchten zufolge stammt sein Vater nämlich aus Zaïre.

Als Reaktion auf die Verfassungsänderung kam es zu Demonstrationen und mehreren Bombenattentaten, z.B. auf das staatstreue Presseorgan "Times of Zambia". Der Verband der Juristen (Law Association of Zambia), kritisierte die Verfassungsänderung als verfassungswidrig (The Post 1996, S. 3).

Kaunda läßt sich die politische Aktivität nicht verbieten und kritisiert Chiluba und die MMD Regierung in öffentlichen Auftritten auf das heftigste (The Post 1996, S. 1; 4). Die Durchführung und der Ausgang der Wahlen 1996 läßt an der Demokratie Zambias zweifeln. Die Kaunda-Partei boykottierte die Wahl und Chiluba gewann mit großer Mehrheit. Stimmen wurden laut, die an eine Wahlmanipulation denken lassen, zumindest aber die ordnungsgemäße Durchführung der Wahlen in Frage stellen. Vorläufiger Höhepunkt der Auseinandersetzungen zwischen Kaunda und Chiluba ist ein Attentatsversuch, der im August 1997 auf Kaunda und einen führenden Oppositionspolitiker verübt wurde. Hierbei wurde beide Politiker von der Polizei durch Schüsse verletzt (The Post 1997).

2.3 Zambia und die Organisation der SADC

Die Entwicklungsgemeinschaft des Südlichen Africa (Southern African Development Community – SADC), früher SADCC – Southern African Development Coordination Conference, ist ein Zusammenschluß von heute elf Staaten des Südlichen Afrika, der ursprünglich dazu gedacht war, die Verringerung der wirtschaftlichen und infrastrukturellen Abhängigkeiten von der Apartheidrepublik Südafrika zu erreichen.

Heute gehören der Gemeinschaft Angola, Botswana, Lesotho, Malawi, Mosambik, Namibia, Zambia, Zimbabwe, Südafrika, Swasiland und Tansania an. Der Regierungswechsel in Südafrika und die dadurch bedingte deutliche Entschärfung der politischen Situation im südlichen Afrika bietet völlig neue Chancen für eine wirtschaftliche Zusammenarbeit der SADC, erfordert aber auch eine Neuorientierung und -definierung der Ziele der Gemeinschaft.

Zu den neuen Zielen der SADC gehört die Schaffung investitionsfreundlicher Bedingungen im SADC-Bereich, d.h. der Abbau bürokratischer Hindernisse, die Garantie für Rechtssicherheit und den Aufbau marktwirtschaftlicher Strukturen. Das Endziel ist eine verstärkte Investitionsbereitschaft von Ausländern, insbesondere der Europäischen Union (EU). Die neue Entwicklungsstrategie soll dazu beitragen, von der Entwicklungshilfe wegzukommen und durch Investitionen Arbeitsplätze und Entwicklung zu schaffen.

Die Koordination von Entwicklungsmaßnahmen wird dadurch erschwert, daß neben der SADC noch die sogenannte präferentielle Handelszone (Preferential Trade Area – PTA) existiert, deren Ziele sich mit denen der SADC zum Teil überschneiden, z.T. aber auch gegenläufig sind. Die PTA soll der Erleichterung des Binnenhandels zwischen den 19 Mitgliedstaaten im südlichen und östlichen Afrika dienen. In diesem Sinne sind beide Organisationen Wirtschaftsorganisationen, deren Ziel es ist, die wirtschaftliche Entwicklung der Mitgliedsstaaten zu fördern. Während es jedoch erklärtes Ziel der PTA war, das Transportwesen im südlichen Afrika zu vereinheitlichen, war das Hauptziel der früheren SADCC, Handelswege abseits der südafrikanischen Häfen zu entwickeln (CHITENDWE 1992, S. 5).

Nun, da sich die politische Lage im Südlichen Afrika verändert hat, erhebt sich die Frage, ob zwei Organisationen wirklich notwendig sind oder ob ein Zusammenschluß von SADC und PTA nicht vorteilhafter wäre (CHITENDWE 1992, S. 5).

Wie wichtig, aber auch wie schwierig die Zusammenarbeit zwischen den Staaten im südlichen Afrika ist, zeigte sich deutlich während des Dürrejahres 1992. Nahrungshilfe mußte schnell nach Zimbabwe, Malawi, Zambia und Mosambik transportiert werden. Bis Mitte 1992 war nur die Hälfte des Bedarfs an Nahrungsmitteln für ca. 40 Mio. hungernde Menschen gedeckt (FAO 1992, S. 21). Plötzlich sollten statt der üblichen 2 Mio. t Nahrungsmittel 6 Mio. t über alle Grenzen hinweg transportiert werden. Zambia benötigte 860 000 t Getreide, um die Ernährung der Bevölkerung zu gewährleisten (FAO 1992, S. 22). Und wie sah es in der Realität aus? Trotz Katastrophenalarm und hungernder Menschen schlossen die Grenzen pünktlich um 18.00 Uhr.

Zwischen 1975 und 1990 kamen mehr als 40 % der Entwicklungshilfe für die SADC von den Mitgliedsstaaten der EU (MÖLLERS 1995, S. 34). Bei den multinationalen Vergaben spielte laut BFAI 1996 Brüssel 1993 mit einem Anteil von rund 40% eine führende Rolle (Abb. 2.1).

Das Handelsvolumen der EU mit SADC lag 1992 bei rund 10 Mia. DM; allein mit Südafrika, das der Gemeinschaft damals noch nicht angehörte (Beitritt August 1994) lag es bei 19 Mia. DM (FAZ 1994, S. 17). Insgesamt wurden der SADC bis Ende 1992 ca. 1,6 Mia. DM für Projekte zugesagt, die

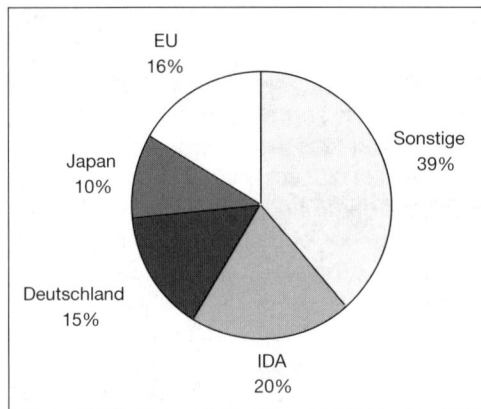

Abb. 2.1: Zambias wichtigste Geldgeber
(Quelle: BFAI 1996, S. 11)

zum größten Teil aus dem Europäischen Entwicklungsfond (EEF) finanziert wurden. Zambia erhielt Zahlungszusagen von ca. 30 Mio. DM zur Unterstützung des Bergbaus, privatwirtschaftlicher Entwicklungsprogramme, für die Strukturanpassungshilfe und zur Förderung der Landwirtschaft im Kupfergürtel (MÖLLERS 1995, S. 36).

Ein großes Hindernis für die SADC sind die unterschiedlichen Entwicklungsstufen der Länder. Das reichste Land der SADC war 1994 Botswana mit einem Bruttosozialprodukt von 2 790 US-$ pro Einwohner – das ärmste Land Mosambik mit nur 60 US-$ pro Einwohner (FAZ 1994a).

3 Kultur, Bildung und Gesundheitssystem

3.1 Ethnische Vielfalt – wenn eine Nation aus 70 Völkern besteht

Die Bevölkerung von Zambia (1996: ca. 10 Mio.) setzt sich aus ca. 70 unterschiedlichen ethnischen Gruppen zusammen, die z.T. eng miteinander verwandt sind. Die Mehrzahl der Gruppen ist bantustämmig und wanderte um 1700 n. Chr. (vermutlich unter Druck der ersten portugiesischen Händler und Eroberer) aus dem Lunda-Luba-Reich im Kongobecken in den Norden und Nordwesten des heutigen Zambias ein.

Wichtige Volksgruppen bilden u.a. die Bemba (36,2 %) im Nordosten, die Nyanja, Chewa, Ngoni, Nsenga (17,6 %) im Südosten, die Tonga (15,1 %) im Süden, die Kaonde, Lunda und Luvale (10,1 %) im Nordwesten und die Lozi und Nkoya (8,2 %) im Westen. Derzeit leben ca. 16 000 Europäer und Asiaten in Zambia. Ende 1994 befanden sich ca. 136 000 Flüchtlinge aus Zaïre, Angola und Mosambik auf zambischem Staatsgebiet.

Auch heute noch sind die unterschiedlichen ethnischen Gruppen in ihren Herkunftsgebieten stärker konzentriert. Dennoch haben die Wanderungsbewegungen der Bevölkerung, bedingt durch die Wanderarbeit (Bergbaugebiete), die ursprünglich aus Malawi rekrutierten Soldaten und die starke Verstädterung das Sprachgefüge verändert (vgl. SCHULTZ 1983, S. 130). Die ursprüngliche Situation repräsentiert sich in der von LANGWORTHY (1971, S. 36f.) dargestellten Verbreitung der wichtigsten Sprachengruppen (Abb. 3.1).

Fast alle Einwohner Zambias sprechen zwei oder mehr Sprachen. In den meisten Fällen ist dies neben ihrer Heimatsprache die Verkehrs- und Staatssprache Englisch, zusätzlich häufig eine der größeren afrikanischen Hauptverkehrssprachen (Bemba, Nyanja, Lozi, Tonga etc.).

Die Einbindung vieler unterschiedlicher Volksgruppen in ein Staatsgefüge bereitet in

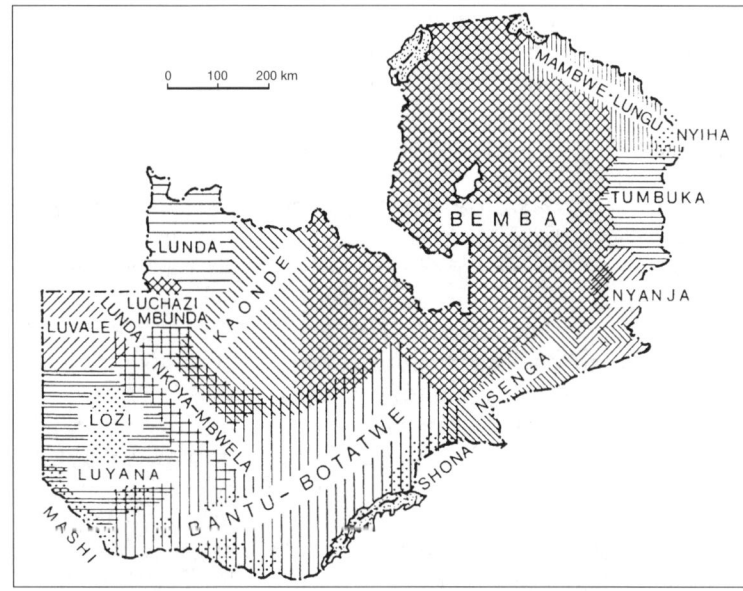

Abb. 3.1:
Verbreitung der wichtigsten Sprachgruppen in Zambia
Quelle: LANGWORTHY 1971

Zambia wie in vielen anderen afrikanischen Staaten besondere Probleme. Es geht um Macht und Einflußnahme auf politische Entscheidungen und vor allem darum, zu verhindern, daß eine einzige Gruppe zu großen politischen Einfluß gewinnt. Erschwerend ist hierbei, daß bei den willkürlichen Grenzfestlegungen ursprünglich Zusammenhängendes getrennt wurde. 1890 erfolgte die Grenzziehung zum damaligen Deutsch-Ostafrika und Deutsch-Südwestafrika, 1894 zum heutigen Kongo, 1905 zu Mosambik und Angola. So bilden die Ngoni und Chewa wichtige Volksgruppen auch in Malawi, und im Norden und Nordwesten zerschneidet die Grenze nach Angola und Kongo den ursprünglichen Kulturraum der Lunda und Luvale (SCHULTZ 1983, S. 3). Im Süden trennt die Grenze nach Zimbabwe heute den Lebensraum, der beiderseits des Zambezi ansässigen Tonga.

Mit der Zeit sind drei große politisch-ethnische Machtblöcke entstanden: die Tonga-Lozi-Luvale-Lunda-Kaonde-Allianz (im Süden, Westen, Nordwesten und der Zentralprovinz), die Bemba-Gruppe (im Norden und in der Luapulaprovinz) und die Ngoni-Gruppe in der Ostprovinz (NYAKUTEMBA 1991).

Kaunda, ein Mitglied der Bembagruppe aus dem Norden des Landes, wird immer wieder als die Integrationsfigur per se beschrieben, die durch geschickte Besetzung wichtiger Positionen zur Ruhe im Lande wesentlich beigetragen hat. NYAKUTEMBA (1991) stellt diese These entschieden in Frage und bezeichnet Kaundas „tribalistische Balanceakte" als mehr kosmetischer Art, was zur Schaffung von drei oder vier Machtblöcken im Lande geführt habe. Eine weitere Folge dieser Politik sei die langsame Ausbreitung von Korruption, Faulheit und Disziplinlosigkeit im öffentlichen und halbstaatlichen Sektor gewesen. Viele der wirtschaftlichen Unternehmen seien „tribalistische Domänen" geworden. Weiter folgert der Autor, daß Kaundas Politik umgekehrt nur deshalb möglich war, weil die zambische Gesellschaft geduldig und tolerant ist und die ethnischen Unterschiede respektiert.

In der Tat kann die Zugehörigkeit zu einer ethnische Gruppe auch stabilisierend wirken, besonders wenn man an die Prozesse der Landflucht und Verstädterung denkt. Die erste Anlaufstelle in der Stadt sind häufig Mitglieder der gleichen Ethnie. Im Alltagsleben haben die Unterschiede in der Volkszugehörigkeit sicher ihre Auswirkungen. Dies kann sich z.B. darin äußern, daß ein Geschäftsmann der Lozi-Gruppe lieber einen Angehörigen seiner eigenen Gruppe, als jemanden, der der Bemba- oder Tonga-Gruppe angehört, einstellt. Oder eine Hausangestellte, die der Tonga-Gruppe angehört sagt über den Angestellten der Nachbarn: „Er ist eben ein Bemba" – wie immer dies interpretiert werden mag.

Insgesamt werden die Gegensätze zwischen den einzelnen Ethnien jedoch nicht als übermäßig ausgeprägt bewertet, wie auch ZORN (1994, S. 6) meint. Solange die Politik das Gefüge nicht destabilisiert, sind zumindest kriegerische Auseinandersetzungen nicht zu erwarten.

Über die Volkszugehörigkeit hinausgehend verbindet die zambische Bevölkerung die Religionszugehörigkeit. Die ersten christlichen Missionen bestanden bereits vor 1890 (HENKEL 1989, S. 30). Dies führte zu einem starken Christianisierungsprozeß bei den Zambiern. Heute bekennen sich 72 % der Bevölkerung zu einer christlichen Religion (35 % Protestanten, 27 % Katholiken, 9 % afrikanische Kirchen). Naturreligionen sind trotz alledem stark verbreitet. Frederick Chiluba, selbst ein überzeugter Christ, sorgte dafür, daß Zambia verfassungsgemäß als „christlicher Staat" gilt. Dies brachte ihm die Kritik der Kirchen und der anderen Religionsgemeinschaften des Landes ein. Der Verband der Juristen (Law Association of Zambia) kritisierte den Eintrag in die Verfassung als „diskriminierend" für die anderen Religionen Zambias (The Post 1996, S. 3).

3.2 Das Bildungssystem: Lernen und Studieren in Zambia

Das staatliche Bildungssystem ist auch heute noch stark an das englische Vorbild angelehnt. Die staatliche Fürsorge beginnt in den Städten des Landes mit dem Besuch des Kindergartens, in den ländlichen Gegenden hingegen mit der Primärschule ("Primary School"). Die Einschulung erfolgt in der Regel im siebenten Lebensjahr, wo es an Transport und Infrastruktur mangelt, zwischen dem 7. und dem 10. Lebensjahr. Diese Schulausbildung dauert sieben Jahre und endet mit dem "grade 7". Nach "grade 7" (14–15 Jahre) muß eine Prüfung absolviert werden um die Zugangsberechtigung zur Sekundärschule ("Secondary School") zu erhalten. Die Sekundarstufe ist in zwei Abschnitte geteilt, die "Junior Secondary School" (zwei Jahre, "grade 8–9") und die "Senior Secondary School" (drei Jahre "grade 10–12"). Die "Junior Secondary School Leaving Examinations" (JSSLE) berechtigen zum Besuch der "Senior Secondary School". Weitere Bildungsinstitute sind die "Trades Training Institutes" (Berufsbildende Schulen, Handelsschulen) und die "Colleges" (Lehrerbildende Anstalten).

Der Abschluß der "Senior Secondary School" erfolgt mit dem O-level ("ordenary level"). Die Prüfungen hierzu werden heute "grade 12 level exams" genannt. Bis Ende der 1970er Jahre wurden diese Prüfungen in Zusammenarbeit mit der lokalen Organisation, dem sogenannten "Local Syndicate" von London aus organisiert. Dieser Abschluß war die Commonwealth Zulassung (General Certificate of Education, GCE) und berechtigte zu Arbeit oder zum Universitätsbesuch. Die zentrale Regelung der Prüfung durch die ehemalige Kolonialmacht wurde mit der Zeit zu teuer, weil u.a. auswärtige Lehrer zu Korrekturen eingeflogen wurden, so daß im Rahmen der Dezentralisierung das Examination Council of Zambia (ECZ) gegründet wurde.

Heute wird der A-level ("Advanced level"), der höchste Abschluß der Mittelschule, nur an wenigen Mittelschulen angeboten. Der A-level ist gleichzeitig die Berechtigung zum Universitätsstudium.

Im Alter von 18–19 Jahre kann dann die Universitätsausbildung beginnen. Der Zugang zur Universität erfolgt in der Regel mit

Übersicht 3.1:
Ein Beispiel eines neunjährigen Schulmädchens aus der Ostprovinz Zambias

* Quelle: eigene Erhebungen, 1994

** "Parents-Teachers Association Fund"-Selbsthilfe-Organisation. Die Kosten sind bezogen auf einen "term", d.h. ein Trimester. Ein Term der Sekundärstufe kostet bereits 50 000 ZK Gebühren.

Sie ging 1994 in die 3. Klasse der Grundschule. Ihre Eltern mußten ca. 15 000 ZK für ihre Ausbildung aufbringen. Die Kosten setzten sich wie folgt zusammen*:	
Schuluniform	4 000 ZK
Schuhe	3 000 ZK
Socken	500 ZK
Bücher	2 000 ZK
Schulgebühren	1 000 ZK
PTA**	3 000 ZK
Summe	13 500 ZK

Durchschnittlich hat eine Familie in Zambia sechs Kinder - wie unerschwinglich Ausbildung dabei wird, ist leicht auszurechnen.
Der durchschnittliche Jahresverdienst lag 1990 bei ca. 20 000–30 000 ZK, bis heute hat sich dies nicht wesentlich geändert.
Der Besuch der Mittelschule wird noch teurer, die Uniformen kosten mehr, in Vollzeitschulen bezahlte man 1994 jährlich 45 000 ZK an Schulgebühren (150 000 ZK im Jahre 1996).

"grade 12". Deshalb ist das erste Universitätsjahr dafür reserviert, den A-level zu erreichen. Die Fächer im ersten Jahr an der Universität sind: Englisch (als Pflichtfach), Geschichte, Wirtschaftslehre, Psychologie oder – entsprechend der Studiengangwahl – z.B. Geographie oder Französisch für die geisteswissenschaftlichen Fächer bzw. Mathematik, Chemie, Biologie und Physik für die naturwissenschaftlichen Fächer.

Für die Grund- und Mittelschulen sind Schuluniformen obligatorisch. Die Schulverwaltung wählt dabei (manchmal unter Einbeziehung der Eltern) die Farbe der Uniform. Auch die Farbe der Schuhe und Socken ist vorgeschrieben.

Dies ist ein Erbe der Kolonialmacht, welches vielen Eltern große finanzielle Probleme bringt. Entgegen dem eigentlichen Sinn der Uniformen, nämlich die äußerliche Gleichheit der Schüler und Schülerinnen zu demonstrieren, werden heute manchmal Kinder wegen fehlender Uniformen vom Unterricht ausgeschlossen.

3.2.1 Die Universitäten: Hoffnungsträger?

Im 19. Jahrhundert wurden durch die Kolonialisierung erstmals europäische Bildungssysteme in Afrika etabliert. Die erste Schule wurde in Zambia 1883 eröffnet (SNELSON 1990). 83 Jahre vergingen bis zur Gründung der Universität von Zambia im Jahre 1966. Hiermit gehörte diese Einrichtung zu den Pionieren der höheren Schulbildung in Afrika, denn der gesamte Kontinent zählte 1960 nur sechs Hochschulen. Inzwischen existieren in Afrika 95 Universitäten (SAINT 1992).

Angesichts der großen ökonomischen und demoskopischen Probleme des Kontinents, von welchen natürlich auch diese Institutionen betroffen sind, ist die Hochschulausbildung der Zukunft ungewiß und bedarf Änderungen, die den heute zu beobachtenden Trends wirksame Strategien entgegensetzen. CHAVUNDUKA (1992) fordert, daß die afrikanischen Universitäten trotz großer Probleme weiterhin qualifizierte Hochschulbildung anbieten sollen, räumt aber ein, daß dies in der Vergangenheit nicht entsprechend geschehen ist. Hierfür macht er in erster Linie finanzielle Gründe verantwortlich. HOHNHOLZ (1991) betont dagegen die Rolle politischer Unruhen als Störfaktor im universitären Bereich der Entwicklungsländer.

Universitäten sind als politischer Machtfaktor nicht zu unterschätzen, dies zeigt die Universität von Zambia deutlich. Daß es dabei auch zum Machtmißbrauch durch die Parteien kommt ist zwangsläufig.

Auch in Zambia wurde der Universitätscampus häufig per Regierungsbeschluß geschlossen, die Studierenden wurden durch Paramilitär vom Campus entfernt (1989, 1990, 1991) und längere Universitätsschließungen (bis zu sechs Monaten) verordnet. Mit solchen Praktiken stand Zambia nicht alleine, wie auch SAINT (1992) bestätigt.

Verfassungsgemäß ist der Präsident gleichzeitig auch Kanzler der Universitäten des Landes. Chiluba wollte diese Rolle nicht übernehmen, wurde aber durch die Gesetze dazu gezwungen. Zunächst herrschte im Bildungssektor Ruhe, die Studentengewerkschaft (Students Union) wurde wieder zugelassen, Studierende, die aufgrund ihrer früheren politischen Betätigung vom Studium ausgeschlossen worden waren, durften ihr Studium wieder aufnehmen. Seit 1994 scheint die Regierungspolitik wieder deutlich restriktiver zu werden. Die Universität von Zambia wurde wieder häufig geschlossen und das Lehrpersonal, vor allem aber die in der Gewerkschaft organisierten Hochschulbediensteten, entlassen.

Die strikte Trennung von Bildung und Politik wird neuerdings auch durch die Regierungspartei unterlaufen, die an der Universität ein Parteibüro eröffnen möchte. Dieses

Unterfangen wird von vielen Seiten heftig kritisiert (The Post 1996, S. 4), zumal es zur politischen Polarisierung der verschiedenen Interessensgruppen an der Universität führt und damit die Gefahr gewalttätiger Auseinandersetzungen schürt.

Die Universität von Zambia (UNZA) ist neben der kleinen Copperbelt Universität (CU), gegründet 1980, die einzige Hochschule im Lande. Die UNZA stellt in gewisser Weise ein übertragbares Beispiel auf andere afrikanische Universitäten dar (vgl. BOWN 1991; SAINT 1992; COURT 1991; MILIMO 1990). Jedes Jahr bewerben sich ca. 20 000 Studierende um einen Studienplatz, davon werden jedoch nur rund 1 000 akzeptiert. Im Jahre 1993 studierten ca. 4 200 Frauen und Männer an der UNZA. Der Frauenanteil an der gesamten Studentenschaft betrugt 22 %. In der naturwissenschaftlichen Fakultät reduzierte sich dieser Anteil auf 13 %, in der landwirtschaftlichen Fakultät auf nur 10 %. Die Zahl der Studierenden hat sich trotz steigender Bevölkerungszahlen in Zambia seit Jahren nur wenig verändert: 1979: 4 010; 1983: 4 088; 1989: 3 729 (CSO 1989, 1988, 1984).

MBIKUSITA-LEWANIKA (1990) bestätigt diesen Trend auch für sämtliche andere Bildungseinrichtungen Zambias. Berücksichtigt man das Bevölkerungswachstum von 3,5 Mio. Einwohnern im Jahre 1969 auf 8,5–9 Mio. im Jahre 1993, so wird deutlich, daß das Bildungsniveau des Landes eine stark rückschreitende Entwicklung erfährt. Der obengenannten Zahl der Studierenden stehen 2 667 Universitätsangestellte gegenüber (DRESCHER 1994). In der Lehre waren derzeit 436 Personen tätig, davon 18 % ausländische Dozenten. Der Frauenanteil betrugt 13,5 %.

Die geringe Repräsentanz von Frauen im akademischen Dienst in Afrika wird auch von SAINT (1992) bestätigt. Er errechnete einen durchschnittlichen Frauenanteil von 12 % an den Lehrkörpern von 25 afrikanischen Universitäten. Offiziell waren 1993 29,7 % aller Universitätsangestellten Frauen. Auf höchster akademischer Ebene (Professoren, Senior Lecturer einschließlich Lecturer I) waren an der Universität von Zambia 1993 insgesamt 196 Personen tätig, davon 55 % Ausländer, der Frauenanteil betrugt auch hier 12 %.

Der hohe Anteil von Ausländern im akademischen Dienst läßt sich durch die Abwanderung ("brain drain") der hochqualifizierten einheimischen Lehrkräfte erklären, die mit den lokalen Lehr- und Lebensbedingungen unzufrieden sind. Neuerdings wird diskutiert, ob man diese Kräfte durch die Übernahme eines Teiles der Personalkosten aus Geldern des Entwicklungsetats der Industriestaaten (z.B. durch Zahlung eines sogenannten "topping up") im Land halten könnte. Genaue Statistiken zum Verbleib der abgewanderten Fachkräfte sind nicht zugänglich.

Die Hauptwelle des "brain drains" scheint jedoch nach Süden zu verlaufen (Botswana, Südafrika, Swasiland, Transkei, Ciskei). Die Gehälter der Dozenten werden in der einheimischen Währung, dem Zambischen Kwacha bezahlt, der allerdings starken Kurswechselschwankungen zum US-$ unterliegt. Um einigermaßen verständliche Daten zu geben, wurden die jeweiligen Monatsbezüge zum aktuellen Kurs umgerechnet und in Abbildung 3.2 als jeweilige Äquivalente zum US-Dollar wiedergegeben. Im Februar 1994 hatte sich der Kurs der zambischen Währung wieder so verschlechtert, daß das Bruttogehalt nur noch ca. 115 US-$ monatlich betrug (Abb. 3.2).

Geldmangel ist ein ständiges Thema der Universitäten, auch in Afrika. Dies führt häufig zu verspäteter Zahlung von Gehältern, Gradifikationen und Reisekosten und wirkt sich negativ auf alle Bereiche der Universität aus. Insbesondere die Bereitstellung von Büchern ist ein Problem, welches viele afrikanische Universitäten betrifft (Tab. 3.1).

Durch steigende Studiengebühren versucht die Regierung einen Teil der notwendi-

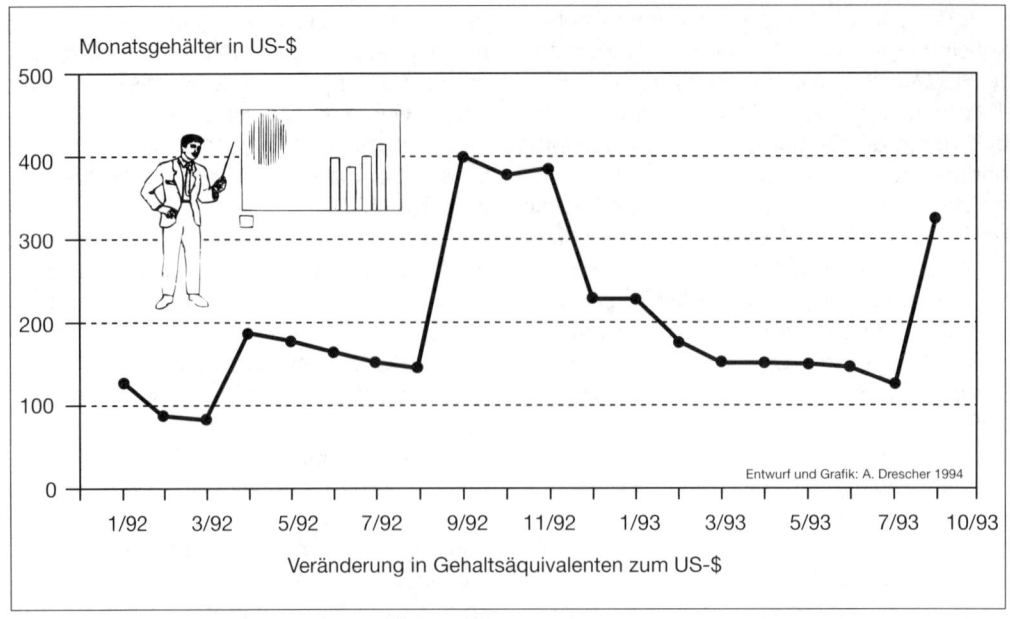

Abb. 3.2: Gehaltsentwicklung eines Hochschullehrers an der Universität Zambia (1992/93)
Quelle: eigene Erhebungen

Universitäten	1979	1988
Benin	11	5
Uganda	129	84
Tschad	16	4
Malawi	123	57
Dar es Salaam	84	65

Tab. 3.1: Durchschnittliche Anzahl Bücher pro Studierender an einigen afrikanischen Universitäten
Quelle: SAINT 1992

gen Gelder für die Aufrechterhaltung des Lehrbetriebes bereitzustellen (Abb. 3.3). Diese Gebühren stellen für viele Familien eine extreme Belastung dar und führen dazu, daß Bildung zum Privileg der reichen Oberschicht wird.

SAINT berechnete für 32 Universitäten in Afrika, daß es im Jahre 1979 durchschnittlich

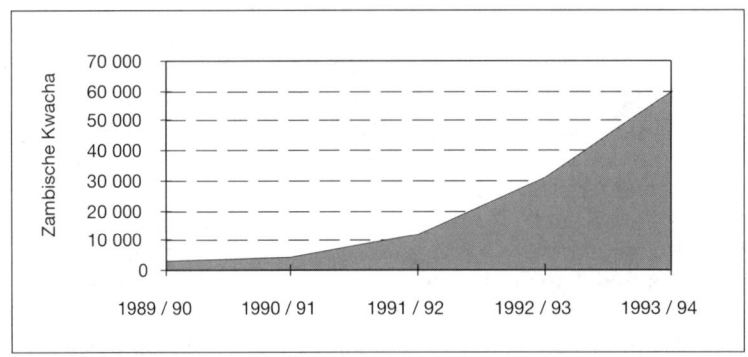

Abb. 3.3:
Entwicklung der Studiengebühren an der Universität von Zambia 1989–1994
Quelle:
eigene Erhebungen

Das Bildungssystem: Lernen und Studieren in Zambia

49 Bücher pro Studierenden gab, 1988 aber nur noch 7. Zambia liegt diesbezüglich voll im Trend, obwohl keine Statistik zur Verfügung steht.

Korruption macht auch vor den Türen der Universitäten nicht halt und trägt ihrerseits zum Geldmangel bei. Meist werden die Fälle jedoch vertuscht. Jüngst wurde ein Fall an der UNZA aufgedeckt, in den Personen aus der Rechnungsprüfung, der Buchhaltung und Reisekostenstelle (passages) verwickelt waren (MWALE 1996).

3.2.2 Berufserwartungen zambischer Studierender am Beispiel des Faches Geographie

Die Mehrheit der Studierenden der Geographie in Zambia absolvierte den Lehramtstudiengang, welcher sie für den Einsatz in Sekundärschulen vorbereitet. Zirka 35 % aller Studenten standen bereits während des Studiums in einem festen Arbeitsverhältnis, davon ca. 31 % als Lehrer, wobei das Geschlechterverhältnis hier gleichmäßig ausgeprägt ist.

Bei den Berufserwartungen gibt es deutliche geschlechtsspezifische Unterschiede. 28 % der männlichen und 26 % der weiblichen wollten tatsächlich Lehrer werden. 15 % der Frauen, aber nur 9 % der Männer strebten Forschung an. Sechs Prozent der Männer, aber keine der weiblichen Studierenden wollten in der Privatwirtschaft unterkommen (Abb. 3.4).

Neben der Frage nach den potentiellen Arbeitsmöglichkeiten für Geographen, insbesondere für die Absolventen des "Natural Resource Programme" – eines Kurses der den Studierenden Grundwissen in Landwirtschaft, Geographie und anderen naturwissenschaftlichen Fächern vermittelt, erhebt sich auch die Frage, wie das Kursangebot und die Kursgestaltung im Rahmen dieses Programmes an den Bedarf der potentiellen Arbeitgeber angepaßt werden kann. Aus den Vorschlägen einiger der befragten Institutionen ging klar hervor, daß ein Bedarf an Fachleuten für Umweltlaboratorien, Fischereiwesen, Forstwirtschaft und Wildlifemanagement besteht. Im Fischereiwesen und Wildlifemanagement sind erfahrungsgemäß 1993 auch Hochschulabgänger unterge-

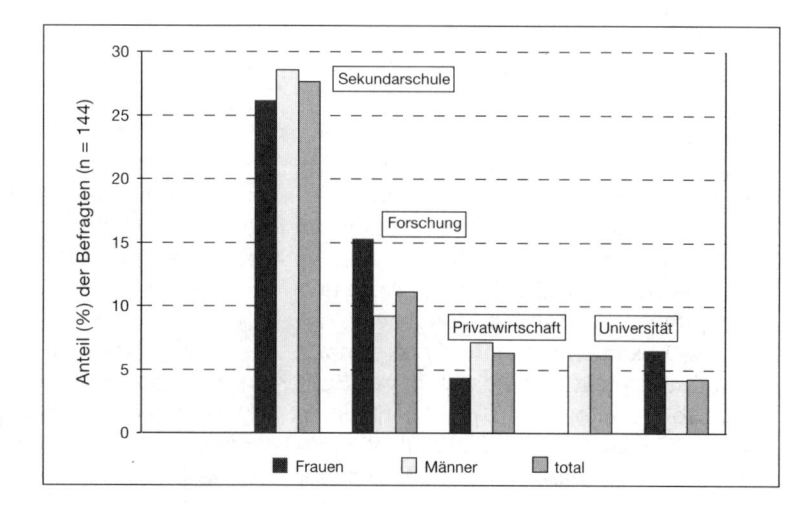

Abb. 3.4:
Berufserwartungen zambischer Geographiestudenten
Quelle:
DRESCHER 1994, S. 587

kommen. Im Umweltbereich zeichnet sich ein deutlicher Bedarf an Fachleuten ab. Aufgrund der verschärften Umweltgesetze und größerer Pressefreiheit in Zambia werden Firmen und Organisationen zunehmend mit der Umweltproblematik konfrontiert. Absolventen des "Natural Resource Programmes" sind im "Department of Natural Resources", bei der staatlichen Minengesellschaft (ZCCM) untergekommen. Neben städtischen Einrichtungen (z.B. im Bereich Müllmanagement, ökologische Stadtplanung u.a.) haben insbesondere die chemischen Industrien, aber auch die Minengesellschaft in Zukunft größeren Bedarf an Fachleuten im Umweltbereich, was eine stärkere Ausrichtung des Studiums in diese Richtung rechtfertigt.

3.3 Das Gesundheitswesen und die Rolle der traditionellen Medizin

Das Gesundheitssystem Zambias ist besonders stark durch die Sparmaßnahmen der Regierung betroffen. Die bisherigen Leistungen des Staates, wie z.B. der Anspruch auf kostenlose Inanspruchnahme medizinischer Einrichtungen und Behandlungen werden abgebaut. Dies bedeutet für die einkommensschwachen Bevölkerungsschichten einen tiefen Einschnitt in ihre soziale Absicherung und führt Familien im Krankheitsfalle an den Rand des finanziellen Ruins. Immerhin besteht, besonders in den Krankenhäusern der ländlichen Regionen, noch die Möglichkeit der Bezahlung mit Naturalien (z.B. Mais oder Gemüse).

Insgesamt gibt es im ganzen Land 82 Krankenhäuser (1972: 76). Seit 1972 hat sich die Bevölkerung aber mehr als verdoppelt. Zusätzlich zu den Krankenhäusern gab es 1991 942 Gesundheitszentren (1972: 360), die – wie auch die meisten Distriktkrankenhäuser – aber häufig nicht über die notwendige medizinische Grundausstattung verfügen. Die staatlichen Krankenhäuser sind oft in schlechtem baulichem und hygienischem Zustand. Weit besseren Standard weisen die 29 Missionskrankenhäuser und die zahlreichen Privatkliniken auf. Ärzte und Zahnärzte sind in Zambia Mangelware. Im Jahre 1990 kamen auf einen Allgemeinarzt 9 600 Patienten (zum Vergleich in der Bundesrepublik Deutschland 377 Patienten). im Jahre 1975 waren dies 11 000 Patienten pro Arzt und 1982 waren es 7 000. Bei der zahnärztlichen Versorgung sieht die Situation noch dramatischer aus. Auf 100 000 Einwohner kommt noch nicht einmal ein Zahnarzt (Stat. Bundesamt 1992, S. 34; 1993, S. 38). Bei den Ärzten hat sich das Verhältnis in den letzten Jahren deutlich verschlechtert. Ein Hauptgrund liegt in der Abwanderung ("brain drain") der Ärzte in die südlichen Nachbarstaaten, wo sie besser verdienen.

Auch im Gesundheitswesen schlägt sich die regionale Disparität deutlich nieder. Nur 50 % der ländlichen Bevölkerung hat Zugang zu Gesundheitszentren, die nicht mehr als eine Stunde Fahrzeit vom Wohnort entfernt liegen (Stat. Bundesamt 1991, S. 42). Der ländliche Raum leidet besonders unter der Unterversorgung mit Ärzten. Hier gibt es wenig attraktive Standorte, so daß die Mehrzahl der Ärzte sich lieber in den Städten niederläßt. In einigen Fällen führt das dazu, daß in den Distriktkrankenhäusern fast nur noch ausländische Fachkräften z.B. aus Kuba arbeiten. Noch deutlicher werden die Unterschiede hinsichtlich der Versorgung mit Medikamenten. Die Verfügbarkeit (und noch mehr die Erschwinglichkeit) bestimmter Medikamente ist bereits in den Städten eingeschränkt, im ländlichen Raum sind sie nicht erhältlich.

1990 flossen 7,8 % der Staatsausgaben in das Gesundheitswesen (1972: ca. 9 %). All dies zeigt eindrucksvoll, wie es um die medizinische Versorgung der Bevölkerung bestellt ist.

Abb. 3.5:
Entwicklung der Aidserkrankungen in Zambia und den Nachbarländern Zimbabwe und Malawi
Quelle:
Stat. Bundesamt
1993, S. 39

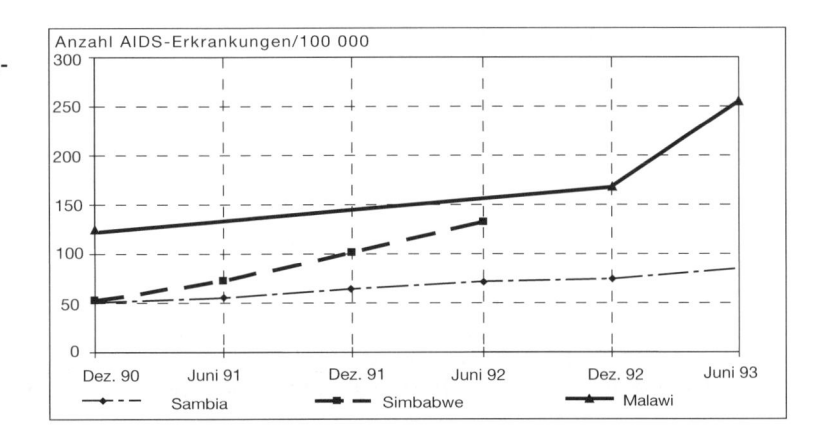

Die wichtigsten Leiden sind Erkrankungen des Verdauungsapparates (inklusive Cholera), Infektionen der Atmungsorgane und Malaria. Die Malaria, besonders die cerebrale Form (Malaria tropica) nimmt zu. Dies ist einerseits auf die zunehmende Resistenz des Erregers gegen die gängigen Malariamittel zurückzuführen, andererseits aber besonders in den Städten durch mangelnde Umwelthygiene bedingt.

Besonders Choleraerkrankungen haben in den letzten Jahren deutlich zugenommen. Bis April 1991 hatte eine im Oktober 1990 ausgebrochene Cholera-Epidemie bereits mehr als 800 Todesopfer gefordert (Stat. Bundesamt 1991, S. 32). Die Verbreitung der Cholera ist bedingt durch mangelnden Zugang zu sauberem Trinkwasser und mangelnde Hygiene. Cholera ist, wenn rechtzeitig erkannt, gut heilbar. Allerdings bedarf es der notwendigen Medikamente. Die ärmste Bevölkerungsschicht kann sich diese nicht leisten. Dadurch wird diese Krankheit zur typischen "Arme-Leute-Krankheit".

Auch AIDS ist stark in der Ausbreitung begriffen, die Zahlen über Infektionsraten sind jedoch sehr schwankend und unzuverlässig (Abb. 3.5). Die westliche Presse ist bei diesem Thema mit reißerischen Titeln wie „Im Epizentrum des Todes sterben Tausende an AIDS" (z.B. Badische Zeitung 1995, Mitteldeutsche Zeitung 1995) natürlich dabei.

Es gibt im Lande nur wenige Nachweislabors für die HIV-Infektion. Rückschlüsse auf

Abb. 3.6:
Todesursache Mangelernährung in Zambia
Quelle:
Stat. Bundesamt
1987; 1993

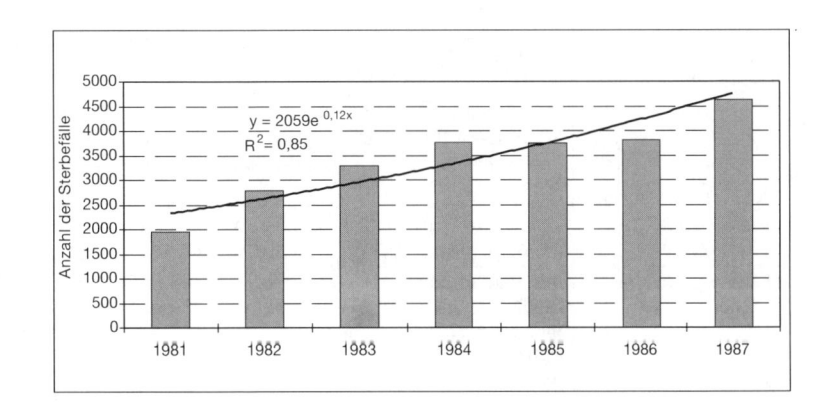

$y = 2059e^{0,12x}$
$R^2 = 0,85$

Tab. 3.2: Beispiele für die Nutzung der natürlichen Vegetation für medizinische und andere Zwecke in Zambia

Wissenschaftliche Namen	Lokale Namen	Nutzung	Quellen
Acacia albida	musangu (T), musango (Lun) muchangwe (T), mwiba (K), muchesi (B) munga	Medizin, Futter, Holz	FANSHAWE 1965, S. 58, 62; SCUDDER 1975, S. 256
Albizia antunesiana	musase (B), mulungwe (Luv?)	Medizin, Holz	FANSHAWE 1965, S. 75; 1972, S. 84
Brachystegia boehmii	muombu (N), musamba (Lun) ngansa (B), muombe (N), mubombo (Lun,T), musamba (K),	Holz, Wurzeln (Medizin)	FANSHAWE 1972, S. 108
Combretum imberbe	munundwe (B), mufuka (B,K), mulamana (Lun), mtebelebe, mkute (N), mukunza (T), mutzviri (S)	Hartholz, Medizin	Fanshawe 1968, S. 30; 1971, S. 112
Diplorhynchos condylocarpon	mwenge (K, B) mulaya (Luv, Lun), muzi (Lun), mtowa (N), mutowa (T), rubber tree, mwenge (B, K), mu (u)lya (Luv, Lun), muzi (Lun), mtowa (N), mutowa (T)	Holz, Gummi, Medizin	FANSHAWE 1972, S. 115; FANSHAWE 1965, S. 86
Dombeya rotundifolia	mukole (B), matowo (N), muzeme (L); matowo (N), wild pear	Holz, Medizin	FANSHAWE 1968, S. 42
Erythrina abyssinica	mutiti (S)	Holz, Zaunbau, Medizin	ENDA-ZW 1991, S. 73
Ficus capensis	mukunyu (B), mukuyu (K, Luv, Lun, N, T)	Holz, Medizin, Grundwasserzeiger	FANSHAWE 1972, S. 117
Ficus sycomorus	mkunyu, munkuyu (B), mu/mkuyu (N, K, Lz, Luv, T), muchaba, katema (Lz), muku (Lun), mupanda (T)	Früchte, Blätter, Jungpflanzen (Nahrung), Holz, Medizin (in vielen Gegenden traditionell geschützt)	FAO 1988, S. 288
Maprounea africana	mumwa (Lz)		FANSHAWE 1965, S. 58
Morus alba	makibeni (N)	Früchte (Nahrung)	
Musa sapientum	ibbanana (T), nkonde, ntochi, banana	Früchte (Nahrung)	SCUDDER 1975, S. 88; FANSHAWE 1969, S. 12
Passiflora quadrangularis	galanadila (N), granadilla	Früchte (Nahrung)	FANSHAWE 1969, S. 13
Phyllanthus muelleranus	mpiko=mpika		FANSHAWE 1969, S. 13
Piliostigma thonningii	mufumbe(B), mumfumbe (B), kifumbe (K), mubaba (L), musekese (L T), msekese (N), kanungi (Lun), monkey bread	Früchte, Blätter (Nahrung und Futter), Medizin	FANSHAWE, 1972, S. 74; ENDA-ZW 1991, S. 62
Pseudolachnostylis maprouneifolia	musangati (B), musole (N, K), mukunyu (Lz, T), msolo (N), kabalabala (Lun), mushzhowa (S)	Medizin, Holz, Früchte (Futter), „heiliger Baum"	FANSHAWE 1968, S. 78; ENDA-ZW 1991, S. 63
Pterocarpus angolensis	mubvamaropa (S), mukwa, kiaat, muninga, mulombwa (B), mulombe (N), mukwa, (Lz), muzwamaloa (T), mukula (K)	Medizin, Holz, Färbemittel	FANSHAWE 1972, S. 103; ENDA-ZW 1991, S. 28

Sclerocarya birrea o. Sclerocarya caffra	mulula, muyombo (Lz), muongo (K, Lz, T), musebe (B), mgamu, msewe (N), mupfura (S)	Früchte (Nahrung und Medizin, cash crop), Holz, Färbemittel „heiliger Baum"	FAO 1988, S. 437; Fanshawe 1972, S. 47 Scudder 1971, S. 43; Enda-zw 1991, S. 55
Lannea discolor	mungongwa (T), kakumbu (B, N), kaumbu (B), mubumbu (Luv, Lun), mugan'acha (S)	Früchte (Nahrung), Lebendzäune, Medizin, Holz	Fanshawe 1968, S. 58
Strychnos pungens Strychnos spinosa Strychnos pubescens	mahuluhulu, muwi, muntamba, mwaabo (T), maye, mzai, mzimbili, temya (N), sansa, musayi, kaminu (B), mutamba, muzumi (S)	Früchte (Nahrung), Medizin, Instrumente	FAO 1988, S. 476; Enda-zw 1991, S. 69
Terminalia sericea	napini (N), musuma (S)	Holz, Medizin, Blätter (Futter)	Fanshawe 1972, S. 126 Enda-zw 1991, S. 66

Zeichenerklärung
Lokale Sprachen: (Lun) = Lunda; (Luv) = Luvale; (K) = Kaonde; (S) = Shona; (T) = Tonga; (B) = Bemba; (N) = Nyanja, (Lz) = Lozi
Quellen: Drescher 1998

die Gesamtsituation lassen sich aus den Testergebnissen von Patienten, die wegen akuter Erkrankungen (z.B. Tuberkulose) eingelieferte und getestet werden, nur schwer ziehen.

Im Oktober 1993 wurden 29 734 AIDS-Fälle registriert (Januar 1990: 2 709). Inzwischen ist das AIDS-Überwachungssystem jedoch zusammengebrochen (Stat. Bundesamt 1995, S. 33). Fraglich sind auch die Eintragungen in die Sterbeurkunden, die u.a. als Grundlage für die offizielle Statistik dienen. Das Krankenhauspersonal nimmt häufig Rücksicht auf die Familie des Betroffenen und trägt „Tuberkulose" oder „Chronischer Durchfall" in die Urkunde ein (The Observer 1993). Aus diesen Gründen schwanken die Zahlen über HIV-Infektionsraten deutlich.

1987 wurden die meisten Sterbefälle aufgrund von Mangelernährung registriert. Dies ist die wichtigste Todesursache in Zambia. Neue Daten sind nicht erhältlich. Der Trend zeigt zwischen 1982 und 1987 deutlich exponentielle Tendenz und dürfte sich eher verschlimmert haben (Abb. 3.6). Bei keiner anderen Krankheit ist eine derart deutliche Zunahme zu verzeichnen.

Die Rolle der traditionellen Medizin

Die traditionelle Medizin und der Gang zum "traditional healer" sind in den ländlichen Gebieten Zambias noch immer die überwiegende Art der Gesundheitsvorsorge. Diese Form der Medizin war unter der Kolonialregierung verboten, wird heute hingegen gefördert. Die Zahl der Personen, die traditionelle Heilkunde ausüben, wird derzeit auf ca. 13 000 geschätzt (Stat. Bundesamt 1995, S. 37). Im Krankheitsfalle, und dies schließt Kummer, Sorgen und Depressionen ein, gehen die Patienten häufig zunächst zu einem traditionellen Heiler, der hier auch die Funktion des Psychologen oder Psychiaters übernimmt. Er stellt aufgrund seiner kulturellen Zugehörigkeit für die Patienten eine Identifikationsfigur dar. Darüber hinaus genießt er hohes Ansehen in der Gesellschaft, da man ihm die Rolle als Mittler zwischen dem Menschen und den Geistern oder auch Göttern (spirits) zuweist (Kapapa 1980, S. 207).

Geister, Götter und Hexerei ("witchcraft") spielen in der traditionellen afrikanischen Gesellschaft eine außerordentlich große Rolle. Skjønsberg (1989) beschreibt die Zusammenhänge sehr detailliert. Der westliche

Beobachter sollte mit Vorsicht seine gewohnten Bewertungskriterien in Frage stellen und zunächst einmal versuchen, die Unterschiede, die Wirkungsweise und den sozialen und gesellschaftlichen Sinn dieser Erscheinungen zu verstehen. Krankheiten gehören in Afrika zum Alltag und werden deshalb vielleicht viel selbstverständlicher hingenommen, als wir dies in Europa gewohnt sind. Die Natur ist voller Medizin, was in vielen Gesellschaften noch zum Allgemeinwissen zählt und voll ausgeschöpft wird (SKJØNSBERG 1989, S. 155).

Einige Beispiele von Bäumen, die vielfacher, auch medizinischer Nutzung unterliegen, sollen dies belegen (Tab. 3.2).

Für zukünftige Generationen von Zambierinnen und Zambiern wird es von großer Bedeutung sein, daß das Wissen um die traditionellen Heilmethoden erhalten bleibt.

3.4 Die Rolle der Frauen und die Ernährungssicherung

Die Mehrheit der Frauen in Zambia ist, im Vergleich mit den Männern, hinsichtlich der sozialen, politischen und ökonomischen Situation benachteiligt (M.C. MILIMO 1988, S. 5). In der Vergangenheit spielten die Frauen im öffentlichen Leben Zambias eine weitaus größere Rolle. Die ersten europäischen Entdecker trafen viele Völker an, die von Frauen und Königinnen geführt wurden, so z.B. die Luvale im Nordwesten des Landes. Traditionell spielten die Frauen in Afrika sowohl im politischen als auch im sozialen und ökonomischen Kontext eine wichtigere Rolle als heute. Durch die Einflüsse des Kolonialismus verloren sie an Bedeutung, da die Männer in die neuen wirtschaftlichen Strukturen eingebunden wurden, die Frauen aber von diesen ausgeschlossen blieben. Dies änderte die sozioökonomische Position der Frauen grundlegend.

Die Wanderbewegung, die insbesondere durch die Arbeit in den Minen entstand, brachte das kulturelle und traditionelle wirtschaftliche Leben der Afrikaner völlig durcheinander. Bis 1953 war es den Frauen nicht gestattet, in die Bergbaugebiete zu ziehen, weder um Arbeit zu suchen, noch um ihre Ehemänner zu begleiten. Hier wurde die Basis dafür gelegt, die Frauen von formellen Arbeitsverhältnissen auszuschließen. Dieser Trend hielt bis lange nach der Unabhängigkeit an und ist bis heute nicht völlig überwunden.

Als Folge dieser Entwicklung dominieren die Frauen heute im informellen Sektor und der Landwirtschaft (Abb. 3.7), besonders in den ländlichen Gebieten (M.C. MILIMO 1988, S. 12).

Trotz ihrer starken wirtschaftlichen Abhängigkeit von der Landwirtschaft ist die Produktivität der durch Frauen bewirtschafteten Felder meist geringer als die der Männer. Dies ist auf mangelnden Zugang zu Ressourcen, wie fruchtbares Land, Kredite, Beratung etc. zurückzuführen.

Nicht nur der landwirtschaftliche Sektor sondern auch das Kleingewerbe ("small scale enterprise") wird von Frauen dominiert. Das Kleingewerbe wird von J.T. MILIMO (1988, S. 108) als jede einkommenschaffende, wirtschaftliche Aktivität beschrieben, die

Abb. 3.7:
Beschäftigung im informellen Sektor Zambias
Quelle: M.C. MILIMO 1988

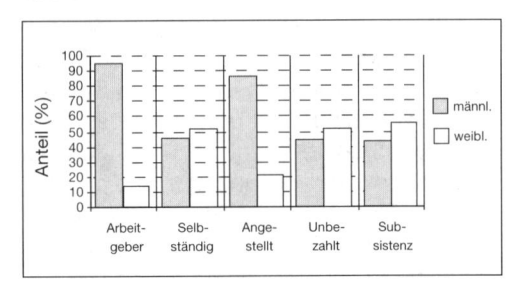

Tab. 3. 3:
Anteil der Frauen (%) im zambischen Kleingewerbe (Besitz und Angstelltenverhältnis)
Quelle: J.T. MILIMO 1988a, S. 110

Art der Unternehmen	Kleinstädte		ländliche Gebiete	
	Besitzerin	Angestellte	Besitzerin	Angestellte
Kleinindustrie				
Traditionelles Bier	98,2	89,5	98,7	91,1
Tonwaren	21,9	14,5	93,5	86,7
Kleidung	80,6	74,9	74,4	73,2
Speisen	86,3	64,4	68,8	51,5
Metalle	6,9	7,7	5,6	4,3
Reparaturen	5,1	6,7	0,0	0,0
Dienstleistung				
Restaurants	51,4	54,6	0,0	0,0
Bars/Tavernen	26,7	28,5	11,1	16,7
Handel	42,4	38,7	31,0	24,0
Verkauf	84,2	74,5	58,6	59,4

an einen festen Ort gebunden ist und bis zu 50 Personen beschäftigt. Es ist in zwei Sektoren zu teilen, das Produzierende Gewerbe und die Dienstleistung. Im Kleingewerbe werden auf vielfältige Weise z.B. Bier, Tonwaren, Speisen, Kleidung, Leder u.a. produziert, es leistet z.B. Service in Hotels, Bars und Handel. Die gesamte traditionelle Bierindustrie der Nordprovinz Zambias ist z.B. in Frauenhand.

Das starke Engagement der Frauen in diesem Sektor ist hauptsächlich auf ihren Ausschluß vom formellen Arbeitsmarkt zurückzuführen (J.T. MILIMO 1988, S. 109). Weitere Gründe sind in der Flexibilität der individuellen Arbeitsgestaltung und der Unabhängigkeit von festen Arbeitszeiten zu sehen, die den Frauen ermöglicht, ihren anderen alltäglichen Tätigkeiten nebenher nachzugehen.

Tabelle 3.3 zeigt die starke Dominanz der Frauen in vielen Sektoren des Kleingewerbes. Ausnahmen stellen der Metall-, der Leder- und der Reparatursektor dar.

Ernährungssicherung – eine Hauptaufgabe der Frauen

Die Rolle der Frauen in der Ernährungssicherung bedarf besonderer Betrachtung: In Afrika südlich der Sahara ist die Arbeit der Frauen in allen Bereichen der Nahrungsproduktion wichtiger als die von Männern (FRESCO 1985). Sie produzieren dort mindestens 50 % der gesamten Nahrung (MUNNIK 1987, S. 60). Sie müssen die Arbeitskraft stellen, die in jeder Phase des Nahrungskreislaufes erforderlich ist. Gleichzeitig können die anderen Aufgaben, wie Nahrungszubereitung, Wasser- und Holzbeschaffung, Kinderbetreuung, Putzen und Kleintierhaltung nicht vernachlässigt werden (PRESVELOU 1985). Neben diesen Aufgaben sind die Frauen auch in der Einkommensbeschaffung tätig, sie liefern oft mehr als die Hälfte des Gesamthaushaltbudgets (DUE 1985; FRESCO 1986).

Frauen spielen eine wichtige Rolle bei der Ernährung der Familie durch die produktive Arbeit, ihre Entscheidungen über den Verbrauch und die Verteilung von Nahrung in der Familie und durch ihr Einkommen. MAXWELL (1992) konnte zeigen, daß das Einkommen von Frauen einen größeren Einfluß auf die Ernährung und Gesundheit von Kindern hat als das der Männer.

Die Abbildung 3.8 zeigt die prozentualen Anteile der Bevölkerung an landwirtschaftlichen und gartenbaulichen Aktivitäten und verdeutlicht besonders die Beteiligung von Frauen im Bereich des "Urban Microfarming", wie man heute die integrierte Form des städtischen Anbaus, bestehend aus Grundnahrungsmittelproduktion, Gemüse-

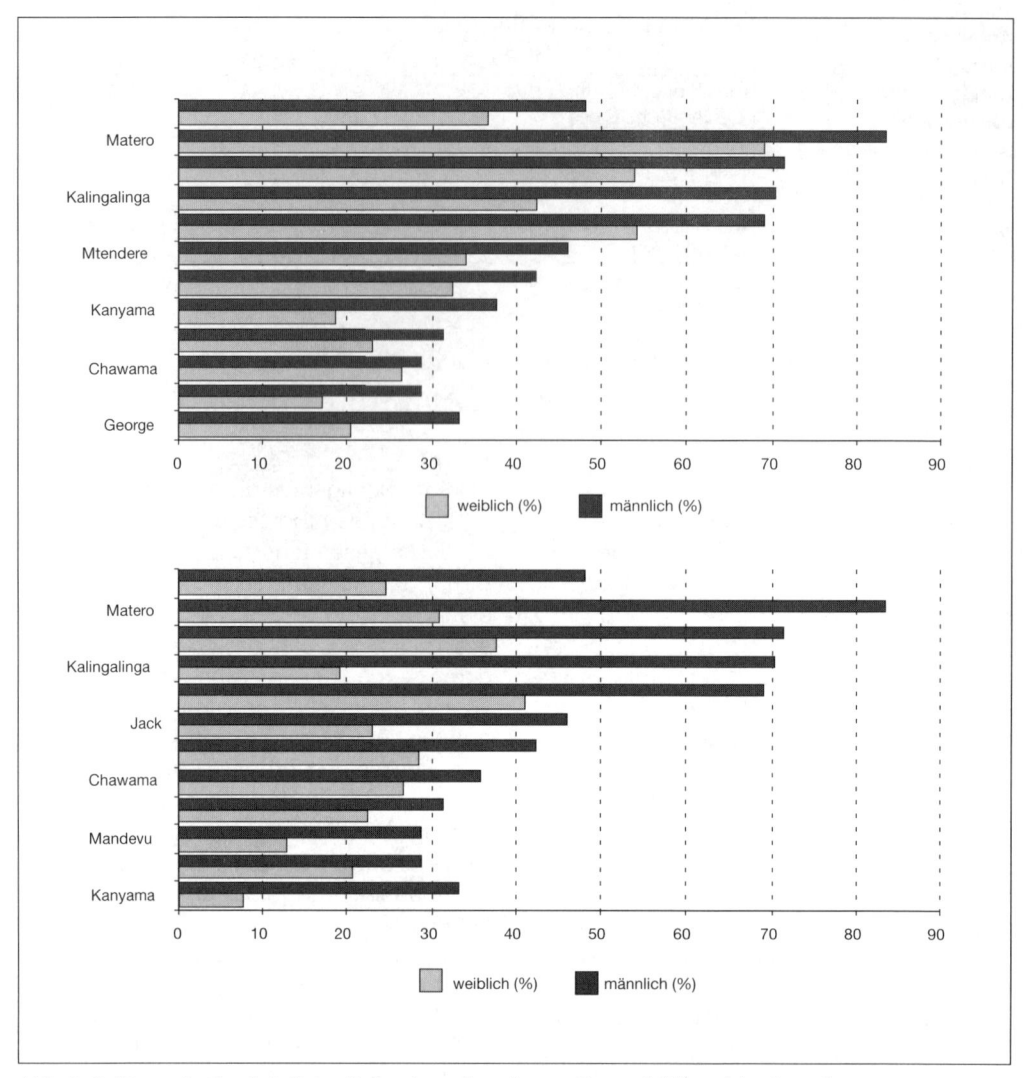

Abb. 3. 8: Prozentualer Anteil der Befragten, die urbanen Regenfeldbau (a) oder urbanen Bewässerungsgartenbau (b) betreiben Quelle: DRESCHER 1998

produktion und Kleintierhaltung, bezeichnet. Fast 50 % der Frauen sind in die Landwirtschaft tätig aber nur 35 % der Männer. Auch die Rolle der Kinder sollte nicht unbeachtet bleiben. Sie leisten schon im jüngsten Alter eine wichtigen Beitrag zur Bewässerung und Unkrautentfernung. In allen Stadtvierteln sind mehr Frauen mit Gartenbau und Regenfeldbau beschäftigt als Männer. In der Regenzeit werden hauptsächlich Grundnahrungsmittel produziert, während sich die Menschen in der Trockenzeit auf den Gemüseanbau konzentrieren (Abb. 3.8).

Auch im ländlichen Raum sind die Frauen weit mehr an der Ernährung der Familien beteiligt als die Männer. Dies geht z.B. aus Untersuchungen von BOS (1994) und DRESCHER (1998) deutlich hervor.

3.5 Ernährungssicherung: Das Beispiel Nordwestprovinz

In Untersuchungen zur Ernährungssicherung auf Haushaltsebene (August/September 1993) wurden durch Bos (1994) in 45 Haushalten Frauen zu ihrer Lebens- und Ernährungssituation befragt.

Von besonderem Interesse waren Haushalte die 'de jure' oder 'de facto' von alleinstehenden Frauen geführt wurden ("femal headed households"). Interessanterweise fanden sich keine 'de facto' von Frauen geführte Haushalte. Dies kann darauf zurückzuführen sein, daß der Bedarf an Arbeitskräften für die Minen des Kupfergürtels gedeckt ist bzw. Saisonarbeitskräfte auch sonst nicht gefragt sind. Immerhin befanden sich unter den Befragten 29 % 'de jure' von Frauen geführte Haushalte, 51 % der Frauen waren verheiratet und 20 % waren alleinstehend, d.h. entweder geschieden, verwitwet oder nie verheiratet, aber nicht Haushaltsvorstand. Die durchschnittliche Haushaltsgröße betrug 7,0 Haushaltsmitglieder, ohne Unterschiede zwischen „normalen" und frauengeführten Haushalten. Ein Unterschied bestand aber bezüglich der Anzahl erwachsener Familienmitglieder, hier wiesen die frauengeführten Haushalte ein Defizit auf. Über ein Drittel der Befragten hatten überhaupt keine Schulausbildung, eine erstaunliche Zahl wenn man bedenkt, daß die

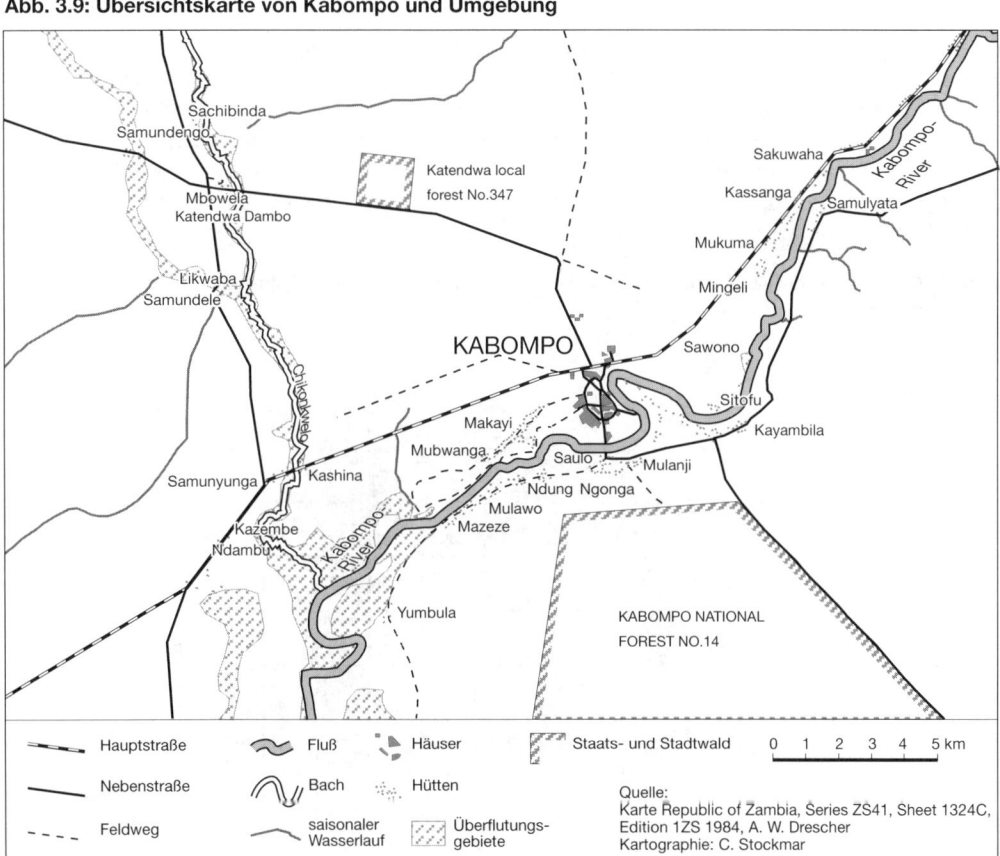

Abb. 3.9: Übersichtskarte von Kabompo und Umgebung

durchschnittlichen Alphabetisierungsrate von Zambia für das Jahr 1990 offiziell mit 73 % angegeben wird (Stat. Bundesamt 1995, S. 38).

Die Ernährungssicherung vieler Familien erweist sich zu bestimmten Jahreszeiten als sehr schwierig. 82 % der befragten Haushalte erleben regelmäßig, daß die Grundnahrungsvorräte zur Neige gehen. Bei manchen Haushalten geschieht dies, aufgrund der geringen Produktion, bereits 3–4 Monate nach der letzten Ernte (24 %), bei den meisten Haushalten (37 %) tritt dies aber erst zwischen Dezember und Februar ein. Trotzdem geben 83 % der Befragten an, daß sie gelegentlich Feld- bzw. Gartenprodukte verkaufen. Hier handelt es sich in der Regel um Produktionsüberschüsse, und wenn nicht, tritt die Selbstversorgung hinter den dringenden Bedarf nach Bargeld (z.B. für Schulgebühren, Medikamente, etc.) zurück. Abbildung 3.9 zeigt eine Übersichtskarte von Kabompo und Umgebung.

Abbildung 3.10 zeigt, wie Bauern aus dem Distrikt Kabompo die Situation hinsichtlich der Verfügbarkeit von Nahrungsmitteln einschätzen. Besonders in der Regenzeit, von November bis März, tritt ein Engpaß in der Verfügbarkeit von Grundnahrungsmitteln auf. Die Darstellung beruht auf einem durch die Bauern selbst erstellten Diagramm (nach Bos 1994, S. 76).

Abbildung 3.10 gibt auch Auskunft über die Verfügbarkeit von Beilagen wie Kassaveblättern, Süßkartoffelblättern, Raupen u.a. Die Verfügbarkeit von "relish" ist insbesondere in der kühlen Jahreszeit zwischen Mai und August eingeschränkt. Dieses Ergebnis wird durch die Studien von CHUZU/RUKANDEMA (1986) bestätigt. Die Frauen begegnen dieser Knappheit mit drei Strategien: 24 % der Befragten greifen auf getrocknete Beilagen zurück (wie z.B. getrocknete Pilze, Okra, Rosella), 13 % kaufen Beilagen von anderen Haushalten oder auf den Märkten und 9 % verlassen sich auf ihre eigene Produktion im Hausgarten.

Im August 1993 wurden von den befragten Frauen die in Tabelle 3.4 aufgeführten Gemüsebeilagen zur Nahrungszubereitung verwendet. Hier wurde nach der Art der Gemüsebeilage während der letzten Woche gefragt.

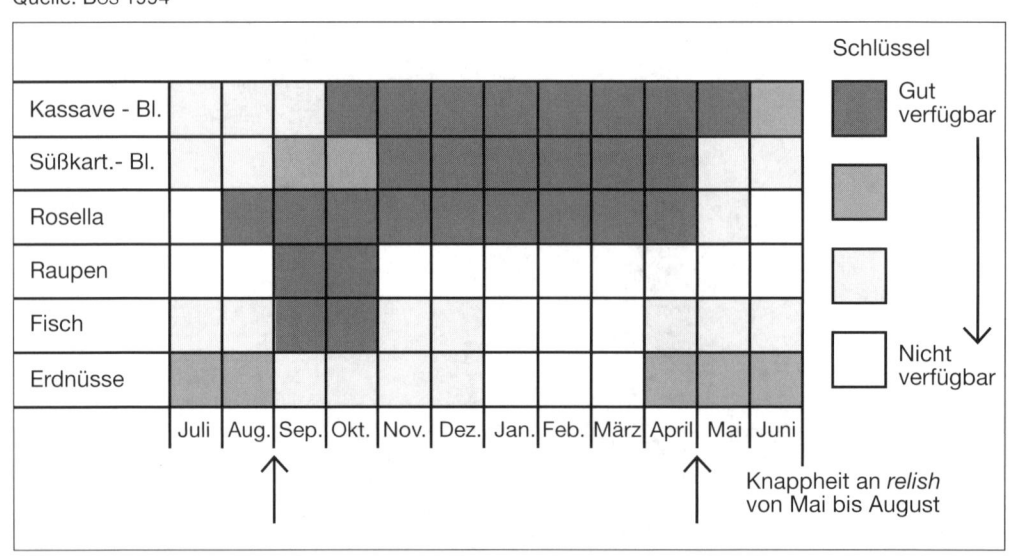

Abb. 3.10: Kalender der Nahrungsverfügbarkeit in der Nordwestprovinz Zambias
Quelle: Bos 1994

Haushalten mit Hausgärten (vgl. Tab. 3.6) steht nach Tabelle 3.4 insgesamt eine höhere Diversität von Gemüse zur Verfügung als Haushalten ohne Hausgärten. Süßkartoffel- und Kürbisblätter werden in Hausgärten produziert und bieten eine Alternative für die Kassaveblätter aus den Feldern. Die Familien ohne Hausgärten kompensieren die mangelnde Verfügbarkeit teilweise durch das Sammeln von Wildgemüse und den Kauf von Kohl auf dem Markt.

Die wirtschaftlichen Aktivitäten der Frauen beziehen sich hauptsächlich auf die Tätigkeit in der Landwirtschaft (Regenfeldbau und Gartenbau), zusätzliches Einkommen wird über das Bierbrauen erwirtschaftet. Verheiratete oder unverheiratete Nicht-Haushaltsvorstände konnten über das durch Gartenprodukte erwirtschaftete Einkommen nicht frei verfügen, sondern mußten es an den männlichen Haushaltsvorstand abgeben. Das zur Verfügung stehende Einkommen wird für den Kauf von Salz, Seife, relish (Fisch, Fleisch, Gemüse), Kleider, Decken und Schulgebühren ausgegeben.

Den größten Teil ihrer Zeit verbringen die Frauen auf den Feldern. Sie bewirtschaften hier entweder ihre eigenen Flächen oder bearbeiten gemeinsam mit ihrem Mann ein Feld. Allerdings ist die landwirtschaftliche Produktion hier eine Frauendomäne und war immer stark von den wirtschaftlichen Aktivitäten der Männer getrennt. Gleichzeitig kommt die Nahrungsproduktion der Männer weit weniger der Familie zugute als die der Frauen, wie VON OPPEN (1991) ausführte.

Tabelle. 3.5 zeigt die wichtigsten von den Befragten angebauten Feldfrüchte. Die Befragung verdeutlichte, daß es nur bei Mais und Kassave Unterschiede zwischen den frauengeführten Haushalten und den restlichen gibt. Die frauengeführten Haushalte bauen weniger Mais an. Dies liegt, wie im folgenden deutlich werden wird, z.T. an der größeren Arbeitsintensität von Mais im Vergleich zu Kassave.

Art des Gemüses	Haushalte mit Hausgärten (%) (n=13)	Haushalte ohne Hausgärten (%) (n=32)
Raps	62	38
Kohl	8	19
Chinakohl	31	22
Tomaten	46	31
Rosella (Hibiskus)	77	78
Kassaveblätter	77	91
Süßkartoffelblätter	69	47
Kürbisblätter	15	0
Wildgemüse	0	19

Tab. 3.4: **Gemüsekonsumierung in der Vorwoche**
Quelle: nach BOS 1994, S. 83

Einesteils bezieht sich die Arbeitsintensität auf den Aufwand beim Anbau selbst, andererseits fällt auch die Nahrungszubereitung ins Gewicht, die für die verschiedenen Grundnahrungsmittel unterschiedlich ist. Besonders der Mais ist in der Zubereitung des Mehls sehr arbeitsaufwendig, wenn man einmal von den bitteren Kassave-Sor-

Tab. 3.5:
Kombinationen von arbeitsintensiven Anbaufrüchten
Quelle: nach BOS 1994, S. 77

Anbaukombinationen	Kassave/ Mais	Kassave/ Mais/ Erdnuß
Haushalte mit Hausgärten absolut %	11 85	8 62
Haushalte ohne Hausgärten absolut 12 %	78	25 38
Alle Befragten absolut %	36 80	20 44
Frauengeführte Haushalte absolut %	9 64	6 43

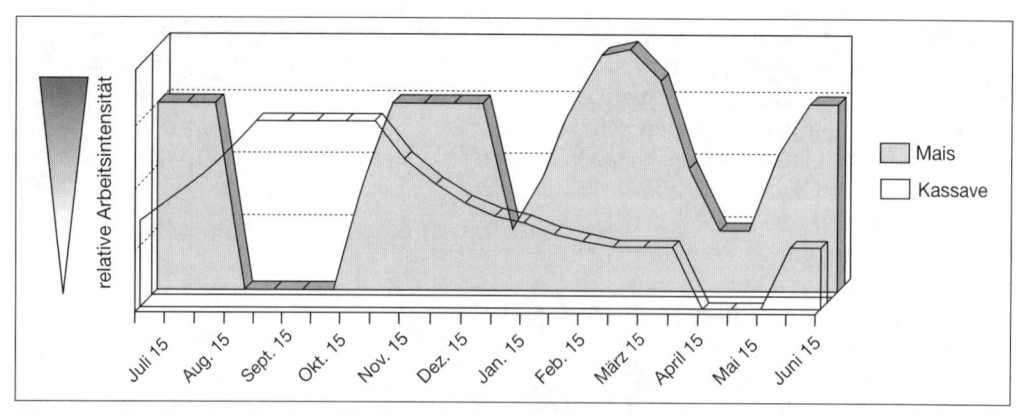

Abb. 3.11: Relative Arbeitsintensität für den Anbau von Mais und Kassave, wie sie von den Befragten empfunden wird
Quelle: Daten von DE WINTER 1992

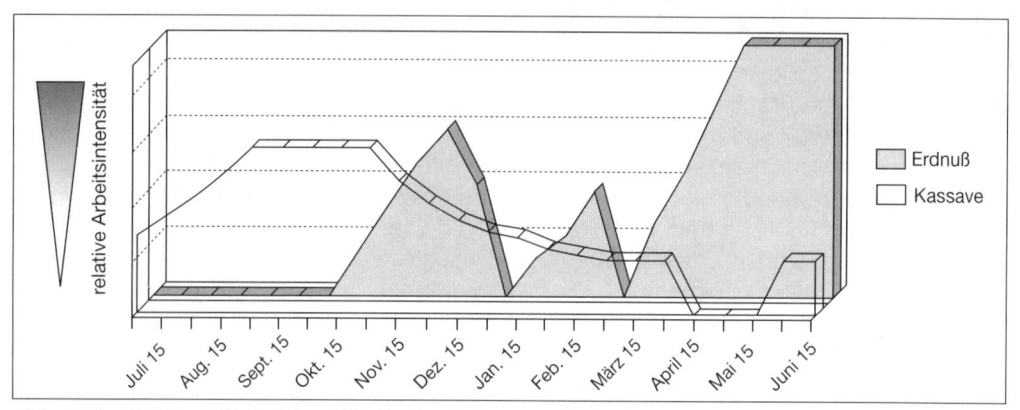

Abb. 3.12: Relative Arbeitsintensität für den Anbau von Erdnuß und Kassave, wie sie von den Befragten empfunden wird
Quelle: Daten von DE WINTER 1992

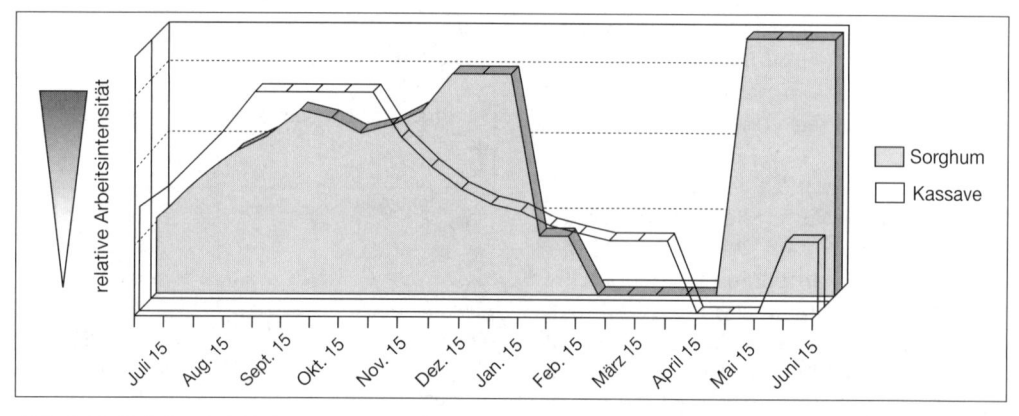

Abb. 3.13: Relative Arbeitsintensität für den Anbau von Sorghum und Kassave, wie sie von den Befragten empfunden wird
Quelle: Daten von DE WINTER 1992

ten absieht, die lange gewässert und dann getrocknet werden müssen.

Im Vergleich der drei folgenden Abbildungen wird deutlich, wie unterschiedlich die Arbeitsbelastung für den Anbau verschiedener Anbaufrüchte empfunden wird. Die Basis für die Abbildungen bilden die Untersuchungen von DE WINTER (1992), die in einem partizipatorischen Ansatz in Gruppendiskussionen die relative, subjektive Empfindung der Bauern hinsichtlich der Arbeitsbelastung für verschiedene Anbaufrüchte bzw. Anbaukombinationen erfaßt hat (vgl. Abb. 3.11–13).

Beim Vergleich der obigen Abbildungen wird deutlich, daß Kassave gegenüber Erdnuß und Mais relativ weniger arbeitsintensiv ist (Abb. 3.11). Die Kombination von Kassaveanbau und Erdnußanbau ist arbeitstechnisch deshalb günstig, weil die Erdnuß besonders dann arbeitsintensiv ist, wenn die Kassave weniger Pflege bedarf (April–Juni) und umgekehrt (vgl. Abb. 3.12 und Abb. 3.13). Frauengeführte Haushalte bauen deshalb möglicherweise etwas mehr Erdnuß an als die restlichen Haushalte. Der gleichzeitige Anbau von Mais und Kassave erfordert mehr Arbeitsaufwand (Arbeitskräfte), da die Überschneidungen der Pflegezeiten stärker sind (Abb. 3.12). Der gleichzeitige Anbau von Sorghum und Kassave schließt sich nach Abbildung 3.13 gegenseitig aus, da sich die Arbeitsintensität addiert. Tatsächlich kommt diese Kombination bei den befragten Frauen auch nicht vor (Tab. 3.6).

Die Erfassung der Anbaukombinationen zeigt, daß Haushalte, die Hausgärten bewirtschaften, stärker am Anbau von Erdnüssen beteiligt sind als andere Haushalte. Die Ursache hierfür liegt möglicherweise in der geringen Arbeitsintensität der Erdnuß, die von Juli bis Oktober, der Hauptanbauzeit in Hausgärten, überhaupt keiner Pflege bedarf. Viele der Befragten äußerten außerdem, daß besonders hinsichtlich der Erdnuß beträchtliche Probleme mit der Verfügbarkeit von Saatgut bestehen. Der relativ hohe

Gartenbesitzer	Ja	Nein
Frauengeführte Haushalte		
absolut	1	13
%	7	93
Andere Haushalte		
absolut	12	19
%	39	61
Alle Befragten		
absolut	13	32
%	29	71

Tab. 3.6: Anzahl der befragten Frauen, die selbst bzw. deren Haushalte einen Gemüsegarten betreiben
Quelle: nach Bos 1994, S. 80

Anteil der frauengeführten Haushalte im kombinierten Anbau von Kassave, Mais und Erdnüssen liegt daran, daß diese Haushalte in Ermangelung eigener Gemüseproduktion alternative Mechanismen zur Ernährungssicherung entwickeln.

Auch der Anbau in Hausgärten ist eine arbeitsintensive Tätigkeit, die aufgrund von Arbeitskräftemangel in Konkurrenz zum Anbau von Grundnahrungsmitteln geraten kann. Dies wird zum Beispiel deutlich, wenn man den Anteil der frauengeführten Haushalte am Hausgartenanbau betrachtet (Tab. 3.6).

Tabelle 3.6 verdeutlicht, daß frauengeführte Haushalte keine Hausgärten betreiben. Dies wird auch durch die Hausgartenuntersuchung von DRESCHER (1998) bestätigt, wo insgesamt nur zwei frauengeführte Haushalte untersucht werden konnten. Insgesamt sind nur 29 % der Frauen bzw. deren Familien in diese Aktivität involviert. Dieses Ergebnis deckt sich mit den Ergebnissen der Straßenbefragung in Kabompo. Von den 32 Haushalten die derzeit keinen Garten bewirtschaften, hatten immerhin 28 % (9) in der Vergangenheit einmal einen Hausgarten. Die Gründe für die Aufgabe waren hauptsächlich der Mangel an Zeit, insbesondere bezogen auf den Aufwand für die Bewässerung und die weiten Wege zu potentiellen Gartengebieten am Fluß oder in

Kulturpflanze	Anzahl der Nennungen (%)
Raps	92
Tomaten	92
Kohl	69
Chinakohl	62
Zwiebeln	46
andere	38
Okra (Hibiskus)	23
Kürbis	15

Tab. 3.8: Die wichtigsten Feldfrüchte der befragten Frauen
Quelle: nach Bos 1994, S. 83

dambos (vgl. S. 51, 80ff.). Weitere Gründe waren Wassermangel, Arbeitskräftemangel, Mangel an Gartenland, Saatgut und Wissen.

Insgesamt scheint die Verfügbarkeit von Arbeitskraft eine Grundvoraussetzung für die Anlage eines Hausgartens zu sein. Die höhere Arbeitskraftverfügbarkeit wirkt sich ihrerseits auch auf den Regenfeldbau und die dort möglichen Anbaukombinationen aus.

Die Mehrheit der befragten Frauen (78 %) und 86 % der frauengeführten Haushalte klagen über den Mangel an Arbeitskraft in der Nahrungsproduktion. Bezahlte Aushilfskräfte könnten hier aushelfen, jedoch sind die Haushalte nicht in der Lage die Kosten zu tragen. Insbesondere männliche Helfer bestehen auf der Bezahlung mit Geld, während Frauen häufig auch Naturalien (z.B. Gemüse) als Lohn akzeptieren.

Raps und Tomaten sind die wichtigsten Hausgartenprodukte (Tab. 3.7). Besonders die Tomate ist wichtiger ergänzender Bestandteil des täglichen Maisbreis (nshima). Von den 13 Gartenbesitzern verkaufen 11 einen Teil des Gemüses. Dies spricht für die große Bedeutung der Einkommenschaffung durch den Hausgartenanbau.

4 Der Naturraum und Naturhaushalt

Zambia (offiziell: Repulic of Zambia) ist ein Binnenstaat im zentralen südlichen Afrika der sich zwischen 8° und 18° südlicher Breite und 22° und 33° östlicher Länge erstreckt und damit zu den äußeren Tropen gehört.

Ursprünglich war dieser Teil des Kontinents Bestandteil von Gondwanalandes, einem vor mehr als 500 Mio. Jahren existierenden Superkontinent auf der Südhalbkugel. Das aus dem Präkambrium stammende Grundgebirge (der sogenannte Basementkomplex) und die späteren Ablagerungen (Katangasystem) sind die beiden wichtigsten Hauptsedimentationsabfolgen (SCHULTZ 1983, S. 47; SENFTLEBEN 1989, S. 13). Jüngere Sedimente stammen aus dem Karbon/Jura (Karrusystem, vor ca. 300–150 Mio. Jahren) und aus dem Tertiär/Pleistozän (Kalaharisystem, vor ca. 30 Mio. bis 600 000 Jahren). Die Karrusedimente sind weitgehend auf die großen Talregionen beschränkt, wo sie in mehreren Phasen abgelagert wurden. Die ältesten Schichten stammen aus dem Karbon (Tillite), die von Sandsteinen und der jüngeren Gwembe-Kohleformation überlagert werden.

Im Westen des Landes entstand bis ins frühe Quartär das Kalahari-System, tertiäre bis pleistozäne äolische Sandablagerungen und lose Sandsteine.

Ein Großteil Zambias erstreckt sich auf dem Zentralafrikanischen Hochplateau (1 000 bis 1 500 m NN.). Es ist Teil der zentralen und östlichen Lundaschwelle, einem Bergrücken, der sich durch weite Teile Zentralafrikas zieht (SENFTLEBEN 1989, S. 10). Die recht monotone Landschaft ist geprägt durch zahlreiche baumlose Flußauen und riesige, ausgedehnte Waldbestände und wird nur von wenigen Einzelbergen oder kleineren Bergzügen, die als Härtlinge erhalten blieben, unterbrochen (SCHULTZ 1983, S. 50). Das Hochplateau steigt nach Norden hin an und erreicht im Nyika-Hochland, im Grenzgebiet zu Malawi, eine Höhe von über 2 000 m NN. Nach Süden und Südwesten liegt das Niveau nur noch bei ca. 900 m NN. Die verschiedenen Niveaus sind Ergebnisse verschiedener Pediplanationszyklen, die durch eine Reihe von kontinentalen und subkontinentalen Hebungen ausgelöst wurden (SCHULTZ 1983, S. 50). Die heutigen Höhenverhältnisse sind das Ergebnis der Hebungen und Senkungen ab Ende des Tertiärs. Nach Süden hin fällt das Plateau auf ca. 1 200 m NN ab. Das Flachrelief des Plateaus bedingt besonders interessante geomorphologische Strukturen, die sogenannten dambos (Abb. 4.1).

Die dambos sind natürlichen Grasländer und werden als baumlose, fast ausschließlich mit Gras bedeckte Entwässerungssysteme definiert, die als sogenannte flache Spülmulden kein ausgeprägtes Gerinnebett zeigen und jahreszeitlich über-

Abb. 4.1: Querschnitt durch ein natürliches Grasland (dambo) in Zambia
Quellen: MÄCKEL 1972, S. 20; 1975, S. 37
Zeichnung A.W. Drescher

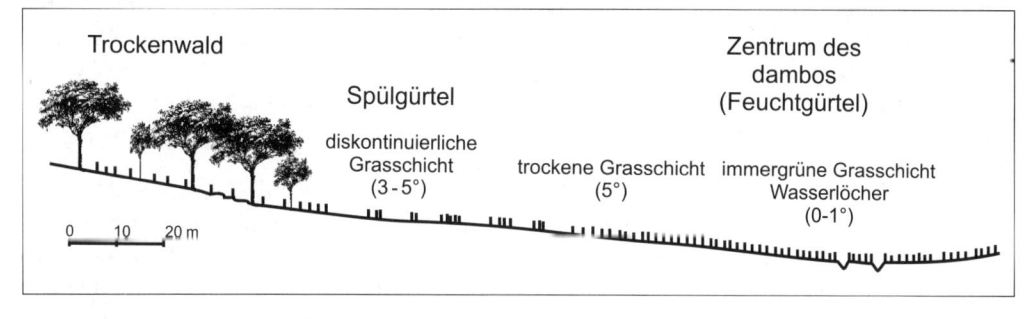

schwemmt oder stark durchfeuchtet sind (MÄCKEL 1975, S. 15). In Zambia bedecken die dambos mit einer Gesamtfläche von 35 000 km² 4,6 % der Landesfläche (SHALVINDI 1986). Das Längsgefälle der Dambo-Zentralachse liegt in der Regel unter 1,2 %. Nimmt dieses zu, entwickeln sich Gerinneeinschnitte, und an Stelle des dambos bilden sich grasbedeckte Flußauen (SCHULTZ 1983, S. 53).

Die Monotonie der Plateauregion wird nur durch die tief eingeschnittenen, großen Talregionen des Zambezi und Luangwa unterbrochen. Das Plateau fällt in sogenannten Escarpments, meist asymmetrisch ausgebildeten Bruchlinienstufen (SCHULTZ 1983, S. 53) steil zu den Tälern hin ab, die selbst nur noch ein Höhenniveau von ca. 300 bis 600 m NN aufweisen. Die Entstehung dieser Täler geht auf die frühen Grabenbrüche in der Zeit vom oberen Karbon (300 Mio. Jahre) bis zum Perm (175 Mio. Jahre) zurück. Im Pleistozän konnten die Flüsse diese „vorgefertigten" Grabensysteme erobern und diese weiter vertiefen. Auch die Bildung der Flußterrassen geht deshalb bis in das Pleistozän zurück. Das Luangwatal ist der mächtigste dieser Einschnitte. Es erstreckt sich mit einer Länge von 560 km und einer Breite bis zu 100 km von Nordosten nach Südwesten. Das Zambezital, welches im Südosten an das Luangwatal grenzt, könnte eine südwestliche Fortsetzung dieses Tales sei (ARCHER 1971, S. 14).

Die Victoria Fälle –
geologische und touristische Sensation
Eine Touristenattraktion erster Klasse sind die Victoria Fälle, die David Livingstone erst 1855 für die Europäer entdeckte. Den Einheimischen, die Livingstone damals zu den Fällen führten, sind sie, viel treffender, unter dem Namen mosi o tunya („Rauch, der donnert") bekannt. Livingstone schreibt: „ ... ich beschloß am nächsten Tag die weit und breit bekannten (celebrated) Fälle am Zambezi zu besuchen. Wir hatten oft von ihnen gehört seit wir ins Land kamen ...". Von seinen Führern wurde er gefragt, ob es in seiner Heimat auch „Rauch gibt, der donnert" (LIVINGSTONE 1861, S. 340). Livingstone war überzeugt, daß er und sein Begleiter Oswell, die ersten Europäer waren, die die Fälle zu Gesicht bekamen und benannte die Fälle in seiner Treue zum Englischen Königshaus "Falls of Victoria".

Was Livingstone damals so erstaunt hat, hat sich bis heute nicht geändert – es scheint, als versinke der Zambezi in einer Wolke von Gischt plötzlich in der Erde. Die Gischtwolke der Fälle ist bereits aus mehreren Kilometern Entfernung auszumachen, und je näher man herankommt um so größer wird das Getöse. Auf einer Breite von ca. 1,5 km stürzen sich die Wassermassen über 100 m senkrecht in die Tiefe. Die schmale Schlucht, in die sich der Fluß ergießt, hat nur einen Ausgang in einen engen Cañon der über mehrere Kilometer einem Zickzackkurs folgt. Die Entstehung der Fälle war dem Wissenschaftler Livingstone sofort klar - „...die Fälle entstehen einfach dadurch, daß vom linken zum rechten Ufer des Zambezi eine Spalte im harten Basalt entsteht" (LIVINGSTONE 1861, S. 342). Das Ost-West und Nord-Süd verlaufende Kluftsystem, welches mit weicherem Material aus Sandstein unterschiedlicher Widerstandfähigkeit gefüllt ist, verursacht eine sukzessive Wanderung der Fälle in nördliche Richtung (Abb. 4.2).

Die ost-westlich verlaufenden Klüfte weisen etwas weicheres Material auf, so daß sie die Hauptleitlinien der Flußerosion bilden. Entlang der widerstandsfähigeren nord-südlich verlaufenden Klüfte erfolgt jeweils der Durchbruch des Flusses. Durch die Kenntnis dieses Mechanismus läßt sich die zukünftige Lage der Fälle voraussagen (SCHULTZ 1983, S. 55).

Heute gehören die Fälle zum UNESCO-Erbe der Menschheit und unterstehen deshalb dem Schutz der internationalen Staatengemeinschaft. Dies führte in jüngster Zeit

Naturraum und Naturhaushalt 53

zu Konflikten hinsichtlich der möglichen Nutzung des hydroelektrischen Energiepotentials der Fälle. Die Erschließung des Zambezi als Energiequelle ist, da er hier die Grenze zum Nachbarland Zimbabwe bildet, für beide Anliegerstaaten von großer Bedeutung. Die "Zambezi River Authority" (gemeinsame Behörde Zambias und Zimbabwes) plant den Bau eines weiteren Staudamms an der Batoka-Schlucht, 54 km unterhalb der Fälle. Dies wäre neben dem Kariba-Staudamm und dem Cabora Bassa Staubecken (in Mosambik) das dritte große Stauprojekt am Zambezi. Naturschützern wiesen auf die einmalige Flora und Fauna in der bisher ungestörten Schlucht hin. Mit dem Aufstauen des Flusses so nahe an den Fällen befürchtet man außerdem den Verlust der reizvollen Schluchten unterhalb der Fälle und Einbußen im Tourimusgeschäft (HUCKABAY 1987, S. 28).

Vorher war ein Alternativstandort in der Mutapa-Schlucht (in der Nähe der mosambikanischen Grenze) geplant, doch dieses Projekt hätte zur Überflutung des Mana Pools Nationalpark geführt, der im Norden Zimbabwes direkt an den Zambezi grenzt. Bisher scheinen jedoch die hohen Kosten des Projektes Zambia von der Verwirklichung abzuschrecken.

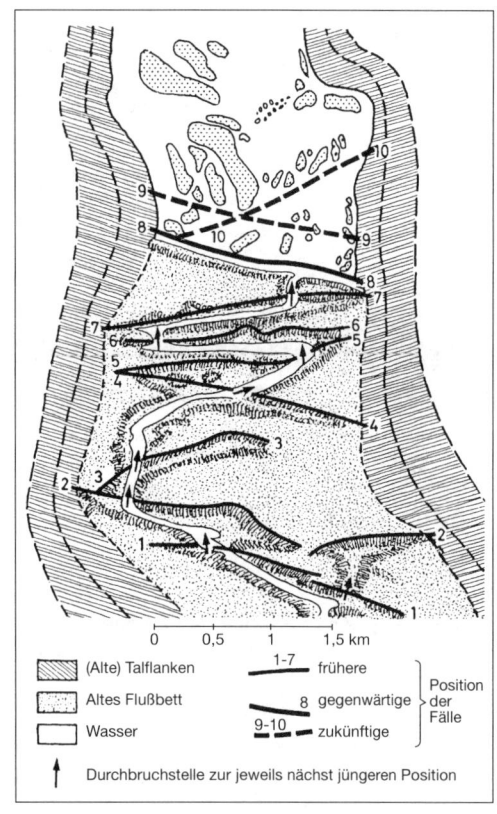

Abb. 4.2:
Victoria-Fälle – Veränderungen der Lage
Quelle: nach BOND 1964

4.1 Physiogeographie, Klima und Vegetation

Eine Klassifikation der Physiographischen Regionen Zambias mit Hilfe von Luftbildern und topographischen Karten wurde erstmals von MÄCKEL (1972a) unternommen. Es stellt sich später heraus, daß die geländemorphologischen Einheiten auch in anderen geographischen Strukturmerkmalen (wie Klima, Böden, Hydrographie und Vegetation) weitgehend übereinstimmen. Dadurch nähern sie sich dem Rang naturräumlicher Einheiten, wie es SCHULTZ (1983, S. 57) betont.

4.1.1 Landschaftsgliederung

Die folgende Beschreibung der physiographischen Grundeinheiten (Abb. 4.3) beruht im wesentlichen auf den Ausführungen von SCHULTZ (1983):

1. Hochgebirgsregionen:
Das Nyika-Hochgebirge (1.1) zur Grenze nach Malawi, mit einer Höhe von 1 800 bis 2 150 m NN, ist ein Gebiet mit tropisch-

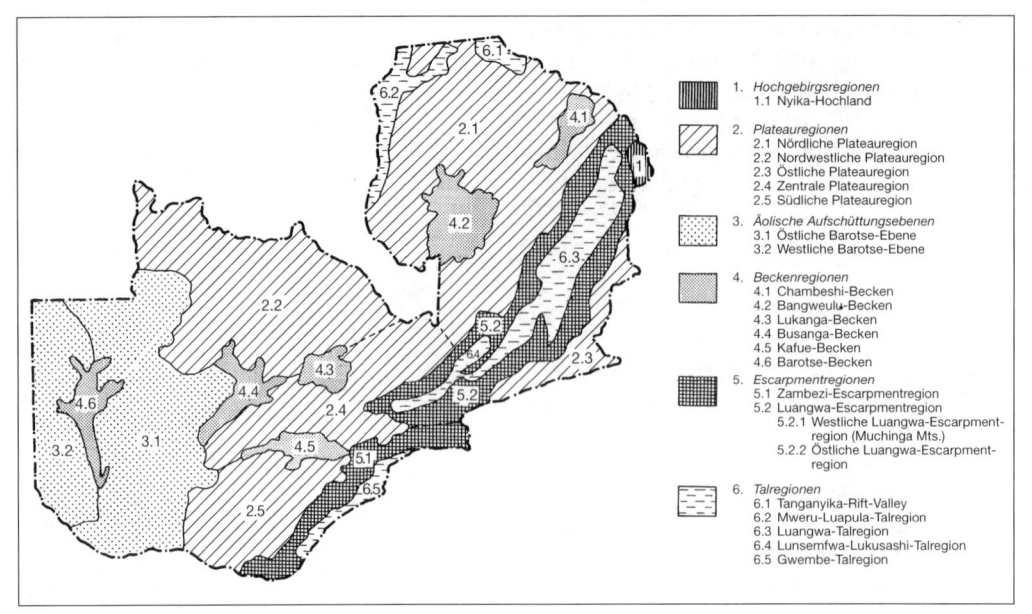

Abb. 4.3: Physiogeographische Regionen Quelle: nach SCHULTZ 1983

Legende:

1. Hochgebirgsregionen
   1.1 Nyika-Hochland
2. Plateauregionen
   2.1 Nördliche Plateauregion
   2.2 Nordwestliche Plateauregion
   2.3 Östliche Plateauregion
   2.4 Zentrale Plateauregion
   2.5 Südliche Plateauregion
3. Äolische Aufschüttungsebenen
   3.1 Östliche Barotse-Ebene
   3.2 Westliche Barotse-Ebene
4. Beckenregionen
   4.1 Chambeshi-Becken
   4.2 Bangweulu-Becken
   4.3 Lukanga-Becken
   4.4 Busanga-Becken
   4.5 Kafue-Becken
   4.6 Barotse-Becken
5. Escarpmentregionen
   5.1 Zambezi-Escarpmentregion
   5.2 Luangwa-Escarpmentregion
   5.2.1 Westliche Luangwa-Escarpmentregion (Muchinga Mts.)
   5.2.2 Östliche Luangwa-Escarpmentregion
6. Talregionen
   6.1 Tanganyika-Rift-Valley
   6.2 Mweru-Luapula-Talregion
   6.3 Luangwa-Talregion
   6.4 Lunsemfwa-Lukusashi-Talregion
   6.5 Gwembe-Talregion

kühlem Klima und weist eine mittlere Jahrestemperatur von unter 17,5°C auf.

2. Plateauregionen:
Sie weisen Höhenlagen zwischen 1 000 und 1 500 m NN bei z.T. unscharfer regionaler Unterteilung auf.

Das Zentralafrikanische Hochplateau ist durch ein tropisch-temperiertes, lokal begrenzt auch tropisch-kühles Klima mit Niederschlägen zwischen 800 und 1 500 mm pro Jahr und gelegentlichen Frostereignissen in den Wintermonaten gekennzeichnet. Die Jahresmitteltemperaturen liegen hier zwischen 17,5°C und 22,5°C.

Die *nördlichen* (2.1) und *nordwestlichen Plateauregionen* (2.2) mit Höhen zwischen 1 200 und 1 500 m NN weisen tiefgründige, stark ausgelaugte, saure Böden (ferralitische Sandvelts) auf. Sie entsprechen den Orthic Ferralsols (FAO/UNESCO) bzw. den Ultic Haplustox (USDA). Eine Sonderform bilden die sog. Chypyaböden, stark saure, sehr nährstoffarme Böden, die mit der Verbreitung des sogenannten Chipya-Waldes gekoppelt sind (vgl. S. 59). Die Niederschlagsmengen bewegen sich zwischen 1 000 und 1 500 mm/Jahr. Das *östliche* (2.3), das *zentrale* (2.4) und das *südliche* (2.5) Plateau liegen zwischen 1 000 und 1 200 m NN. Die jährlichen Niederschläge sind hier deutlich geringer (700–1 000 mm/Jahr). Die Böden sind hier weniger ausgewaschen und fruchtbarer.

3. Äolische Aufschüttungsebenen:
Die *östliche* (3.1) und *westliche* (3.2) Barotseebenen weisen Niederschläge von ca. 700 mm/Jahr (im Süden) und 900 mm/Jahr im Norden auf. Sie unterscheiden sich durch die Mächtigkeit der Sandschicht, die im Osten viel geringer ist als im Westen. Im Osten dominieren die rötlichen Sandböden mit relativ geringer Auslaugung, im Westen und im Süden beider Zonierungen solche mit starker Auslaugung. Besonders die wenig ausgelaugten Sandböden weisen gute Bodenfruchtbarkeit auf und werden weithin landwirtschaftlich genutzt. Ihre Entstehung geht auf oberflächennahe Basaltvorkommen und

möglicherweise tertiäre Kalksedimente zurück (SCHULTZ 1983, S. 82).

4. Beckenregionen:
Die Beckenregionen sind über das ganze Land verstreut. Die meisten Beckenzentren haben sich zu Seen und Sümpfen entwickelt, die randwärts in Überschwemmungsebenen übergehen. Die bedeutendsten Becken sind das *Bangweulubecken* (4.2), das *Kafuebecken* (4.5) und das *Barotsebecken* (4.6). Die Beckenlandschaften sind, aufgrund ihrer außerordentlich wichtigen ökologischen Funktion als Feuchtgebiete im Rahmen des internationalen Umweltschutzes schutzbedürftig. Deshalb wurden die Kafueflats und das Bangweulubecken in das "WWF Zambia Wetlands Project" aufgenommen (vgl. S. 144ff.).

5. Escarpmentregionen:
Diese Regionen trennen die Plateau- von den Talregionen. Sie präsentieren ein abwechslungsreiches Relief mit tief eingeschnittenen Tälern, Härtlingszügen, breiten Talebenen und intramontanen Becken. Aufgrund ihres starken Gefälles stellen die Escarpments sowohl hinsichtlich der Vegetationsformationen als auch bezüglich der Nutzbarkeit der Böden Zwischenstufen zwischen den Plateau- und Talregionen dar. Von besonderem Interesse ist hier die Schutzfunktion der Vegetation gegen Erosionsereignisse.

Die wichtigsten Escarpments sind das *Gwembe-Escarpment* (5.1) und das *Luangwa-Escarpment* (5.2).

6. Talregionen:
Die Talregionen sind die einzigen, die tropisch-heißes Klima aufweisen. Die größten Täler stellen die *Luangwa-* (6.3), die *Zambezi- (Gwembe-)* (6.5) und die *Mweru-Luapulatalregionen* (6.2) dar. Die nördlichen und südlichen Talregionen unterscheiden sich klimatisch und edaphisch deutlich. Dies ist durch die höheren Niederschläge, die realtiv nähere Äquatorlage und die höhere Lage der nördlichen Regionen bestimmt. Die einzige Region mit tropisch-feuchtheißem Klima ist das Mweru-Luapulatal.

Die Böden sind ausgelaugte, graue Sandvelts mit Feuchtwäldern. Im Luangwagebiet und im Gwembetal ist das Klima hingegen tropisch-trockenheiß, die Böden haben sich auf den basenreichen Karrugesteinen entwickelt und enthalten z.T. hohe Anteile an Natrium. Im Oberboden kommt es zu Anreicherungen von Karbonaten (Kalk, Soda). Dies macht die Böden sehr erosionsanfällig. Häufig ist die unterirdische Erosion, bei welcher Feinmaterial aus dem Unterboden ausgeschwemmt wird, ohne daß es an der Oberfläche zunächst sichtbar wird ("piping"). Irgendwann, wenn der Untergrund genügend durchlöchert ist, bricht der Oberboden großflächig ein.

4.1.2 Das Klima

Das Klima Zambias ist eng mit den Reliefgegebenheiten korreliert. Es ist im wesentlichen geprägt durch die Saisonalität der Niederschläge, die in einer einzigen Regenzeit fallen. Aus der Kombination von Temperatur und Niederschlag lassen sich drei hygrothermische Jahreszeiten ableiten: die kühle Trockenzeit von Mai bis August, die heiße Trockenzeit von September bis Oktober und die warme Regenzeit von November bis April (SCHULTZ 1983, S. 66). Sehr unterschiedlich ist die Dauer der Regenzeit in den einzelnen Landesteilen. Im äußersten Norden dauert sie 190 Tagen, beginnt dort zwischen dem 5. und 10. November und endet im April. Im Süden und extremen Osten beginnt sie erst Ende November, im Extremfall erst am 10. Dezember, dauert bei einer Gesamtdauer von 120 Tagen aber nur bis März (Abb. 4.4).

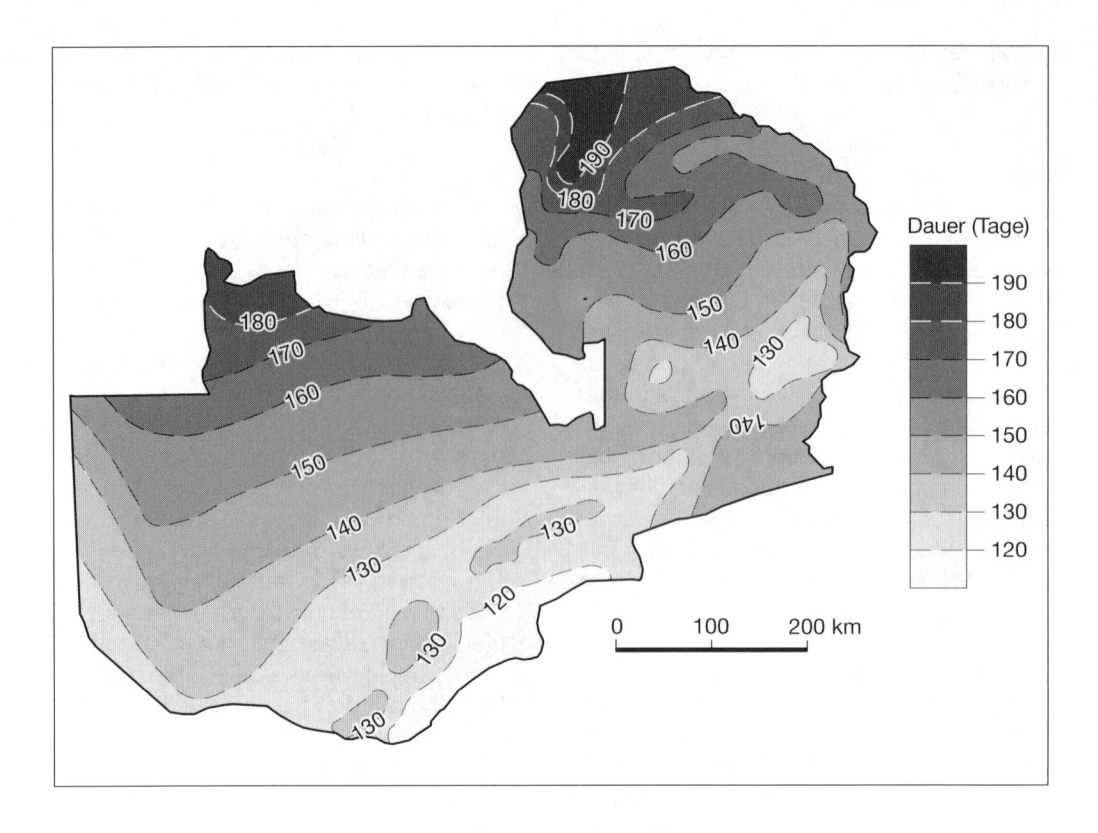

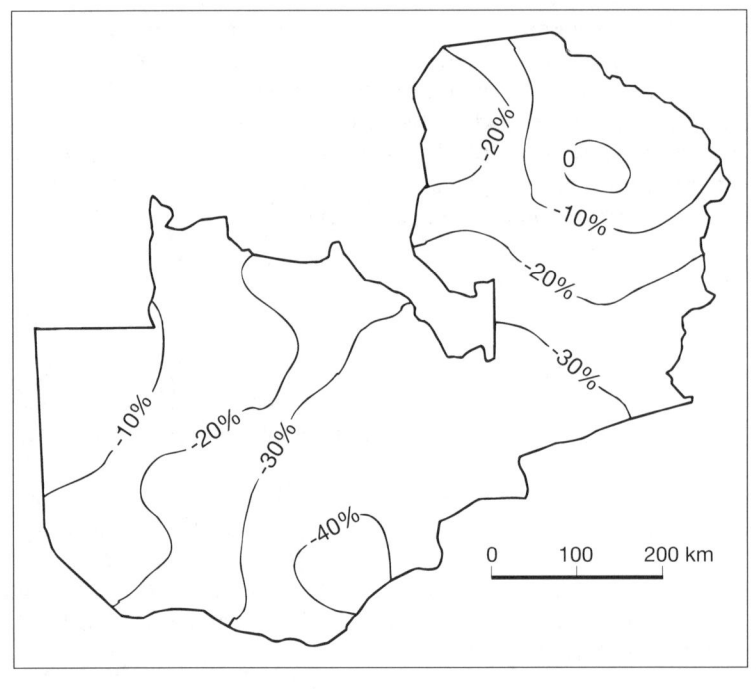

Abb. 4.5:
Die Auswirkungen der großen Dürre 1992 auf die Niederschlagsverteilung
(Abweichungen vom normalen mittleren Niederschlag im Zeitraum vom 1. Juli 1991 bis 31. März 1992 in %)

Quelle:
Zambian National Early Warning System 1992
Zeichnung:
A.W. Drescher

Naturraum und Naturhaushalt

◄— **Abb. 4.4: Dauer der Regenzeit in Zambia nach Tagen**
Quelle: nach LINEHAM 1959   Kartographie: C. Stockmar

Nach der Dürre 1992 wurde durch das Zentrale Statistische Bundesamt Zambias mit Unterstützung durch die FAO und die Weltbank das "Drought Impact Monitoring System" (DIMS) eingerichtet. Es handelt sich um ein Überwachungssystem ("monitoring"), mit dessen Hilfe die Ursachen für Dürreereignisse und deren Auswirkungen auf die Haushalte und Gemeinden der 27 durch die Dürre betroffenen Distrikte untersucht werden sollten. Besonders sorgfältig werden die Abweichungen der Niederschläge vom normalen Mittel beobachtet (vgl. Abb. 4.5). Das System war dazu gedacht, die Hilfsprogramme auf lokaler und nationaler Ebene zu unterstützen. Voraussetzung hierfür ist die Erfassung der Dürreauswirkungen auf Haushalts- und Gemeindeebene. Im Rahmen von DIMS wurden verschiedene Parameter untersucht, die die Verwundbarkeit von Haushalten und Gemeinden eingrenzen können, so z.B. der Grad der Mangelernährung, besonders bei Kindern und Jugendlichen.

In der Not verkaufen die Haushalte oft Werkzeuge, Tiere oder Saatgut. Deshalb wird untersucht, zu welchem Grad landwirtschaftliche Produktionsmittel noch verfügbar sind.

Mit der Mangelernährung nehmen auch Krankheiten zu; aus diesem Grunde werden Krankheitsfälle erfaßt, die speziell auf diese zurückzuführen sind. Zur Einschätzung notwendiger Hilfsmaßnahmen mit entsprechender zeitlicher Koordination wird untersucht, inwieweit die betroffene Bevölkerung noch Zugang zu sauberem Trinkwasser, zu Nahrung und zu Gesundheitsdiensten hat. In diesem Zusammenhang wird z.B. auch nach den vorhandenen Nahrungsreserven gefragt. In Gemeinden, die bereits Hilfsmaßnahmen erhalten haben, wird untersucht, welche Auswirkungen diese haben. Im März 1993 wurde DIMS in ein ständiges Überwachungs- und Frühwarnsystem überführt, welches den komplizierten Namen "Household Food Security, Nutrition and Health Monitoring System" (FHANIS) erhielt. FAHNIS wurde seit November 1992 eingesetzt um in 27 Distrikten, die durch die Dürre betroffen waren, laufend Daten über die Entwicklung der verschiedenen obengenannten Indikatoren zu sammeln. Ab August 1993 wurden alle 58 Distrikte des Landes erfaßt.

Einige der Aktivitäten von FAHNIS bestehen
- in der Identifizierung verwundbarer Haushalte ("vulnerable households") und deren Überlebensstrategien;
- in der Erfassung der Ernährungssicherheit im gesamten Lande;
- in der Identifizierung geographisch und sozial verwundbarer Gruppen, d.h. Gruppen, die z.B. aufgrund der ausbleibenden Regenfälle oder ihrer sozialen Situation bedroht sind;
- in einer Einschätzung des Nahrungsbedarfs in bestimmten Regionen

Das Projekt dient also insgesamt der besseren Planung und Vorbereitung von Interventionsmaßnahmen im Bedarfsfalle.

Übersicht 4.1: Das Frühwarnsystem der FAO -"Early Warning Systems"– DIMS und FHANIS
Quelle: FAO 1992a, 1993

Die Produktivität der landwirtschaftlichen Flächen, die Organisation des Anbaus und die Art der angebauten Feldfrüchte ist eng mit der Dauer der Regenzeit verknüpft. Damit ist diese entscheidend für die Ernährungssicherheit in den verschiedenen Regionen des Landes. Hinzu kommt die Variabilität der Niederschläge, d.h. die Abweichung vom langjährigen Mittel des Einsetzens der Regenzeit als auch die Abweichung von der mittleren Niederschlagsmenge. Die Variabilität ist mit 25–30 % generell höher in Gegenden mit niedrigerem Gesamtniederschlag als in den anderen Regionen, wo sie nur 15–20 % beträgt. Diese Variabilität wird im Frühwarnsystem der Ernährungs- und Landwirtschaftsorganistation der Vereinten Nationen (FAO) berücksichtigt.

Der wichtigste Klimafaktor ist der Niederschlag, der in allen Landesteilen die potentielle Evapotranspiration zumindest während der Regenmonate überschreitet. Für die Entwicklung der Böden bedeutet dies die Ausprägung spezifischer Bodenmerkmale, die auf eine Verlagerung organomineralischer Verbindungen in den Unterboden basiert. Nur in den südlichen Landesteilen, wo die Niederschläge deutlich geringer und die Temperaturen sehr hoch sind, fehlt dieser typische Auswaschungseffekt.

4.1.3 Die Vegetation

Die Verbreitung der Vegetation ist von der Menge der Niederschläge, den Bodenverhältnissen, den Temperaturen und insbesondere vom Einfluß des Menschen abhängig. Jahrhunderte andauernde ackerbauliche Nutzung, Brandrodung und regelmäßiges Abbrennen der Vegetation verändert das Vegetationsmosaik deutlich. Die vorherrschende Vegetationsformation des Hochplateaus ist eine halbimmergrüne, offene Trockenwaldsavanne, der sogenannten Miombo, ein Mischwald mit den Leitspezies Brachystegia, Isoberlinia und Julbernardia. Diese Vegetationsformation bedeckt ca. vier Fünftel der Landoberfläche und ist gekennzeichnet durch eine Mischkombination von Bäumen und einer geschlossenen Grasdecke. Sie ist vermutlich unter dem Einfluß des Menschen (Feuer, Rodung, Landwirtschaft) aus einem geschlossenen, immergrünen bis halbimmergrünen Feuchtwald bzw. einem immergrünen dichten Trockenwald hervorgegangen (SCHULTZ 1983, S. 84, HUCKABAY 1989, S. 89). Die Veränderung der ursprünglichen natürlichen Klimaxvegetation des Landes entspricht damit einem Prozeß, der neuerdings, in Anlehnung an den Begriff der „Desertifikation", „Savannisierung" bzw. „Savannifikation" genannt wird (SCHULTZ 1988, S. 369, KADOMURA 1989, S. 4). Mit diesem Begriff wird die ökologischen Degradation natürlicher Waldökosysteme beschrieben, aus welcher schließlich zunehmende Bodenerosion und abnehmende Produktivität der Böden resultiert (KADOMURA 1989, S. 4). Die Bildung offener Grassavannen erfolgt über mehrere Degradationsschritte. Der geschlossene, dichte Trockenwald entwickelt sich unter dem Einfluß des Menschen zunächst zum offenen Wald, bei weiterem Einfluß von Feuer dann zur Waldsavanne. Feuer scheint der Hauptfaktor bei der Savannisierung darzustellen. Nicht umsonst werden die afrikanischen Savannen häufig als Feuerklimax beschrieben (KADOMURA 1989, S. 5).

Der Miombo ist von großer wirtschaftlicher Bedeutung für die Gewinnung von Bauholz, Pfählen, Feuerholz und Holzkohle (FANSHAWE 1969, S. 43). Im Escarpment sind die Niederschläge geringer als auf dem Plateau und der sog. Escarpment-Miombo unterscheidet sich vom Miombo je nach Standort deutlich in der Artenzusammensetzung. Nur in den Talregionen des Luangwa und Zambezi (meist unterhalb 600 m NN.) sind die Temperaturen ganzjährig hoch und die Niederschläge mit Werten meist unter 800 mm/Jahr geringer und unzuverlässig. Die dominante Vegetationsformation ist hier der Mopane-Wald, bestehend aus hohen Anteilen des namensgebenden Colophospermum mopane, Commiphora-Arten, Adansonia digitata (Baobab) und zahlreichen Akazien und Euphorbien. Mopane hat wenig Unterwuchs und zeigt ein offenes 6–18m hohes Kronendach.

In den niederschlagsreichen Gebieten Zambias (vor allem im Nordwesten und Norden des Landes) haben sich Relikte ehemals vermutlich weitverbreiteter Feuchtwälder erhalten. Sie sind überall da zu finden, wo in der Trockenzeit günstigere Bodenwasserverhältnisse bestehen. Drei Primär- und zwei Sekundärtypen lassen sich unterscheiden. Zwei Primärwaldtypen mit sehr beschränkter Verbreitung stellen der Parinaria-Feuchtwald (Copperbelt, Nordwest-Provinz) und der Marquesia-Feuchtwald (Bangweulubecken und Chambesiflats) dar (SCHULTZ 1983, S. 85). Im äußersten Norden des Landes, besonders in den Distrikten Kabompo und Zambezi, haben sich große primäre Feuchtwälder vom Cryptosepalum-Typus erhalten, die durch starken Unterwuchs aus 2-3 m hohen immergrünen Büschen und eine relativ geschlossenen Baumkrone gekennzeichnet sind. Dominierende Spezies sind Cryptosepalum exfoliatum (Lokalname: livunda) und Syzygum guineese spp. afromonatanum (BINGHAM 1989, S. 121, MÄCKEL 1971, S. 24). Die Bildung bestimmter sekundärer Vegetationsformationen hängt vom Grad der Zerstörung der Primärvegetation ab. Bei völliger Zerstörung geht der Cryptosepalum-Wald in den sog. Kalahari-Chipya über, der sich durch den fehlenden dichten Unterwuchs und eine etwas andere Artenzusammensetzung deutlich vom vorgenannten unterscheidet. Typische Spezies des Kalahari-Chypia sind Guibourtia coleosperma (eine extrem feuerresistente Art), Paropsia brazzeana, Pericopsis angolensis, Burkea africana u. a. (FANSHAWE 1969, S. 17). Der zweite Sekundärwald von Bedeutung ist ein Chipya-Wald (Lake Basin Chipya), der vermutlich aus der völligen Zerstörung des primären Marquesia-Feuchtwald hervorgeht. Typische Verbreitungsgebiete des Chipya-Waldes sind Standorte am Rande staunasser bis sumpfiger Senken. Der Chipya-Wald zeichnet sich durch seinen dichten Unterwuchs aus Kräutern und Gräsern (Hyparrhenia sp.) aus. Die dominierenden Spezies sind Pericopsis angolensis, Erythrophelum africanum, Pterocarpus angolensis, Sclerocary caffra und Terminalia sericea. Von lokaler Bedeutung sind sind z.B. die Arten Acacia albida, Afzelia quanzensis, Ficus sycomorus (FANSHAWE 1969, S. 15). In den trockeneren Gebieten Zambias herrschten ursprünglich trockene, wechselgrüne geschlossene Waldtypen vor. Der wichtigste Vertreter ist der Baikiaea-Wald, ein ca. 9–18 m im Extremfall bis zu 27 m hoher, geschlossener bis offener Waldtyp. Unter der Baumschicht aus Baikiaea plurijuga (Zambischer Teak) und Pterocarpus antunesii findet sich eine dichte, geschlossene laubabwerfende Strauchschicht. Die wirtschaftliche Bedeutung dieses Waldtyps liegt an den hohen Anteilen des vielseitig nutzbaren sog. zambischen Teakholzes. Die teilweise Zerstörung des Baikiaea-Waldes, d.h. Ausdünnung der Krone und teilweise Zerstörung der Strauchschicht, führt zur Bildung des Kalahari-Trockenwaldes (Kalahari-Woodland). Die Verbreitung des Kalahari-Trockenwaldes ist auf die Kalahari-Sande in der West- und Nordwestprovinz Zambias beschränkt. Wichtigste Spezies sind Brachystegia longifolia, B. spiciformis, Julbernardia paniculata oder J. globiflora, lokal durchsetzt mit Baikiaea plurijuga, Terminalia sericea, Amblyconocarpus andongensis u.a.

4.2 Die agroklimatischen Regionen

Niederschlagsverteilung, Bodenqualität, Grundwassereinflüsse und Temperatur sind die wichtigsten physisch-geographischen Parameter, welche die Landnutzung in Zambia bestimmen.

Hinzu kommen historische, kulturelle und entwicklungsbedingte Faktoren, die die natürliche Verbreitung von Landnutzungssystemen beeinflussen können.

Ein Beispiel ist die Verbreitung des Kassaveanbaus in den nördlichen Landesteilen. Sie koinzidiert mit keiner der agroklimatischen Zonen, sondern ist auf historische Ereignisse und aktuelle Bevölkerungsentwicklungen zurückzuführen. Der Kassaveanbau in Nordostzambia ist z.B. auf den Zusammenbruch der Chitemene-Systeme (vgl. S. 78f. und SCHULTZ 1976, S. 29) zurückzuführen.

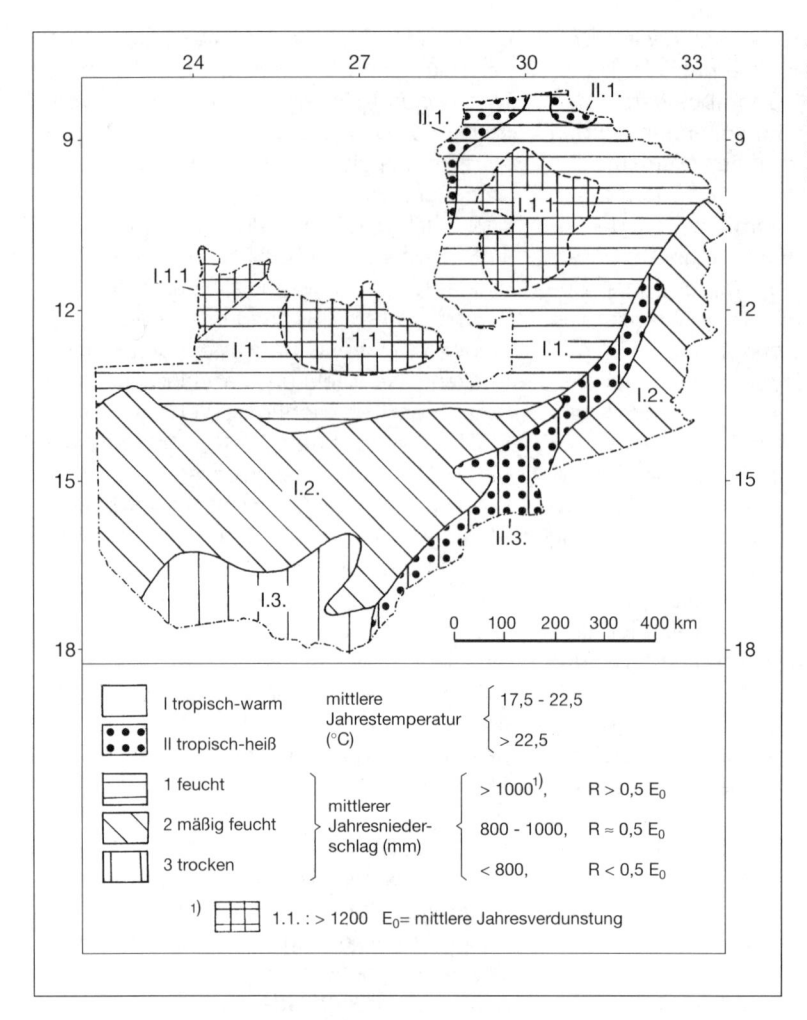

Abb. 4.6: Die wichtigsten agroklimatischen Zonen Zambias
Quelle: nach SCHULTZ 1976, S. 30

		mittlere Jahrestemperatur (°C)	
☐	I tropisch-warm		17,5 - 22,5
▦	II tropisch-heiß		> 22,5

		mittlerer Jahresniederschlag (mm)		
▤	1 feucht		> 1000[1],	$R > 0{,}5\ E_0$
▨	2 mäßig feucht		800 - 1000,	$R \approx 0{,}5\ E_0$
▥	3 trocken		< 800,	$R < 0{,}5\ E_0$

[1] ▦ 1.1. : > 1200 E_0 = mittlere Jahresverdunstung

Auf der Basis der physisch-geographischen Parameter (insbesondere auf Grundlage von Temperatur und Wasserbilanz) wurden die wichtigsten agroklimatischen Regionen durch SCHULTZ (1976, S. 30) klassifiziert (Abb. 4.6). Die römischen Zahlen in Abbildung 4.6 beziehen sich dabei auf die Temperatur, die arabischen auf die Wasserbilanz.

4.2.1 Die Regionen mit tropisch-moderaten Temperaturen

Region I.1
Diese Region schließt große Teile des nordwestlichen und nordöstlichen Zambias ein. Die Temperaturen sind moderat-tropisch, die Region ist mit Ausnahme des zentralen nordwestlichen Zambias frostfrei. Der jährliche Niederschlag übersteigt 1 000 mm und bietet damit ausreichend Wasservorräte bis weit in die Trockenzeit hinein. Die Vegetationsperiode dauert 140–190 Tage. In der Regenzeit ist die tägliche Sonnenscheindauer hier 1–2 Stunden kürzer als in allen

anderen Landesteilen. Die Region ist geeignet für Kulturpflanzen mit hohem Wasseranspruch, längerer Reifezeit und geringer Anfälligkeit gegen Pilzerkrankungen.

Subregion I.1.1
Hier, im äußersten Nordwesten und im zentralen Nordosten des Landes, übersteigen die Niederschläge 1 200 mm/Jahr. Die Vegetationsperiode ist hier länger und erlaubt den Anbau mehrjähriger Kulturpflanzen wie Ananas, Kaffee und Tee. Hier befinden sich die staatlichen Kaffee- und Teeplantagen.

Region I.2
Im Gegensatz zu I.1 gibt es in dieser Region regelmäßig Frostereignisse. Die Niederschläge sind geringer und liegen bei ca. 800–1 000 mm/Jahr. Die jährliche Wasserbilanz ist leicht positiv oder negativ. Die Vegetationsperiode ist mit nur 130 bis 150 Tagen deutlich kürzer als in I.1. Der Anbau ist hier auf November bis März beschränkt. Die tägliche Sonnenscheindauer ist deutlich höher als in I.1. Diese Verhältnisse erlauben in dieser Region die Produktion von Baumwolle, Tabak und Mais. Die Niederschlagsvariabilität ist relativ gering. Die Region umfaßt große Teile des zentralen, südlichen und östlichen Hochplateaus des Landes.

Region I.3
Die Region umfaßt den südlichen Landesteil. Die Anzahl der Frosttage steigt lokal auf bis zu zehn Tage an. Die Niederschläge, die in einem Zeitraum von 120–130 Tagen fallen, übersteigen 800 mm/Jahr nicht und unterliegen einer starken Variabilität. Dies macht die landwirtschaftliche Nutzung schwierig. Die Region ist deshalb für den Maisanbau ungeeignet. Sie erfordert deshalb den Anbau von trockenresistenten Pflanzen mit kurzer Reifezeit (z.B. Sorghum).

4.2.2 Die Regionen mit tropisch-heißen Temperaturen

Region II.1
Im äußersten Norden, entlang der Uferbereiche des Mweru- und Tanganikasees findet man die heiße und feuchte tropische Klimazone. Die Vegetationsperiode beträgt hier 180–190 Tage. Die hohen Temperaturen erlauben den Anbau von Papaya, Mango, Ölpalmen und Bananen. Anbau von Reis ist möglich. Die Hauptanbaufrucht ist Kassave.

Region II.3
Kurze Vegetationsperiode (120–140 Tage), geringe Niederschläge (<800 mm/Jahr) und hohe Evapotranspirationsraten kennzeichnen die tropisch-heißen Talregionen des Zambezi und Luangwa im Süden des Landes.

Trockenresistente Kulturpflanzen wie Sorghum und Hirse sind die traditionellen Grundnahrungsmittel dieser zambischen Region.

Mais gewinnt in der Region zunehmend an Bedeutung. Baumwolle ist die einzige bedeutende Marktfrucht. Tabak wird auf kleineren Flächen in feuchten Senken produziert.

4.3 Nationalparks als Entwicklungsträger des ländlichen Raums?

Die Tierwelt Zambias ist einzigartig und eine der Hauptattraktion des Landes. Früher zählte diese Region zu den tierreichsten Gegenden Afrikas. Über 70 verschiedene Großsäugetierarten (Elefanten, Nashörner, Giraffen, Büffel, viele Antilopenarten, Affen, Löwen, Leoparden u.a.) sind hier anzutreffen. Einige endemische Arten, z.B. die

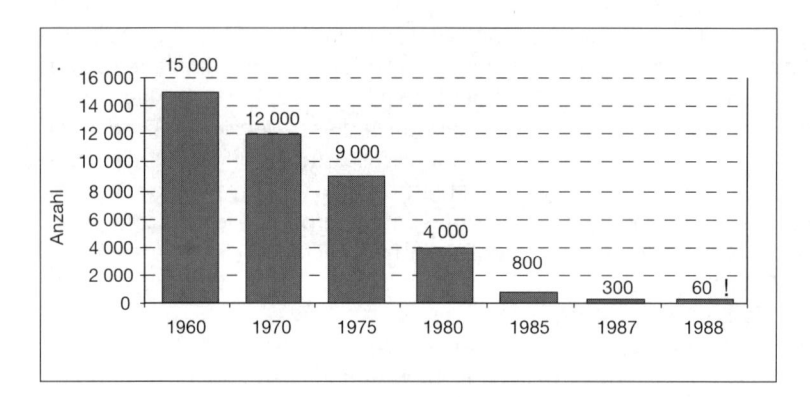

Abb. 4.7:
Entwicklung der Nashornpopulation in Zambia (1960–1988)
Quelle:
CCGTM 1990, S. 20

Lechwe Antilope (Kafue Lechwe – Kobus leche kafuensis), deren Bestand stark zurückgegangen ist, sind ausschließlich in Zambia zu finden. Das Schwarze Nashorn (Diceros bicornis) ist hier, wie auch in vielen anderen afrikanischen Staaten, vom Aussterben bedroht. Es wurde, wie HANKS (1972) berichtet, vor allem im Luangwa-Nationalpark häufig gesehen – was inzwischen zu einer Seltenheit geworden ist. Im Jahre 1988 waren von ursprünglich ca. 15 000 Exemplaren nur noch 60 übrig (Abb. 4.7). Das Weiße Nashorn (Ceratotherium simum) kam in Zambia ursprünglich nicht vor (HANKS 1992).

Nilpferde und Krokodile kommen an fast allen größeren Flüssen sowie in den Seen des Landes vor. Neben 700 Vogelarten findet man 160 Fisch- und Reptilienarten (NRD 1990, S. 19). 60 000 km^2 (8 %) der Gesamt-

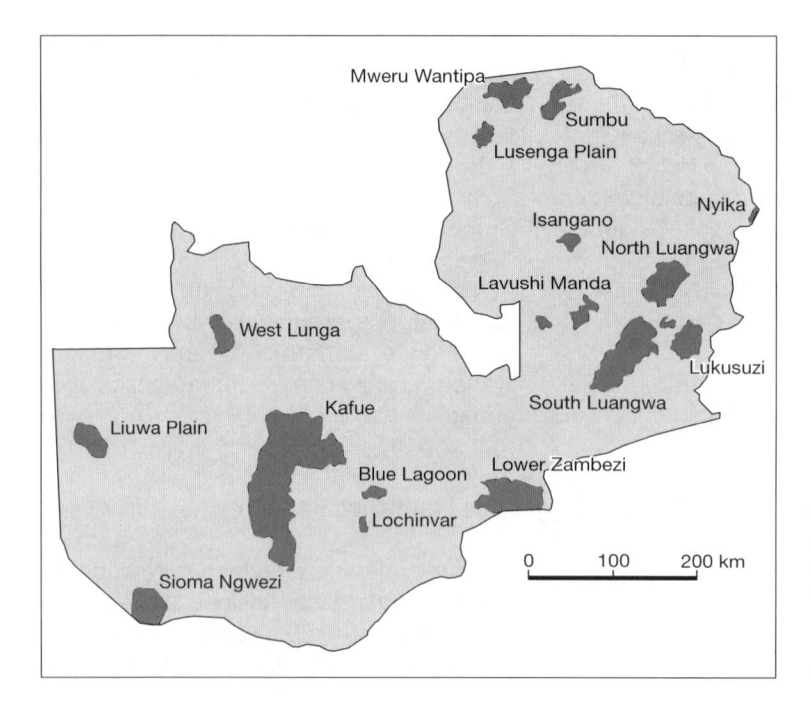

Abb. 4.8:
Lage der Nationalparks in Zambia
Quelle:
IUCN 1987, S. 25
Kartographie:
C. Stockmar

fläche Zambias werden durch insgesamt 19 Nationalparks eingenommen (Abb. 4.8). Dies entspricht fast der Fläche der Niederlande und Belgiens zusammen. Hinzu kommt eine relativ naturnahe, als Jagdgebiet vorgesehene Fläche von 164 000 km² (31 Gebiete, 22 % der Landesfläche).

Diese Jagdgebiete ("game management areas") schließen meist direkt an die Nationalparks an und sind so im weitesten Sinne als Pufferzonen zu verstehen, die durchweg dünn besiedelt sind und in denen die Jagd kontrolliert wird. Dies soll sowohl dazu beitragen, das Wildern in den Nationalparks einzudämmen, als auch der Wilderhaltung dienen. Der South Luangwa-National Park, mit 22 400 km² einer der größten Nationalparks Afrikas, ist z.B. von einem Jagdgebiet umgeben, das mehr als dreimal so groß ist wie der Park selbst (LEWIS et al. 1990, S. 171).

Neben Nationalparks und Jagdgebieten gewinnen in jüngster Zeit Wildtierfarmen und Krokodilfarmen für den Wildschutz zunehmend an Bedeutung (Abb. 4.9).

Für die Schaffung von Nationalparks sprechen wirtschaftliche, geoökologische, wissenschaftliche und ästhetische Gründe (MÄCKEL 1976, S. 319). Im Gegensatz zum Kupfer, welches eine nicht erneuerbare Ressource darstellt, ist der Wildreichtum des Landes erneuerbar und deshalb bei entsprechender Pflege langfristig wirtschaftlich nutzbar. Zurecht nennt IUCN (1987, S. 25) den Wildreichtum deshalb das biologische Kapital des Landes. Es gibt wenige Länder auf der Welt, die es sich leisten könnten, ihr Wild um dessen selbst willen zu schützen. In Zambia stehen derzeit 42 Arten unter Schutz, darunter das Schwarze Nashorn und der Afrikanische Elefant.

Die Einrichtung und Erhaltung von Nationalparks kostet viel Geld und kollidiert nicht selten mit anderen Interessen der lokalen Bevölkerung (z.B. mit der landwirtschaftlichen Nutzung und der Erschließung/Entwicklung von Siedlungsgebieten).

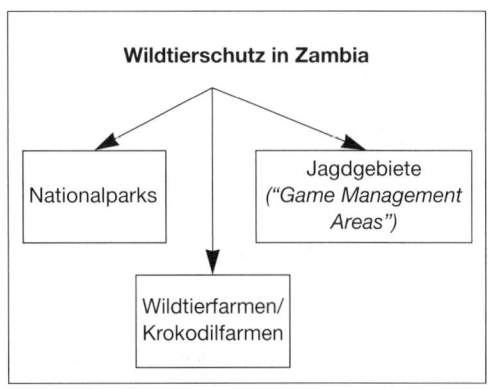

Abb. 4.9:
Teilkomponenten des Wildtierschutzes in Zambia

Nationalparks wurden nicht immer mit ökologischem Sachverstand sondern mehr nach wirtschaftlich-politischer Zweckmäßigkeit räumlich eingegrenzt (MÄCKEL 1976, S. 319). Das heißt, Nationalparks sind, trotz ihrer unbestrittenen Schönheit und Exotik oft weniger unberührte Natur als dies dem Besucher erscheinen mag, wie auch GUTHÖRL (1995, S. 28) betont. Oft sind sie zu klein dimensioniert oder weisen zu wenig Raubwild auf, so daß die natürliche Regulation der ökologischen Balance zwischen verschiedenen Spezies gestört ist.

Durch Interessenskonflikte zwischen Mensch und Naturschutz kommt es in den letzten Jahren zum Beispiel im Luangwatal zu einer starken Dezimierung des Nilpferdbestandes, da die Population in ihrem Lebensraum immer stärker eingeschränkt wird und sie deshalb große Zerstörungen in den Restgebieten anrichtet (IUCN 1987, S. 25).

Aus diesen Gründen wird neuerdings immer stärker die Beteiligung der Bevölkerung an der Nutzung der Wildtiere gefordert (GUTHÖRL 1995, S. 28., LEWIS et al. 1990, S. 179). BINGHAM (1989, S. 25) ist gar der Meinung, daß die kommerzielle Nutzung des Wildtierbestandes die einzige Möglichkeit ist, die Tier- und Pflanzenwelt Afrikas zu schützen.

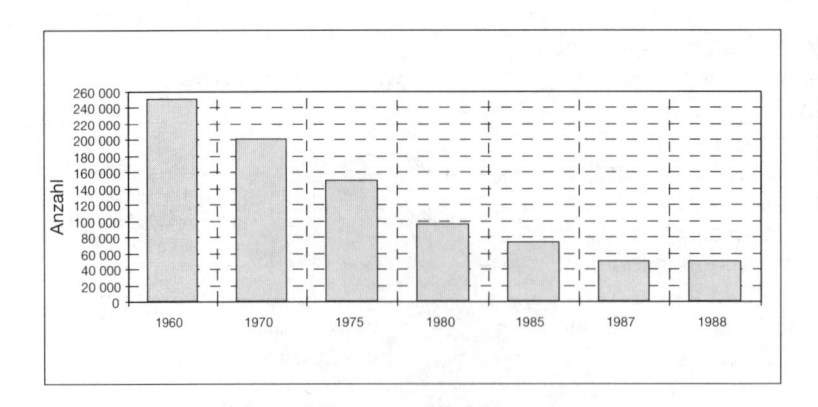

Abb. 4.10:
Entwicklung der Elefantenpopulation in Zambia (1960–1988)
Quelle: CCGTM 1990, S. 19

Als wichtiges Argument für die Einrichtung von Nationalparks wurde genannt, daß dadurch zurückgebliebene ländliche Gebiete entwickelt werden können. Dies ist, wie SCHULTZ (1983, S. 246) schreibt, bis Anfang der 1980er Jahre in Zambia nicht gelungen und hat auch in den letzten Jahren keine deutlichen Erfolge gezeigt.
   Woran liegt das?
Die Beantwortung dieser Frage ist vielschichtig. Zunächst erfordert sie eine Analyse des bisherigen Nationalparkkonzepts, das, als Erbe der Kolonialzeit, völlig an den Bedürfnissen der lokalen Bevölkerung vorbeioperiert. Die Folgen dieses Fehlkonzepts äußern sich auf verschiedene Weise, z.B.:
• im Wildern,
• in der Degradierung der Nationalparks,
• in zunehmender Armut der ländlichen Bevölkerung.
Bisher stand im Zentrum des Konzeptes der Tourist, der Devisen ins Land bringt und dadurch einen wirtschaftlichen Aufschwung ermöglicht. Dafür stellte man die Wildtiere im Nationalparks unter Totalschutz. Nationalparks unterliegen verschiedenen autogenen und allogenen Veränderungen. Die autogenen Veränderungen werden durch die Tierbestände selbst verursacht, indem die Populationen sich u.U. unkontrolliert vermehren und das Nahrungsangebot nicht mehr ausreicht (MÄCKEL 1976, S. 319). Dies führte in den 1970er Jahren z.B. im South Luangwa-Nationalpark zu einer viel zu großen Elefantenpopulation, die ihr eigenes Habitat in Folge der Enge drastisch degradierte. Der gezielte Eingriff von außen (z.B. durch Abschuß) war durch das Washingtoner Artenschutzabkommen blockiert. Der Elefant wurde 1990 gegen den Willen aller südafrikanischer Mitgliedsstaaten in den Anhang I des Abkommens aufgenommen. Dies bedeutet ein völliges Verbot des Handels mit Elfenbein und anderen Elefantenprodukten (GUTHÖRL 1995, S. 37). Die Wilderer sorgten (zu gründlich) für eine vorläufige Lösung des Problems im Luangwapark (IUCN 1987, S. 25). Durch die Wilderei ist die Gesamtpopulation des Elefanten in Zambia von ca. 250 000 Exemplaren im Jahre 1960 auf 1988 nur noch 50 000 geschrumpft (Abb. 4.10).
   Hauptbefürworter des Handelsverbotes ist Kenia, welches regelmäßig riesige Mengen von Elfenbein öffentlich verbrennen läßt.
   Hier treffen zwei völlig unterschiedliche Ansichten und Konzepte aufeinander: Die Befürworter des freien Handels von Elfenbein erhoffen sich von der Freigabe eine bessere Kontrolle der Elefantenpopulationen, die Deckung eines Teiles der Kosten zur Erhaltung der wertvollen Wildreservate und die Einschränkung des Wilderns. Die Gegner der Freigabe befürchten dagegen eine Zunahme des Wilderns und dadurch eine größere Bedrohung aussterbender

Arten und haben die internationalen Tierschützer auf ihrer Seite.

Die Mehrzahl der zambischen Parks ist in dünn besiedelten Gebieten angelegt worden, erst in jüngster Zeit verstärkt sich der Bevölkerungsdruck. Die kleinen Bevölkerungsgruppen haben kaum Kontakt zu den Touristen und die wenigen Arbeitsplätze für Wildhüter und Bedienungspersonal in den Gästehäusern sind bei weitem nicht ausreichend für einen wirtschaftlichen Aufschwung. Darüber hinaus wurde die lokale Bevölkerung bei der Stellenvergabe wenig berücksichtigt, man bevorzugte Arbeitnehmer aus anderen Regionen (SCHULTZ 1983, S. 246).

Ein neues Konzept der nachhaltigen Nutzung des natürlichen Wildtierpotentials muß sich an neuen Leitlinien orientieren: Das Wildern zeigt deutlich, was geschieht, wenn Wildtierressourcen mißbraucht werden. In der Regel werden wirtschaftlich interessante Tierbestände im großen Stil abgeschlachtet, ohne daß man sie wirklich voll (z.B. für die Ernährung) nutzt. Gleichzeitig ist eine steigende Anzahl von Menschen von Hunger und Mangelernährung bedroht. Die Übernutzung der Bestände gefährdet diese mittelfristig, wie zahlreiche Beispiele (fast) ausgestorbener Großwildarten zeigen. Dem Wildern kann nur dadurch Einhalt geboten werden, daß man die potentiellen Wilderer in die gezielte wirtschaftliche Nutzung und damit auch in die Schutzbemühungen miteinbezieht. Aktives Management der Wildtierbestände und Nationalparks kann von existentieller ökologischer Bedeutung sein. Die gezielte Dezimierung bestimmter Tierbestände in den Parks verhindert die Degradierung des Lebensraumes der verschiedenen Spezies. Aktive und richtig verstandene Erhaltung der Wildtierressourcen ("wildlife conservation") muß deshalb die Bevölkerung der betroffenen Gebiete in das Zentrum des Managementkonzeptes stellen. Dieses Konzept eines „partnerschaftlichen Wildtiermanagements" wurde von LEWIS et al. (1990) am Beispiel der "Game Management Areas" des Luangwa-Nationalparks dargestellt. Die kontrollierte Bejagung der Tierbestände kann zum einen die Bevölkerung mit Nahrung versorgen und zum anderen dazu beitragen, die Kosten für die Erhaltung der Parks zu erwirtschaften. Dieses Konzept wurde bereits in den 1950er Jahren propagiert, aber in Zambia bis heute nicht erfolgreich in die Realität umgesetzt. Dies liegt z.T. daran, daß über die Nutzungsweisen keine klare Vorstellungen geschaffen werden konnten.

CHABWELA (1992, S. 83) unterscheidet drei grundlegende Nutzungsarten:
- die Ernte, welche das Sammeln von Körnern, Früchten, Gemüsen und das gezielte Fangen von Fisch und Wildtieren beschreibt,
- die Bestandesreduktion und -kontrolle ("culling"), welche den vollständigen oder teilweisen Abschuß ganzer Herden oder Rudel bedeuten kann
- den Wahlabschuß, d.h. die selektive Entnahme von Individuen

Insbesondere das "culling" hat in den letzten Jahren unter Tierschützern einen Aufschrei des Entsetzens ausgelöst. Man wirft den Verantwortlichen sinnloses und brutales Abschlachten großer Herden vor. In Zimbabwe hat dies und die Angst vor Imageverlust in den letzten Jahren dazu geführt, daß man, anstatt die Elefanten über Abschüsse zu dezimieren ("culling"), neuerdings versucht, über Verkäufe regulierend in den Naturkreislauf einzugreifen. 1995 wurden aus dem Hwange Nationalpark 5 000 Elefanten zum Verkauf angeboten. Preis: 500 DM pro Stück, Transport und Fang mußten übernommen werden.

Die Jagdsafari (safari hunting) ist beliebter Anziehungspunkt für jagdbegeisterte Touristen und durch die erhobenen Gebühren eine gute Einkommensquelle für die Naturparkbehörden.

Einen Anfang zur Integration der lokalen Bevölkerung in die Wildtiernutzung stellen drei Programme dar: das "Luangwa Valley Integrated Resource Development Project" (LIRDP), das "Administrative Management Design for Game Management Areas" (AD-MADE) und das "Wetlands-Programme" (vgl. S. 144ff.). Ziel der Projekte ist die nachhaltige, gemeinsame Entwicklung der Bevölkerung und der Wildtierpopulationen. Die gezielte Nutzung von Nilpferden und anderem Wildbret, die Erzeugung und der Verkauf von Holzprodukten sowie die Veranstaltung von Jagdsafaris und der Ausbau des Tourismus sind Teilkomponenten des Programmes Luangwapark (IUCN 1987, S. 26).

Im Nachbarland Zimbabwe ist das Wildlifemanagement bei weitem besser organisiert als in Zambia. Das Projekt CAMPFIRE ("Communal Areas Management Programme for Indigenous Resources") versucht die Wildnutzung auf Staatsland durch die lokale Bevölkerung zu fördern (GUTHÖRL 1995, S. 36, NUDING 1996, S. 21ff.). Die Ergebnisse des Programmes sind in jeder Hinsicht vielversprechend. Im Gegensatz zu Zambia kommt es hier zu einem deutlichen Anwachsen der Elefantenpopulation, wie NUDING (1996, S. 29) berichtet.

Für die Einführung der gezielten Wildernte ("game cropping") im südlichen Afrika sprechen vier Hauptgründe (CHABWELA 1992, S. 84):

- Es kann dazu dienen, zu zeigen, daß Wildnutzung eine bessere Landnutzungsstrategie ist als kommerzielle Viehhaltung oder Landwirtschaft und Siedlung, es kann Arbeit, Einkommen und Nahrung schaffen und dadurch den Lebensstandard der ländlichen Bevölkerung verbessern.
- Es kann der kommerziellen Nutzung des Wildbrets dienen, was die Rind- und Schweinefleischproduktion ergänzt.
- Es kann ein Werkzeug sein für die gezielte Beschneidung von Überpopulationen von Wildtierarten.
- Es kann als Datenquelle für das Verständnis der Populationsdynamik, des Reproduktions- und Ernährungsverhaltens von Wildtieren dienen.

Außerdem können die Einnahmen aus der kommerziellen Nutzung der Wildtiere in die Pflege und Erhaltung der Nationalparks zurückfließen, wie dies bisher in vielen Ländern z.B. aus dem Verkauf von Elfenbein geschah.

Eine neuere Strategie der Wildtiernutzung ist die Wildtierhaltung außerhalb der Nationalparks, die in den 1960er Jahren in Zimbabwe entwickelt wurde. In Zambia gibt es zwei Kategorien der Wildtierhaltung. Zum einen die Krokodilfarmen (Anzahl 1989: 7) und zum anderen die Wildtierfarmen, die sich in den letzten Jahren, besonders im Umfeld der Hauptstadt, boomartig entwickeln (MWENYA 1989, S. 13). Obwohl das Krokodil, besonders das Nilkrokodil (Crocodylus niloticus), weitverbreitet ist, sind in den letzten Jahren hauptsächlich die großen Exemplare stark dezimiert worden. Dies liegt an der unkontrollierten Bejagung und wirtschaftlichen Nutzung der Tiere. Letztere besteht bekanntlich in der Nutzung der Häute zur Herstellung von Leder. Krokodilfarmen dienen der Arterhaltung der Spezies, indem die Farmen jährlich einen Teil der Jungtiere der Natur zurückgeben. Darüber hinaus findet hier eine kontrollierte Nutzung der Tiere außerhalb der Natur statt. Dies trägt zum Schutz der wildlebenden Exemplare in doppelter Weise bei, da die Erhaltung der natürlichen Lebensbedingungen von vitalem Interesse für die Farmen ist.

Die Wildtierfarmen dienen als Attraktion für Touristen, für die Gewinnung von Wildbret und für die Jagdverpachtung. Stark behindert wird die Wildtierhaltung in Zambia momentan durch gesetzliche Bestimmungen, die diese Nutzung nicht vorsehen (HUDSON et al. 1989, S. 21). Von vielen Seiten wird jedoch betont, welche großen Vorteile diese Art der Tierhaltung hat. Marginale und Tsetse verseuchte Gebiete, die für die kommerzielle Viehhaltung nicht nutzbar sind, könnten durch Wildtierhaltung inwertgesetzt werden. Die Kosten für tierärztliche Dienste sind viel geringer, weil Wildtiere weniger krankheitsanfällig sind und nicht zuletzt können Wildtierfarmen zur Erhaltung bedrohter Arten beitragen (GUTHÖRL 1995, S. 31, HUDSON et al. 1989, S. 23).

Die obigen Ausführungen zeigen, welch enormes, bisher aber weithin verkanntes Potential die Wildtierpopulationen im südlichen Afrika für die Ernährungssicherung, die touristische und kommerzielle Nutzung haben. Die biogeographischen Aspekte der Wildtiernutzung sind bisher, auch in den Lehrplänen der Universitäten, viel zu wenig berücksichtigt worden.

Die Beziehungen des lokalen Wildtierschutzes zum internationalen Umweltschutz, z.B. hinsichtlich der Erhaltung von Feuchtgebieten für Zugvögel, gewinnen neuerdings an Interesse und machen die globale Bedeutung des Wildtierschutzes deutlich.

5 Kupferbergbau: eine Monoökonomie und ihre wirtschaftlich-sozialen Folgen

Die Geschichte des Bergbaus und insbesondere des Abbaus von Kupfer begann in Zambia lange vor der europäischen Kolonisierung, mindestens aber zu Beginn des 19. Jahrhunderts. Die Afrikaner kannten die Technik des Schmelzens und verarbeiteten Kupfer in Barren und Kreuze. Aus den Barren wurde Schmuck hergestellt, während die Kreuze in ganz Zentralafrika als Währung galten (HALL 1965).

Erst durch die "British South Africa Company" begann der Kupferabbau im großen Stil. Eigentlich hatte man im Kupfergürtel ("copperbelt"), wie die Kupferregion heute heißt, Diamanten und Goldvorkommen erwartet, was sich jedoch nicht bestätigte. Gemeinsam mit der Intensivierung und Industrialisierung des Kupferabbaus entwickelte sich auch die Planung und Verwirklichung der Eisenbahnlinie von Livingstone nach Lusaka und in den Kupfergürtel. Dies sollte die schnelle Erschließung des Gebietes ermöglichen und den Transport des Kupfers sichern. Dieser Prozeß geht nach SCHULTZ (1983) alleine auf exogene Faktoren zurück, wie überlegenes technologisches Wissen, Investitionsfähigkeit, kommerzielle Wirtschaftsgesinnung u.a.

5.1 Der Mythos vom „Kupferland"

Es steht außer Frage, daß das Kupfer in der Vergangenheit wesentlich zum Reichtum des Landes beigetragen hat, obwohl das ländliche Zambia und damit die Mehrheit der Bevölkerung davon kaum etwas zu spüren bekam. Gerade einmal 50 000 Arbeitskräfte (ca. 2 % der erwerbsfähigen Bevölkerung) fanden in diesem Sektor Arbeit (RAUCH 1986:59).

Entwicklungsimpulse, die von Eisenbahn und Kupfer ausgingen, hielten sich eng begrenzt an die Eisenbahnlinie und den Copperbelt und führten dadurch zu einer ausgeprägten regionalen Desintegration. Es entstanden zwei völlig voneinander getrennte Wirtschafts- und Sozialräume (SCHULTZ 1983, S. 29). Auf der einen Seite entstanden der Bergbaubereich und die kommerzielle Landwirtschaft entlang der "Line of Rail", wo auch die europäischen Farmer siedelten und dem Landstrich den Namen "European Farmland" gaben, und auf der anderen Seite befand sich das marginalisierte Hinterland, geprägt durch Subsistenzwirtschaft, ein-

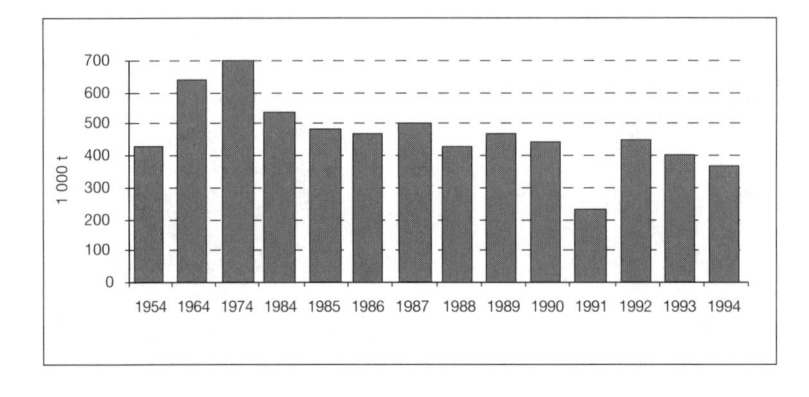

Abb. 5.1: Die Kupferproduktion in Zambia 1954–1994
Quellen:
BFAI 1996,
Stat. Bundesamt 1995

fachste Produktionstechnik und entsprechend statischer und traditioneller Gesellschaftsstruktur. Mit dieser Entwicklung steht Zambia nicht alleine, wie auch GABLER (1989) ausführt. Bei 23 Staaten der Subsahara-Region (also der Hälfte der schwarzafrikanischen Länder) ist die Ausfuhr zu 50 und mehr Prozent von einem Produkt abhängig (GABLER 1989, S. 60).

Seit Mitte der 1970er Jahre setzte ein kontinuierlicher Verfall des Kupferpreises ein, was dazu führte, daß die Produktionszahlen stark rückläufig wurden (Abb. 5.1) und daß aus diesem Wirtschaftssektor kaum mehr Steuern in den Staatshaushalt flossen. Die von der Regierung Kaunda betriebene Subventionspolitik wurde dadurch infragegestellt und mußte über Staatsverschuldung finanziert werden. Die durch fehlgeleitete bzw. nicht vorhandene Entwicklungsplanung entstandene Monoökonomie zeigt sich nun in ihrer ganzen Anfälligkeit, ganz ähnlich wie dies auch für Monokulturen in der Landwirtschaft gilt.

Die Folgen
Die oben aufgezeigte Entwicklung führt heute zu großen Problemen bei der Umstrukturierung und Entwicklung des Landes. Die von Weltbank und internationalem Währungsfonds auferlegten Maßnahmen (Schuldenabbau, Verkleinerung des Staatsapparates, Abbau von Subventionen, Anpassung der Währung) trifft den marginalisierten ländlichen Raum in ganz anderer Weise als die Wirtschaftszentren. Das Strukturanpassungsprogramm hat u.a. seit dem Wiederbeitritt Zambias zum IWF (1990) zu einer enormen Verteuerung von Grundnahrungsmitteln geführt (1990 kosteten 25 kg Maismehl noch unter 1 000 Zambische Kwacha (ZK), 1995 mußte man dafür 10 000 ZK bezahlen). Der größte Teil der Bevölkerung des Landes lebt in unterentwickelten ländlichen Gebieten teilweise auf Subsistenzbasis, d.h., er hat weder geregeltes Einkommen noch Kaufkraft. In ähnlicher Weise sind übrigens auch die vielen Arbeitslosen in den "Compounds" der Städte betroffen. Grundnahrungsmittel werden für diesen Bevölkerungsteil schlicht unerschwinglich und eine drastische Zunahme der Mangelernährung ist nicht auszuschließen. SILWIMBA (1993) benennt diesen Zustand der Nationalökonomie zurecht: „Armut für viele, Reichtum für einige" und verknüpft diese Behauptung z.B. mit der mangelnden Grundversorgung der Bevölkerung. Selbst in den Zentren des Kupferabbaus gibt es für die Mehrheit der Menschen kein sauberes Trinkwasser. 1992 kamen in der Kupferstadt Kitwe fast 400 Menschen durch eine Choleraepedemie ums Leben.

Das Beispiel zeigt mit aller Deutlichkeit, wie früh die Wurzeln für die Fehlentwicklung des Landes gelegt wurden. Dies ist ausschließlich auf das Interesse an der wirtschaftlichen Ausbeutung der natürlichen Ressourcen Zambias zurückzuführen.

Trotzdem hält sich der Begriff des Kupferlandes Zambia bis heute, obwohl der Kupferabbau immer unbedeutender wird. Die Prognosen sind schlecht. David Phiri, ehemaliger Gouverneur der Staatsbank, sagte 1986 eine Erschöpfung der Kupfervorkommen für das Jahr 2000 voraus (SCHAFFMANN 1986, S. 4). Bereits heute sind einige der Vorkommen erschöpft, andernorts teufen sie so stark ab, daß sich der Abbau erheblich verteuern würde (Stat. Bundesamt 1995, S. 66). Die Erschließung der Vorkommen wird also zunehmend schwieriger, und der Rückgang der Kupfererträge, wenn nicht gar ein Ende des Abbaus, steht zwangsläufig früher oder später ins Haus.

Die eurozentrische Betrachtungsweise eines Landes nach seinen Hauptexportgütern wurde auch von der einheimischen Elite übernommen und hat dazu beigetragen, daß auch nach der Unabhängigkeit keine Diversifizierung des wirtschaftlichen Sektors stattfand. So bleibt Kupfer bis heute das Hauptexportgut Zambias und somit der wichtigste Devisenbringer.

5.2 Neue wirtschaftliche Entwicklungsperspektiven

Das produzierende Gewerbe Zambias besteht aus drei Hauptsektoren, der Energie- und Wasserwirtschaft, der Gewinnung von Steinen und Erden und dem Verarbeitenden Gewerbe. Letzteres ist in die Sektoren Nahrung, Textil, Chemie, Holz und Papier, sowie Metall gegliedert und stellt den stärksten Bereich innerhalb der Produktion dar (Stat. Bundesamt 1995, S. 61). Die chemische Industrie trug 1992 11 % zur gesamten Produktionsleistung des verarbeitenden Gewerbes des Landes bei. Das staatliche Unternehmen INDECO (Industrial Development Corp. of Zambia Limited) war maßgeblich in der Entwicklung verschiedener Industriezweige beteiligt. Die Teilunternehmen von INDECO sind in den Bereichen Düngemittelindustrie, Sprengstoffherstellung, Glasherstellung und Batterieherstellung tätig.

Die Sprengstoffabrik liefert einen Teil des Sprengstoffs, der für den Kupferabbau benötigt wird.

Die Stickstoffherstellung unterliegt starken Schwankungen, 1990 wurden 1 900 t, Stickstoff produziert, 1991 waren es 6 000 t und 1992 4 720 t, was bei weitem nicht den Bedarf der Landwirtschaft deckt. Unterstützt wird dieser Industriezweig durch eine Fabrik zur Herstellung von Schwefelsäure, die zur Stickstoffgewinnung benötigt wird.

Das Verarbeitende Gewerbe produzierte bis Mitte der 1980er Jahre fast ausschließlich für den Inlandsverbrauch. Der Abbau der Zollschranken, der Anfang der 1990er Jahre durch die neue Regierung gefördert wurde, führte in vielen Bereichen, besonders aber in der Bekleidungsindustrie, zu Betriebsschließungen.

Das größte Hemmnis in der industriellen Entwicklung des Landes liegt in seinem chronischen Devisenmangel begründet. Hiervon sind sämtliche Produktionszweige betroffen, die mangels importierter Rohstoffe nur ineffizient produzieren können und deren Industrieanlagen mangels Ersatzteilbeschaffung und Wartung teilweise völlig veraltet sind.

Im Zuge der Demokratisierung und durch die Auflagen des IWF hat sich die Wirtschaftsstruktur Zambias in den letzten Jahren grundlegend verändert. Als Hauptursache hierfür ist die Privatisierungswelle anzusehen, welche die halbstaatlichen und staatlichen Unternehmen in privatwirtschaftliche Betriebe umwandeln soll. Das Privatisierungsgesetz wurde im Juni 1992 verabschiedet. Von der Privatisierung sind alle Bereiche des wirtschaftlichen und öffentlichen Sektors – der Kupferbergbau ebenso wie das Transportwesen – betroffen.

Die Maßnahmen stellen ein armes Land wie Zambia vor schwierige Entscheidungen – wo endet die Privatisierung und wo beginnt der Ausverkauf des nationalen Kapitals? Diese Frage erregte die Gemüter zu Beginn der Privatisierungswelle und führte zu heftigen Diskussionen um den „Ausverkauf des Landes" (MÖLLERS 1993, S. 37). In der Tat geht es aber nicht nur um die Veräußerung von Staatseigentum an finanzkräftige ausländische Investoren, sondern auch um die unkontrollierte Auflösung der Staatsfirmen. Die früheren Manager dieser Firmen verstanden es, das Firmenkapital (Fahrzeuge, Häuser, Maschinen etc.) zu Dumpingpreisen an sich selbst oder nahestehende Personen zu veräußern. Die früheren Besitzer, die z.T. nur unzureichend für die staatliche Übernahme entschädigt wurden, verfügen oft nicht über das nötige Kapital zum „Wiedererwerb" ihrer Firmen. Die zambische Privatisierungsgesellschaft (ZPA) nennt dies kriminell und macht die Zambian Industrial and Mining Cooperation Limited (ZIMCO) dafür verantwortlich, ihre Tochterfirmen nicht ordnungsgemäß zu überführen (KAKOMA 1995). Die ZIMCO war die zentrale Holdinggesellschaft, in welcher die verschiedenen staatlichen Wirtschaftszweige über Tochterholdings organisiert waren – ihre Privatisierung wurde häufig gefordert und steht wohl kurz bevor.

Die hochverschuldete staatliche Busgesellschaft – United Bus Company of Zambia (UBZ) – wurde Anfang 1995 aufgelöst, ebenso wie drei Monate zuvor die staatliche Fluggesellschaft Zambia Airways, die in zwei private Gesellschaften überführt wurde. Die heutige Air Zambia ist für regionale Flüge zuständig, während die zweite Gesellschaft, Zambian Express, die nationalen Flughäfen betreut. Insgesamt sollen 170 öffentliche Unternehmen, die rund 80 % des Sozialproduktes erwirtschaften, privatisiert werden. Einige der wichtigsten Staatsfirmen sind die Kupferfirmen (Zambian Consolidaded Copper Mines – ZCCM), die Brauerei (Zambian Breweries), die Zuckerindustrie (Zambian Sugar Company). Auch die Elektrizitätsgesellschaft (Zambian Electricity Supply Company – ZESCO), die Telefongesellschaft (ZAMTEL) und die Post (ZAMPOST), früher Post and Telecommunication Company (PTC), stehen zur Disposition.

Von besonderem Interesse bezüglich der Privatisierung sind die zambischen Kupferminen. Der Hauptinteressent kommt aus dem Ausland und ist die gleiche Firma, die einst die Besitzerin der Minen war, die multinationale Anglo-American Cooperation aus Südafrika. Die Firma wurde während der Nationalisierungswelle enteignet, behielt jedoch einen Aktienanteil von 27 % an den Kupferminen. Jetzt strebt die Firma an, wieder die Aktienmehrheit an den Minen zu erlangen. Dies war zunächst politisch umstritten, da hiermit das wichtigste wirtschaftliche Standbein Zambias in die Hände von ausländischem Kapital gelangen würde. Wohl nicht nur aus diesen Gründen schiebt die Regierung die Privatisierung dieses maroden Wirtschaftsunternehmens immer noch vor sich her.

Die Zollbestimmungen für Im- und Exporte haben zu einer Benachteiligung der zambischen Produzenten und einem enormen Importüberschuß insbesondere südafrikanischer Waren in das Land geführt (Afrikaforum 1994, S. 164). Südafrika hatte 1993 ein Exportvolumen von 360 Mio. US-$ nach Zambia wohingegen nur für 15 Mio. US-$ aus Zambia importiert wurde (Profit 1995, S. 23). Dieser Importüberschuß sorgt für großen Bedarf an harter Währung, die deshalb häufig nicht mehr erhältlich ist (Times of Zambia 1995).

5.2.1 Der informelle Sektor – ein Hoffnungsträger ?

Mit dem Begriff „informeller Sektor" wird eine Schattenwirtschaft oder Überlebensökonomie umschreiben, die in vielen Ländern des Südens mehr als 50 % der Bevölkerung einen Lebenserwerb ermöglicht (BRINCK 1995, S. 3). Der Begriff wurde ursprünglich für den städtischen Sektor gebildet und dort vorwiegend für die „einfache Warenproduktion", die weitgehend außerhalb staatlicher Förderung und/oder Kontrolle betrieben wird (VON OPPEN 1989, S. 164). Der informelle Sektor ist typischer Bestandteil des Wirtschaftslebens vieler Entwicklungsländer und Ausdruck des Beschäftigungsproblems (DRILLING 1993, S. 19). Der Staat toleriert diesen Sektor, weil er als Auffangbecken für Schulabgänger, Zuwanderer und Arbeitslose gilt (WIESE 1995, S. 91). Die Ursachen für die starke Ausprägung dieses Sektors liegen zum einen im mangelnden Angebot formeller Arbeitsplätze und im nicht funktionierenden formellen Wirtschaftssektor und zum anderen in der starken Verstädterung begründet (ENGELHARD 1994, S. 221). Aus diesem Grunde findet sich der informelle Sektor in Zambia im wesentlichen in den Städten und an deren Peripherien.

Die Struktur des informellen Sektors unterscheidet sich deutlich von der des for-

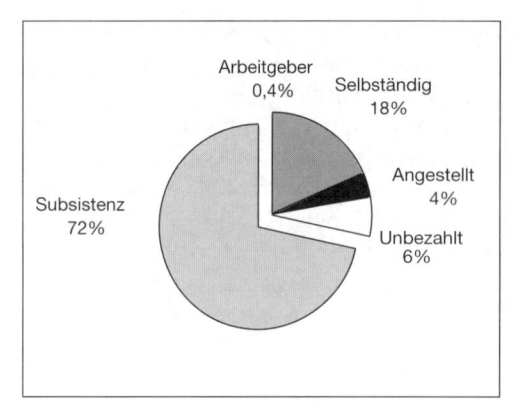

Abb. 5.2:
Beschäftigung im informellen Sektor Zambias einschließlich Subsistenzlandwirtschaft 1986
(Quelle: Stat. Bundesamt 1991)

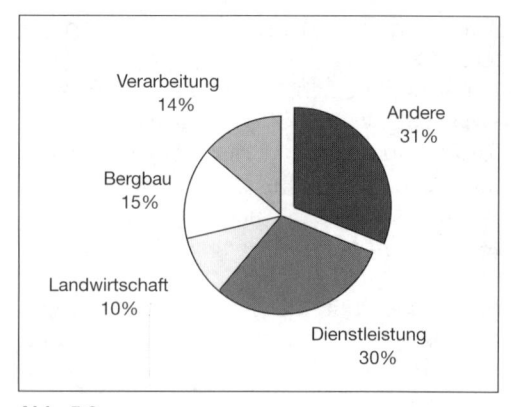

Abb. 5.3:
Beschäftigung im formellen Sektor Zambias 1991
(Quelle: Stat. Bundesamt 1993)

mellen (Abb. 5.2 und Abb. 5.3). Ein Großteil der Beschäftigten ist der Subsistenzlandwirtschaft zuzurechnen. Nur ca. 30 % der Tätigkeiten liegen außerhalb dieses Bereichs. Auch hier hat sich eine Struktur entwickelt, die geregelt erscheint – so gibt es Angestellte, Arbeitgeber und unbezahlte Arbeit. Am höchsten ist der Anteil von selbständigen Unternehmern. Mannigfaltige informelle Kleinstunternehmen helfen der Bevölkerung bei der Erwirtschaftung (zusätzlichen) Einkommens und bei der Produktion von Nahrung. Sie entstanden aus der wirtschaftlichen Not. Die Schattenwirtschaft ist inzwischen zu einem wichtigen Instrument der „Entwicklung von unten" geworden. Ihr Vorteil ist die Überlebenssicherung, von Nachteil ist, daß der Staat aus diesen Unternehmen keine Steuereinkünfte hat und daß der Kleinunternehmer nicht sozial abgesichert ist.

Das Konzept des informellen Sektors ist zurecht umstritten. Es soll deshalb nicht unerwähnt bleiben, daß es nicht ohne Kritik und Widerspruch steht. VON FRIELING (1989, S. 169, 179) stellt die Frage, ob die Förderung des informellen Sektors mehr ist als die Verwaltung der Armut und stellt das Konzept dieses Sektors in den internationalen wirtschaftlichen und politischen Kontext. Wenn die Entwicklungspolitik der Gegenwart den informellen Sektor in den Mittelpunkt ihres Interesses rückt, hat sie sich mit dem Fortbestand der Armut abgefunden, so VON FRIELING (1989, S. 195). Auch VON OPPEN (1989, S. 164) kritisiert das Konzept, indem er darauf verweist, daß auch innerhalb des informellen Sektor beachtliche soziale Unterschiede, z.B. im Verhältnis zwischen Männern und Frauen, bestehen. Er stellt die Begriffe informell/formell deshalb in Frage und schlägt vor, sie nicht mehr auf Strukturen, sondern auf Handlungsstrategien im Verhältnis zwischen Produzent und Staat basieren zu lassen.

Andererseits wird immer wieder darauf verwiesen, wie wirkungsvoll dieser Sektor in der Armutsbekämpfung bzw. bei der Verhinderung der absoluten Armut ist. In Dar es Saalam sichern sich, wie ENGELHARD (1994, S. 220) berichtet, über 40 % der Bevölkerung ihr Überleben durch Beschäftigungen im informellen Sektor. Das Recycling von Altmaterialien (Plastik, Reifen, Glas, Metalle) welches vom zambischen Staat bisher nicht gefördert wird, ist eine Domäne des informellen Sektors. Ähnliches wird auch von WIESE (1995, S. 92) aus Senegal berichtet.

Der informelle Sektor schließt den Handel mit den unterschiedlichsten Waren ein, die wichtigsten sind Gemüse, Holzkohle, Ersatzteile aller Art, Kunstgegenstände, Möbel und Schnitzarbeiten, Korbflechtwaren und viele andere.

Übersicht 5.1: Die Steinklopferinnen von Lusaka

In Lusaka bieten z.B. die zahlreichen Steinklopferinnen an der südlichen Ausfallstraße ein besonders eindrückliches Bild. Tagtäglich sitzen sie von morgens bis abends und zerkleinern Kalksteine zu unterschiedlichen Größen, die fein säuberlich voneinander getrennt zum Ver-	kauf angeboten werden. Die Kunden kommen aus allen Schichten, die Steine dienen zur Verwendung im Hausbau und zum Pflastern von Wegen, Höfen und Hauseinfahrten. Mit zwei der Frauen wurden 1994 Interviews durchgeführt.
Fragen an zwei Frauen: 1. Ist dies ihr eigenes Geschäft oder sind sie Angestellte? 2. Wer sind ihre Kunden? 3. Wo sind ihre Kinder während der Arbeit?	4. Warum machen Sie das? Gibt es keine andere Arbeit? 5. Wieviel Stunde arbeiten Sie am Tag? 6. Wie lange machen Sie diese Arbeit bereits (Tage, Wochen, Monate, Jahre)?
1. Frau 1. Ich habe das Geschäft gemeinsam mit meiner Mutter (Anm. Die Mutter ist anwesend, möchte aber nicht interviewt und nicht photographiert werden). 2. Es kommen verschiedene Leute einkaufen. Es gibt keine spezielle Kundengruppe. Einige kommen mit dem LKW, andere mit kleineren Transportfahrzeugen. 3. Die Kinder sind zu Hause. Ich habe sie aus zwei Gründen zu Hause gelassen. A, es ist jetzt zu kalt und b, sie könnten beim Zerkleinern (Brechen) der Steine von Splittern getroffen werden. Ein Teil der Kinder geht auch zur Schule. 4. Ich mache diese Arbeit um das geringe Einkommen meines Mannes aufzubessern, der als Wachmann arbeitet. Es gibt keine andere Arbeit, die ich machen könnte. 5. Ich habe keine festen Arbeitszeiten. Ich beginne meist früh am Morgen (gegen 07.00 Uhr) und arbeite bis zum späten Nachmittag (gegen 17.30 Uhr) - jeden Tag, außer am Sonntag. 6. Ich mache das hier seit 5 Monaten.	*2. Frau* 1. Dies ist mein eigenes Geschäft 2. Jeder kann hier einkaufen. Hauptsächlich kommen Leute, die sich ein eigenes Haus bauen. 3. Die Kinder sind zu Hause. Manchmal kommen sie mit, dann helfen sie die Steine hierher zu tragen. Die Steine werden gesammelt, zu kleinen Haufen aufgeschichtet (meist nahe an der Straße) und dann zerkleinert. 4. Ich mache diese Arbeit um Geld zu verdienen. Es gibt keine andere, bessere Arbeit für mich. Ich habe versucht zu Hause Süßigkeiten, Kaugummi usw. zu verkaufen; das hat sich aber nicht gelohnt. So bin ich in dieses Geschäft eingestiegen, und wenn es an einem Tag gut läuft, springt auch viel dabei heraus. 5. Die Stundenzahl ist nicht genau festgelegt. Ich zerkleinere die Steine und warte dann auf Kundschaft. Da ist immer jemand bei dem Steinhaufen, von früh am Morgen bis zum späten Nachmittag, die ganze Woche lang. 6. Ich mache das hier seit fast 15 Monaten.
Beide Frauen sagen, daß sich das Geschäft lohnt und deshalb viele mitmachen würden. Sogar immer mehr Männer machen das jetzt.	Am Schluß sagte die erste Frau: „Manchmal verdienen wir mehr Geld als Manager; es kommt eben darauf an, wie gut der Monat läuft".

Die Kommentare der Frauen zeigen die Ursachen für die Tätigkeit im informellen Sektor auf. Es ist die Notwendigkeit, Geld zu verdienen, der Mangel an Alternativen und die Notwendigkeit, eine Zielgruppe zu erreichen, die über Kapital verfügt. Darüber hinaus ist die Arbeit geprägt durch hohe Flexibilität (keine feste Arbeitszeiten), die den Frauen die Wahrnehmung ihrer sonstige Pflichten (Wasserholen, Kochen, Kinderpflege etc.) ermöglicht. Ein weiterer Vorteil für die Frauen ist der, daß sie stärker bedarfsorientiert arbeiten können. Wenn sie mehr Geld brauchen, können sie ggf. die Produktion erhöhen. Trotzdem wirkt das Bild der Steinklopferinnen auf den westlichen Beobachter ärmlich und deprimierend.

Die Struktur des informellen Wirtschaftsbereiches zeigt bei den Selbständigen einen hohen Frauenanteil. Dies spricht für die obengenannten Ausführungen. In ähnlicher Weise wie die beiden Frauen würden die zahlreichen Straßenhändler argumentieren, die im Zentrum von Lusaka Gemüse, Zigaretten, Spiegel, Sonnenbrillen etc. verkaufen. Ein anderes treffendes Beispiel ist die Ernährungs- und Lebenssicherung über den Verkauf von Gemüse im informellen Sektor.

Übersicht 5.2: Hausgartennutzung bei einer Familie im Armenviertel von Kalingalinga (Lusaka)
Quelle: eigene Erhebungen

Eine fünfköpfige Familie im Armenviertel Kalingalinga hat einen kleinen Garten von 276 m^2 Größe. Die Besitzerin des Hausgartens arbeitet als Krankenschwester, hat also ein relativ geringes Einkommen.

Im Garten werden in der Trockenzeit im August 1993 acht verschiedene Kulturpflanzen angebaut: Chinakohl, Kohl, Raps, Kürbis, Tomate, Zwiebel, Zuckerrohr und Süßkartoffel. Zusätzlich befinden sich im Garten zahlreiche Zierpflanzen und je ein Exemplar von Guave und Avocado. Die Gartenbesitzerin gibt an, ein durchschnittliches zusätzliches Monatseinkommen von 5 000 ZK durch den Garten zu erwirtschaften. (Zum Vergleich: Das monatliche Einkommen eines einfachen Hilfsarbeiters in Zambia betrug Anfang 1992 ca. 6 000 bis 8 000 ZK). Sie produziert hauptsächlich für den Eigenbedarf, nur Raps wird zum Verkauf angebaut.

Dies wird auch deutlich, wenn man die Individuenzahlen der Pflanzen auszählt: Sie hat jeweils etwa 60 Einzelpflanzen der verschiedenen Arten angebaut, nur bei Raps sind es 430 Pflanzen. Die Besitzerin verkauft den Raps direkt an die Verbraucher, hat also keinen Stand auf dem Markt. In der Regenzeit, im Dezember 1992, werden 14 verschiedene Arten im Garten gezählt. Mais, Kassave, Spinat, Erdbeeren, Auberginen und eine Wassermelone ersetzen vor allem Chinakohl und Kohl. Zu diesem Zeitpunkt befinden sich 700 Rapspflanzen im Garten. Die Ertragsschätzungen ergeben einen Gesamtertrag für Raps von ca. 49 kg für die Regenzeit und 30 kg in der Trockenzeit.

Würde die Besitzerin die gesamte Produktion zu Großhandelspreisen verkaufen, könnte sie in der Regenzeit von November-April durch Raps (bei einem durchschnittlichen Großhandelspreis von 168 ZK/kg) ca. 13 000 ZK erwirtschaften. In der möglichen Verkaufszeit in der Trockenzeit, von Mai-Oktober, sind die Preise etwas niedriger (Durchschnittspreis für diese Monate 87 ZK/kg Raps). Sie könnte in dieser Zeit ca. 7 000 ZK erwirtschaften, im gesamten Jahr beliefe sich ihr Zusatzeinkommen also auf rund 20 000 ZK.

Dies ist nur ein Teil ihres monatlichen Zusatzeinkommens. Darüber hinaus verkauft sie Zierpflanzen zum Stückpreis von 250 ZK. Die Ernährung der Familie ist durch die verschiedenen Produkte des Hausgartens, die ausschließlich der Selbstversorgung dienen, und durch den Verkauf von Raps und Zierpflanzen ganzjährig sicherer.

Neben dem Hausgarten bewirtschaftet die Familie auch noch ein Regenfeld, welches hauptsächlich vom Ehemann bearbeitet wird. Dort werden ab November Mais, Süßkartoffeln und Kartoffeln angebaut. Die Stecklinge für die Süßkartoffel stammen aus dem Hausgarten. Zusätzlich spart die Familie enorme Summen ein, die sie sonst für den Kauf von Gemüse ausgeben müßte.

5.2.2 Das Transportwesen – ein typisches Entwicklungsproblem ?

"Transport is a problem" ist in Zambia ein geflügeltes Wort. Dieses gilt zunehmend nach der Liberalisierung des Marktes und der Privatisierung des Transportwesens. Bis zum Machtwechsel war das Transportwesen weitgehend in staatlicher Hand. Die staatliche Busgesellschaft United Bus Company (UBZ) fuhr alle größeren Städte des Landes an. Die Busse waren größtenteils in miserablem Zustand, und entsprechend waren die Verspätungen. In Lusaka sorgte zusätzlich eine Flotte von Kleinbussen ("minibusses") für den Transport der Bevölkerung.

Für Neuankömmlinge in Lusaka war es besonders auffällig, daß tagsüber sehr viele Leute entlang der großen Einfallstraßen liefen. Es handelte sich um Menschen, die, falls ein Bus fuhr, entweder keinen Platz darin gefunden hatten oder ihn nicht bezahlen konnten. Häufig waren die kleinen Transporter hoffnungslos überfüllt, und Unfälle führten zu einer unverhältnismäßig hohen Zahl von Verletzten. Auch kam es im Gedränge häufig zu Prellungen und anderen Verletzungen bei den Passagieren. Eine Busfahrkarte kostete 1993 im innerstädtischen Bereich ca. 50 ZK, die tägliche Fahrt von und zur Arbeit konnte auf diese Weise leicht ein Drittel des Einkommens eines normalen Arbeiters verschlingen.

Die Privatisierungswelle führte 1995 zum Zusammenbruch des staatlichen Busunternehmens. Zahlreiche kleine Privatfirmen übernahmen deren Funktion, entsprechende Preiserhöhungen blieben nicht aus. Dies führte insgesamt zu einer Verbesserung des Transportwesens, jedoch auf Kosten der ärmsten Bevölkerung, die nun oft nur noch zu Fuß geht. Die Weitläufigkeit des Stadtgebietes von Lusaka und die periphere Lage der Armenviertel erfordert hierbei häufig Fußwege von 15–20 km, um den Arbeitsplatz zu erreichen. Ein weiterer Effekt der Privatisierung war eine Desorganisation des geregelten öffentlichen Verkehrs. So gibt es derzeit keine festen Haltestellen mehr, die Busse halten an jeder beliebigen Stelle, um im harten Kampf um die Kunden Vorteile herauszuschlagen.

Ein weiteres Transportmittel in Lusaka ist ein Vorortzug ("commutertrain"), der die Schienen der Eisenbahn benutzt. Die Züge, deren Passagierkabinen aus alten Bussen gebaut sind, wurden 1992 erstmals eingesetzt, einige Monate später wurde der Betrieb aber wegen zu vieler verletzter Passagiere eingestellt. Man müsse die Züge renovieren, so die offizielle Begründung.

Private Fahrzeuge sind immer noch Mangelware und bleiben der wirtschaftlichen Oberschicht vorbehalten. Derzeit gibt es im ganzen Lande schätzungsweise ca. 150 000 Autos. Die Anzahl der Neuzulassungen von Personenkraftwagen ging von 6 021 (1975) auf 1 203 (1987) zurück, ein deutlicher Indikator für die abnehmende Wirtschaftskraft des Landes.

Die Zahl der Unfälle ist – angesichts der geringen Verkehrsdichte – ziemlich erschreckend. Die mehr als 10 000 Unfälle (1988) konzentrieren sich auf die Lusaka- und die Copperbeltprovinz, also auf die zentrale Entwicklungsachse des Landes. 6 000 Verletzte und fast 900 Tote sind die traurige Bilanz der Unfälle im Jahre 1988. Auch im Jahre 1991 lag die Zahl der Toten bei ca. 900. Allerdings ist stark anzunehmen, daß die Zahl der Unfälle und deren Konsequenzen nur unzureichend erfaßt ist (Stat. Bundesamt 1995, S. 80). Besonders gefährlich ist das Fahren bei Nacht. Viele Fahrzeuge verfügen nicht über Licht und Ampeln werden häufig nicht beachtet.

5.2.3 Tourismus als Entwicklungschance?

Obwohl die Natur des Landes hochattraktiv für westliche Besucher ist, ist Zambias Tourimusindustrie wenig entwickelt. Der offizielle Werbeslogan des Ministeriums für Tourismus ist "Zambia under the Sun" – das Land unter der Sonne. Hauptattraktionen des Landes sind die Victoria-Fälle und die zahlreichen Nationalparks. Der bekannteste ist der South-Luangwa-Nationalpark im Nordosten.

Bis zur Demokratisierung war der Tourismussektor weitgehend staatlich gesteuert. Zuständig waren das "Zambian National Tourist Board" (ZNTB) und das Ministerium für Tourismus. Die Existenz dieses Ministeriums zeigt, daß dem Sektor große Bedeutung beigemessen wurde. Auch das Hotelwesen war unter der "National Hotel Development Corp." (NHDC) staatlich kontrolliert. Entsprechend war der Standard dieser Hotels insgesamt niedrig. Unter der NHDC fungierte der staatliche Reiseveranstalter "Eagle Travel", der im Rahmen der Privatisierungskampagne an einen zambischen Investor versteigert wurde. Autovermietungen sind erst seit der Privatisierung zu finden, vorher war das Anmieten eines Autos kaum möglich. Die Buslinien waren stark überlastet, darüberhinaus war jede Reise im Bus ein Abenteuer – "break-downs" an der Tagesordnung. Taxis gab es vor allem in Lusaka, doch es empfahl sich genau hinzusehen, welches man wählte. Seit Ende September 1996 sind alle Unternehmen im Bereich des Tourismus in einem nationalen "Tourism Council of Zambia" (TCZ) organisiert, der die Interessen dieser Branche gegenüber der Regierung vertreten soll. Geplant ist, nach dem Vorbild Kenias, der Ausbau der Tourismusindustrie zum wichtigsten Devisenbringer des Landes. (BFAI 1996, S. 7).

Die touristische Erschließung der Victoria-Fälle ist auf der zambischen Seite nur unzureichend gelungen. Dies ist u.a. durch den starken Konkurrenzdruck der touristisch voll erschlossenen zimbabwischen Seite bedingt. Auch hat man bis 1994 keine Gebühren zur Besichtigung des Welterbes erhoben und so auf wichtige Einnahmen aus dem Tourismus verzichtet.

Der geringste Anteil der Auslandsgäste Zambias kommt aus touristischen Gründen, 1988 waren dies nur 10 % der insgesamt ca. 108 000 Besucher (Stat. Bundesamt 1991, S. 87). Im Jahre 1990, dem Jahr der Demokratisierung, nahm die Gesamtzahl der Auslandsgäste um ca. 20 %, die Zahl der Touristen um ca. 15 % zu (Stat. Bundesamt 1995, S. 85). Wichtiger als Ferienreisen sind Geschäftsreisen und Familienbesuche. Die Demokratisierung hat dem Land deutlich mehr Reisende gebracht, aber auch hier liegt der Hauptanteil bei den Geschäftsreisenden (Tab. 5.1).

Die Tourismusindustrie des Landes ist entwicklungsfähig und entwicklungsbedürftig. Die Privatisierung bietet eine neue Chance.

Tab. 5.1:
Auslandsgäste in Zambia (1 000) nach Reisezweck
Quelle: Stat. Bundesamt 1987 u. 1995

Reisezweck	1975	1980	1985	1988	1989	1990
Tourismus	9,0	11,5	11,7	10,9	10,8	21,5
Geschäftsreise	17,7	25,9	26,5	26,6	25,6	27,4
Durchreise	6,0	16,4	34,1	23,9	24,4	28,7
Andere Gründe	19,0	33,2	37,0	29,0	37,2	33,3
Insgesamt	51,7	86,9	136,8	108,3	113,2	141,0

6 Das Agrarland Zambia

Die heutige Grundlage der Ernährung des größten Teils der zambischen Bevölkerung bildet der Mais (Zea mays), der als sogenannter "nshima" zu einem Brei verarbeitet wird. Der Maisbrei wird fast zu allen Mahlzeiten gegessen. Um seinen Geschmack zu verbessern und die Nahrung reichhaltiger zu gestalten, wird mit dem Brei eine Beilage ("relish") gereicht. Die Bezeichnung relish gilt für alle Beilagen, egal ob es sich um Fisch, Fleisch oder Gemüse handelt. Die wohlhabenderen Bevölkerungsschichten können sich Fleisch (häufig Hühner- und Rindfleisch) oder Fisch leisten, während die ärmere Bevölkerung meist nur Gemüse als Beilage ißt. Sehr beliebt sind Tomaten, Kohl, Zwiebeln und Gartenkürbisse, da sie den Geschmack des Maisbreies wesentlich verbessern. Alles Gemüse wird grundsätzlich gekocht, roh wird nichts verzehrt. Weitere wichtige Grundnahrungsmittel sind Kassave, welche vor allem in den nördlichen Provinzen (Nordwestprovinz, Nordprovinz und Luapulaprovinz) angebaut wird, die beiden Hirsearten Fingerhirse (Eleusine coracana) und Rohrkolbenhirse (Pennisetum americanum – heute noch in der Westprovinz und Teilen der Südprovinz verbreitet) und die Kaffernhirse (Sorghum caffrorum) auch Kaffernkorn, welches früher weit verbreitet war, heute aber nur noch in der Südprovinz auf wesentlichen Flächenanteilen angebaut wird. Diese einheimische Sorghumart (PURSGLOVE 1975) wurde außerdem durch neue Züchtungen weiter verdrängt. Der Reis spielt in Teilen der Luapularegion im Norden des Landes und am Oberlauf des Zambezi, in der Nordwestprovinz, nur eine sehr lokale Rolle als Grundnahrungsmittel. Das gilt auch für Bohnen (Phaseolus sp.) und Süßkartoffeln (Ipomoea batatas), die von den Subsistenzbauern hauptsächlich zur Deckung des Eigenbedarfs angebaut werden.

Die Verbreitung traditioneller Kulturpflanzen und damit die Ernährungsgewohnheiten der Bevölkerung haben sich in Zambia, wie in vielen anderen afrikanischen Ländern, durch die Einführung von Mais und Kassave stark verändert.

Die traditionellen Landnutzungssysteme Zambias, die durch SCHULTZ (1976), TRAPNELL (1953) und TRAPNELL/CLOTHIER (1957) ausführlich beschrieben wurden, spiegeln die Vielfalt der physisch-geographischen Bedingungen wider und sind stark gekoppelt an Boden-, Klima- und Vegetationsverhältnisse. Demzufolge ist die tatsächliche Verbreitung der Anbaufrüchte ein sehr komplexes Mosaik, welches im Detail schwer dargestellt werden kann.

6.1 Die wichtigsten landwirtschaftlichen Nutzungssysteme

6.1.1 Der Wanderfeldbau

Alle Wanderfeldbausysteme gehören mehr oder weniger deutlich zum Chitemenetyp. "Chitemene" (Bemba-Sprache: schneiden, to cut) ist als Sonderform des Wanderfeldbaus zu bezeichnen und findet sich hauptsächlich in den nördlichen und nordwestlichen Plateauregionen (STROMGAARD 1985a, S. 40; SCHULTZ 1983, S. 18; 157ff.). Hauptmerkmal des chitemene ist die Brandrodung. Sie repräsentiert eine der ältesten Landnutzungsformen, die in Afrika bereits seit dem Neolithikum praktiziert wird (STROMGAARD 1985a, S. 67).

Der traditionelle Wanderfeldbau zeichnet sich dadurch aus, daß eine Fläche kurze Zeit zur landwirtschaftlichen Produktion genutzt wird und anschließend für sehr lange Zeit der Brache anheimfällt. Die lange Brachezeit

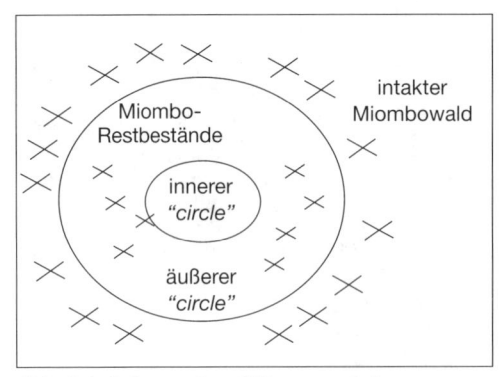

Abb. 6.1: Schema des Chitemene-Anbaus in Zambia Zeichnung: A.W. Drescher

ermöglicht die Regeneration der Bodenfruchtbarkeit. Das Besondere am chitemene-System ist die Konzentration von Nährstoffen im Zentrum der gerodeten Fläche (Abb. 6.1). Dies geschieht, indem die Bauern die abgehackten Äste und die Baumstümpfe im Zentrum der Rodungsfläche aufhäufen und erst dort verbrennen. Die kleineren Bäume werden bis etwa auf Brusthöhe abgehackt, von größeren Bäumen werden oft nur die Äste entfernt (STROMGAARD 1985a, S. 72).

Dieses Nahfeld-Fernfeld-System ("infield-outfield system"), wie STROMGAARD (1985a) es nennt, zeichnet sich durch unterschiedliche Nährstoffkonzentrationen im inneren (dem bebauten) und äußeren (dem gerodeten) Bereich der Fläche aus. Entsprechend ist die Nutzung im inneren Bereich intensiv und im äußeren Bereich extensiver Natur. SCHULTZ (1983, S. 160, 161) unterscheidet drei Grundtypen der chitemene: Die Blockchitemene, die large circle chitemene und die small circle chitemene. Diese heben sich im wesentlichen durch den Flächenverbrauch, die Form der Felder, die Intensität des Anbaus, nach den Feldfrüchten und durch die Fruchtfolge voneinander ab.

Die Blockchitemene zeigt am wenigsten Flächenverbrauch, hier sind die Rodungen nur wenig größer als die später darin angelegten Felder (Abb. 6.1). Bei der large circle chitemene wird die fünf- bis zehnfache und bei der small circle chitemene sogar die zehn- bis zwanzigfache Fläche gerodet (SCHULTZ 1983, S. 160).

Die Rodung ist Männerarbeit und nicht ganz ungefährlich. Nach der Rodung werden die Äste und die Stämme von den Frauen im Zentrum des inneren "circles" aufgehäuft, wo sie solange wie möglich zur Trocknung liegenbleiben. Erst kurz vor Beginn der Regenzeit wird dann der Haufen angezündet. Der innere "circle" dient im ersten Jahr der Nutzung dem Anbau von Hirse und, etwas später gepflanzt, von Kassave. Es folgen Erdnüsse und Bohnen. Im vierten und im fünften Jahr wird wieder Kassave angebaut. Zusätzlich zu diesen Pflanzen findet man eine Vielzahl anderer Nutzpflanzen in den Feldern (STROMGAARD 1985a, S. 77).

6.1.2 Der semipermanente Hackbau

Diese Anbauform umfaßt zwei Systeme, den Anbau im Umkreis der Städte und in den Städten selbst, sowie das Luangwa-System, welches in unmittelbarer Nähe der Flüsse auf kleinen Flächen zur Produktion von Mais betrieben wird. Die Produktion des semipermanenten Hackbaus dient der Selbstversorgung, das wichtigste Werkzeug ist die Hacke.

Im Bereich der Seen und Flüsse gibt es eine Sonderform dieses Systems, das den Fischfang einschließt. In der Luapulaprovinz und um den Bangweulusee werden Kassave und z.T. Mais angebaut, sonst dienen hauptsächlich der Fischfang und gelegentlich der Anbau von Erdnüssen zur Einkommensschaffung. Rinderhaltung ist wegen des Auftretens von Tsetsefliegen nur bedingt möglich.

> Die Praxis des chitemene war immer wieder als „rückständig", ökologisch bedenklich („waldverschwendend") und nicht zuletzt „arbeitsintensiv" bezeichnet worden (WEISCHET/CAVIEDES 1993, S. 75; STROMGAARD 1985a, S. 67). Tatsächlich erweist sich die Landnutzung durch chitemene in Zambia durch die steigenden Bevölkerungszahlen in manchen Regionen als nicht mehr praktikabel (STROMGAARD 1985, S. 46). In einigen Fällen wird die Produktion auf sieben Jahre alte Brachen wieder aufgenommen, obwohl die traditionelle Brachezeit 25 Jahre beträgt (LAWTON 1982, S. 293).
>
> Als Antwort auf diese Situation haben die Bemba deutlich dadurch reagiert, daß sie andere, früher wenig genutzte Techniken aufgegriffen haben, wie z.B. das Mulchen oder Hügelkulturen. Gleichzeitig wird die Anzahl der angebauten Kulturpflanzen verringert (STROMGAARD 1985, S. 46). Der Übergang von traditionellem Wanderfeldbau zu permanentem Anbau ist eine Frage der Verfügbarkeit von Land, Arbeitskraft und Kapital. Die Wanderfeldbauern leben in der Regel am Rande des Existenzminimums. Die Arbeit, als limitierender Faktor, erlaubt den Anbau von max. 2 ha pro Familie. Der permanente Anbau von Mais erfordert den Einsatz mineralischer Dünger und konsequente, arbeitsintensive Pflege der Felder. Meist müssen zusätzlich saisonale Arbeitskräfte angeworben werden. Zur Erwirtschaftung des erforderlichen Kapitals müssen ferner Tätigkeiten außerhalb der Landwirtschaft angenommen werden. Diese sind jedoch rar und beanspruchen darüber hinaus die Zeit, die normalerweise für die Produktion von Nahrungsmitteln aufgewendet wird. Dies wiederum erfordert dann den Zukauf dieser Nahrungsmittel. Die Bauern sind in einer Falle gelandet, der „Falle der geringen Produktivität" ("the low productivity trap"), wie STROMGAARD 1984, S. 48) sie nennt.

Übersicht 6.1: Subsistenzwirtschaft unter Druck: Das Beispiel chitemene

6.1.3 Der semipermanente Hack- und Ochsenpflugbau

Diese Anbauform gliedert sich in drei Untergruppen, die rund ein Viertel der agrarischen Nutzfläche umfassen. Mit Ausnahme der nördlichen Anbauregionen befinden sich diese Systeme ausschließlich in den trockeneren Landesteilen mit Niederschlägen unter 1 000 mm. Die erste Untergruppe bilden die Systeme Mambwe, Ikumbi und Nyika im Norden nahe der tanzanischen Grenze. Hier wurde der ursprünglich praktizierte Chitemene-Anbau, wahrscheinlich aufgrund abnehmender Waldbestände, aufgegeben und durch semipermanente Hügelkulturen in Dorfnähe ersetzt. Hauptanbaufrüchte sind Mais, Fingerhirse, Erdnüsse und Bohnen, z.T. auch Kassave. Zusätzlich dient Rinderhaltung als Einkommensquelle.

Die zweite Untergruppe bilden die Anbausysteme Luvale, Kaoma, Barotse und Sheseke, die sich jedoch in Abhängigkeit von Klima, Böden und historischer Entwicklungen deutlich in der Wahl der Kulturpflanzen und der Bedeutung der Rinderhaltung unterscheiden. Das Luvalesystem im feuchteren Norden basiert hauptsächlich auf dem Anbau von Kassave, die Rinderhaltung spielt hier nur eine untergeordnete Rolle. Dies ist z.T. auf die Einflüsse der frühen Kolonialisten aber auch auf die tiefgründigen Sandböden zurückzuführen. Weiter östlich schließt das Kaomasystem an, das hauptsächlich auf Anbau von Mais basiert. Hier sind die Sande weniger tief. Südlich schließt das zentrale Barotseland an, das sich durch kontrastreiche Nutzungsflächen (trockene Sandflächen und Überschwemmungsebenen) auszeichnet. Entsprechend vielfältig ist die Nutzungsstruktur, die durch den Anbau von Mais, Kassave und Hirse dominiert wird. Auch Sorghum war hier früher stark verbreitet, ist aber durch Maisanbau verdrängt worden.

Weiter südlich in den trockeneren Anbaugebieten schließt das Shesekesystem an. Es basiert auf Anbau von Mais und Sorghum auf flachgründigen Sanden. Die Rinderhaltung nimmt hier eine wichtige Stellung ein.

Die dritte Untergruppe bilden die Systeme von Gwembe und Zambezi-Escarpment. Auf der Talsohle des Zambezitales (Gwembesystem) wurde in der Vergangenheit hauptsächlich Sorghum angebaut, welches inzwischen stark durch den Maisanbau zurückgedrängt wurde. Entsprechend der abnehmenden Niederschläge von Nord nach Süd, wurde im Norden mehr Mais und im Süden verstärkt Rohrkolbenhirse angebaut. Tabak und Baumwolle dienen der Einkommensschaffung, während die Nahrungsproduktion hauptsächlich subsistenz-orientiert ist. Auch im Escarpmentsystem dominiert Maisanbau. Die Tierhaltung (Rinder und Ziegen) spielt eine sehr wichtige Rolle.

6.1.4 Der teilweise marktorientierte Ochsen- und Traktorpflugbau

Der teilweise marktorientierte Ochsen- und Traktorpflugbau stagniert seit Jahren. Das Verbreitungsgebiet liegt auf dem Zentralplateau mit Niederschlägen zwischen 800 bis 1 000 mm. Er ist überall da zu finden, wo eine Nachfrage besteht und die entsprechende Infrastruktur vorhanden ist. Der Mechanisierungsgrad hat in den letzten Jahren eher abgenommen. Der von SCHULTZ (1983, S. 163) erwähnte Maschinenbestand von ca. 4 000 Traktoren hat sich bis 1995 nicht wesentlich erhöht (Abb. 6.2). Angesichts des Mangels an Treibstoff und Devisen wurden hier, wie auch im vorwiegend marktorientierten Maisanbau, vermehrt Ochsen als Zugtiere eingesetzt (Stat. Bundesamt 1991, S. 53).

Die wichtigsten Anbaufrüchte sind hier der Mais, Erdnüsse und Baumwolle. In Gebieten mit hoher Bevölkerungsdichte, besonders in Stadtnähe hat die Landnutzungsintensität durch diese Anbauform in den letzten Jahren deutlich zugenommen. Kapitel 6.2 erläutert am Fallbeispiel des stadtnahen Umlandes von Lusaka, wie sich dies auswirkt.

6.2 Landnutzungs- und Strukturwandel im stadtnahen Umland von Lusaka am Beispiel der Nutzung natürlicher Grasländer

Durch die relative Stadtnähe und den erhöhten Nahrungsbedarf der städtischen Bevölkerung kommt es im periurbanen Raum zu einer Intensivierung des teilweise bzw. überwiegend marktorientierten Anbaus. Hiervon sind u.a. die natürlichen Grasländer betroffen, die ideale Voraussetzungen für die Getreideproduktion bieten.

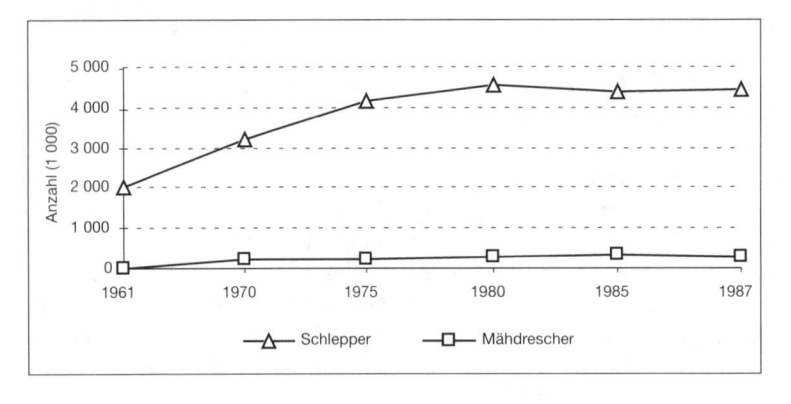

Abb. 6.2: Maschinenbestand der kommerziellen Farmer Zambias (1951–1984)
Quelle: nach SCHULTZ 1983, Stat. Bundesamt 1991, 1995

Die Auswirkungen anthropogener Eingriffe auf Grasland-Systeme wurden in jüngster Zeit vielfach diskutiert (DRESCHER 1996b; MÄCKEL 1975, 1985, 1986; MÄCKEL/SIEBERT 1990; SCOONES 1991; KAKISINGI MWOKA 1983; SHIMADA 1993; ARPT/KABOMPO 1990). Es besteht ein generelles Einvernehmen darüber, daß die natürlichen Grasländer schutzbedürftig sind, da Veränderungen durch menschliche Einflüsse (Feuer, Landwirtschaft, Beweidung) zur Zerstörung dieser wichtigen Ressourcen führen können.

MÄCKEL (1975) geht davon aus, daß sich Flächen unter natürlichen Bedingungen im Kopfbereich erweitern. Dies geschieht im Bereich der aktiven Spülgürtel, die auch als die geomorphodynamisch aktiven Zonen des dambos bezeichnet werden (MÄCKEL 1975). Anthropogene Eingriffe, wie z.B. die Nutzung der Vegetation oder die landwirtschaftliche Nutzung im Kopfbereich, verstärken nach MÄCKEL (1986) die Tendenz der Verbreiterung des dambos. INGRAM (1991) verweist auf die mögliche Verminderung der Infiltrationskapazität der Böden durch landwirtschaftliche Nutzung des Kopfbereichs, welche die Abflußmenge ("run off") der Niederschläge erhöht und dadurch zur Erosion von Dambaböden führen kann. SCOONES (1991) gibt einen Überblick über die verschiedenen Nutzungsstrategien in natürlichen Grasländern. Die wichtigsten sind die landwirtschaftliche Nutzung in der Trockenzeit und in der Regenzeit zur Produktion von Grundnahrungsmitteln (z.B. Reis, Mais, Süßkartoffel) oder von Viehfutter, die Weidewirtschaft und der Gartenbau. Jede dieser Nutzungsstrategien hat ihre besonderen Auswirkungen auf die Damboentwicklung und die Hydrologie der Grasländer. Die Auswirkungen des intensiven, teilweise marktorientierten mechanisierten Bewässerungsfeldbaus bedürfen in diesem Zusammenhang besonderer Beachtung. Der Gartenbau und die kleinbäuerliche Subsistenzwirtschaft in den dambos werden von manchen Autoren als angepaßte, nachhaltige und weniger destruktive Landnutzungsstrategien beschrieben (INGRAM 1991). Diese Auffassung kann hinsichtlich des vorliegenden Beispiels geteilt werden. Die kleinflächige, subsistenzorientierte und teilweise marktorientierte Nutzung des Kapete-Dambos durch Gemüseanbau erscheint, zumindest hinsichtlich des Erosionsgeschehens, als eine sehr angepaßte Nutzungsform. Offene Fragen, die im Rahmen der Untersuchung nicht geklärt werden konnten, gibt es bezüglich des Eintrags von Pflanzenschutzmitteln und mineralischer Dünger in das Ökosystem und dessen mögliche Folgen. Über das Evapotranspirationsverhalten der Gemüseflächen liegen keine Daten vor. Störungen des natürlichen Evapotranspirationsverhalten können sich in einer Änderung der hydrologischen Eigenschaften des dambos niederschlagen (INGRAM 1991). Auf den Luftbildern heben sich die Gemüseflächen kaum von ihrer Umgebung ab und sind deshalb auch schwer zu identifizieren, d.h. sie bilden mehr oder weniger geschlossene Vegetationsdecken. Dies läßt darauf schließen, daß die Änderung des Evaporationsverhaltens relativ gering sein könnte. Viel größeren Einfluß bestätigen verschiedene Autoren der Zerstörung der höheren Vegetation an den Damborändern (DRU 1987, BULLROCK 1988, MÄCKEL 1986). Landnutzungsänderungen können hier folglich einen wesentlich größeren Einfluß auf die Hydrologie des dambos haben als die Nutzung des dambos selbst (RATTRAY et al. 1953, zitiert bei INGRAM 1991). Im folgenden werden die Auswirkungen der Landnutzungsintensivierung in diesen Flächen auf die landwirtschaftliche Nutzungsstruktur beschrieben.

Bereits seit den 1930er Jahren hat man erkannt, daß die Nutzung von dambos signifikant zur Ernährung und zur Einkommensschaffung beitragen kann (McEVANS 1993). Dies wird durch viele neuere Untersuchungen bestätigt (DRESCHER 1996b, 1998; ROZEMA 1993; ARPT/KABOMPO 1990; KOKWE 1991). In letzter Zeit wiesen ver-

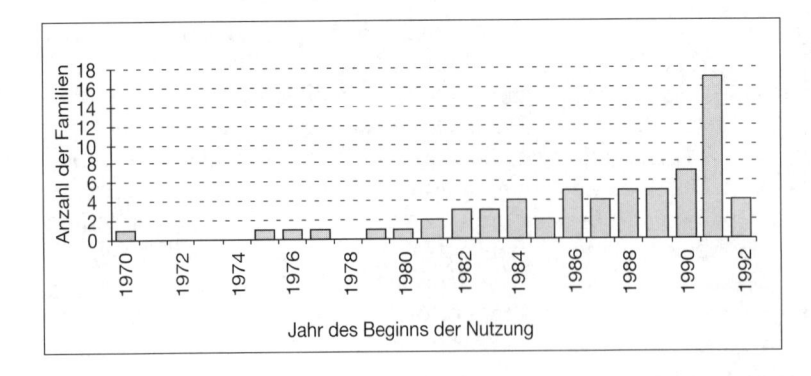

Abb. 6.3:
Beginn der Dambo-Nutzung durch Familien von Chinena, ca. 90 km nördlich von Lusaka
Quelle: nach HANZAWA 1993

schiedene Autoren auf die Bedeutung der natürlichen Grasländer für den Gartenbau, speziell für den Gemüseanbau, hin (DRESCHER 1998, SCOONES 1991 u. 1992, KOKWE 1991, MÄCKEL/SIEBERT 1990, MÄCKEL 1995).

Jüngste Untersuchungen von HANZAWA (1993) zeigen exemplarisch die Bedeutung von dambos für die Ernährungssicherung in Dürrejahren, obwohl der Autor in seiner Interpretation nicht darauf eingeht, sondern nur eine steigende Tendenz zur Nutzung bescheinigt. Die Untersuchungen wurden 1992 in Chinena, einer kleinen Siedlung ca. 90 km nördlich von Lusaka, durchgeführt. Neunzig Prozent der Bauern nutzen die Damboflächen zur Gemüseproduktion. Der Autor untersuchte, wann die einzelnen Haushalte des Dorfes mit der Dambonutzung begannen.

Für das Trockenjahr 1991 waren dies 17 Haushalte, während in Jahren mit normalem Niederschlag durchschnittlich nur vier Familien (1990: sechs Familien, 1992: vier Familien) mit der Nutzung begannen (Abb. 6.13). Dies zeigt deutlich, welche Bedeutung den Grasländern als Puffer für die Ernährungssicherung zukommt.

Die gartenbauliche Nutzung des Kapete-/Kaluba-Dambo-Systems in den Chainama Hills (Lusakaprovinz)

Das Kapete-/Kaluba-Dambo-System in den Chainama Hills (Lusakaprovinz) ca. 40 km nordöstlich von Lusaka war Gegenstand einer Geländeforschung in den Jahren 1992/93 (vgl. DRESCHER 1998). Die geomorphologischen Eigenschaften dieses Dambo-Systems wurden bereits von MÄCKEL (1975) ausführlich beschrieben.

Im Trockenjahr 1992 hat sich deutlich gezeigt, welchen grundlegenden Beitrag dambos für die Ernährungs- und Überlebenssicherung, insbesondere in Gebieten mit geringen jährlichen Niederschlagsmengen, leisten können. Das Dambo-System des Kapete Flusses war eines der wenigen Gebiete, welches die gesamte Trockenzeit über noch landwirtschaftlich genutzt werden konnte (zumindest im Entstehungsbereich des dambos). Die Wasserlöcher im dambo waren zu dieser Zeit die einzige Trinkwasserquelle der Bevölkerung.

1993 wurden folgende Nutzungsarten im Kapete-Dambo-System beobachtet (Tab. 6.1):

Im unteren Zentralbereich des dambos trockneten die Wasserlöcher erst kurz vor Ende der Trockenzeit aus, da sämtliche gartenbauliche Aktivitäten wegen Wassermangels eingestellt worden waren, und das Wasser ausschließlich der Deckung des Trinkwasserbedarfs diente.

Im regenreichen Jahr 1993 war die Situation im Kapetedambo völlig anders: Selbst im unteren Zentralbereich war der Grundwasserspiegel im September noch sehr hoch, Gartenbau war ohne Bewässerung möglich, was die Bauern durch trockenzeitlichen Gemüse-, Mais- und Süßkartoffelanbau nutzten.

Tab. 6.1:
Landnutzungsstruktur des Kapete-Dambos 1993
Quelle:
DRESCHER 1998

Standort	Nutzung
Oberhalb des Dambo-Kopfes	Ackerbau (Mais, Süßkartoffel, Kürbis)
Dambo-Kopf (Entstehungsbereich)	Gartenbau (permanente Wasserquelle), in der Regenzeit z.T. überflutet
Mittlerer Dambo-Bereich, Zentrum	Gartenbau, ganzjährig, teilweise grundwassergespeist, teilweise Bewässerung aus Wasserlöchern
Unterer Dambo-Bereich	regen- und trockenzeitlicher Anbau von Süßkartoffeln, Mais, trockenzeitlicher Gemüseanbau im Dambo-Zentrum entlang der Entwässerungsachse
Dambo-Randbereich	regenzeitlicher Anbau von Mais, permanenter Obstanbau (Guave, Zitrus, Mango)

Die Auswirkungen der Nutzungsintensivierung auf den Dambokopfbereich

Die Abbildungen 6.4 und 6.5 zeigen die Veränderungen der Landnutzungsstrukturen des Kapete-Dambos im Kopfbereich und in einem Ausschnitt des unteren Bereichs zwischen 1963 und 1990/1993 in exemplarischer Weise.

Die Damboflächen heben sich auf Luftaufnahmen von ihrer Umgebung deutlich durch ihre dunklere Färbung und durch das Fehlen jeglicher höherer Vegetation ab. Die dunkle Färbung ist durch die dunkle Bodenfarbe und die höhere Bodenfeuchte bedingt, letzteres verhindert in einer Kombination mit hohen Tonanteilen und geringer Bodendurchlüftung das Einwandern von Sträuchern und Bäumen in das Grasland (MÄCKEL/SIEBERT 1992).

Beide Aufnahmen erheben keinen Anspruch auf vollständige Erfassung der Landnutzung. Insbesondere die Aufnahme von Gartenflächen ist praktisch nicht durchführbar, weil sie auf den Luftbildern kaum zu erkennen sind. Die meisten der eingezeichneten Gärten wurden bei Geländebegehungen entdeckt. Auch die Brachen sind, besonders in den Luftbildern von 1991 (wegen der hohen Intensität der Landnutzung), kaum von den aktuell bewirtschafteten Flächen zu unterscheiden und deshalb in Abbildung 6.4 und 6.5 nicht vollständig erfaßt.

Im Vergleich der beiden Situationen wird auf den ersten Blick deutlich, daß die Intensität der Landnutzung und die Besiedlungsdichte enorm zugenommen haben.

Im Jahre 1963 wurden vorwiegend die Damboränder im mittleren Dambobereich besiedelt. Dies verdeutlicht die Bedeutung der natürlichen Graslländer als Wasserlieferant für die Siedler, gibt jedoch auch Hinweise darauf, daß der eigentliche Dambobereich saisonal zu feucht war und deshalb eine Besiedlung nicht erlaubte.

Die Luftbilder von 1963 zeigen im oberen dambo eine relativ geschlossene Vegetationsdecke. In Dambonähe ist die Vegetation aufgelockerter und die Damboflläche selbst hebt sich deutlich von der Umgebung ab. Relativ intakte Vegetation – dichter Miombo – umgibt den Dambokopf und weite Teile des restlichen dambos (vgl. Abb. 6.4, links).

28 Jahre später (1991) ist die den Dambokopf umgebende Vegetation zu ca. zwei Dritteln zerstört oder stark degradiert. Der größte Teil dieser Fläche ist nun durch Regenfelder besetzt. Die Spülgürtel (A) sind praktisch vollständig verschwunden, insbesondere in Bereichen, oberhalb derer Ackerbau betrieben wird (vgl. Abb. 6.4, rechts).

Gleichzeitig wird deutlich, daß die Vegetationsdichte im Randbereich innerhalb des dambos und in einigen Seitenausläufern

Abb. 6.4:
Dambonutzung des oberen Kapete-/Kaluba-Dambo-Systems im Nordosten Lusakas 1963 und 1990/93 (Nachbarseite)
Quelle: Luftbildauswertung

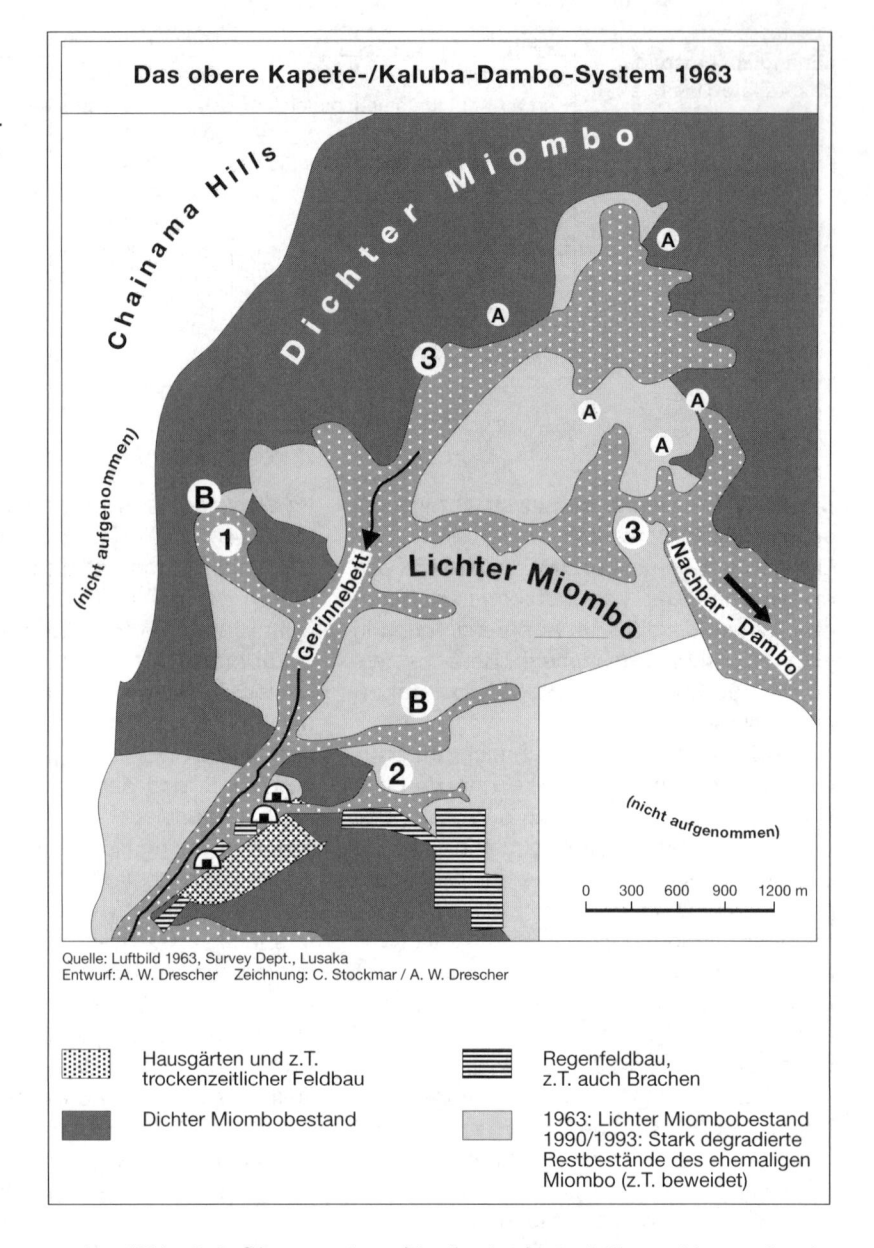

Das obere Kapete-/Kaluba-Dambo-System 1963

Quelle: Luftbild 1963, Survey Dept., Lusaka
Entwurf: A. W. Drescher   Zeichnung: C. Stockmar / A. W. Drescher

- Hausgärten und z.T. trockenzeitlicher Feldbau
- Dichter Miombobestand
- Regenfeldbau, z.T. auch Brachen
- 1963: Lichter Miombobestand
  1990/1993: Stark degradierte Restbestände des ehemaligen Miombo (z.T. beweidet)

deutlich zugenommen hat (Abb. 6.4, Signatur B, 1 und Abb. 6.5). Diese Beobachtung läßt darauf schließen, daß die entsprechenden Dambobereiche trockengefallen sind.

Besonders deutlich wird dies in der Bildmitte oben (Abb. 6.5, Signatur 3), wo eine eindeutige Einwanderung von Büschen und Bäumen in die Dambofläche stattgefunden hat. Die Ausbreitung höherer Vegetation in den Zentralbereich wird teilweise durch die hohe Abholzungsrate verfälscht. Die Randbereiche des Dambokopfs sind durch die Landnutzung im Luftbild 1991 nur noch schwer zu identifizieren. Die Zentralachse des oberen dambos hat sich deutlich verschmälert, es ist also kleiner geworden. Die

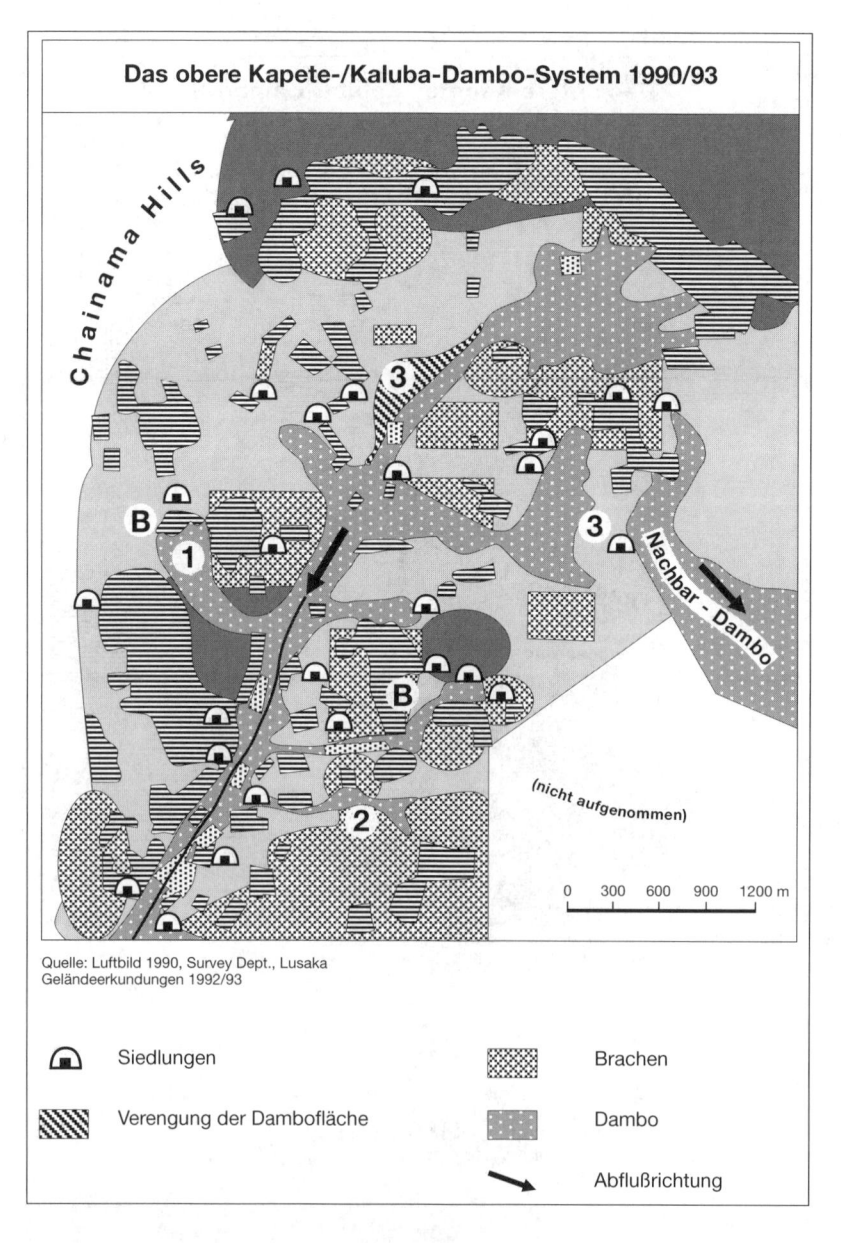

Die wichtigsten landwirtschaftlichen Nutzungssysteme 85

Das obere Kapete-/Kaluba-Dambo-System 1990/93

A Spülgürtel
B Seitendambo
1 Das Seitendambo trocknet langsam aus, höhere Vegetation kann einwandern
2 Die Struktur des Seitendambos verändert sich deutlich
3 Die Dambostruktur löst sich vollständig oder teilweise auf, Verbindungen werden unterbrochen

Quelle: Luftbild 1990, Survey Dept., Lusaka
Geländeerkundungen 1992/93

- Siedlungen
- Verengung der Dambofläche
- Brachen
- Dambo
- Abflußrichtung

im oberen Bereich noch 1963 bestehende Verbindung zum Nachbardambo ist 1991 unterbrochen (Signatur 3 in Abb. 6.4).

Im oberen dambo konnten 1963 keine Siedlungen gefunden werden. Das Fehlen von klar umrissenen gerodeten Flächen zur landwirtschaftlichen Nutzung spricht dafür, daß dieser Bereich tatsächlich nicht besiedelt war, denn in der Regel befinden sich die Regenfelder und Hausgärten so nahe wie möglich bei den Siedlungen.

Ganz anders die Situation 1991: Viele Siedlungen befinden sich in unmittelbarer Nähe des Dambokopfs und oberhalb des dambos in der Hangzone der Chainama Hills. Auch auf den mittleren Bereich ist der

Abb. 6.5:
Die Nutzung des Kapete-/ Kaluba-Dambo-Systems im unteren Dambobereich 1963 und 1990/93 (Nachbarseite)
Quelle: DRESCHER 1998

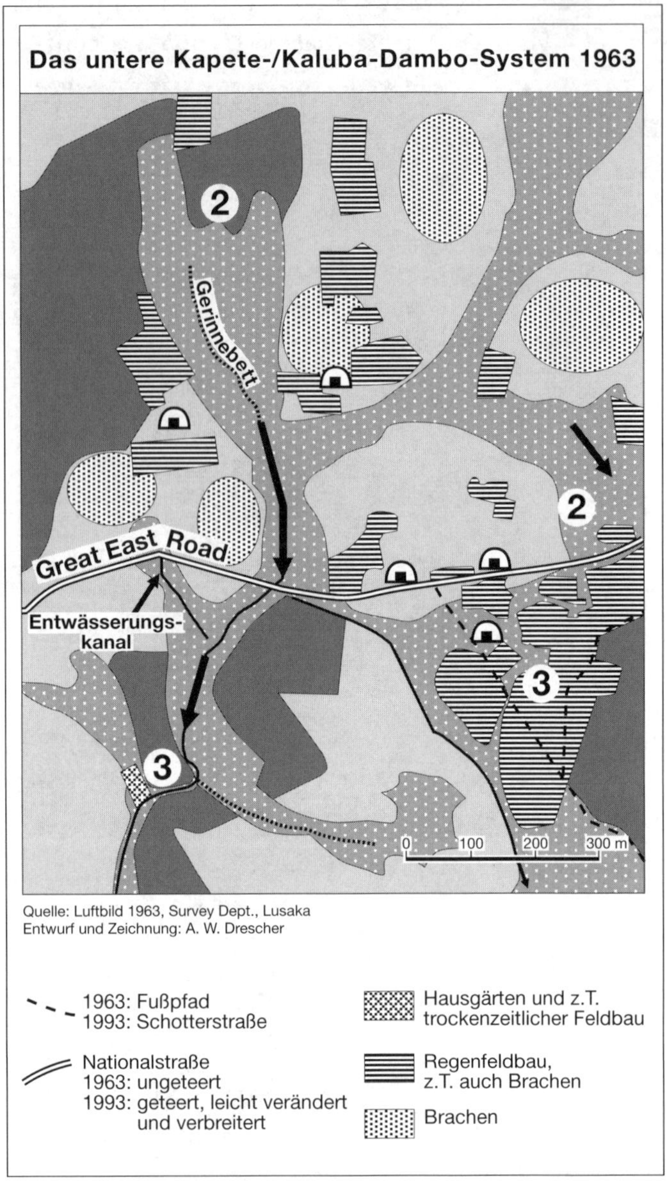

Das untere Kapete-/Kaluba-Dambo-System 1963

Gerinnebett

Great East Road

Entwässerungskanal

Quelle: Luftbild 1963, Survey Dept., Lusaka
Entwurf und Zeichnung: A. W. Drescher

2 Die Struktur des Seitendambos verändert sich deutlich
3 Die Dambostruktur löst sich vollständig oder teilweise auf, Verbindungen werden unterbrochen

- - - 1963: Fußpfad
- - 1993: Schotterstraße

Nationalstraße
1963: ungeteert
1993: geteert, leicht verändert und verbreitert

Hausgärten und z.T. trockenzeitlicher Feldbau

Regenfeldbau, z.T. auch Brachen

Brachen

Siedlungsdruck sehr stark. Die 1961 noch relativ intakte, geschlossene Vegetation, die damals nur in direkter Dambonähe auflockerte, ist 1991 fast völlig verschwunden. Nur noch geringe, jedoch stark degradierte Restbestände befinden sich oberhalb und seitlich des Dambokopfes, sowie an einigen wenigen Standorten entlang des dambos.

Nur an den Steilhängen der Chainama Hills selbst findet man noch geschlossene Vegetationsabschnitte.

Die Landnutzungsintensität hat stark zugenommen. Hiervon sind die oberen und mittleren Randbereiche, aber auch die Damboflächen selbst betroffen. Letztere wird nun sowohl durch den trockenzeitlichen Anbau

Die wichtigsten landwirtschaftlichen Nutzungssysteme 87

Das untere Kapete-/Kaluba-Dambo-System 1990/93

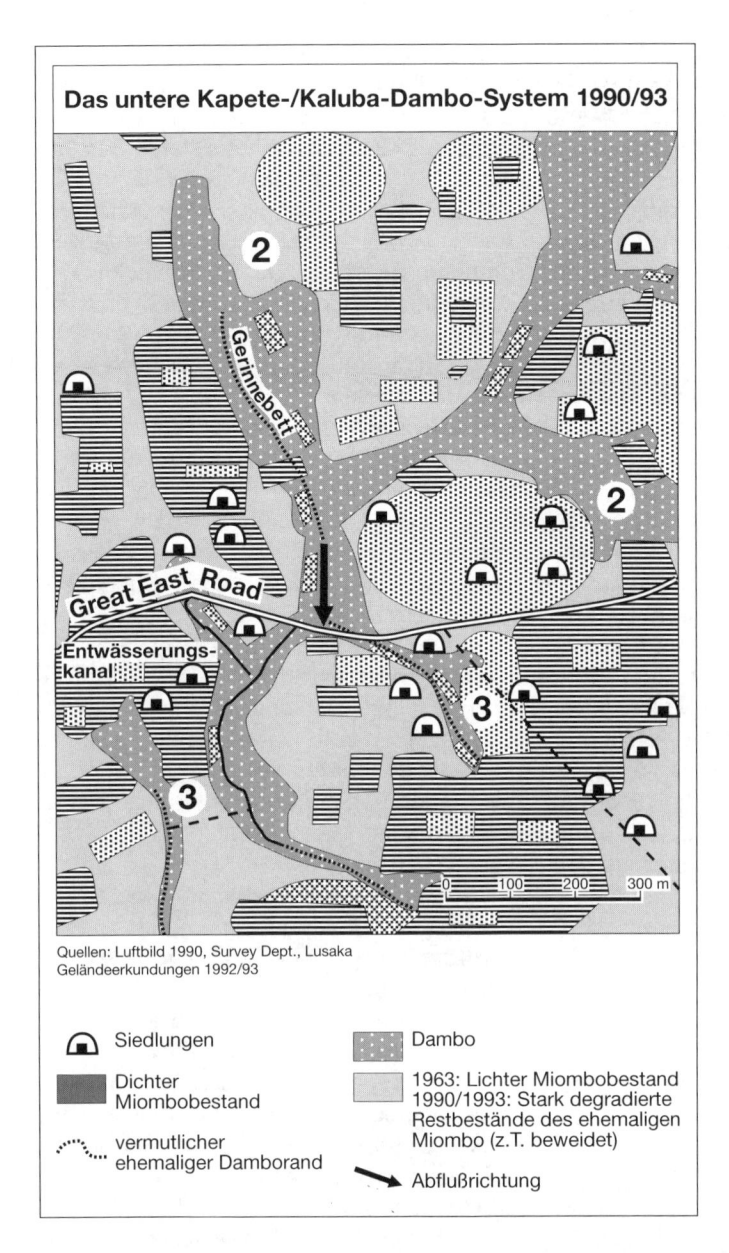

Quellen: Luftbild 1990, Survey Dept., Lusaka
Geländeerkundungen 1992/93

- Siedlungen
- Dichter Miombobestand
- vermutlicher ehemaliger Damborand
- Dambo
- 1963: Lichter Miombobestand
  1990/1993: Stark degradierte Restbestände des ehemaligen Miombo (z.T. beweidet)
- Abflußrichtung

von Mais und Süßkartoffeln, aber auch durch den Gemüseanbau in Hausgärten und auf größeren Bewässerungsflächen stark genutzt.

Die Intensivierung des Anbaus ist bedingt durch den Bevölkerungsdruck und durch die Änderung der Anbaumotivation als Folge der Nähe der Hauptstadt und deren Bedarf nach Nahrung. Dieser Strukturwandel führt von der Subsistenzwirtschaft zu einer marktorientierten Produktion von Grundnahrungsmitteln (hauptsächlich Mais) und Gemüse. Hauptprobleme der Bauern von Chainama, obwohl sie nur ca. 30 km von Lusaka entfernt produzieren, ist der Transport und die Lagerhaltung. Dies hat sich deutlich bei der Rekordernte von Mais im Jahre 1993 gezeigt, wo der Mais noch im September unter freiem Himmel auf den Abtransport wartete.

Die Auswirkungen der Nutzungsintensivierung auf die mittleren und unteren Dambobereiche
In den Randbereichen, und vereinzelt auch in den unteren Zentralachsen des dambos, wurde 1963 bereits Regenfeldbau betrieben. Der Gartenbau konzentriert sich auf das Gerinnebett, hier vor allem auf den Kapete-Fluß. Abbildung 6.17 gibt wieder, wie die kleinen Hausgärten entlang des Gerinnebetts angelegt sind.

Die regelmäßigen Strukturen, die in den kleinen Seitendambos sichtbar werden, lassen darauf schließen, daß hier trockenzeitlicher Anbau von Getreide betrieben wurde.

Die Gärten sind auf den Luftbildern schwer zu identifizieren: Deshalb besteht die Möglichkeit, daß die Nutzung intensiver war als in den Abbildungen dargestellt. Für diese Annahme sprechen auch die Beobachtungen von Mäckel im Jahre 1975, die den Anbau von Mais und Süßkartoffeln belegen (freundliche mündliche Mitteilung von R. Mäckel, Freiburg).

Die Interpretation der Luftbilder aus dem Jahre 1991 zeigt, daß die Seitendambos trockenfallen. Manche der noch 1963 deutlich sichtbaren Seitenausläufer wurden durch die Nutzung stark dezimiert oder haben ihre Struktur vollständig verloren (vgl. Abb. 6.5, Signatur 2).

Die klare Dambostruktur hat sich völlig aufgelöst, und Verbindungen zwischen Seiten- und Hauptdambo wurden durch die Nutzung teilweise unterbrochen (Signatur 3). Das Hauptdambo verläuft süd-südöstlich und ist rechts unten in Abbildung 6.5 zu sehen. Für 1963 wurde der vermutliche ehemalige Randbereich des Graslandes gestrichelt eingezeichnet. Die deutliche Dunkelfärbung des dambos ist hier durch die landwirtschaftliche Nutzung (vermutlich mit dem Einsatz von Pflügen) undeutlich geworden.

Im Vergleich der beiden Aufnahmen zeigt sich, daß das Hauptdambo stark dezimiert wurde und 1991 oberhalb der Ackerbauflächen endet. Dadurch hat sich die Gesamtfläche um mehrere Hektar verkleinert.

Die Auswirkungen auf die südlicheren Ausläufer des Seitendambos konnten nicht untersucht werden. Da die Entwicklung in den unteren Bereichen deutlich dramatischer ablaufen als im Dambokopfbereich, ist jedoch anzunehmen, daß sich die Eingriffe in den Wasserhaushalt auch hier klar zeigen. Die gartenbaulichen Aktivitäten im Zentralbereich haben deutlich zugenommen, während an anderen Stellen Gärten verschwunden sind. Große Gartenanlagen befinden sich weiter südlich an einem kleinen Wasserlauf, der 1963 noch gar nicht genutzt wurde (in den Abbildungen nicht sichtbar). Je weiter man sich, der Zentralachse des dambos entlang, nach unten bewegt, um so intensiver wird die Landnutzung. Die dichte Vegetation ist im unteren Dambobereich im Jahre 1991 bereits völlig verschwunden, hier findet man nur noch stark degradierte, z.T. beweidete Miombobestände und Brachland.

Die Intensivierung wirkt sich folgendermaßen auf das dambo aus:
- Verbindungen zwischen dambos können unterbrochen werden.
- Die Seitendambos fallen langsam trocken und verlieren durch die Einwanderung höherer Vegetation ihre klare Randstruktur.
- Die Dambofläche wird insgesamt kleiner.
- Die intensive Nutzung stört die „Schwammfunktion" des dambos erheblich.

Die Veränderungen der hydrologischen Eigenschaften der dambos wirken sich auf die landwirtschaftliche Nutzung (Ackerbau/Gartenbau) folgendermaßen aus:
- Der Grundwasserspiegel im Dambokopfbereich sinkt früher als gewohnt. Dadurch fallen die Quellen früher trocken. Die Anlage von Hausgärten und die Bewässerung ist somit erschwert und die Dauer der Gemüseproduktion verkürzt.

- Die Anlage von Hausgärten in der feuchten Zentralzone des unteren Dambobereichs wird infolge von Wassermangel erschwert oder unmöglich. Dies ist bedingt durch die Störung der hydrologischen Eigenschaften im Kopfbereich und mit bedingt durch die intensive Nutzung der unteren Randbereiche.
- Die Bewässerungs- und Trinkwasserbrunnen müssen vertieft werden. Dies erschwert den Zugang zu den Wasserressourcen und bedeutet einen erheblichen Arbeitsmehraufwand für die Gemüseproduktion. In Dürrejahren ist die Trinkwasserversorgung der Bevölkerung nicht mehr gesichert.
- Ausweichstandorte für den Gartenbau sind entweder weiter weg vom Haus oder aber bereits durch andere Familien besetzt. Die Pufferfunktion natürlicher Grasländer für die Ernährungssicherung wird durch die Übernutzung langfristig nachhaltig gestört.

1993 wurde gar der Dambokopfbereich des Kaluba-Dambos angeblich an eine ausländische Firma zur Produktion von Exportweizen verpachtet. Intensive Bewässerungsmaßnahmen sollen geplant sein. Die Entnahme großer Wassermengen im oberen Dambobereich wird mit Sicherheit zur völligen Veränderung des Nutzungspotentials der anderen Damboflächen führen.

6.3 Marktorientierte Landwirtschaft auf "State Land"

Die marktorientierte Landwirtschaft spiegelt noch immer die in der Kolonialzeit angelegten Agrarstrukturen wider. Sie findet im wesentlichen entlang der "Line of Rail" statt, wo sich damals die europäischen Großfarmen befanden. Der Anteil der weißen Farmer bzw. Betriebsleiter ist seit Erlangung der Unabhängig beständig zurückgegangen. Inwieweit sich dies durch die neuerdings einwandernden südafrikanischen Farmer verändert, bleibt abzuwarten (vgl. S. 29). Die marktorientierten Betriebe erwirtschaften über die Hälfte der gesamten vermarkteten Agrarproduktion. Nur etwa 20 000 ha Land sind künstlich bewässert, vornehmlich Anbauflächen für Zuckerrohr, sowie einige Obst- und Gemüseflächen. Die statistischen Daten über die aktuelle Agrarproduktion sind sehr lückenhaft und z.T. auch zweifelhaft (Abb. 6.6, Tab. 6.2).

Die Grundnahrungsmittel ergänzend, wird eine ganze Vielfalt anderer Feldfrüchte angebaut. Dies geschieht meist im Mischanbau, einer Anbaukombination unterschiedlicher Kulturpflanzen auf einer Fläche (Sick 1983) oder in separaten Kleingärten. Rele-

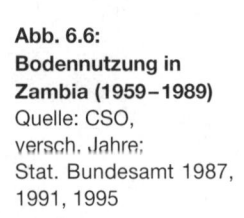

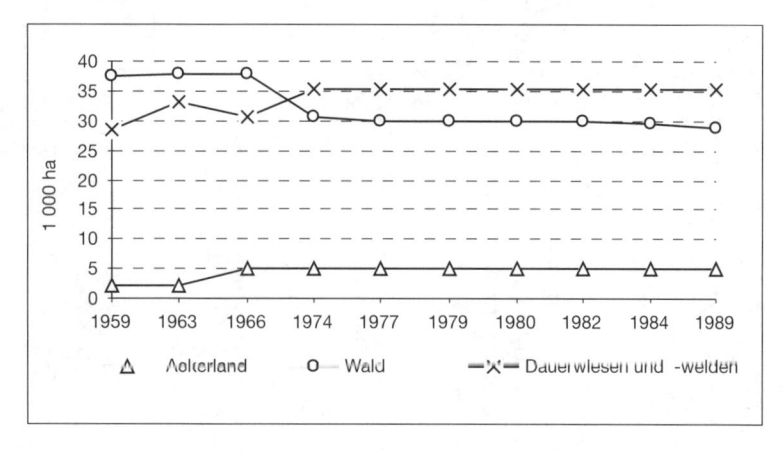

Abb. 6.6:
Bodennutzung in Zambia (1959–1989)
Quelle: CSO, versch. Jahre; Stat. Bundesamt 1987, 1991, 1995

Produkte	1965	1971	1974	1980	1981	1982	1983	1984	1985	1987	1988	1989	1990	1991	1992	1993
Mais	273 000	340 000	559 000	382 000	693 000	510 000	458 300	571 300	636 000	657 000	1 349 000	1 219 000	640 000	601 000	464 000	929 850
Hirse und Sorghum	455 000	439 000	443 000	89 000	–	–	31 000	43 000	59 000	73 000	101 000	100 000	–	71 000	–	–
Maniok	153 000	145 000	183 000	183 000	–	–	210 000	210 000	210 000	230 000	–	240 000	–	270 000	–	–
Weizen	–	170	1 000	–	–	12 850	30 460	40 400	32 200	30 200	42 200	36 100	40 400	51 800	64 200	69 500
Reis	–	170	345	–	–	–	6 000	6 000	7 000	8 000	9 000	5 500	4 700	5 500	5 500	–
Erdnüsse	7 500	6 800	6 400	–	18 000	–	18 000	19 000	20 000	–	33 000	30 000	–	45 000	–	–
Zuckerrohr	–	330 700	768 200	919 000	893 000	1 010 500	1 086 200	1 178 500	1 170 500	941 300	1 174 000	1 241 000	1 300 200	1 350 000	1 255 200	1 222 000
Rohbaumwolle	2 100	1 700	2 600	–	–	12 800	31 200	40 900	30 250	–	20 156	58 530	34 092	30 666	27 800	–
Sonnenblumenkerne	–	–	8 500	–	–	21 300	30 450	39 571	22 400	7 000	12 000	7 400	19 000	9 500	5 100	–
Sojabohnen	–	–	680	–	–	5 160	6 900	–	10 960	–	2 340	1 434	–	–	–	–
Rindfleisch	12 400	13 200	17 200	29 000	28 000	–	34 000	35 000	35 000 ('86)	36 000	38 000	–	–	39 000	–	–
Geflügel	1 230	6 700	14 600	–	22 000	–	21 000	22 000	16 000 ('86)	17 000	18 000	–	–	19 000	–	–
Milch	39 000	44 000	–	59 000	59 000	–	–	–	75 000 ('86)	77 000	60 500	–	–	82 000	–	–
Tabak	9 130	6 300	7 000	7 800	10 700	8 200	9 600	5 100	8 800	10 000	7 200	8 800	4 600	5 000	6 100	–

Tab. 6.2: Agrarproduktion Zambias nach Produkten ausgewählter Jahre zwischen 1965 und 1993 (t)
Quellen: verschiedene

Abb. 6.7:
Düngemittelverbrauch in Zambia (1961-1991)
Quelle:
Stat. Bundesamt 1987, 1991, 1995

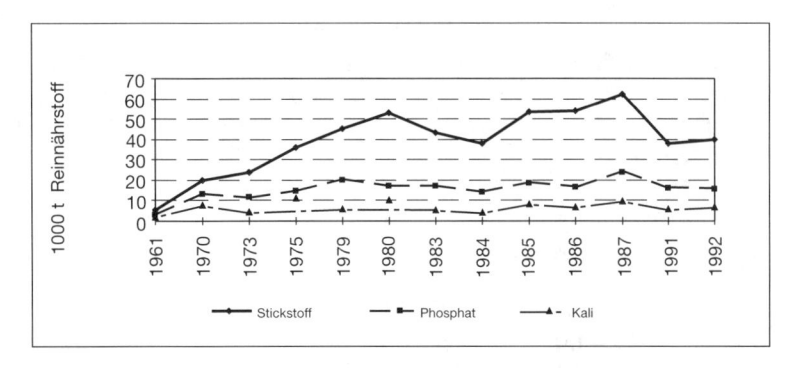

vant für die Statistik des Landwirtschaftsministeriums sind im wesentlichen jedoch die Exportfrüchte ("cash-crops") und die Produktion von Rindfleisch, Milch und Geflügel, die zum größten Teil der Selbstversorgung des Landes dient. Tabelle 6.2 veranschaulicht deutlich die Stagnation der landwirtschaftlichen Entwicklung des Landes.
Die Zuverlässigkeit der Daten ist in Frage zu stellen, da große Unterschiede zwischen den einzelnen Quellen bestehen.

Tabak stellt mit einem Exportvolumen von ca. 2 000 t (1990) das einzige nennenswerte landwirtschaftliche Exportprodukt dar, obwohl auch hier die Produktion in den letzten Jahren deutlich gesunken ist.

Eine deutliche Zunahme der Produktion ist seit dem Jahre 1980 nur bei Zuckerrohr, Weizen und Milch zu verzeichnen. Der Milchkuhbestand hat sich von 197 000 Stück (1979) auf 270 000 im Jahre 1988 vergrößert. Die Produktionssteigerungen von Weizen und Zuckerrohr sind hauptsächlich auf höhere Flächenerträge zurückzuführen (Stat. Bundesamt 1991, S. 58). Diese werden durch Düngerimporte teuer erkauft, da die einheimische Produktion nicht ausreicht. Der Düngemittelverbrauch (vgl. Abb. 6.7) lag im Jahre 1992 bei durchschnittlich 11,9 kg/ha (Stat. Bundesamt 1995, S. 53). In Westeuropa wurden zum Vergleich bereits in den 1980er Jahren 224 kg Mineraldünger/ha Ackerfläche eingesetzt (BINSACK 1988, S. 13).

Drastisch ist der Einbruch in der Hirse- und Sorghumproduktion, der durch die Produktion von Mais in keiner Weise kompensiert wird. Der Index der landwirtschaftlichen Produktion verdeutlicht, wie sich die Schere zwischen Gesamtproduktion und

Abb. 6.8:
Index der landwirtschaftlichen Produktion Zambias (1980 – 1992)
Quelle:
Stat. Bundesamt 1993, 1995

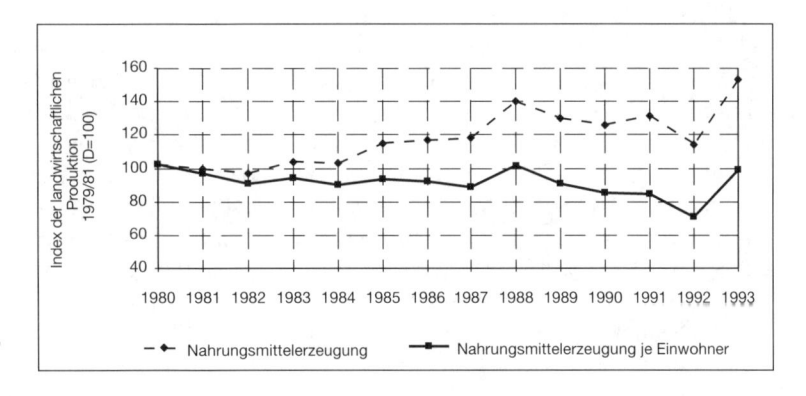

Prokopfproduktion langsam immer mehr öffnet (vgl. Abb. 6.8). Das heißt, insgesamt werden weniger Nahrungsmittel produziert und deshalb steht dem einzelnen heute weniger Nahrung zur Verfügung als noch im Jahre 1980.

Die Rindfleischproduktion stagniert seit Mitte der 1980er Jahre. Dies ist zum einen auf den Preisverfall des Rindfleisches und zum anderen auf fehlende Futtermittel zurückzuführen.

Die vielfältigen Einflüsse, zunächst des Kolonialismus und später des modernen Agrarsektors, haben zu drastisch Veränderungen der Landnutzungsstruktur Zambias geführt (vgl. S. 95ff.).

6.4 Tierhaltung

Die traditionelle Rinderhaltung ist fast ausschließlich auf die Gebiete mit geringem Niederschlag (<1000 mm/Jahr) und hohen Temperaturen beschränkt. Hiervon sind die durch die Tsetsefliege befallenen Gebiete ausgenommen. Voraussetzung für die Rinderhaltung sind offene Weideflächen bzw. offene Savannenvegetation. Zambias natürliches Weidepotential ist beachtlich. Die Savanne bietet meist dichtes Grasland (Hyparrhenia) welches als Sommerweide in der Regenzeit dient. In der trockenzeitlichen Wintersaison dienen die natürlichen Grasländer als Weide (SCHULTZ 1983, S. 154f.). Wo die klimatischen Bedingungen für den Anbau von Grundnahrungsmitteln einschränkend wirken, hat die Bevölkerung die Rinderhaltung als zusätzliche Strategie der Ernährungssicherung entwickelt.

90 % der Rinder sind im Besitz traditioneller Bauern. Sie stellen eine wichtige Komponente des sozialen Status dar und dienen im allgemeinen weder zur Fleischgewinnung noch werden sie verkauft. Sie liefern Milch für Milchprodukte und werden als Zugtiere eingesetzt. Der Mist ist organischer Dünger. Der gesamte Viehbestand des nichtkommerziellen Sektors ist in Zambia statistisch nicht erfaßt. Der größte Teil der vermarkteten viehwirtschaftlichen Produkte stammt von kommerziellen Farmen entlang der "Line of Rail" und im "Copperbelt" (Stat. Bundesamt 1991, S. 59). Auch Ziegen und Schafe dienen in Zambia hauptsächlich der Erhaltung des sozialen Status und werden

> Die Tierhaltung hat im Gwembe-Tal seit der Umsiedlung (vgl. S. [ ] ff.) deutlich zugenommen. Dies liegt einerseits an der wachsenden Bevölkerungszahl, andererseits auch an der erfolgreichen Bekämpfung der Tsetsefliege, des Überträgers der Rinderkrankheit Trypanosomiasis. Hauptsächlich werden Rinder und Ziegen gehalten. 1913 gab es im gesamten Gwembe Distrikt 600 Rinder, 1956 bereits 21 506 und 1987 schon über 100 000 (SCUDDER 1975, KARKOSCHKA 1989). Die Zahl der Ziegen und Schafe ist im gleichen Zeitraum um über 70 000 gestiegen. Die ungeregelte Weidewirtschaft hat durch Überweidung und Trittschäden die starke Erosion forciert, was zur Bildung von Badlands führt.

Übersicht 6.2: Das Gwembetal – Extrembeispiel für die Tierhaltung in Zambia

nur in Notfällen verkauft. Ihre Haltung beschränkt sich auf die Talregionen von Luangwa und Gwembe sowie die feuchtheißen Gebiete des Luapulatales (SCHULTZ 1983, S. 156).

Die Hühnerhaltung dient der Grundversorgung mit Fleisch und Eiern und ist im ganzen Land weit verbreitet. Die Tiere werden hauptsächlich zur Selbstversorgung bzw. zum Tausch gezüchtet. Auch als Geschenke sind Hühner sehr beliebt. Die Hühnerhaltung ist die einzige Form der Tierhaltung, die auch im städtischen Umfeld noch möglich ist.

Größere Schweinebestände finden sich hauptsächlich in der Ostprovinz (traditionelle Haltung) und entlang der "Line of Rail" (kommerzielle Produktion). Die Zahl der privaten Schweineschlachtungen übertrifft die statistisch registrierten Schlachtungen nach Schätzungen erheblich (Stat. Bundesamt 1991, S. 58).

6.5 Agrare Marktproduktion – der Mais und seine Folgen

Aufgrund der Anforderungen der Kulturpflanzen an die Wachstumsbedingungen (Tab. 6.3), historischer Daten und früher Berichte zur Verbreitung bestimmter Getreidearten können wir folgendes Verbreitungsgebiet dieser Pflanzen vor der Einführung von Mais und Kassave entwerfen:

Im Norden und Nordwesten Zambias herrschte vor Ausbreitung des Mais die Fingerhirse (Eleusine coracana) vor, da diese Frucht relativ viel Niederschlag benötigt. Im Bereich der Bangweulu-Sümpfe wurde nach DERRICOURT (1980, S. 86) die Kaffernhirse – auch Kaffernkorn (Sorghum) – aber keine der beiden anderen Hirsearten angebaut.

In Kazembe (südlich des Mweru-Sees) fand man beide Früchte, Kaffernkorn und die Fingerhirse (DERRICOURT 1980, S. 83). Möglicherweise waren in der heutigen Luapula-Provinz damals ebenfalls beide Anbaufrüchte vertreten.

Zentralzambia und der östliche Landesteil waren durch das Kaffernkorn dominiert, die Niederschlagsmengen bewegen sich hier zwischen 1 000 und 700 mm/a.

Im heutigen nördlichen Grenzbereich zu Angola wurde Rohrkolbenhirse (Pennisetum americanum) angebaut (TRAPNELL/CLOTHIER 1957, S. 20). Der Anbaugürtel zog sich entlang der Grenze nach Süden, nahm die ge-

Tab. 6.3: Mais und Kassave (Maniok) im Vergleich mit traditionell angebauten Getreidearten
Quellen: PURSGLOVE 1974 u.1975; FAO 1988 u. 1989; GIBBON/PAIN 1985, CHANDA 1988

Anbaufrucht	engl. Name	lat. Name	optimale Temperatur	Niederschläge	Boden und Bodenwasser	Ertrag	Bemerkungen
Rohrkolbenhirse/ Perlhirse	Bulrushmillet, Pearlmillet	Pennisetum americanum (L.)	18–27°C, kühle Nächte, warme Tage	weniger als Fingerhirse, bis 250-mm-Isohyete	frei drainende, unfruchtbare, sandige Böden ohne Stauwasser	250–3 000 kg/ha	typisch für semiaride Gebiete, nicht so trockenresistent wie Sorghum
Fingerhirse	Fingermillet	Eleusine coracana	nicht unter 18°C Durchschnitt	900–1 250 mm	kein Stauwasser	600–5 000 kg/ha	Wachstumszeit 100–165 Tage, wird in Äthiopien als Ersatzfrucht für Sorghum angebaut, mittlere Trockenresistenz
Kassave/ Maniok	Cassava	Manihot esculents	20-?	500–5 000 mm	leicht sandige bis sandige Böden		hohe Trockenresistenz, Wachstumszeit bis 360 Tage
Mais	Maize	Zea mays	24-30 °C	900–1 200	gut durchlüftete und porenreiche Böden		kaum Trockenresistenz Wachstumszeit 100-140 Tage
Kaffernhirse	Kaffir Corn	Sorghum caffrorum	27–30°C	bis 375-mm-Isohyete	stauwassertolerant, schwere Böden, pH 5,0-8,5		Wachstumszeit 70–120 Tage

samte südlichen Kalahari-Region und das Zambezital ein. Dies korrespondiert mit den Niederschlagsverhältnissen in diesen Regionen (<700 mm/Jahr) und den relativ unfruchtbaren sandigen Böden.

Im Zambezital war neben der Rohrkolbenhirse auch die Kaffernhirse vertreten. Angesichts der Temperaturanforderungen und der Genügsamkeit bezüglich der Wasseransprüche ist dies gut denkbar (vgl. Tab. 6.3). Nach TRAPNELL/CLOTHIER (1957, S. 41) war im Übergangsbereich zwischen Plateau und Zambezital die Rohrkolbenhirse einstmals vorherrschende Frucht, wurde dort jedoch durch den zunehmenden Maisanbau fast völlig verdrängt.

Die Trockenresistenz von Sorghum (Kaffernkorn) liegt in der Physiologie der Pflanze begründet. Schnelle Entwicklung des Wurzelsystems im Vergleich zum Sproß, doppelt

Abb. 6.9: Rekonstruierte präkoloniale Landnutzungsstruktur Zambias (um ca. 1650)
Quellen: TRAPNELL/CLOTHIER 1957, WINTERBOTTOM 1945, ALLAN 1945, MIRACLE 1960, u.a.
Kartographie: C. Stockmar

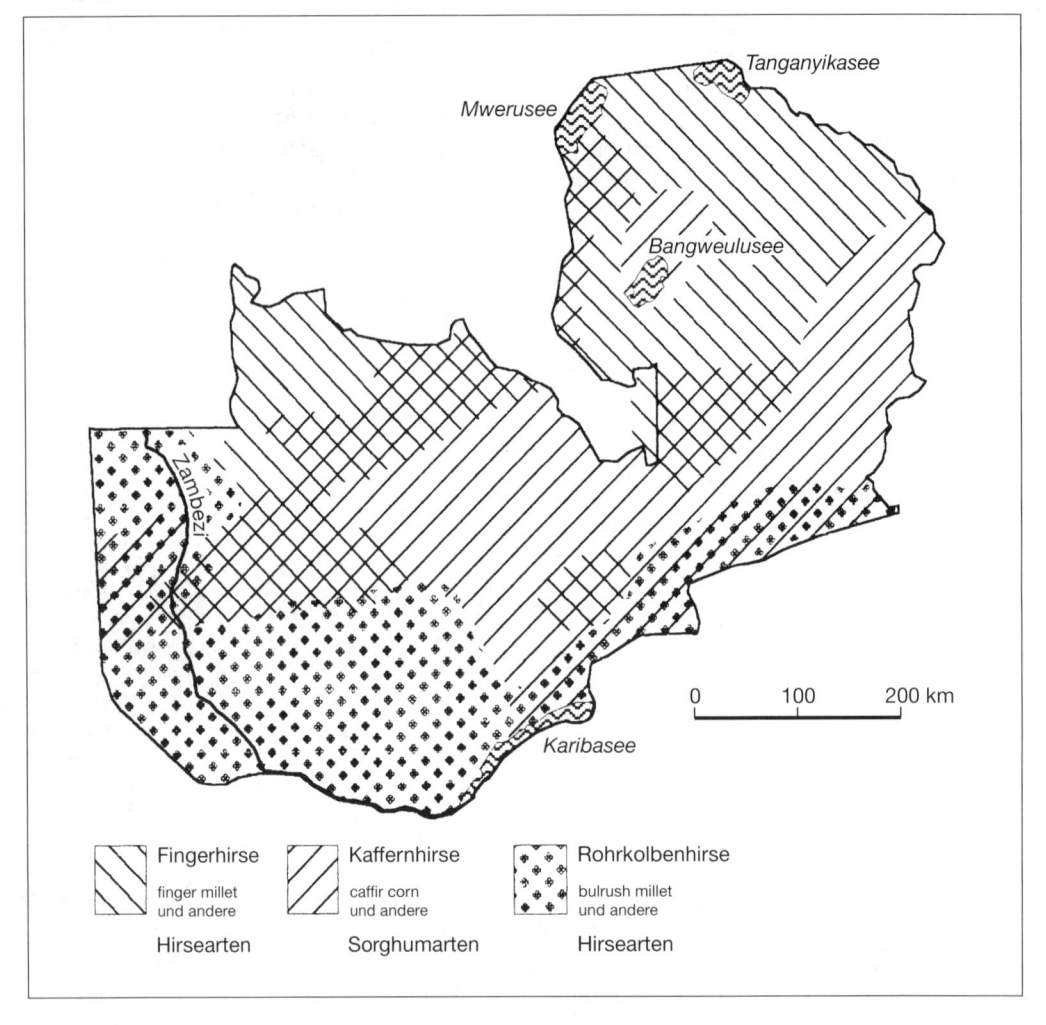

so viele Sekundärwurzeln wie Mais und Silikateinlagerungen in den Wurzeln verhindern das Kollabieren bei Trockenheit. Die Blattfläche ist halb so groß wie die von Mais, die Blätter haben einen Wachsüberzug und rollen sich bei Trockenheit ein. Dadurch ist die Evaporation von Sorghum halb so groß wie die von Mais, und die Pflanze braucht 20 % weniger Wasser als Mais, um die gleiche Biomasse zu produzieren. Sorghum kann bei Trockenheit in einen „physiologischen Schlaf" (Dormanz) fallen und das Wachstum bei Verbesserung der Bedingungen wieder aufnehmen (PURSGLOVE 1974, S. 270).

Die rekonstruierte Verbreitung der Getreidesorten vor Einführung von Mais und Kassave gibt nur ein grobes Bild der Realität wieder (Abb. 6.9). TRAPNELL/CLOTHIER (1957) führen dies in exemplarischer Weise aus. Außerdem muß noch erwähnt werden, daß, ergänzend zu den Grundnahrungsmitteln, natürlich eine ganze Vielfalt von anderen Früchten angebaut wurde. Dies geschah entweder als Zwischenfrucht ("intercropping"), im Mehrfachanbau bzw. Stockwerkanbau ("multiple"/"story cropping") mit der Hauptfrucht oder in separaten Kleingärten. Hier wurden hauptsächlich verschiedene Kürbisarten, die afrikanische Kartoffel (Coleus esculentus), auch Livingstone-Potato genannt, einheimische Yams-Arten, Hülsenfrüchte (z.B. Vigna unguiculata), Bambara-Erderbsen (Voandzeia subterranea, Vigna subterranea), verschiedene Hibiskus-Arten, Sesam (Sesa-mum indica), Solananceae und Fruchtbäume angebaut.

6.5.1 Die „Invasion" des Mais – Landwirtschaft im Wandel

Die Geschichte des Mais begann schon früh in Zambia: Der frühe Handel mit den portugiesischen Kolonialisten, den Arabern und später auch den anderen Europäern brachte den Afrikanern neben Kassave, Süßkartoffeln, Erdnüssen, Zuckerrohr, Tabak, Tomaten u.a. auch diese Anbaufrucht.

Der Mais war bestens geeignet, die vorher üblichen Getreidesorten Kaffernhirse, Fingerhirse und auch Rohrkolbenhirse zu ersetzen. Diese Getreide waren bereits in der frühen Eisenzeit zu einem Brei verarbeitet worden (FAGAN 1966, S. 87), der heute noch in Zambia die Basis für die Ernährung liefert.

Nach den vorliegenden Informationen kann darauf geschlossen werden, daß der Mais aus drei Richtungen auf Handelswegen, durch wandernde Bauern und durch Forschungsexpeditionen der Portugiesen in das Gebiet des heutigen Zambia gebracht wurde:
- Bereits um 1663 vom Indischen Ozean auf den alten Handelswegen im Nordosten (HALL 1965, S. 18);
- um 1696 über den Südosten (Luangwa-Zambezi-Mündungsgebiet (ROBERTS 1970, S. 727; HALL 1965, S. 23) und
- in den Jahren 1770/1795 über den Nordwesten vom heutigen Angola (ROBERTS 1970, S. 730; FAGAN 1966, S. 120), das damals bereits seit über 350 Jahren portugiesische Kolonie war.

Rege Handelsbeziehungen bestanden zwischen den Portugiesen an der Ostküste und Kazembe im Norden Zambias (möglicherweise das heutige Kasembe (MLM 1966), wohin zahlreiche Expeditionen in den Jahren 1798–1835 durchgeführt wurden (LANGWORTHY 1971, S. 36). Diese frühen Berichte stimmen mit den späteren Beobachtungen der ersten Maisanbaugebiete gut überein (vgl. Abb. 6.10). Trotzdem hat es über 100 Jahre gedauert, bis der Mais von der afrikanischen Bevölkerung akzeptiert wurde.

Der Stamm der Lozis im Westen des Landes kannten diese modernen Früchte bereits 1850, während sie in den östlichen Teile des Landes bis nach dem Ende des 19. Jahrhunderts nicht angebaut wurden.

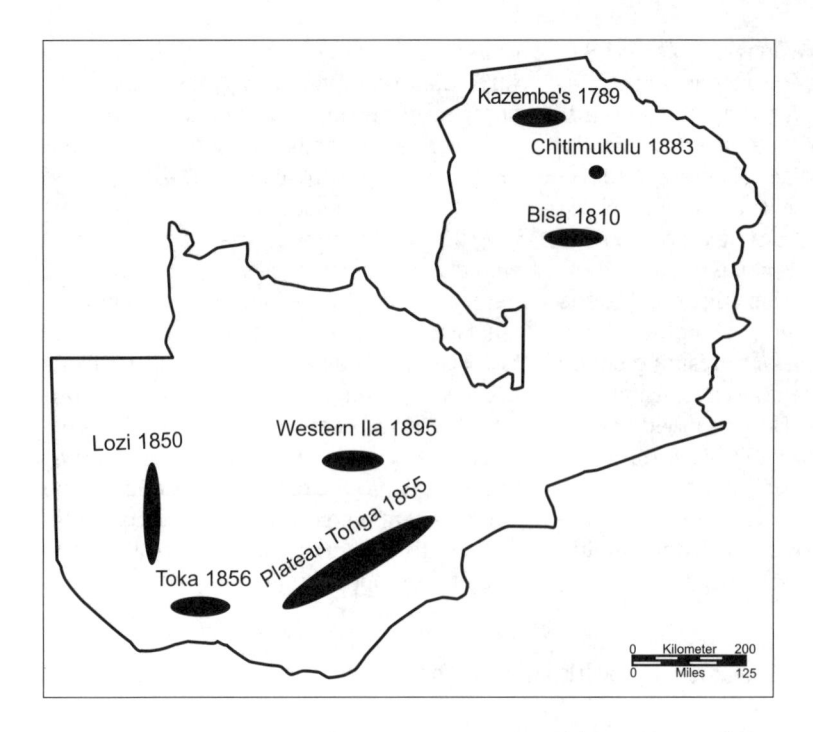

Abb. 6.10:
Ungefähre Verbreitung des Mais in Zambia von 1789–1895
Quelle: nach ROBERTS 1970, HALL 1965, LIVINGSTONE 1929, u.a.

Bereits 1855 war der Mais gebräuchlich bei den Plateau-Tonga, süd-südwestlich des heutigen Lusaka. Im Norden wurde von Mais das erste Mal 1798 berichtet (Kazembe, südlich des See Mweru), nördlich und östlich der Bangweulu-Sümpfe 1810 und im südlichen Bembaland (heutige Grenze zu Mosambik) im Jahre 1831. Chitimukulu (nördlich des heutigen Kasama) hatte bereits 1883 ausgedehnte Maisfelder (vgl. Abb. 6.10). Schon 1895 wurde während einer Dürre Mais und Hirse als erste "Hungerhilfe" von den westlichen Ilas importiert die damit eine Hungersnot lindern konnten (ROBERTS 1970, S. 735).

Auch David Livingstone berichtet über Hungersnöte in der Regenzeit des Jahres 1867. Er fand keine Lebensmittel vor, und die Leute ernährten sich „von wilden Früchten, Wurzeln und Blättern" (LIVINGSTONE 1929, S. 131, 129)

Heute werden über zwei Drittel der Anbaufläche durch Mais genutzt. In der Nordprovinz und im Nordosten sind die Kaffernhirse und die Fingerhirse völlig verschwunden, in der südlichen Kalahari wurde die

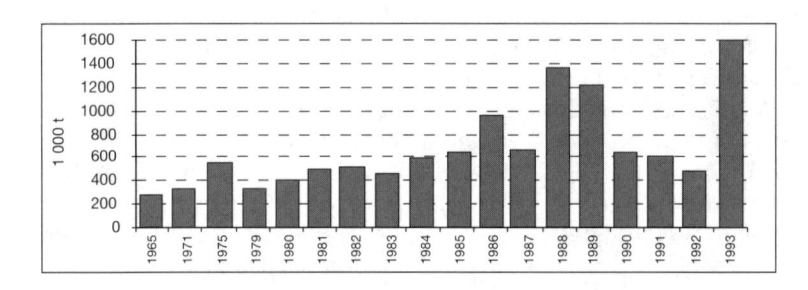

Abb. 6.11:
Marktproduktion von Mais in Zambia 1965–1992)
Quellen: CSO 1980, 1987, 1992; Stat. Bundesamt 1995

Rohrkolbenhirse durch Mais ersetzt. Zusätzlich kommt der Einfluß von Kassave zum Tragen, der in der Nordprovinz, der Luapulaprovinz und der Nordwest-Provinz die Hirsearten zurückgedrängt hat.

Abbildung 6.11 zeigt die fast kontinuierliche Erfolgsgeschichte des Mais bis zum Jahre 1988. Danach erfolgte ein Einbruch in der Marktproduktion.

Vergleicht man die Produktionszahlen für Mais mit den Bevölkerungszahlen (vgl. Abb. 7.1), so wird deutlich, daß es zwangsläufig zu Engpässen in der Ernährung der Gesamtbevölkerung kommen müßte. Obwohl der Index der landwirtschaftlichen Produktion 1989 gegenüber dem Basiswert von 1979/81 (D = 100) um 33 % stieg, war die Erzeugung je Einwohner wegen des Bevölkerungszuwachses im gleichen Zeitraum um 9 % geringer. Die Produktionszahlen für 1990–1992 entsprechen ungefähr denjenigen der Jahre 1983–1985, damals gab es ungefähr 3 Mio. Einwohner weniger. Es ist jedoch nicht nur die geringe Produktion, die diese Engpässe verursacht, sondern auch mangelnde Administration und Infrastruktur, die dazu führen, daß jedes Jahr große Mengen Mais unter freiem Himmel verrotten. Im Jahr 1993 wurde, entgegen dem Trend der Vorjahre, eine Rekordernte eingefahren (IPS 1993). Die Regierung hatte keine Mittel zum Kauf der Maisernte, importierter Mais hingegen wurde zu Schleuderpreisen angeboten (IPS 1993). Dürrejahre mit geringer Produktion tragen ihrerseits zur Nahrungsknappheit wesentlich bei. Während in Jahren mit normalen Niederschlägen (z.B. 1986–1989) durchschnittlich ca. 23 000 t Mais importiert werden mußten, waren dies im Dürrejahr 1991/92 sogar 670 000 t. Ein weiterer Grund für die rückläufigen Produktionszahlen mag die Streichung der Maissubventionierung und die dadurch bedingte Aufhebung der Abnahmegarantien durch die staatlichen Maismühlen sein.

Daß in Zambia in der Regel trotzdem niemand hungert, liegt am (statistisch nicht erfaßten) hohen Beitrag der Subsistenzbauern zur Ernährungssicherung. Schon 1945 trugen Subsistenzfarmer zu 33 % zur gesamten Maisproduktion bei, während die sogenannten "smallholders", als solche wurden Kleinbauern bezeichnet, die zwischen 11 und 100 90-kg-Säcke Mais verkauften, zu 52 % beitrugen. Die kommerziellen Farmer trugen damals hingegen nur 15 % zur Maisproduktion bei (KAY 1969). Heute leisten die Kleinbauern mit ca. 60 % der Gesamtproduktion den Hauptbeitrag zur Ernährung.

Die durchschnittliche Reisproduktion lag zwischen 1986 und 1991 bei ca. 5 000 t jährlich. Im Dürrejahr 1992 wurden über 20 000 Tonnen Reis importiert (diese Zahl schließt internationale Nahrungshilfe ein), obwohl die Reisbauern kaum von der Dürre betroffen waren.

Dieses Beispiel zeigt, wie sich Nahrungshilfe gegen die einheimischen Produzenten kehren kann. Die Reisproduzenten Zambias blieben im Dürrejahr auf ihrer Produktion sitzen, da die Preise für den „importierten" Reis wesentlich geringer waren als die der einheimischen Produktion. Dasselbe traf für Mais zu, der auch in den nicht von der Dürre betroffenen Gebieten verkauft wurde. Zu Beginn der neuen Erntesaison war immer noch Mais aus der Nahrungshilfe übrig, der, halbverrottet, zu einem Schleuderpreis verkauft wurde.

Die folgenden Abbildungen veranschaulichen die Dynamik der Entwicklung und die schnelle Veränderung der Landnutzungsstruktur in Zambia durch den Einfluß des Kolonialismus und durch die Subventionierung des Maisanbaus durch die Kaunda-Regierung (Abb. 6.12–6.14).

Abbildung 6.12 wurde nach den Aufzeichnungen WINTERBOTTOMS (1945) erstellt. Allerdings ist es, auch im Vergleich mit den Landnutzungskarten von 1960 und 1980, sehr fraglich, ob der Mais in den 1940er Jahren schon so weit in die Westprovinz vorgedrungen war, wie die Abbildung dies wiedergibt.

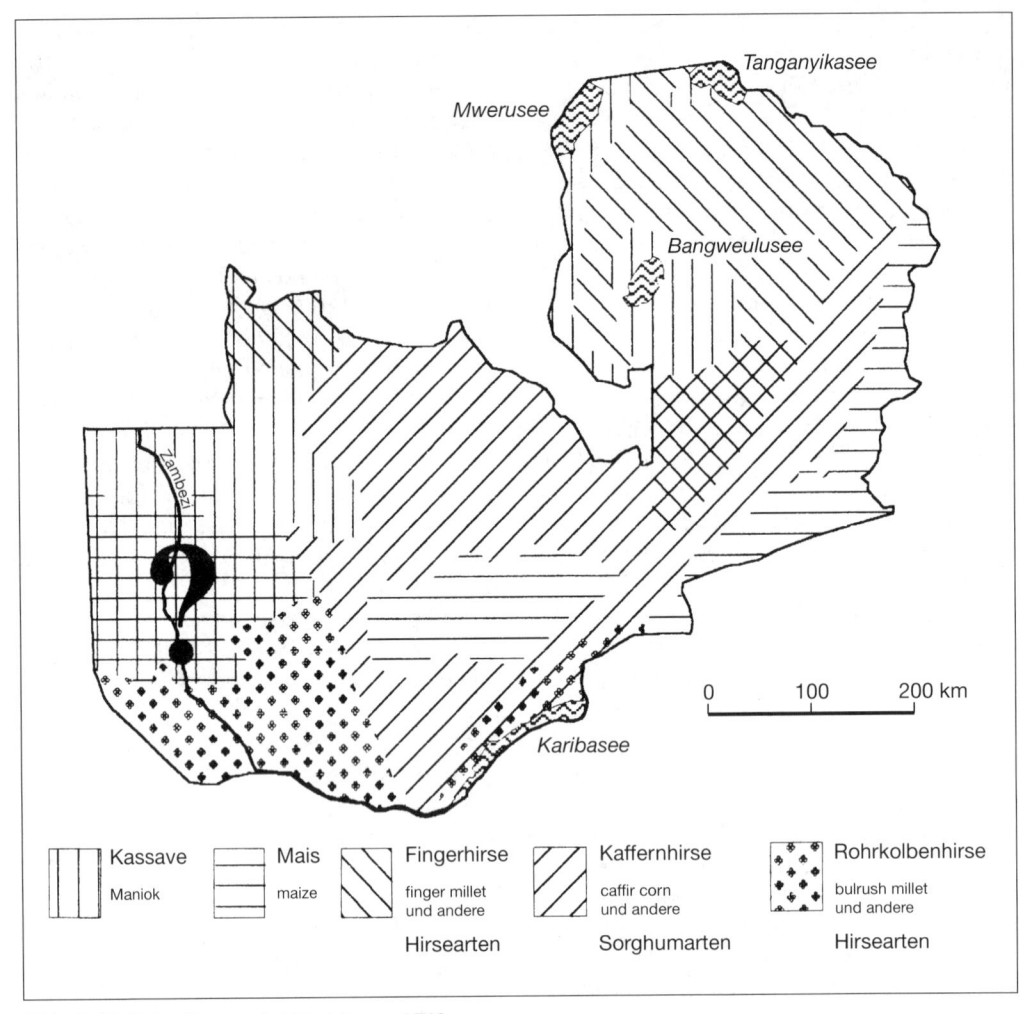

Abb. 6.12: Nutzpflanzen in Zambia um 1940
Quelle: nach WINTERBOTTOM 1945, verändert

Kartographie: C. Stockmar

Der erste Pflug an einen zambischen Afrikaner soll nach JOHNSON (1956, S. 3) im Jahre 1914 südwestlich von Lusaka verkauft worden sein.

Obwohl die indigenen Landnutzungssysteme von den Kolonialherren schon damals als ineffizient und ressourcenvergeudend eingestuft wurden, machen die obigen Zahlen deutlich, welchen wichtigen Beitrag sie zur Ernährungssicherung geleistet haben. Da es sich bei der Produktion der "smallholders" ausschließlich um Subsistenzproduktion handelte, können wir daraus schließen, daß "low external input systems", wie sie heute zunehmend als entwicklungspolitisches Instrumentarium gefördert werden, damals die Basis für das Überleben der Bevölkerung dargestellt haben.

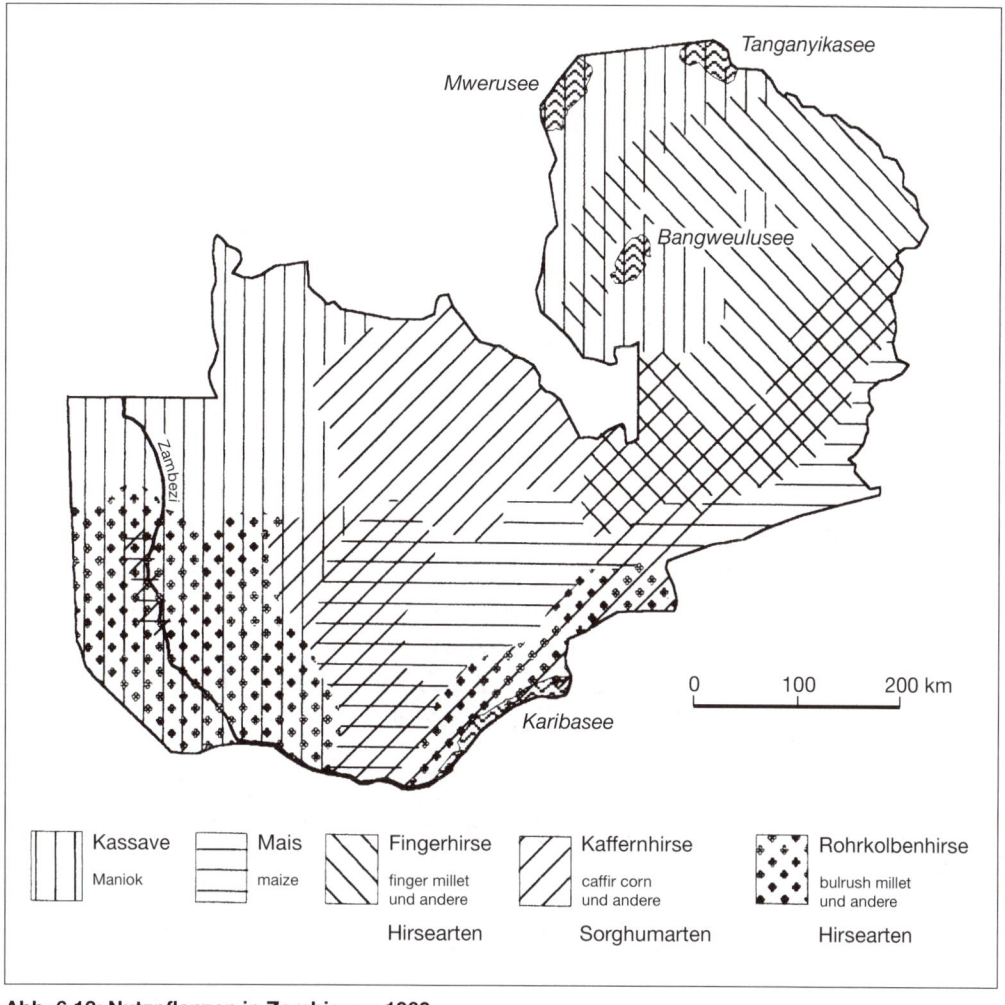

Agrare Marktproduktion – der Mais und seine Folgen 99

Abb. 6.13: Nutzpflanzen in Zambia um 1960
Quelle: LOMBARD u. TWEEDIE 1972
Kartographie: C. Stockmar

Legende:
- Kassave / Maniok
- Mais / maize
- Fingerhirse / finger millet und andere — Hirsearten
- Kaffernhirse / caffir corn und andere — Sorghumarten
- Rohrkolbenhirse / bulrush millet und andere — Hirsearten

Abb. 6.15:
Ausgewählte Komponenten des urbanen Stoffkreislaufs und die Stellung von Hausgärten im Gesamtsystem
Quelle: DRESCHER 1998, nach SMIT 1995, stark verändert

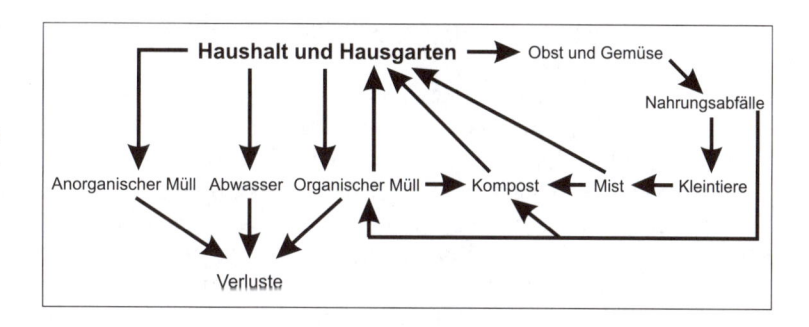

Geographisches Institut
der Universität Kiel

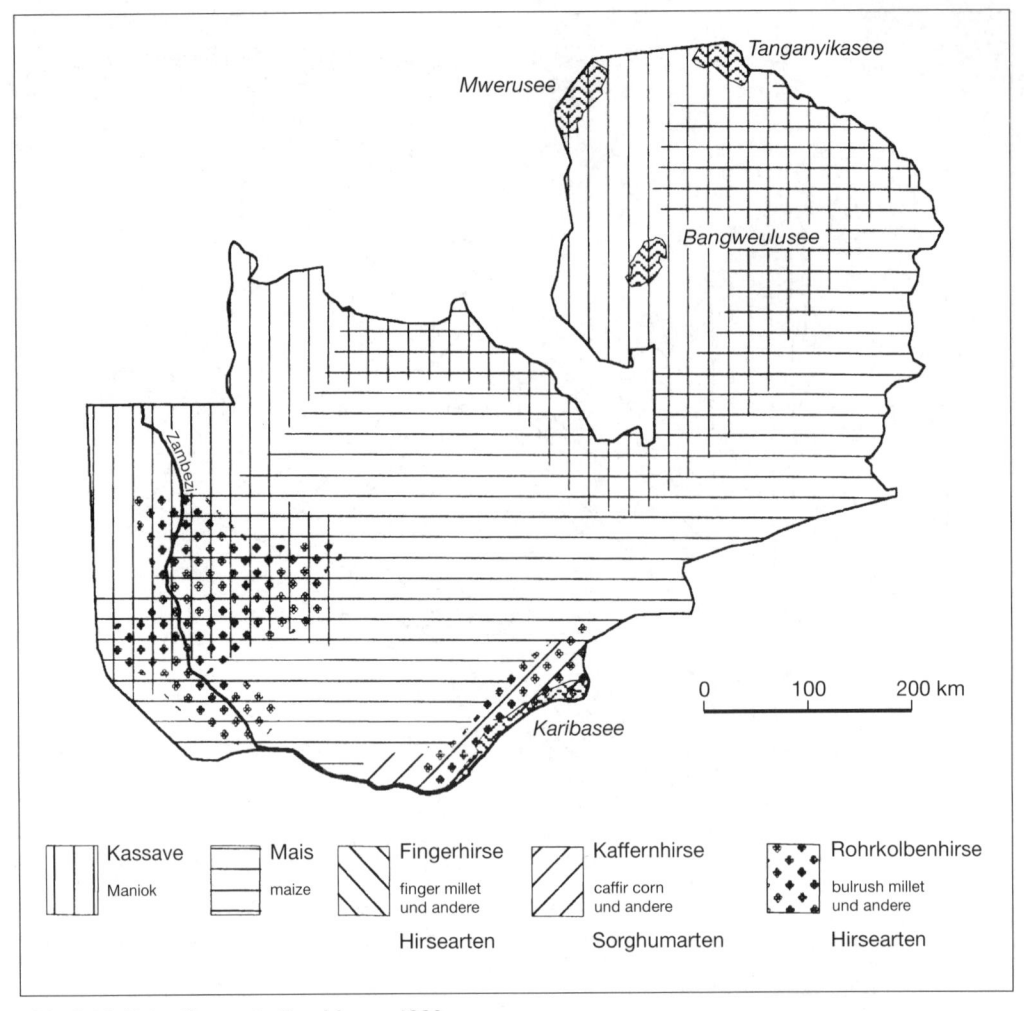

Abb. 6.14: Nutzpflanzen in Zambia um 1980
Quellen: nach SCHULTZ 1983, verändert und schematisiert   Kartographie: C. Stockmar

6.5.2 Agroindustrie versus traditionelle Subsistenzwirtschaft

Durch die Einführung des Mais und die neue Bodenbearbeitung mit dem Pflug wurde bald offensichtlich, daß Bodendegradation und Erosion nicht ausblieben. Im Gebiet der Plateau Tonga wurde bereits 1933 hiervon berichtet. Das traditionelle Wanderfeldbausystem bzw. ein Landnutzungssystem mit längeren Brachezeiten wurde zugunsten des Maisanbaus aufgegeben. Die Bodendegradation wurde durch einen hohen Viehbestand zusätzlich verstärkt (JOHNSON 1956, S. 4). Die Folge war die Einführung eines ersten „Entwicklungsprojektes", des "Improved African Farmer"-Projektes, in den Jahren 1946–47, welches die Tonga Bauern beim Anbau von Mais unterstützen sollte. Die Grundprinzipien waren einfach: Konturnutzung und die Verwendung von Mist zur

> In "low external input systems", wie sie z.B. die meisten Hausgärten darstellen, wird ein Minimum an fossiler Energie, z.B. in Form von Mineraldüngern, Pflanzenschutzmitteln oder durch Maschinen eingesetzt (vgl. DUPRIEZ/DE LEENER 1988, 1989; REIJNTJES et al. 1992, Ileia 1995). Das Konzept der Erhaltung der Bodenfruchtbarkeit gehorcht in diesen Systemen dem „Gesetz der kleinen Stoffkreisläufe", d.h., die entnommene Energie in Form von pflanzlichen Produkten wird in der Regel ohne z.B. den Einsatz fossiler Energie dem Boden über organische Dünger wieder zugeführt.
>
> SMIT (1995) hat ein idealisiertes Schema des urbanen Stoffkreislaufes entworfen, welches einen geschlossenen Kreislauf darstellt. Tatsächlich geht in der Realität, auch in Entwicklungsländern, ein Teil der Energie, z.B. in Form nicht verwendeter oder verwendbarer Abfälle und Abwässer verloren. Besonders die Verwendung von Abwässern für die Bewässerung von Hausgärten wurde in keinem Falle beobachtet (Abb. 6.15).
>
> In den ländlichen Gebieten tropischer Entwicklungsländer ist der Zugang zu minerali-schen Düngern meist dadurch begrenzt, daß sie entweder nicht verfügbar oder aber nicht erschwinglich sind. Deshalb haben die Kleinbauern hier keine andere Wahl, als die Erhaltung der Bodenfruchtbarkeit über die Zufuhr natürlicher Dünger zu realisieren.
>
> Im Umfeld von Großstädten tragen die Landwirtschaft und der urbane Gartenbau dazu bei, daß offene Energiekreisläufe geschlossen werden, indem z.B. organischer Müll, der sonst auf Deponien gebracht wird, den Produktionsflächen zugeführt wird (Abb. 6.15).
>
> SMIT (1995) nennt dies "transformation of waste into biodiversity". Die „Energieproduktivität" (zum Konzept der „Energieproduktivität" vgl. VON WEIZSÄCKER et al. 1995) ist in diesen Betriebssystemen hoch, so daß das Verhältnis von eingesetzter Energie zur Produktion von Nahrungskalorien günstig ist. Insgesamt ist dieses Konzept aufgrund des hohen Anteils des wiederverwendeten organischen Materials relativ ressourcenschonend einzuschätzen und kommt den Bedingungen in natürlichen Ökosystemen nahe.

Übersicht 6.3: "Low external input systems"

Düngung und Fruchtfolgen wurden empfohlen. Der 1935 gegründete "Maize Control Board", die erste politische Institution zur Ausbreitung des Mais, hat von Beginn an geringere Maispreise an die afrikanischen Farmer bezahlt um einen „Preisstabilisierungsfonds" zu schaffen. Diese Überschüsse wurden nun an die Teilnehmer am "African Improved Farmer"-Projekt abgeführt, in dem man ihnen Realpreise für den Mais bezahlte.

Der nächste Schritt war die Ablösung dieser Praxis durch die Zahlung eines „Flächen-Bonus". Der Mais begann also früh ein Subventionsgeschäft zu werden, was er bis 1990 auch blieb. Da die Düngung der Flächen ausschließlich mit Mist erfolgte, die Mistproduktion – abhängig von der Tragfähigkeit des Weidelandes – jedoch begrenzt war, begann man über die Einführung von Düngemitteln und Gründüngung nachzudenken (Abb. 6.16).

Über die richtige Strategie zur Entwicklung der Landwirtschaft war man sich schon damals übrigens nicht einig. So schreibt ALLAN (1945, S. 19), damals stellvertretender Direktor für Landwirtschaft in Nordrhodesien, in wörtlicher Übersetzung: „Es wird Zeit, daß wir unser Gedanken über unsere gesamte

Abb. 6.16:
Zusammenhänge zwischen traditioneller Landnutzung und der Verfügbarkeit natürlicher Ressourcen

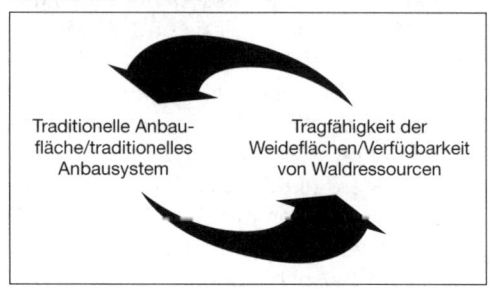

Traditionelle Anbaufläche/traditionelles Anbausystem ⇄ Tragfähigkeit der Weideflächen/Verfügbarkeit von Waldressourcen

Vorstellung vom Boden und der menschlichen Beziehung zu ihm ändern" und er fährt fort: „Ich glaube, daß es auf dem Gebiet der Entwicklung als grundlegendes Prinzip besser wäre, die traditionellen, einheimischen Landnutzungssysteme zu steuern und anzupassen, als sie hinwegzufegen und durch fremde Methoden zu ersetzen" (vgl. Abb. 6.15). Viele Jahre später berichtet Allan von traditionellen Erosionsschutzmaßnahmen der Afrikaner, die „in keiner unseren eigenen Maßnahmen unterlegen sind" (ALLAN 1967, S. 386).

Die Hungersnöte während der Zeit des Sklavenhandels wurden von LIVINGSTONE (1929, S. 190) auch als dessen Folge beschrieben. HELLEN (1968, S. 253) berichtet über die negativen Auswirkungen der europäischen Kolonialisierung auf die Produktionssysteme der Lozi und stellt fest, daß durch diesen Einfluß häufig Nahrungsmittelknappheit aufgetreten sei.

Dies ist zumindest ein Hinweis darauf, daß die schon um 1950 beobachteten gelegentlichen Hungerperioden ihre Ursache zumindest teilweise im Einfluß der Kolonialmächte haben. Bis heute ist ungeklärt, warum Mangel- und Unterernährung auch und gerade in Gebieten auftreten, wo genügend Protein vorhanden ist (so z.B. in der Luapula- Provinz im Norden des Landes).

Die Diskussionen der 1950er Jahre unterscheiden sich also nicht allzusehr von den heutigen – dies sollte doch zum Nachdenken über die bisherigen Entwicklungsstrategien anregen.

6.6 Die Ausbreitung und die Bedeutung von Kassave

Obwohl Kassave (Manihot esculenta, Maniok) einen essentiellen Beitrag zur Ernährung von über 800 Mio. Menschen leistet, ist diese Kulturpflanze seit der Kolonialzeit unter Wissenschaftlern und Entwicklungsplanern sehr umstritten (VON OPPEN 1991, S. 15). Die Kolonialmacht avisierte als Entwicklungsstrategie die Kommerzialisierung der Landwirtschaft und den Anbau von Mais. In diesem Entwicklungskonzept hatte Kassave keinen Platz.

Dies hat sich bis heute wenig geändert. Kassave, weil kein eindeutiges Marktprodukt, taucht auch heute in keiner Statistik, auf obwohl sie etwa für ein Drittel der Bevölkerung Zambias das Grundnahrungsmittel Nr. 1 darstellt. Dies soll nicht darüber hinwegtäuschen, daß Kassave in den Anbaugebieten selbst einen wichtigen ökonomischen Faktor darstellt. Obwohl Kassaveknollen auch heute kaum auf den Markt (insbesondere die Großstadtmärkte) gelangen, wie schon von SCHULTZ (1983, S. 180) berichtet wurde, spielen sie eine wichtige Rolle beim Tauschhandel.

Im von den Briten dominierten Südafrika galt Kassave bestenfalls als Notnahrung bei akutem Nahrungsmangel, mit zwar hoher Produktivität aber schlechtem Geschmack und negativen ökologischen Einflüssen (VON OPPEN 1991, S. 15). Da sie wenig männliche Arbeitskraft benötigt, wurde sie von einigen Kolonialoffizieren als die „Frucht des faulen Mannes" ("the lazy mans crop") bezeichnet (VON OPPEN 1991, S. 16).

In Zambia breitete sich Kassave unter Einfluß der frühen Handelsreisenden hauptsächlich in der Nordwestprovinz und der Luapulaprovinz aus (vgl. Abb. 6.11). Dort wurden vor allem Hirse- und Sorghumarten verdrängt. Im Gegensatz zur Ausbreitung des Mais geschah dies jedoch ohne politische Initiativen sondern wurde durch die indigene Bevölkerung selbst durchgeführt. Bereits um 1800 berichteten die ersten portugiesisch sprechenden Händler von häufigem Vorkommen von Maniok am oberen Zambezilauf (VON OPPEN 1991, S. 20).

Die Gründe für die Erfolgsgeschichte der Kassave sind vielschichtig. Die Geschichte

Bedingungen	Vorteile	Nachteile
Boden	braucht insgesamt weniger Nährstoffe	erfordert mehr Kalium; ist anfälliger gegen hohen Grundwasserstand (Staunässe)
Klima	trockenresistent, größere Anbausicherheit	bei tiefen Temperaturen verlängerte Reifezeit; am oberen Zambesi 2–3 Jahre, je nach Sorte
Land und Arbeit	produziert höhere Erträge in Relation zur (Fläche); kann länger auf einer Fläche produziert werden (weniger Landverbrauch); ermöglicht von Beginn an Mischkulturen; ermöglicht größere Flexibilität in der Arbeitsplanung, weist keine Arbeitsspitzen auf; Vögel stellen keine Bedrohung dar (im Gegensatz zu Hirse); erfordert keinen Bau von Vorratsspeichern	erfordert mehr Arbeit zur Vorbereitung der Felder (Anlage von Hügeln, Gründüngung); erfordert mehr Arbeit bei der Zubereitung, besonders von bitteren Sorten (Wässern, Trocknen)
Vorratshaltung	wird (in situ) im Boden gelagert, hat deshalb weniger Vor- und Nachernteverluste	
Verbrauch	Zurückbehaltung von Saatgut nicht notwendig (vegetative Vermehrung); Nutzung von Maniokblättern als Gemüse; Erlaubt Mischkulturen mit zusätzlichen Nahrungspflanzen	hat weniger Nährwert, erfordert deshalb mehr protein- und vitaminhaltige Zusatznahrung

Tab. 6.4:
Wirtschaftliche Vor- und Nachteile von Kassave als Grundnahrungsmittel im Vergleich zu Getreide
Quelle: VON OPPEN 1991, S. 22 (aus dem Englischen übersetzt und leicht verändert)

selbst zeigt, daß es zum Verständnis der Ausbreitung neuer Kulturpflanzen und Veränderungen in den Ernährungsgewohnheiten ganzer Völker des historischen Kontextes mit seinen unterschiedlichen sozialen Kräften bedarf (VON OPPEN 1991, S. 34). Die ländlichen Gesellschaften Afrikas sind nicht – wie so oft behauptet wird – in ihren Traditionen gefangen und inflexibel gegenüber Neuerungen, sondern unterliegen dauernd langsamen Veränderungen und Anpassungen durch Experimentieren (VON OPPEN 1991, S. 33). Die Sortenvielfalt von Kassave in Angola und auch im nördlichen Zambia sprechen für diese Annahme.

Die Sicherung der Ernährung gestaltet sich unter den klimatischen und den edaphischen Bedingungen der Nordwestprovinz schwierig. Relativ unfruchtbare, sandige Böden und unzuverlässige Niederschläge garantieren nicht immer gute Ernten. Kassave unterscheidet sich grundlegend von den anderen traditionellen Grundnahrungsmitteln Hirse und Sorghum dadurch, daß sie mehrjährig ist. Dies hat entscheidenden Einfluß auf die Gestaltung des Anbaus, auf die Arbeitsintensität und auf die Verteilung der Arbeit.

Im Gegensatz zu den Getreiden ist Kassave in zweifacher Weise nutzbar, als Grundnahrungsmittel (Knollen) und als Beilage (Blätter). Die Vermehrung erfolgt vegetativ, meist werden zwei oder mehrere Sproßstücke in einen Pflanzhügel gesteckt. Die Reifezeit ist stark temperatur- und sortenabhängig (Tab. 6.4). Die Lagerhaltung (im Boden) ist vereinfacht, und die relative Trockenresistenz und die Anspruchslosigkeit hinsichtlich der Düngung stabilisieren die Ernährungssicherung. Kassave kommt in verschiedenen bitteren und süßen Sorten vor. Die süßen Sorten werden gerne als roher Snack direkt nach der Ernte verzehrt. Die bitteren, blausäurehaltigen Sorten müssen zunächst gewässert und dann getrocknet werden.

Kassave wird hauptsächlich von Frauen angebaut ("female crop"), was einerseits deren Arbeitslast erhöht, andererseits aber auch zu größerer Unabhängigkeit von den Männern führt (vgl. S. 47ff.). Dies ermöglicht eine Diversifizierung des Anbaus und der wirtschaftlichen Aktivitäten der Männer ohne die Ernährung grundsätzlich zu gefährden. Inwieweit die Abwesenheit der Männer (zunächst aufgrund des Sklavenhandels und später durch die Wanderarbeit) an der Ausbreitung von Kassave mit beteiligt war ist ungeklärt.

VON OPPEN (1991, S. 33) nennt die auf Kassave basiernden Mischanbausysteme, kombiniert mit anderen Aktivitäten sehr treffend eine „ökologische Anpassung" an schwierige oder knappe Ressourcen. Die derzeitige Kassaveproduktion wird in Zambia auf ca. 270 000 t jährlich geschätzt.

6.7 Bewässerungswirtschaft als Sonderform der Landwirtschaft

Die Bewässerungsgärten im Osten Lusakas

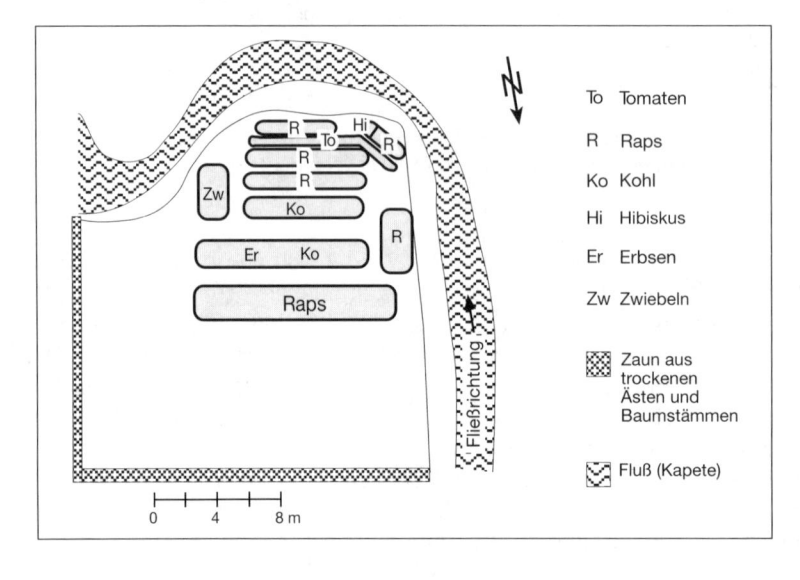

Abb. 6.17:
Skizze eines Gartens am Kapete River, östlich von Lusaka, Oktober 1993.
Der Garten ist nur zu einem kleinen Teil genutzt, da die Familie manuell bewässert.

Entwurf:
A.W. Drescher
Zeichnung:
W. Stockmar

Eine fünfköpfige Familie, bestehend aus einem 32jährigen Lehrer und seiner 24jährigen Frau, zwei kleinen Kindern im Alter von 3 bzw. 9 Jahren und einem Neffen von 24 Jahren. Sie besitzt einen Garten von 520 m² Größe am Kapete River, der die zentrale Abflußrinne des Kapete-Dambos bildet. Sie baut Raps, Zwiebeln, Erbsen, Kohl, Tomaten und Okra für den Eigenbedarf und als Geschenke an. Das Gehalt des Lehrers reicht nicht aus, um die Familie zu ernähren. Weil am Wohnhaus direkt kein Wasser verfügbar ist, befindet sich der Garten ca. 400 m vom Wohnhaus entfernt. Zur Düngung des Gartens wird Hühnermist und Gras verwendet. Die Familie hat eigene Hühner. Gelegentlich helfen Schulkinder bei der Gartenarbeit. Im Oktober 1993 sind von der potentiellen Gartenfläche nur 160 m², also nur ca. 30 % genutzt. Der Aufwand für die manuelle Bewässerung ist zu groß und die Familie kommt mit dem angebauten Gemüse für den Eigenverbrauch zurecht. Die 350 Rapspflanzen bieten täglich "relish" zum Maisbrei, der durch Zwiebeln (84 Individuen) und Tomaten (69 Pflanzen) zusätzlich verbessert wird. Abbildung 6.17 zeigt den Zustand des Gartens Anfang Oktober 1993.

Im September und November 1993 wurde ein größeres Bewässerungssystem im oberen Bereich des Kapete-Dambos untersucht. Hier findet zum großen Teil marktorientierter Gemüseanbau zur Versorgung der Märkte von Lusaka statt.

Der obere Teil der Gartenfläche ragt in den umgebenden Miombo-Wald hinein, der Rest der ca. 350 000 m² großen Fläche befindet sich direkt im Grasland. Die Fläche wird weitgehend durch den Tomatenanbau dominiert. Kleinere Flächenanteile waren zum Zeitpunkt der Beobachtung mit Zwiebeln, Kürbis, Raps und Grünen Bohnen bestellt. Zahlreiche Obstbäume (Bananen, Guaven) sind Bestandteil der Gärten, wurden jedoch bei der Kartierung nur teilweise mit erfaßt.

Kleinere Bewässerungssysteme erleichtern – wo möglich – die Bewässerung. Das Wasser wird in Bewässerungsgräben mit einer Tiefe von ca. 20 cm geleitet (Überlaufwasser aus der Quelle oder manuell geschöpftes Wasser), an den Verteilerstellen wurden Vertiefungen von ca. 50 cm gegraben. Die Funktion der Verteilerstellen ist folgende: Das Wasser staut sich zunächst in diesen Vertiefungen und wird dann mit Plastiktellern in die Kanalfortführung geschöpft. Von den Verteilern am Gartenrand wird anschließend ebenfalls mit Plastiktellern ein Radius von ca. 5 m manuell bewässert. Dies ähnelt einer Form der manuellen „Sprinklerbewässerung" (Abb. 6.18).

In der Zeit vom 24. September bis zum 02. November 1993 ging der Wasserstand der Quelle um ca. 1,2 m zurück. Nach Auskunft der Bauern geschah dieser starke Grundwasserabfall das erste Mal, seit sie die Gärten bewirtschaften. Bereits in den siebziger Jahren war es gelegentlich zu ähnlichen Erscheinungen gekommen. Trockenjahre können eine schnellere Austrocknung der dambos verursachen (freundliche mündliche Mitteilung von R. MÄCKEL, Freiburg).

Angesichts des extremen Trockenjahres 1992 könnten auch die mangelnden Niederschläge für diesen Grundwasserabfall verantwortlich sein. Für die Arbeitsorganisation der Bauern bedeutet diese Absenkung des Grundwassers jedoch, daß im September noch mit Überlaufwasser bewässert werden konnte (sozusagen 'automatisch' ohne großen manuellen Arbeitsaufwand), während das Wasser im Oktober mit Eimern in die Kanäle geschöpft werden mußte. Diese schwere Arbeit wurde während der Felduntersuchungen von Frauen ausgeführt, während die Männer für den Weitertransport des Wassers in den Kanälen und für die Gartenbewässerung selbst sorgten.

Die restliche Gartenfläche wird aus den Brunnen bzw. durch das hoch anstehende Quellwasser bewässert. Die Gärten dienen etwa 50 Familien aus benachbarten Dörfern als Ernährungsgrundlage und zur Schaffung von Einkommen.

Übersicht 6.4: Beispiele für gartenbauliche Nutzung am Kapete River

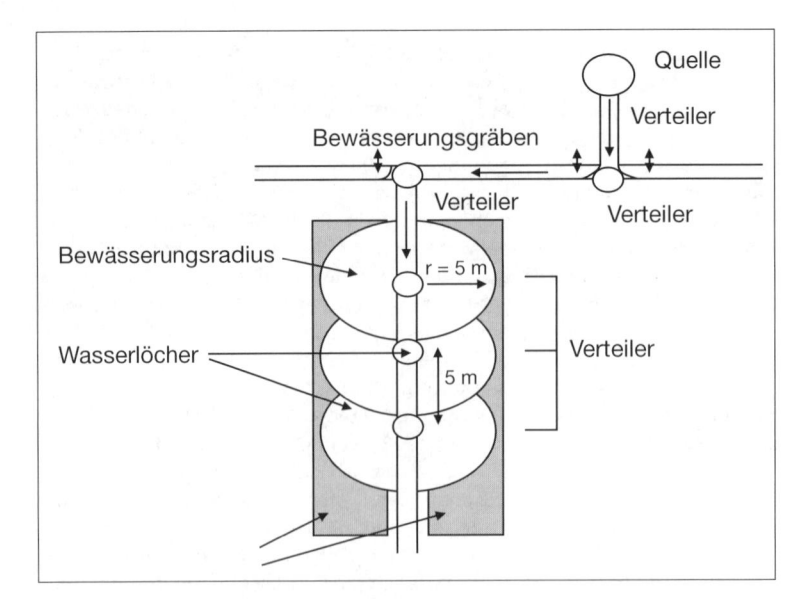

Abb. 6.18:
Bewässerungssystem in den Gemüsegärten des Kapete-Dambos

Die Bewässerungsgärten im Süden Lusakas (Shantumbu-Escarpment)

Im Süden wird die Lusaka-Hochebene durch das Shantumbu-Escarpment begrenzt. Hier treffen zwei unterschiedliche Gesteinsschichten aufeinander: Dolomit/Kalkstein in der Plateauregion im Norden und psammitischer, quarzreicher Schiefer in der Steilstufe im Süden (MÄCKEL 1975). Das Grundwasser unter der Dolomit/Kalksteinschicht hat hier die Möglichkeit an die Oberfläche zu treten, was zur Bildung permanenter Quellen führt, welche die angesiedelten Dörfer mit Trinkwasser versorgen und zur Bewässerung von landwirtschaftlichen Flächen dienen. Im Prinzip handelt es sich um eine indirekte Nutzung der von MÄCKEL (1975) so bezeichneten Hangspülmulden (scarpdambos), die ihrer Funktion als Wasserlieferant zu verdanken ist (zur Lage des scarpdambos vgl. Abb. 6.20).

Die physisch-geographischen Gegebenheiten werden von der Bevölkerung in bemerkenswerter Weise für ihre alltäglichen Bedürfnisse der Ernährungssicherung genutzt. Dies zeigt auch die Beobachtung eines hoch komplizierten Bewässerungssystems, welches sehr aufwendig in seiner Konstruktion und Pflege ist (vgl. Abb. 6.19).

Die Kanäle sind an der Entnahmestelle bis zu 1,7 m tief und weisen eine Breite von nur ca. 0,3 m auf. Im unteren Bereich werden die Gräben flacher (ca. 1 m tief) und laufen in den Gärten ebenmäßig aus. Auf diese Art werden insgesamt mehr als 100 ha Gemüseanbaufläche, hauptsächlich für den marktorientierten bzw. teilweise marktorientierten Gemüseanbau, bewässert. Zusätzlich dient der Anbau der Selbstversorgung. Obwohl die Hauptarbeit von den Familienmitgliedern selbst durchgeführt wird, werden zusätzliche saisonale Arbeitskräfte benötigt.

Die Ware wird auf dem ca. 25 km entfernten Großmarkt in Lusaka und an die großen internationalen Hotels von Lusaka verkauft. Dadurch ist die Vielfalt der angebauten Feldfrüchte bedingt: Auberginen, Paprika und

Abb. 6.19:
Kartierung der landwirtschaftlichen Nutzung des Shantumbu-Escarpments
Quelle: DRESCHER 1998

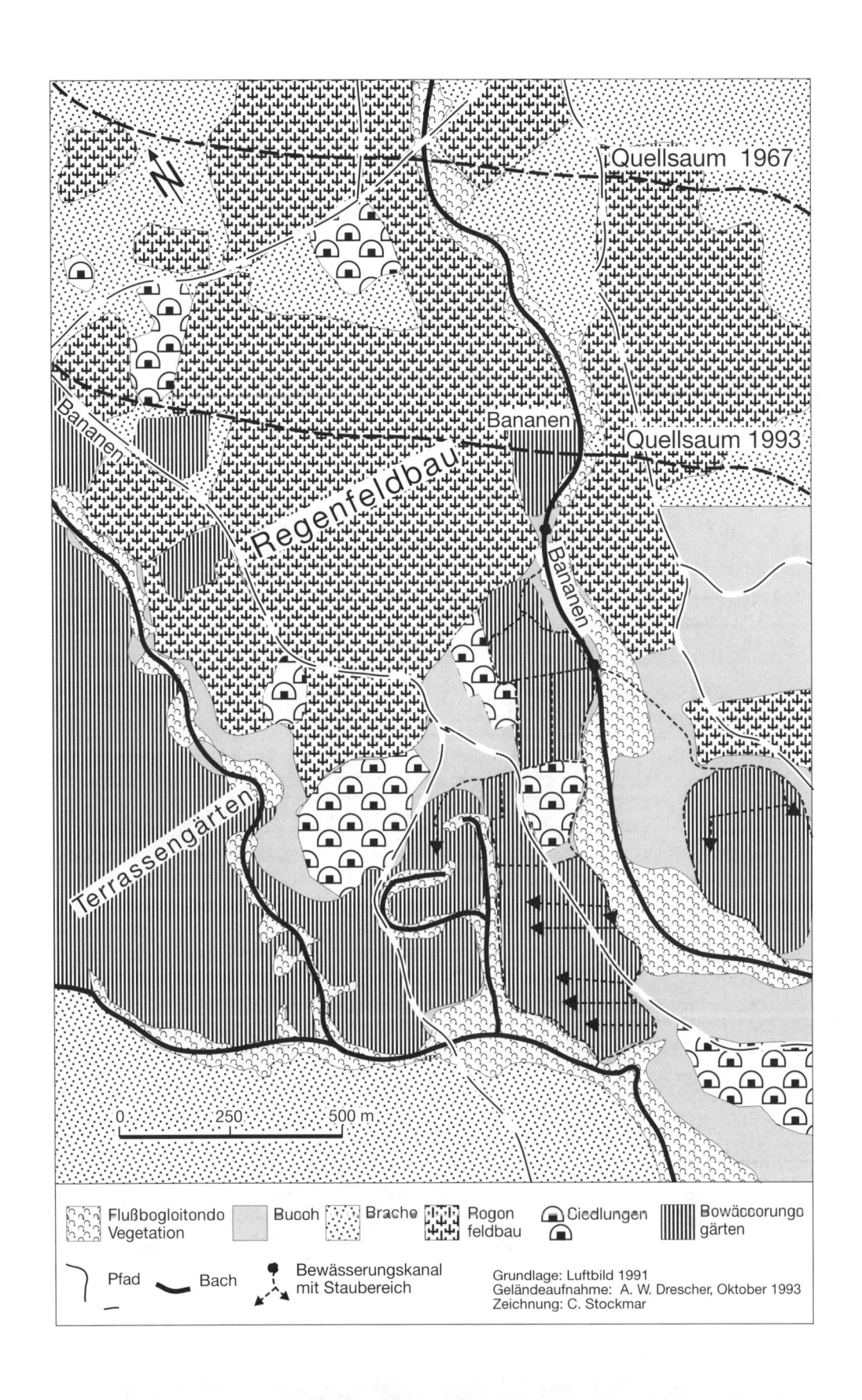

Flußbegleitende Vegetation		Busch	Brache	Rogonfeldbau		Siedlungen		Bowässerungsgärten

Pfad — Bach — Bewässerungskanal mit Staubereich

Grundlage: Luftbild 1991
Geländeaufnahme: A. W. Drescher, Oktober 1993
Zeichnung: C. Stockmar

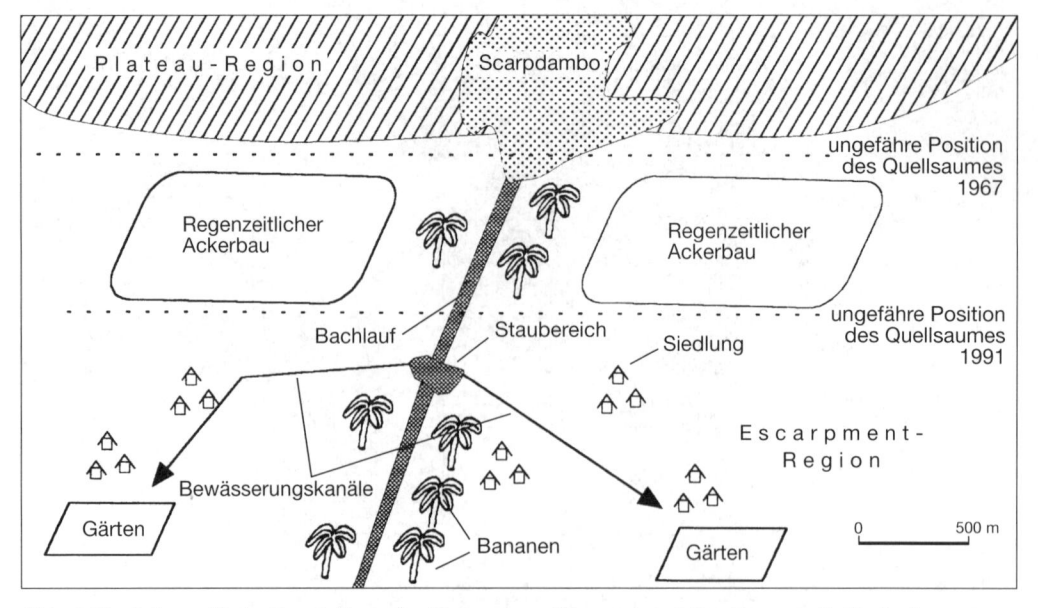

Abb. 6.20: Schematische Darstellung der Plateau- und Escarpment-Region und die Veränderung der Lage des Quellsaumes 1967 und 1991
Quelle: nach DRESCHER 1996b, S. 21; Entwurf: A.W. Drescher, Zeichnung: C. Stockmar

Abb. 6.21: Skizze eines Bewässerungsgartens im Shantumbu-Escarpment mit stark marktorientiertem Gemüseanbau
Quelle: nach DRESCHER 1996b, S. 25; Kartographie: C. Stockmar

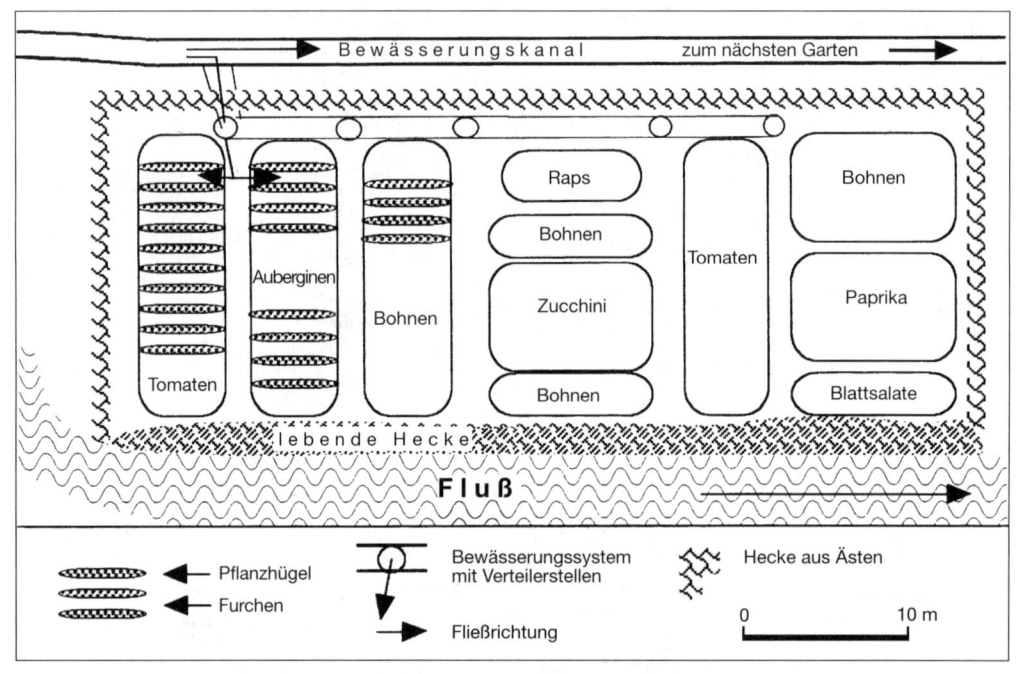

Bewässerungswirtschaft als Sonderform der Landwirtschaft

Kopfsalat sind zwar keine typischen Produkte der einheimischen Märkte, sie sind jedoch sehr gefragt beim internationalen Publikum der Hotels der Stadt. Die Gärten sind generell sehr groß, manche 2 000 m^2 und mehr, was die Bewässerung mit Hilfe eines Bewässerungssystems notwendig macht bzw. Dies erst dadurch ermöglicht wird.

Die hier befindlichen Bewässerungsgärten sind eines der Hauptanbaugebiete von Gemüse zur Versorgung Lusakas. Die Organisation der Bewässerung und der Pflege der Kanäle erfolgt nach Angaben der Bauern über einen nicht institutionalisierten Zusammenschluß der einzelnen Bauern, d.h., es wurde keine Kooperative gegründet, sondern in freier Absprache organisiert. Auch diese Information ist erstaunlich, wenn man die üblichen Probleme bei der Kooperation kennt. In gewisser Hinsicht hat sich hier im periurbanen Raum eine Organisationsstruktur gebildet, die im urbanen Bereich schwer denkbar ist.

Die Abgeschiedenheit des Escarpments und die infrastrukturelle Vernachlässigung der Gegend lassen an eine Art „Selbsthilfeprojekt" der Bauern denken. Das Escarpment ist mit keiner Asphaltstraße mit Lusaka verbunden. Selbst die Handhabung von Lastkraftwagen ist wegen der steilen Hänge und starker Erosion (von der vor allem die steilen Staubstraßen betroffen sind) nahezu ausgeschlossen. Abbildung 6.19 zeigt, daß erst im mittleren Bereich des Escarpments Bewässerung überhaupt möglich wird.

Im obere Teil wird nur Ackerbau betrieben. Dies ist begründet durch die Lage des oben genannten Quellsaumes im Bereich der verschiedenen geologischen Schichten und außerdem davon abhängig, wo das Sickerwasser an die Oberfläche tritt. Der Quellsaum hat sich in den letzten 30 Jahren ca. 500 m hangabwärts verlagert (vgl. Abb. 6.19).

Dies bedeutet tiefgreifende Einschnitte in die Landnutzungsstruktur des Escarpments. Noch 1967, wie es das Luftbild aus diesem Jahr zeigt, befanden sich ausgedehnte Gartenflächen oberhalb des heutigen Quellsaumes. Der gesamte Bereich, der heute mit Ackerbau in der Regenzeit genutzt wird, war damals ganzjährig nutzbar.

Der untere Teil des Escarpments war demzufolge und wegen des geringeren Bevölkerungsdrucks weit weniger genutzt als heute. Schon 1967 bestand ein Bewässerungssystem, welches bei genauer Betrachtung der Luftbildern klar zu erkennen ist. Im Gegensatz zur heutigen Situation wurden die meisten Dörfer damals direkt aus dem Bewässerungssystem mit Wasser versorgt. Dies trifft heute nur noch für die tiefer gelegenen Siedlungen zu.

Die Kartierung der Escarpmentnutzung (Abb. 6.19) zeigt für 1993 sowohl die Verteilung von Regenfeldbau und Bewässerungsgartenbau als auch die Lage der Siedlungen. Zusätzlich ist ein Teil des oben erwähnten Bewässerungssystems eingezeichnet.

Abbildung 6.20 gibt vereinfacht die in Abbildung 6.19 dargestellte Kartierung wieder.

Auch im Shantumbu-Escarpment gibt es, wie in anderen Anbaugebieten, Hinweise auf eine zunehmende Austrocknung der Wasserquellen bzw. eine Verknappung der Wasserressourcen. So ist z.B. die in Abbildung 6.19 (mittig oben) verzeichnete Bananenpflanzung 1993 aufgrund von Wassermangel vertrocknet. Insgesamt sind in dem in Abbildung 6.19 dargestellten Ausschnitt des Escarpments über 100 ha potentielle Gemüseanbaufläche durch Verschiebung des Quellsaumes ausgefallen.

Es kann nicht eindeutig geklärt werden, ob diese Verknappung durch eine Übernutzung der Ressourcen aufgrund der Ausdehnung der Anbauflächen oder durch die vollständige Vegetationszerstörung im Kopfbereich des dambos auf dem Zentralplateau bedingt ist.

Abbildung 6.21 gibt einen detaillierten Eindruck von einem Bewässerungsgarten wieder. Die Anlage von Pflanzhügeln ermöglicht die Kanalisation des Wassers durch die Furchen. Zunächst wird der Wasserzufluß

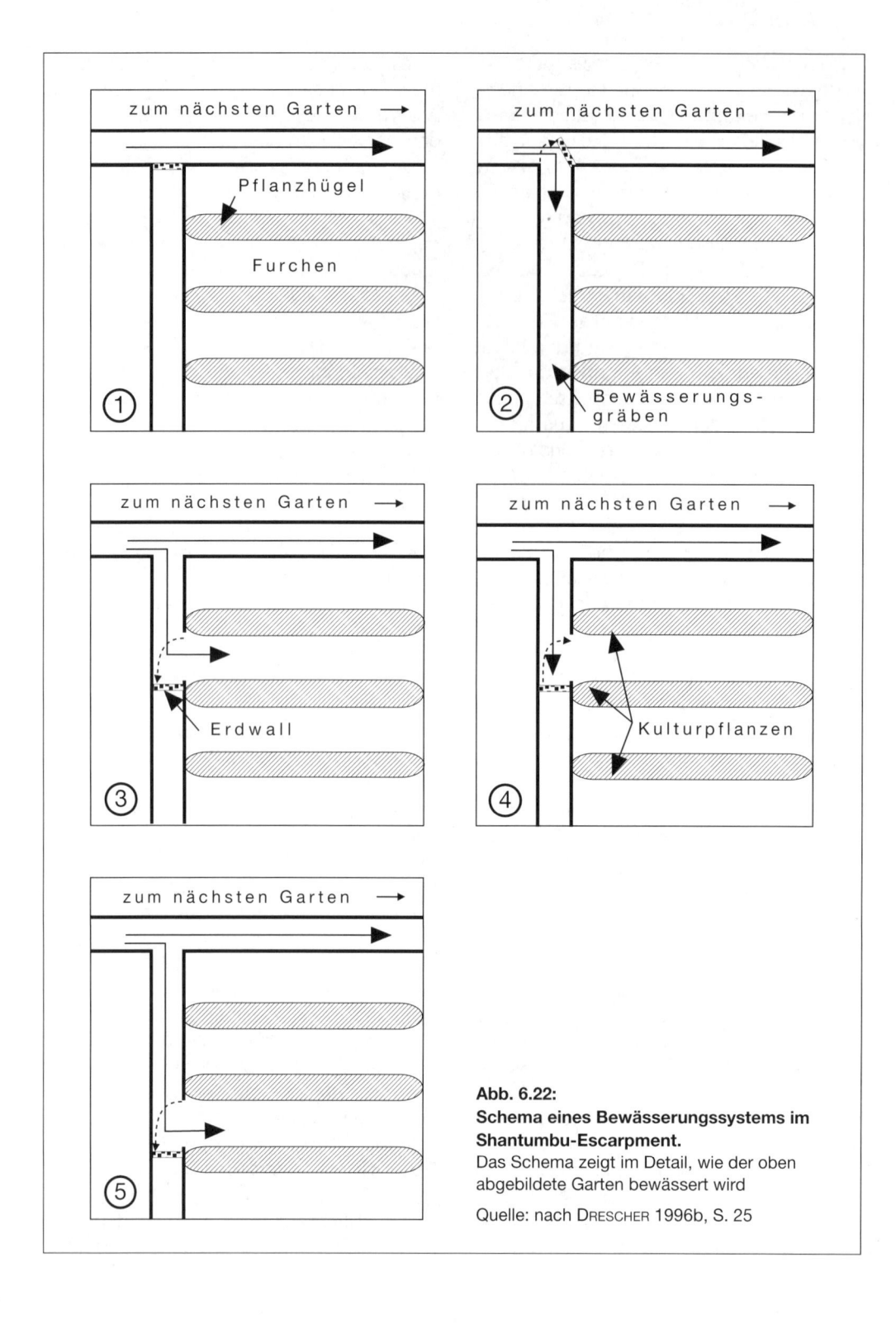

Abb. 6.22:
Schema eines Bewässerungssystems im Shantumbu-Escarpment.
Das Schema zeigt im Detail, wie der oben abgebildete Garten bewässert wird

Quelle: nach DRESCHER 1996b, S. 25

zum Garten durch einen Erdwall im Hauptkanal ermöglicht. Anschließend werden die einzelnen Furchen sukzessive bewässert, indem mit Erdwällen das Wasser entsprechend geleitet wird. Abbildung 6.22 zeigt im Detail, wie der Garten bewässert wird.

Unter Berücksichtigung der rapiden Veränderung der Landnutzungsstruktur des Escarpments in nur 30 Jahren ist zu befürchten, daß auch zukünftig eine weitere Verknappung der Gartenflächen den periurbanen Gemüseanbau hier ernsthaft gefährden wird.

6.8 Die Rolle der Sammelwirtschaft und traditioneller Gemüsearten ("local vegetables") für die Ernährungssicherung

Der Begriff der „traditionellen Nutzpflanze" gliedert sich in zwei große Gruppen, die traditionellen Grundnahrungsmittel und die traditionellen Gemüsearten bzw. Hülsenfrüchte und Früchte. Hinsichtlich der Klassifikation traditioneller afrikanischer Grundnahrungsmittel besteht in der Literatur weitgehende Übereinstimmung. Zu ihnen zählen z.B. Sorghum, Hirse, Kassave und Süßkartoffel, einige Autoren zählen auch Mais hinzu (vgl. KAITE 1990). Die Klassifikation variiert regional stark und ist entscheidend von der Ernährungskultur bestimmter ethnischer Gruppen abhängig (LEWIS 1995).

Traditionelle Nutzpflanzen sind nach FAO (1987) solche Pflanzen, die von einer Gesellschaft durch Gewohnheit und Tradition als angemessene und wünschenswerte Nahrung akzeptiert werden. Sie hatten in Afrika in der Vergangenheit einen festen Platz auf der Speisekarte (LEWIS 1995). Die Menschen sind daran gewöhnt und wissen, wie sie anzubauen und zuzubereiten sind (FAO 1987). Sie sind fester Bestandteil der kleinbäuerlichen Produktionsweise, oder sie werden gesammelt bzw. semikultiviert, indem z.B. bestimmte eßbare wilde Beikräuter nicht aus den Regenfeldern entfernt werden, was von WITTERN/WITTERN (1988) als „selektives Jäten" bezeichnet wurde.

Die Vernachlässigung der traditionellen Kulturpflanzen durch Forschung, Züchtung, Entwicklungsorganisationen und lokale Beratungsdienste wird von vielen Autoren bedauert (vgl. LEWIS 1995, KAITE 1990, MAD 1992, WITTERN/WITTERN 1988). Die zunehmende Marktorientierung des Gemüseanbaus führt meist zu einer Spezialisierung und damit zur Einengung der Vielzahl traditionell angebauter Nutzpflanzen, wie REIS/LEITZMANN (1985) und BELLIN/LEITZMANN (1995) ausführen. Bei genauer Betrachtung folgt diese Entwicklung den „Vorgaben" durch westliche konsumorientierte Gesellschaften. Lokale landwirtschaftliche Berater vertreten gemäß ihrer Ausbildung, aber oft entgegen ihrer eigenen persönlichen Anbaupraxis, strikt die Einhaltung „sauberer Kulturführung" z.B. in Maiskulturen, aber auch in Hausgärten. Durch jahrelange Konditionierung in diese Richtung bekommen die lokalen Gemüsearten langsam das Image von „Rückständigkeit" bzw. es wird an ihrer Qualität als Nahrungsmittel gezweifelt. Verlorenes indigenes Wissen sorgt zusätzlich für Ängste vor toxischen Substanzen in lokalem Gemüse bzw. zur Annahme, dieses sei weniger nahrhaft als exotische Gemüsearten (OGLE et al. 1990).

Das Nutz- und Wirkungsspektrum der traditionellen Nutzpflanzen ist weit gefächert:
- ganzjährige Verwendung als Nahrung (FAO 1988a) mit z.T. sehr hohem Nährwert, vor allem durch Vitamine und Mikronährstoffe (BELLIN/LEITZMANN 1995);
- leichte Verfügbarkeit (guter Zugang) für empfindliche Bevölkerungsgruppen z.B. für Vorschulkinder, Schwangere und ältere Menschen (FAO 1988a);
- Lagerhaltung getrockneter Pflanzen und Früchte (OGLE et al. 1990);

- fast ganzjährige Schaffung zusätzlichen Einkommens (bedarfsorientiert);
- Erhaltung der Biodiversität;
- Verbesserung der Bodenfruchtbarkeit (FAO 1987);
- geringe Arbeitsintensität in Pflege und Anbau (FAO 1988a);
- Geringe Anfälligkeit gegen Schädlinge und Pflanzenkrankheiten (OGLE et al. 1990).

Auch gegenwärtig ist die Nutzung von traditionellem Gemüse und Obst von außerordentlicher Wichtigkeit für die Ernährungssicherung, wenngleich die Unterschiede zwischen urbanem, periurbanem und ländlichem Lebensumfeld bedeutend sind. Am stärksten ausgeprägt ist die Verwendung traditioneller Nutzpflanzen heute noch im ländlichen Raum. Hier ist der Anbau weniger marktorientiert, sondern dient meist der Selbstversorgung, und der Zugang zu wild wachsenden Nutzpflanzen ist gewährleistet. Die geringe Verfügbarkeit von Gemüse auf den Märkten und die geringe Kaufkraft der Bevölkerung fördert den Konsum traditioneller Nutzpflanzen. Aus diesem Grund ist auch die Sammelwirtschaft hier weit häufiger anzutreffen als im periurbanen oder im städtischen Raum.

Im periurbanen Raum ist zwar der Zugang zu wilden Gemüsearten noch gegeben, aber der Anbau erfolgt hauptsächlich marktorientiert, was negative Auswirkungen auf den traditionellen Mischanbau zeigt. Der städtische Raum nimmt eine Sonderstellung ein. Mangelnder Zugang zu Ressourcen erfordert Kompensationsmechanismen, wie z.B. den Anbau wilder Gemüsearten (z.B. Amaranthus sp.) in den kleinen Hausgärten.

Besonders erwähnenswert ist die Doppelnutzung lokaler Nutzpflanzen. Wichtige Beispiele sind z.B. Kassave, Süßkartoffeln und Kürbis, deren Blätter zu bestimmten Zeiten als Gemüse dienen, während man zu anderen Jahreszeiten die Früchte bzw. Wurzeln oder Knollen erntet. Dies führt zu einer gewissen Saisonalität des Angebotes dieser Produkte auf dem Markt, die aber regional sehr unterschiedlich ist, wie auch die Ergebnisse von OGLE et al. (1990) bestätigen.

Traditionelle Gemüsearten haben in Zambia wenig Marktwert und sind auf den Märkten selten zu finden, wie WITTERN/WITTERN (1988) ausführen. Insbesondere solche wie z.B. Kürbisblätter, Hibiskus, Süßkartoffelblätter, Bohnenblätter, Kassaveblätter, Amaranthus sp., Bidens pilosa und Afrikanische Aubergine sind in der Regenzeit nur begrenzt auf dem Markt verfügbar, wie 75 % der von OGLE et al. (1990) befragten Haushalte angeben. Die Daten von DRESCHER (1998) bestätigen dies nur begrenzt (Tab. 6.5).

Das Beispiel Chilenje-Markt soll dies verdeutlichen: Die Verfügbarkeit von Süßkartoffelblättern ist im Gegensatz zu Kürbisblättern zwar in der Regenzeit eingeschränkt, wird jedoch teilweise durch das Angebot anderer lokaler Gemüsearten, wie Cleome sp. oder verschiedener Hibiskusarten sowie anderer, in der Tabelle nicht aufgeführter saisonal verfügbarer Gemüsearten, kompensiert. Typische Beispiele für diese saisonalen Gemüsearten sind Corchorus tridens (delele),

Tab. 6.5: Verfügbarkeit verschiedener lokaler Gemüsearten auf dem Chilenje-Markt (März 1993 – Februar 1994)
Quelle: DRESCHER 1998

Gemüseart	Lokalname (Bemba/Nianya)	03/1993	04	07	09	10	11	12	01/1994	02
Cleome sp.	suntha	–	+	–	–	–	+	+	+	–
Hibiscus sp.	lumanda	+	+	–	–	+	+	+	+	+
Süßkartoffelblätter	kalebwe/kalembula	–	+	+	+	–	–	+	–	–
Kürbisblätter	chibwabwa	+	+	+	+	+	+	+	–	+
Amaranthus sp.	bonongwe	–	–	+	–	+	–	–	–	–

+ = verfügbar

Ceratotheca sesamoides (katate), wildwachsende Kohlarten (Brassica sp., mpiru) u.a. Die saisonale Verfügbarkeit von Süßkartoffelblättern auf den Märkten wird verständlich, wenn man bedenkt, daß diese Pflanzen nach Beginn der Regenzeit erst über Stecklinge propagiert werden. In der anschließenden ersten Wachstumsphase wird die Ernte der Blätter reduziert. Alternativ werden Stecklinge nur zur Gewinnung der Blätter gezogen, aber auch diese werden zu Beginn der Anzucht geschont.

Ceratotheca sesamoides kommt hauptsächlich in der Regenzeit bis weit in die Trockenzeit vor, weil es auf den Maisstoppelfeldern wächst und recht trockenresistent ist.

In der Regenzeit werden aus den Maisfeldern zahlreiche Beikräuter als Gemüse verwendet: Amaranthus sp. (Tonga: bondwe; Nyanja: bonongwe), Bidens pilosa (Tonga: kanunka; Nyanja: kanzoto; Bemba: kasokopyo), Cloeme gynandra (Bemba: lubanga; Nyanja: suntha; Tonga: shungwa). Hinzu kommt Blattgemüse, das geplant in die Maisfelder integriert ist, wie z.B. Kürbisblätter und Bohnenblätter. Die am häufigsten anzutreffenden lokalen Gemüsearten auf den Märkten sind die in Tabelle 6.6 aufgeführten.

Marktwert und die Vermarktungsmöglichkeiten traditioneller Nutzpflanzen sind wichtige Aspekte hinsichtlich der wirtschaftlichen Nutzung dieser Pflanzen. Weit wichtiger erscheint jedoch die Rolle traditioneller Nutzpflanzen für die Ernährungssicherung auf Haushaltsebene. Hierbei ist die Vermarktung nur ein Aspekt der die Schaffung zusätzlichen Einkommens betrifft und somit indirekt zur Ernährungssicherung beiträgt. Ein weiterer wichtiger Gesichtspunkt ist der des direkten Beitrags der Pflanzen zur Ernährung. Obwohl, wie oben erwähnt, traditionelle Nutzpflanzen nicht immer kontinuierlich marktverfügbar sind, spielen sie doch eine außerordentlich wichtige Rolle bei der Ernährung, und zwar ganzjährig.

Wie Abbildung 6.23 deutlich macht, bestand der Hauptanteil (91 %) der Beilagen

Lokalname (Tonga/Nyanja)	Wissenschaftlicher Name
kasopokyo	Bidens pilosa
bonongw	Amaranthus sp.
mpiru	Brassica sp.
tinding'oma	Corchorus sp.
impwa	Solanum macrocarpum
lumanda	Hibiscus sp.
suntha	Cleome sp.
kalebwe	Ipomea batatas (Süßkartoffelblätter)
chibwabwa	Cucumeropsis edulis (Kürbisblätter)

Tab. 6.6: Beispiele lokaler Gemüsearten auf den Märkten in Lusaka
Quelle: eigene Erhebungen 1992/93

("relish") in den im Februar 1989 in der Südprovinz untersuchten Gemeinden aus lokalen Gemüsearten. Im Juni 1989 betrug dieser Anteil 65 % und im September/Oktober 61 %. Die geringere Verfügbarkeit lokaler Gemüsearten in der Trockenzeit wurde durch den Verzehr exotischer Arten wie Raps, Tomaten, Kohl, Chinakohl und anderer sowie durch getrocknete lokale Gemüsearten kompensiert.

Neben den obengenannten Nutzungsarten werden auch die traditionellen Nutzpflanzen zur Herstellung von Medikamen-

Abb. 6.23:
Anteil lokaler Gemüsearten an 97 Mahlzeiten von Familien in der Südprovinz Zambias
Quelle: nach Daten von OGLE et al. 1990

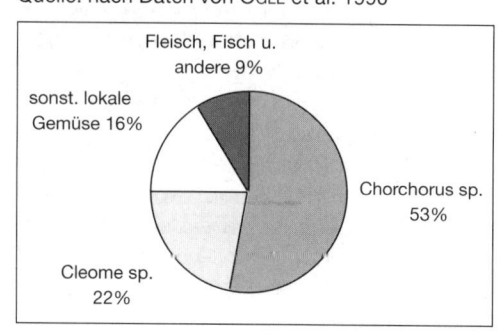

- Fleisch, Fisch u. andere 9%
- sonst. lokale Gemüse 16%
- Chorchorus sp. 53%
- Cleome sp. 22%

Ricinus communis Die Samen des häufig vorkommenden, wild wachsenden Rizinus werden verbrannt und die Asche wird sowohl zur Behandlung in Wunden gestrichen als auch zur Straffung von Fellen oder Ledern von Trommeln benutzt. Ocimum basilicum Basilikum wird zwischen die Feldfrüchte gepflanzt, um Schlangen zu vertreiben und wird gleichzeitig als Gewürz verwendet. Viele Gartenbetreiber kennen es nur als "spices". Piliostigma thonningi Dieser Nutzbaum wird, wie schon FANSHAWE (1972) berichtet, als Feuerholz, für kleinere Schnitzereien, medizinische Zwecke und zur Produktion von Kordeln benutzt. Die Kordeln werden aus dem inneren Rindenholz hergestellt. Die Blätter werden besonders zur Bekämpfung von Husten und Erkältungskrankheiten mit Wasser aufgekocht, der Sud wird getrunken. Auch Rinde und Wurzeln werden nach	FANSHAWE zu medizinischen Zwecken genutzt. Kinder pflegen die reifen Samen des Baumes zu kauen, auch Rinder und Ziegen nutzen die Samen als Zusatznahrung (SCNVYO 1992). Pilostigma thonningi scheint nach Feldbeobachtungen ein typischer Überweidungszeiger (vor allem im Plateaubereich) zu sein, oft vergesellschaftet mit Acacia sp. (je nach Standort A. albida oder A. siberana). Die Pflanze tritt gehäuft dort auf, wo aktuelle oder frühere intensive Beweidung belegbar ist. Ziziphus mauritania Dieser traditionelle Fruchtbaum kommt in Zambia hauptsächlich in Bereichen unter 600 m N.N. vor und wird von den Tonga als Fruchtbaum auch kommerziell genutzt. Die Früchte, obwohl in verschiedenen Zuchtformen unterschiedlich, sind bezüglich ihres Gehaltes an Vitamin C, Protein, Zucker und Mineralien (Phosphor, Calcium und Eisen) reichhaltiger als Orangen (FAO 1988).

Übersicht 6.5: Beispiele für die vielfältige Nutzung der natürlichen Vegetation durch die zambischen Bevölkerung

ten, als Rohmaterial für Handarbeiten und für andere Zwecke benutzt.

Auch die die Gärten umgebende Vegetation (meist Bäume und Sträucher als Repräsentanten der ehemaligen natürlichen Vegetation) wird in äußerst vielfältiger Weise genutzt. Der größte Teil der angegebenen Pflanzen wird als Nahrung verwendet, in vielen Fällen werden Pflanzenteile zu Medizin verarbeitet (z.B. aus Blättern des Ficus sycomorus). Verkaufsfrüchte werden z.B. von Adansonia digitata, Ziziphus mauritiana und Sclerocarya caffra gewonnen. Auch einige gesammelte Gemüsearten werden vermarktet.

Nach Untersuchungen von OGLE et al. (1990) betreiben 11 % von 182 befragten Haushalten in verschiedenen urbanen Zentren Zambias noch Sammelwirtschaft. Die Sammelwirtschaft ist dabei deutlich abhängig von der Verfügbarkeit natürlicher Vegetation im Umfeld der Städte. In Lusaka sind nach den Daten von OGLE et al. (1990) nur noch 5 % der Befragten in diese Aktivität involviert, während dies in den kleineren Städten immerhin noch 12 bzw. 24 % sind. Dies läßt darauf schließen, daß die Sammelwirtschaft mit zunehmender Bevölkerungsdichte nachläßt, was einerseits daran liegen kann, daß freie Vegetationsflächen durch Überbauung knapp und die Wege in die vegetationsreicheren periurbanen Bereiche zu weit werden. Andererseits ist auch die Hinwendung zu anderen ökonomischen Tätigkeiten eine Ursache hierfür. IKAFA (1985) führte in der Westprovinz Zambias eine Untersuchung zur Verwendung von Wildpflanzen als "relish" durch und verglich diesbezüglich die Verhältnisse in der Stadt Mongu mit denen im ländlichen Umfeld. Er stellte fest, daß Wildpflanzen nur in geringen Mengen auf den städtischen Märkten verfügbar sind und schneller verkauft werden als exotische Sorten. Die Sammelwirtschaft wird außerdem als „altmodisch" und „rückschrittlich" erachtet. Ein Großteil der städtischen Bevölkerung kommt aus den unterschiedlichsten Herkunftsgebieten und kennt daher die Wildpflanzen im Umfeld der Städte nicht zur Genüge. Dies ist übertragbar auf alle städtischen Zentren. In Mongu wird mit einem Anteil von 27 % in der Regenzeit mehr Wildgemüse konsumiert als in der Trockenzeit (9 %). Wenn die Preise und die Versorgung mit Wildgemüse auf den Märkten ähnlich wären wie bei kultiviertem Gemüse, würden immerhin 54 % der befragten Bevölkerung das Wildgemüse vorziehen.

Im Rahmen von Untersuchungen zur Rolle der Hausgärten für die Ernährungssicherung wurden 1992/93 zahlreiche Haushalte befragt (vgl. DRESCHER 1998). Besitzer von eigenen Gärten sind stärker an der Sammelwirtschaft beteiligt: 39 % der befragten Haushalte in Lusaka betreiben noch Sammelwirtschaft zur Schaffung zusätzlichen Einkommens oder zur Deckung des Eigenbedarfs an Gemüse. Im periurbanen und ländlichen Raum beläuft sich der Anteil sogar auf 76 % bzw. auf 86 %.

Das Sammeln von Wildfrüchten ist deutlich weniger verbreitet. Nur ca. 7 % der befragten städtischen Haushalte, 52 % der periurbanen und immerhin 60 % der ländlichen Haushalte sammeln Früchte. Alle befragten Familien der jüngsten Untersuchung besitzen eigene Gärten.

Deutliche geschlechtsspezifische Unterschiede bezüglich der Sammelwirtschaft gibt es nur im städtischen und periurbanen Bereich. Keine der befragten Frauen in der Stadt sammelt Früchte, 53 % der Frauen sammeln hingegen Wildgemüse, während dies nur 35 % der Männer praktizieren. Im periurbanen Raum sammeln 67 % der Frauen Wildfrüchte und 100 % Wildgemüse, aber nur 47 % bzw. 33 % der Männer. Im ländlichen Bereich sind hier keine deutlichen Unterschiede festzustellen.

Aus unveröffentlichten Umfragen von FAO/CSO ("Drought Impact Monitoring System" vgl. S. 57) wird für die Westprovinz Zambias eine Zunahme in der Sammelwirtschaft um 6,6 % im Trockenjahr 1992 gegenüber dem Vorjahr festgestellt. Das heißt, daß die ländliche Bevölkerung den Mangel an angebautem Gemüse teilweise durch das Sammeln von Wildgemüse kompensiert. Die städtische Bevölkerung ist anfälliger gegenüber Nahrungsmittelknappheit und Krisensituationen, weil hier keine Kompensation durch die Sammelwirtschaft möglich ist. Zusätzlich ist auch die Nahrungsdiversität eingeschränkt. Beispiele aus dem periurbanen und ländlichen Raum zeigen, daß nicht nur Nahrungsmangel und Hungerkompensation, sondern auch der Wunsch nach mehr Abwechslung in der Nahrungspalette die Sammelwirtschaft fördern. Die geringe Beteiligung am Sammeln von Wildfrüchten in der Stadt ist einfach zu erklären: Es sind kaum wilde Bäume ohne Besitzer verfügbar.

Die unterschiedliche Beteiligung der Geschlechter an der Sammelwirtschaft im periurbanen Bereich läßt sich durch die dort vorherrschende marktorientierte Gemüseproduktion erklären. Diese Produktion wird von Männern dominiert, die somit wenig Zeit zu sammeln haben. Das Sammeln wird stärker von den Frauen auf ihren Gängen zu den Feldern oder Wasserstellen betrieben.

Die signifikanten Unterschiede zwischen den Untersuchungsgebieten zeigen deutlich, daß mit zunehmender Bevölkerungsdichte dem Hausgarten eine völlig andere Bedeutung als Lieferant für Nahrungsmittel zukommt als in periurbanen oder ländlichen Gebieten. Warum sollten die Menschen mühevoll einen Hausgarten bewirtschaften, um Obst und Gemüse zu ernten, solange es in der Natur gesammelt werden kann?

In den dicht besiedelten Städten sind diese externen Ressourcen versiegt oder nicht mehr zugänglich. Deshalb bleibt für viele Familien nur noch der Hausgarten als Quelle dieser Nahrungsmittel, dem damit eine entscheidende Pufferfunktion bezüglich der Ernährungssicherung im städtischen Raum zukommt.

7 Entwicklungsprobleme

7.1 Bevölkerungswachstum und die Folgen

Schon 1967 war „Übervölkerung" ein Thema, welches im Hinblick auf die Produktivität der Böden und die Ernährungssicherung in Zambia erwähnt wurde (KAY 1967). Tatsächlich hat sich die Bevölkerung seit 1911 verzehnfacht (1911: 822 000; 1990: 8 402 000), wobei seit 1946 ein deutlich stärkerer Anstieg zu beobachten ist. Angesichts der großen Fläche des Landes (mit 750 614 km² mehr als doppelt so groß wie die BRD) und einer derzeitigen durchschnittlichen Besiedlungsdichte von ca. 10 Ew./km² (BRD: 217 Ew./km²) kann eigentlich nicht von Überbevölkerung gesprochen werden. Erheblich wichtiger ist jedoch das schnelle Wachstum der Bevölkerung um jährlich durchschnittlich 3 % und die regionale Verteilung der Bevölkerung unter Berücksichtigung der natürlichen Tragfähigkeit (Tab. 7.1. u. 7.2).

Tab. 7.1:
Bevölkerung Zambias nach Provinzen (1989)
Quelle: Statistisches Bundesamt (1991)

Provinz	Einwohnerzahl
Zentralprovinz	722 400
Copperbelt	1 866 400
Ostprovinz	826 100
Luapula	526 300
Lusaka	1 151 300
Nordprovinz	832 700
Nordwestprovinz	396 100
Südprovinz	906 900
Westprovinz	575 500
Gesamt	7 803 700

Tab. 7.2: Fläche und Bevölkerung Zambias
Quelle: Statistisches Bundesamt (1991)

Fläche (km²)	725 614	
Bevölkerung		Bevölkerungsdichte (Ew./km²)
1969	4 057 000	5,4
1980	5 662 000	7,5
1987	7 563 000	10,0
1991	8 776 000	11,7
1995	9 381 000	12,5
Jährliches Bevölkerungswachstum 1980–1988 (%)	3,5	
Geburtenrate und Sterberate (‰) 1985–1990		
Geburtenrate (‰)	51,2	
Sterberate (‰)	13,7	
Lebenserwartung (Jahre)	1965	1988
Frauen	46	55
Männer	43	52

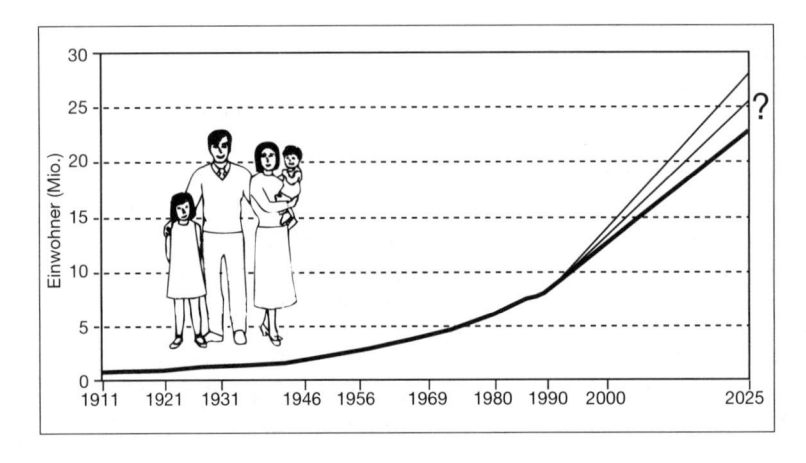

Abb. 7.1:
Bevölkerungswachstum in Zambia
1911–2025
Quellen:
CSO 1989, 1990;
Stat. Bundesamt
1987, 1995

Bevölkerungswachstum und die Folgen 117

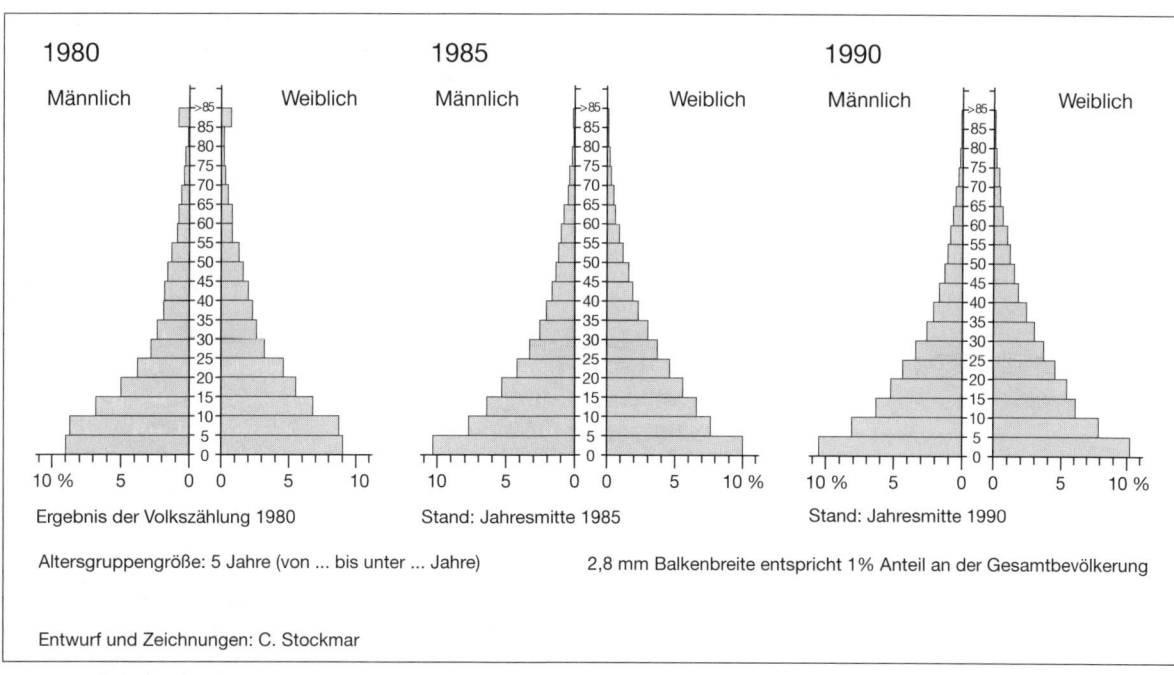

Abb. 7.2: Bevölkerungsaufbau in Zambia 1980, 1985 und 1990
Quelle: Stat. Bundesamt 1987, 1992, 1995;

Für das Jahr 2000 ist in Zambia eine Bevölkerungszahl von über 11 Mio. zu erwarten (Africa Insight 1985, S. 155). Die United Nations (Stat. Bundesamt 1995, S. 26) schätzen für das Jahr 2025 eine Bevölkerung von max. 21,7 Mio. (hohe Variante) und minimal ca. 20,2 Mio. (niedere Variante) – vgl. Abbildung 7.1.

Der Altersaufbau der Bevölkerung wird aus Abbildung 7.2 deutlich. Die Alterspyramide zeigt den, für viele Entwicklungsländer typischen, Aufbau mit sehr breiter Basis und relativ schwachen älteren Jahrgängen. Die Verbreiterung der Basis seit 1980 ist deutlich zu erkennen. Die Altersstruktur geht in eine fast idealtypische Pyramide über. Das Bevölkerungswachstum erhielt nach 1946 einen deutlichen Schub (Abb. 7.1). Dies ist wohl im wesentlichen auf die verbesserte medizinische Versorgung, Hygiene und beginnende Verstädterung zurückzuführen. ENGELHARD (1994, S. 106ff.) beschreibt den Aufbau der tansanischen Bevölkerung in ganz ähnlicher Weise.

Dieser rasanten und anhaltenden Zunahme der Bevölkerung steht eine Abnahme des Bruttosozialproduktes von –0,2 % (1990 gegenüber 1988) entgegen. Weder Bildungssystem noch landwirtschaftliche Produktionssysteme können bei diesem Wachstum mithalten.

Die frühen Städte Zambias entstanden durch den Einfluß der Kolonialmacht entlang der Eisenbahnlinie (z.B. Mazambuka, frühes landwirtschaftliches Zentrum) und in den Minengebieten (z.B. Broken Hill, das heutige Kabwe). Im Jahre 1928 war Broken Hill die größten Stadt des Landes mit ca. 13 500 Einwohnern. Zu dieser Zeit war Lusaka eine unbedeutende Siedlung von nur ca. 2 000 Einwohnern.

Inzwischen leben ca. 56 % der Gesamtbevölkerung meist unter ärmlichsten Lebensbedingungen in den Großstädten des

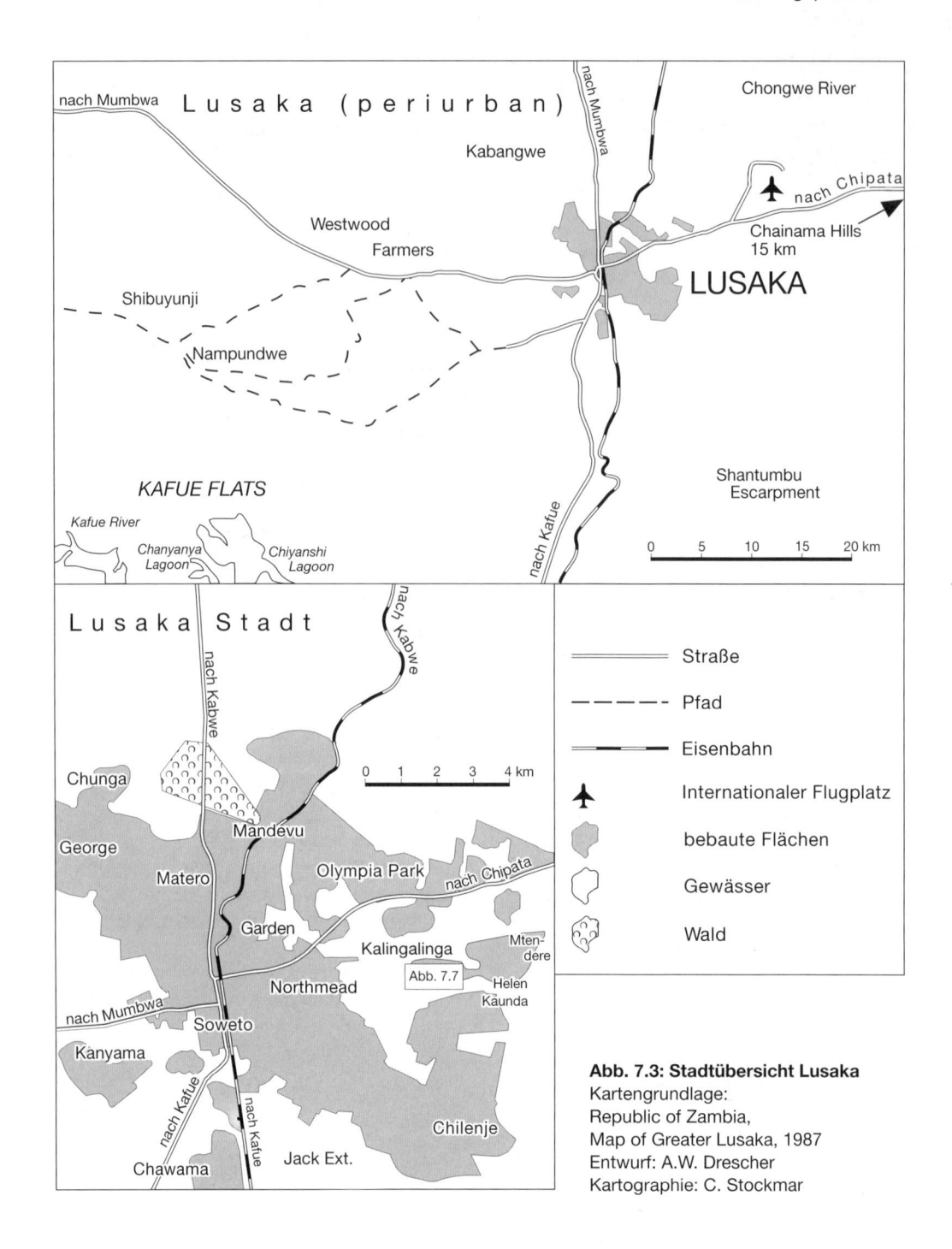

Abb. 7.3: Stadtübersicht Lusaka
Kartengrundlage:
Republic of Zambia,
Map of Greater Lusaka, 1987
Entwurf: A.W. Drescher
Kartographie: C. Stockmar

Landes. Die größte Stadt ist Lusaka mit ca. 1,2 Mio. Einwohnern (1995). Sie wurde 1905 als Station an der Eisenbahnstrecke zwischen Südafrika und dem Kupfergürtel gegründet. Der kleine Ort, benannt nach dem Ältesten des nächstgelegenen Dorfes, hieß zunächst Lusakas und diente als Anlaufstelle für die ersten weißen Siedler, meist britische und burische Farmer (HENKEL 1985, S. 20). 1931 löste Lusaka die bisherige Hauptstadt Livingstone als zentraler gelegene Hauptstadt ab und erfuhr daraufhin zunächst einen Aufschwung. 1950 hatte die Stadt ca. 45 000 Einwohner, davon 10 % Europäer (HENKEL 1985, S. 20). Nach der Gründung der Föderation von Rhodesien und Nyassaland (1953) verlor Lusaka an Bedeutung und mußte die Hauptstadtfunktion an Salisbury (Harare) abgeben.

Heute wirkt Lusaka auf den ersten Blick recht westlich. Aber dies täuscht. Nur im Zentrum der Stadt dominieren als Zeugen einer besseren, reichen Vergangenheit einige Hochhäuser und westlich geprägte Wohngebiete. Die Hochhäuser sind inzwischen allesamt in schlechtem baulichem Zustand, häufig funktionieren die Aufzüge längst nicht mehr und die oberen Stockwerke sind verwaist.

Im Unterschied zu Städten in den Industrieländern siedeln in den peripheren Randlagen der Stadt die ärmsten Bevölkerungsschichten. Diese Siedlungen bestehen aus zahlreichen, meist illegalen "compounds" oder "squatter settlements", wie die stark zersiedelten weit ausgedehnten „Vororte" oder „Notquartiere" (Stat. Bundesamt 1995, S. 31) der Stadt genannt werden (Abb. 7.3). Diese Stadtstruktur, die auf die Entstehung von Spontansiedlungen zurückzuführen ist, teilt Lusaka mit vielen anderen Städten in Entwicklungsländern (HENKEL 1985, S. 21). Bereits in den 1970er Jahren lebten 55 % der Bevölkerung Lusakas in diesen Quartieren, heute sind es schätzungsweise über 80 %.

Die heutige Stadtstruktur basiert z.T. auf historisch vorgegebenen Raumstrukturen (WALDECK 1983, S. 157). Die Stadt wurde planerisch nach zwei Prinzipien entworfen:
- dem Prinzip der rassischen Segregation der Wohngebiete;
- dem Prinzip der Gartenstadt ("garden city"), das die weitläufige Anlage der europäischen Wohngebiete beeinflußte.

Die Landflucht führt zu großen Problemen in den städtischen Akkumulationszentren, die bisher in ihrer Tragweite wenig untersucht wurden.

7.2 Lusaka – tropische Großstadt mit Problemen

Während man in anderen Teilen Afrikas bereits von einem „Deurbanisierungsprozeß", d.h. einer Rückwanderungswelle aus den Städten auf das Land (SCHMIDT-KALLERT 1994, S. 186) spricht, hält die Zuwanderung in die Städte in Zambia unvermindert an.

Lusaka ist eine schnell wachsende Großstadt der Dritten Welt. Seit 1980 hat sich die Bevölkerung im Stadtbereich von Lusaka fast verdoppelt (Abb. 7.4). Damit ist Lusaka voll im Trend mit anderen afrikanischen Großstädte wie Dakar (Senegal), Karthoum (Sudan – Verdoppelung der Stadtbevölkerung von 1970–1983), N'Djamena (Tschad – Verdoppelung, 1971–1979) u. a. (THROWER 1988). Dar es Salaam im Nachbarland Tansania verzeichnet seit 1980 ein jährliches Wachstum von 10,8 % (ENGELHARD 1994, S. 209).

Neben Lusaka erfuhren auch andere urbane Zentren Zambias zwischen 1980 und 1990 hohe Zuwachsraten, so Ndola in der Copperbelt-Provinz 4,0 % und die Minenstädte Chililabombwe und Kalulushi 3,4 bzw. 3,6 %

Seit 1969 hat die Stadt um über 700 000 Einwohner zugenommen, die Wachstumsrate der Bevölkerung von 1980–1990 liegt bei 6,1 %, die derzeitige Bevölkerungsdichte wird mit 2 728 Ew./km^2 angegeben (CSO

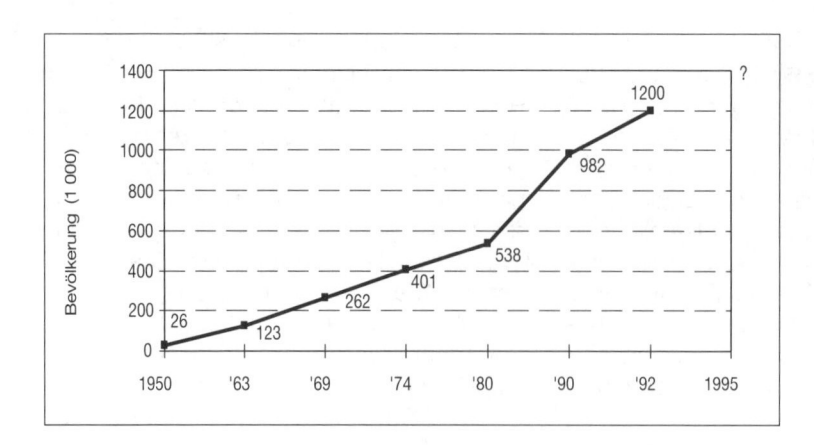

**Abb. 7.4:
Bevölkerungs-
entwicklung von
Lusaka 1950–1993**
Quelle:
CSO 1990, 1992

1990). Die Bevölkerungsdichte ist jedoch nicht als zuverlässiger Indikator zur Bewertung der Verhältnisse geeignet, da große Unterschiede zwischen einzelnen Wohngegenden bestehen. So weisen die "compounds" Kalingalinga oder George eine wesentlich höhere Bevölkerungsdichte auf als z.B. Roma oder Ridgeway, typische Wohngegenden der besserverdienenden Bevölkerungsschicht (Abb. 7.5 u. 7.6).

Aus Abbildung 7.4 wird ersichtlich, daß Lusaka mit einem Bevölkerungszuwachs von 60 000–70 000 Personen (mit steigender Tendenz) jährlich belastet ist. Welche europäische Stadt würde diesem Bevölkerungsdruck standhalten?

Abb. 7.5: Siedlungsdichte in zwei Stadtteilen von Lusaka
Quelle: nach SCHLYTER/SCHLYTER 1980, S. 94   Zeichnung: A.W. Drescher

Stadtteil George

Stadtteil Ridgeway

Lusaka – tropische Großstadt mit Problemen

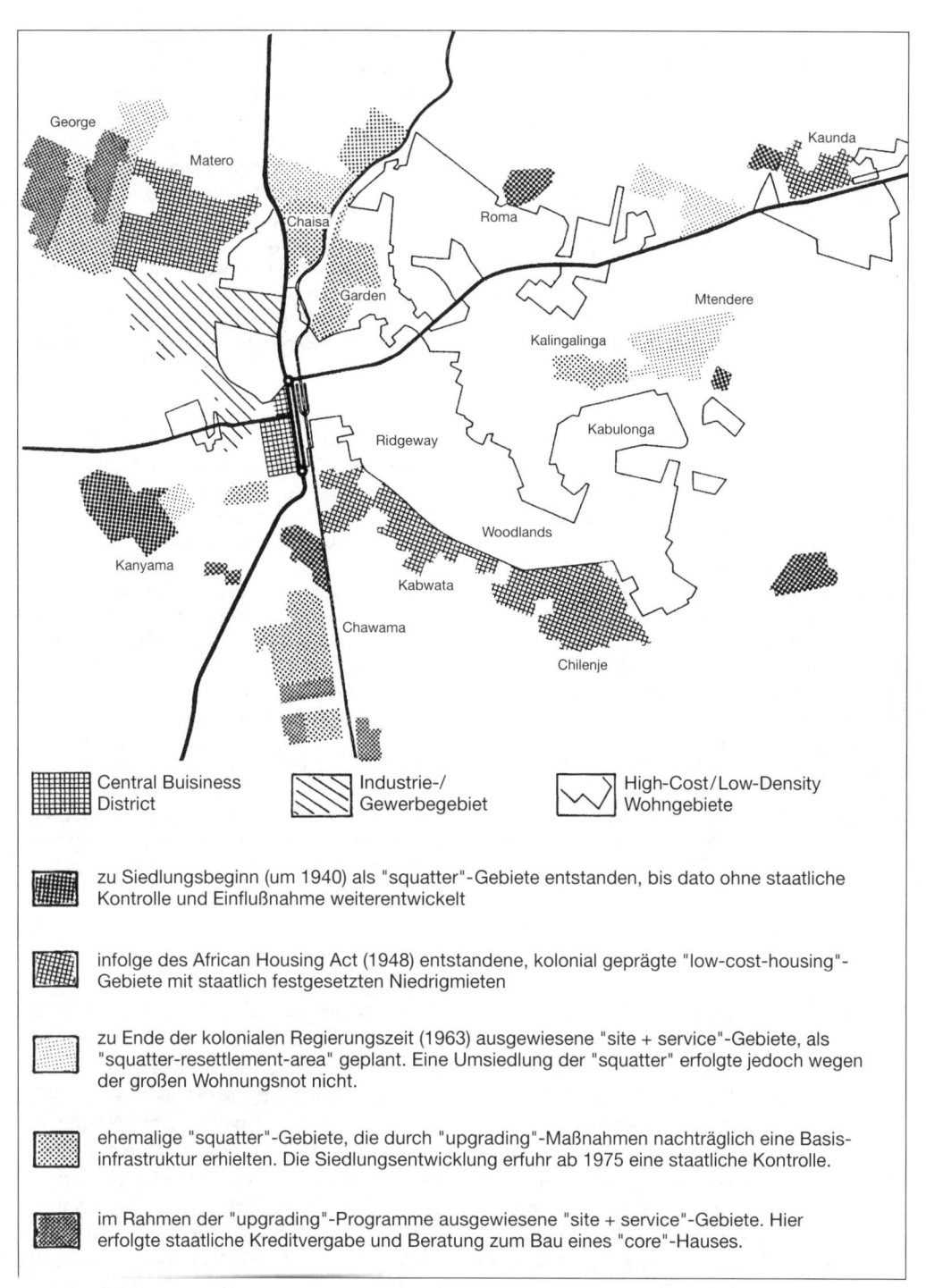

Abb. 7.6: Verteilung formell / informell geprägter Siedlungsgebiete in Lusaka
Quelle: nach NEBEL 1995, S. 36

Legende:

- Central Buisiness District
- Industrie-/Gewerbegebiet
- High-Cost/Low-Density Wohngebiete

- zu Siedlungsbeginn (um 1940) als "squatter"-Gebiete entstanden, bis dato ohne staatliche Kontrolle und Einflußnahme weiterentwickelt

- infolge des African Housing Act (1948) entstandene, kolonial geprägte "low-cost-housing"-Gebiete mit staatlich festgesetzten Niedrigmieten

- zu Ende der kolonialen Regierungszeit (1963) ausgewiesene "site + service"-Gebiete, als "squatter-resettlement-area" geplant. Eine Umsiedlung der "squatter" erfolgte jedoch wegen der großen Wohnungsnot nicht.

- ehemalige "squatter"-Gebiete, die durch "upgrading"-Maßnahmen nachträglich eine Basisinfrastruktur erhielten. Die Siedlungsentwicklung erfuhr ab 1975 eine staatliche Kontrolle.

- im Rahmen der "upgrading"-Programme ausgewiesene "site + service"-Gebiete. Hier erfolgte staatliche Kreditvergabe und Beratung zum Bau eines "core"-Hauses.

> Die Wasserversorgung Lusakas ist eines der Hauptprobleme der Stadt, das sich durch die rapide Bevölkerungsentwicklung drastisch verschärft hat. Die Wasserversorgung obliegt nach der Privatisierungswelle jetzt einer halbprivaten, früher rein städtischen Einrichtung, der "Lusaka Water and Sewerage Company". Diese Firma (gefördert durch Entwicklungsmaßnahmen der Bundesrepublik) hat die Aufgabe, die ganze Stadt mit Wasser zu versorgen und die Abwasserentsorgung zu organisieren. Das Wasser kommt etwa zur Hälfte über eine Pipeline aus dem ca. 40 km entfernten Kafue-Fluß (CHEATLE 1986), der Rest wird aus Tiefbrunnen (engl. "boreholes") im Stadtbereich gewonnen. Das gesamte Versorgungssystem ist im Prinzip immer noch auf eine Bevölkerungszahl von 200 000–300 000 Menschen angelegt. Die Wassergesellschaft versorgt ungefähr 35 000 registrierte Kunden, also gerade einmal 2,9 % der Gesamtbevölkerung der Stadt.
>
> Ungefähr die Hälfte der geförderten Wassermenge geht auf dem Weg zu den Kunden verloren. Dies ist sowohl auf Lecks in der Pipeline als auch auf Wasserdiebstahl zurückzuführen. Die Zahlen von CHEATLE (1986) geben für das Jahr 1976 einen Gesamtverlust von 45 % an, der sich sowohl auf Verluste bei der Produktion (in den Wasseraufbereitungsbecken), bei der Verteilung (Lecks in Rohren) und auf Verluste direkt beim Konsumenten (defekte Wasserhähne, fehlende Wasseruhren) bezieht.
>
> Ein Kubikmeter Wasser kostete 1994 150 Zambische Kwacha (ca. 0,2–0,3 US-$). Dies steht natürlich in keinem Verhältnis zum Wert des Wassers und auch nicht zum Lebensstandard der Bevölkerung. Eine angemessene Preisanpassung ist jedoch ein schwieriges Unterfangen. Eines der Hauptprobleme der Firma ist das Eintreiben der Wasserrechnungen. Viele der Kunden (einschließlich Ministerien, Universität und städtische Krankenhäuser) sind unwillig, ihre Rechnungen zu bezahlen, was dazu führt, daß nur ein geringer Prozentsatz der eingeforderten Summe monatlich zurückfließt. Ungefähr 50 % der Wasseruhren sind außerdem funktionsuntüchtig, so daß die Firma Pauschalrechnungen verschickt. Bereits 1986 wurde der geringe Rückfluß durch CHEATLE beklagt.
>
> Die Abwasserfrage ist minimal geregelt, die Kläranlagen in sehr schlechtem Zustand, viele der Abwasserrohre, wo vorhanden, sind verstopft. Über 90 % der Stadtbevölkerung verbraucht Wasser, ohne dafür zu bezahlen. Diese Situation führt u.a. dazu, daß die Wasserversorgung der "compounds" sehr unregelmäßig erfolgt.
>
> In Trockenjahren, wie z.B. 1991/92, kommt es zu Grundwasserabsenkungen und stark verminderter Wasserförderung aus den Tiefbrunnen. Dadurch ist die gesamte Wasserversorgung gefährdet. Die Bevölkerung ist dann in einer wahren Massenwanderung mit Eimern und Töpfen auf der Suche nach Trinkwasser. Zu diesen Zeiten kann man z. B. an den frei zugänglichen Bewässerungsstellen für die Bewässerung des Rasens der Universität lange Menschenschlangen beobachten. In solchen Extremsituationen ist auch an Bewässerungsgartenbau kaum mehr zu denken.

Übersicht 7.1: Lusaka - eine Stadt hat Durst

Die Marginalisierung der Bevölkerung in den informellen Wohngebieten wurde lange Zeit auch durch die Unabhängigkeitsregierung unter Kaunda betrieben. Sie fand u.a. dadurch statt, daß man die Betroffenen politisch und wirtschaftlich isolierte und rechtlos ließ. Gleichzeitig wurden die Wohnviertel als desorganisiert, Brutstätten für Verbrechen und Nährboden für politische Radikalität klassifiziert. Zwei radikale Maßnahmen wurde zur Lösung des Zuwanderungsproblems erwogen: das Unterbinden weiterer Zuwanderungen und die Zerstörung der Wohnviertel kombiniert mit einer Umsiedlung der Bewohner in formelle Wohngebiete bzw. „zurück aufs Land" (WALDECK 1983, S.164). Daß Armut nicht zwangsläufig mit Verbrechen, Prostitution und Alkoholismus einhergeht hebt WALDECK (1983, S. 164) besonders hervor. Demnach ist der Standard eines informellen Wohngebietes direkt von der rechtlichen Sicherheit seiner Bewohner abhängig. Auch der Vorwurf des ökonomischen Parasitismus sei nicht gerechtfertigt,

Lusaka – tropische Großstadt mit Problemen

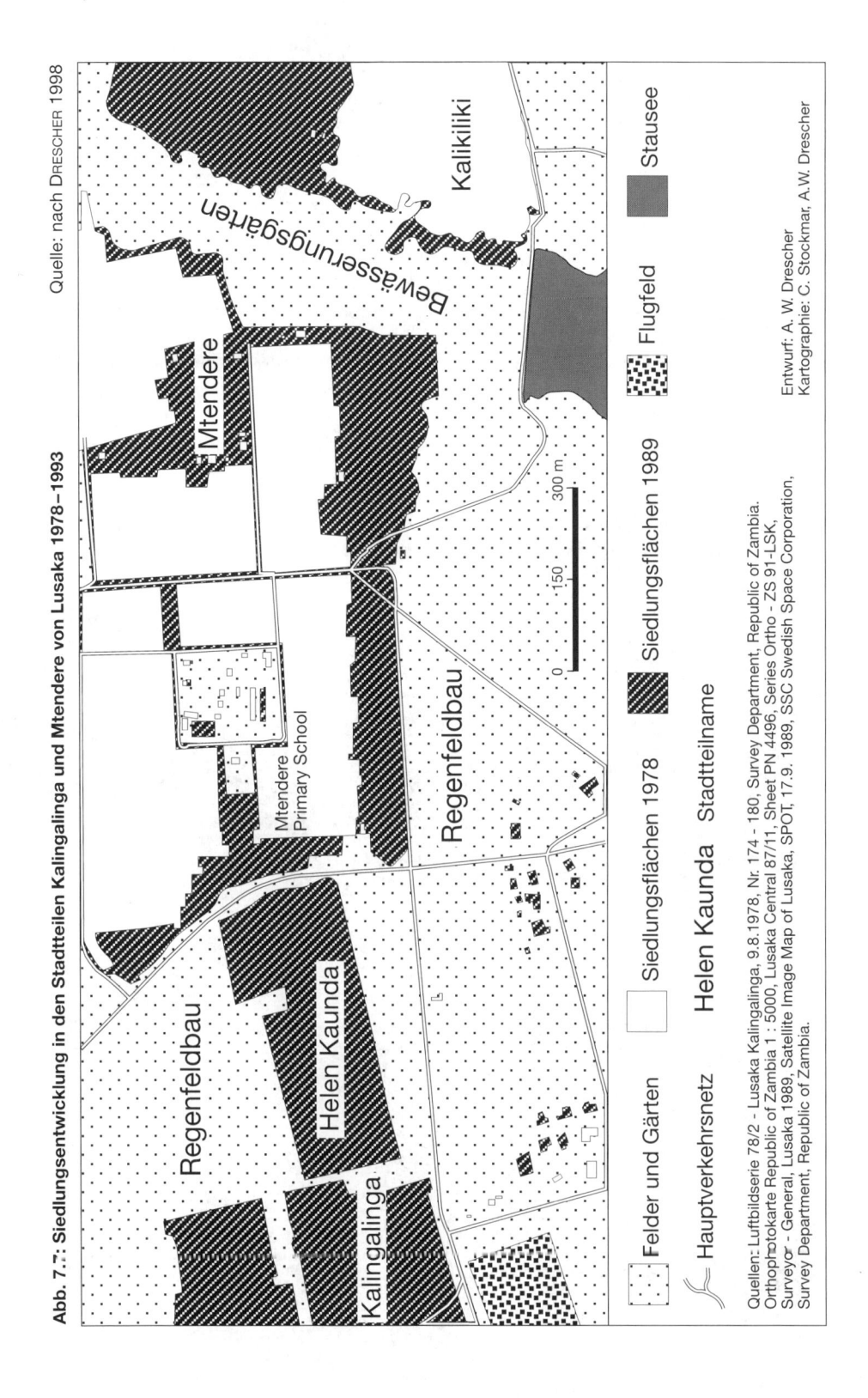

Abb. 7.7: Siedlungsentwicklung in den Stadtteilen Kalingalinga und Mtendere von Lusaka 1978–1993

Quelle: nach DRESCHER 1998

Entwurf: A. W. Drescher
Kartographie: C. Stockmar, A.W. Drescher

Quellen: Luftbildserie 78/2 - Lusaka Kalingalinga, 9.8.1978, Nr. 174 - 180, Survey Department, Republic of Zambia. Orthophotokarte Republic of Zambia 1 : 5000, Lusaka Central 87/11, Sheet PN 4496, Series Ortho - ZS 91-LSK, Surveyor - General, Lusaka 1989, Satellite Image Map of Lusaka, SPOT, 17.9. 1989, SSC Swedish Space Corporation, Survey Department, Republic of Zambia.

weil die Beschäftigungssituation in den verschiedenen Wohnvierteln dies widerlege. Als diese neuen Gedanken Einlaß in die Politik fanden, reagierte die zambische Regierung mit Hilfe der Weltbank, indem sie versuchte, die bevölkerungsreichsten informellen Wohngebiete Lusakas schrittweise zu verbessern. 1980 begann die Gesellschaft für Technische Zusammenarbeit (GTZ, Eschborn) in Zusammenarbeit mit der Regierung mit der Sanierung des Stadtteils Kalingalinga. Voraussetzung dafür war, daß der Stadtteil in seiner ganzen Ausdehnung in das Stadtgebiet Lusakas integriert wird, d.h., die Stadtgrenzen mußten erweitert werden. So war es im zweiten Nationalen Entwicklungsplan vorgesehen. (GTZ 1988, S. 14). Man folgte also den neuen Ideen und begann die "compounds" zu legalisieren anstatt zu marginalisieren. Insgesamt sind herkömmliche Entwicklungsprojekte für informelle Wohngebiete ein schwieriges Unterfangen, wie auch WALDECK (1983, S. 165) in seiner Kritik der Weltbankprojekte hervorhebt. Generell handelt es sich um Wohngebiete mit sehr günstigen Mieten bzw. mietfreien Wohnmöglichkeiten. Viele Bewohner können nur überleben, weil sie keine Mietbelastung haben. Mit Sanierungsmaßnahmen sind in der Regel Abgaben verbunden,

Abb. 7.8:
Lage der Wohngebiete ärmerer Bevölkerungsgruppen zu freien Flächen im Stadtgebiet mit potentieller Eignung für landwirtschaftliche Produktion
Quelle: nach NEBEL 1995, S. 111

die von den betroffenen Bevölkerungsschichten nicht aufgebracht werden können. So war es auch im Weltbankprojekt. Beim später durchgeführten GTZ-Projekt ist man dieser Gefahr durch die Bereitstellung von Krediten begegnet die zur Förderung des Kleingewerbes dienten. Das Wachstum der Siedlungen zu verhindern ist durch die Sanierungskonzepte nicht gelungen, wie auch Abbildung 7.7 Abbildung belegt.

Der Vergleich der Aufnahmen der Siedlungsfläche im Bereich der compounds Kalingalinga und Mtendere aus den Jahren 1978 und 1989 zeigt die rapide Entwicklung dieser Siedlungen und die damit verbundene Abnahme von landwirtschaftlicher Nutzfläche im Stadtgebiet (vgl. Abb. 7.7). In nur zehn Jahren sind die beiden Stadtviertel praktisch zusammengewachsen. Die weitere Ausbreitung von Mtendere nach Osten ist durch ein Feuchtgebiet begrenzt, welches, unterhalb des Stausees gelegen, dem intensiven Bewässerungsgartenbau dient. Das illegale Stadtviertel Kalikiliki hat sich soweit wie möglich in dieses Feuchtgebiet ausgedehnt.

Mtendere ist in Nord-Süd-Richtung 1989 zusammengewachsen. Das nun bebaute Gebiet war vorher Gartenland, es handelt sich hier um einen Ausläufer des gekennzeichneten Gartenbaugebietes, welches sukzessive trockengelegt wurde. Durch die Siedlungserweiterung stehen in dem in Abbildung 7.7. kartierten Bereich der Bevölkerung inzwischen ungefähr 100 ha weniger Ackerland und 6–10 ha weniger Gartenland zur Verfügung. NEBEL (1995, S. 110f., 207, 203f.) betont den Aspekt der "Verländlichung" des Verstädterungsraumes Lusaka. Da immer mehr Haushalte keine Arbeit im formellen Sektor finden, entwickelt sich zunehmend eine Art „städtische Subsistenzproduktion, die auch die städtische Landwirtschaft beinhaltet. Auch NEBEL (1995, S. 111) weist darauf hin, daß die Flächenüberbauung zu einem Rückgang der städtischen Anbauflächen führen kann und fordert deshalb die Einführung der landwirtschaftlichen Nutzfläche als städtische Flächennutzungskategorie. Dies würde die Rechtssicherheit stärken und könnte zu einer verstärkten landwirtschaftlichen Produktion im städtischen Umfeld beitragen. Abbildung 7.8 gibt einen Eindruck von der Lage der Wohngebiete ärmerer Bevölkerungsgruppen zu freien Flächen im Stadtgebiet mit potentieller Eignung für landwirtschaftliche Produktion wieder.

7.2.1 Die "garden city" – urbane Landwirtschaft und Ernährungssicherung

Auch in Lusaka wurden, wie in vielen anderen tropischen Großstädten (SANYAL 1985), der Anbau in "plotgardens" und die mit dem Anbau verknüpften wirtschaftlichen Aktivitäten (wie z.B. der Straßenhandel) von den Autoritäten erbittert bekämpft. Noch im Trockenjahr 1992, einem Jahr mit extremer Nahrungsmittelknappheit, verfügte die Stadtverwaltung von Lusaka ein Verbot des Anbaus von Mais in Hausgärten. Die offizielle Begründung war die, daß der Anbau zur Verbreitung der Malaria beitrüge. Zwar dient Mais, wie viele andere Büsche und Sträucher, den Moskitos als Aufenthaltsplatz, was ein Anbauverbot jedoch nicht rechtfertigt, wie auch JAEGER/HUCKABAY (1986) bereits ausführen. Weit mehr scheint mangelnde Umwelthygiene (wie z.B. nicht vorhandene oder nicht funktionierende Abwassersysteme) zur Verbreitung der Malaria beizutragen. Tatsächlich hatten aber 1992/93 viele der Haushalte Bedenken, daß die Drohung, den Mais von städtischen Angestellten entfernen zu lassen, wahrgemacht würde.

Ähnlich geschah es mit den Straßenhändlern in vielen Stadtteilen: Das Ministerium wollte den Straßenhandel verbieten, bot aber dem informellen Sektor (vgl. S. 71ff.)

Ort	Durchschnittsgröße
Kalingalinga/Fridays Corner	571 m²
Kalingalinga/ ehemaliger Flughafen	475 m²
Great East Road "Chainama Hill"	666 m²
Great East Road "Chainama Hills Hospital"	273 m²
Ibex Hill	231 m²
Great East Road Campus "Dambo"	321 m²
Durchschnittsgröße (n = 46)	423 m²

Tab. 7.3: Größe von Regenfeldern in Lusaka
Quelle: nach DRESCHER 1998

keine Alternative, sich neu zu organisieren. Die Maßnahmen fielen entsprechend halbherzig aus: Manche der Straßenhändler erhielten einmal wöchentlich von der Polizei Besuch, bei welchem sämtliches Gemüse und andere Waren „beschlagnahmt" wurden. Als das Ministerium Anfang 1993 den größten „halb-legalen" Markt (den Soweto-Markt, auf dem neben Gemüse Waren jeglicher Art verkauft wurden) schließen wollte, kam es zu ernsthaften Aufständen in der Stadtmitte von Lusaka, bei denen auch Menschen verletzt wurden.

In Lusaka sind vier verschiedene Anbautypen zu beobachten:
- privater Anbau in Kleingärten für den Eigenbedarf;
- Anbau in Kleingärten mit teilweiser Vermarktung;
- ausschließlich kommerzieller Gemüseanbau;
- regenzeitlicher Ackerbau für Grundnahrungsmittel (hauptsächlich Mais).

JAEGER/HUCKABAY (1986) identifizierten die geographischen Lokalitäten dieser verschiedenen Aktivitäten in Form konzentrischer Kreise um den Stadtbezirk. Die zentrale Zone war dabei von Hausgärten, "kitchengardens" oder "backyardgardens" dominiert, während die semi-marktorientierten und marktorientierten Formen in den peripheren Bezirken angesiedelt waren. Letztgenannte Formen wurden vorwiegend in der Regenzeit (von Ende Oktober bis Mitte April) praktiziert, es sei denn, die Gärten liegen in der Nähe einer permanenten Wasserquelle. Zusätzlich befanden sich im Stadtbereich Regenfeldgärten mit einer durchschnittlichen Größe von 300 m² (JAEGER/HUCKABAY 1986), die bei SCHULTZ (1976) als "subsidiary gardens" und später als "distant gardens" (SCHLYTER/SCHLYTER 1980) beschrieben wurden. Hierbei handelt es sich meist um illegale Nutzung brachliegenden Landes. Dieser Nutzungstyp wird bei VAN DER BERG (1982) als "semi-vacant landuse" beschrieben. Mit zunehmender Entfernung von der Stadt wird die subsistenzorientierte Landwirtschaft wichtiger und die Marktorientierung nimmt ab. Die Anbaustrukturen und die Nutzungsintensität folgen also dem Prinzip des Thünenschen Ringmodells.

In der Regenzeit 1992 wurden 46 Regenfelder vermessen. Als durchschnittliche Größe wurden 423 m² ermittelt. Damit hatte die Größe der Regenfelder gegenüber 1985/86 um ca. 45 % zugenommen (Tab. 7.3).

Die durchschnittliche Größe der Regenfelder in den untersuchten Gebieten beträgt 423 m². Eine von SANYAL (1985) im Mai/Juni 1980 durchgeführte Studie über gartenbauliche Aktivitäten in Lusaka bezog sich auf fünf Stadtviertel: Jack-Extension, Mtendere, Kalingalinga, Matero und Chilenje-Süd. Hierbei konnte er zeigen, daß durchschnittlich 13 % der Haushalte sowohl einen Hausgarten als auch ein Regenfeld bearbeiteten. Signifikante Unterschiede stellte er in Jack-Extension fest: Hier praktizierten 39 % aller Haushalte beide Formen des Anbaus. SANYAL führte dies auf den Einfluß eines Entwicklungsprojektes des "American Friends Service Commitee" (AFSC) zurück, welches den Gemüseanbau in Kleingärten durch verschiedene Maßnahmen förderte.

Die Gemüseversorgung der städtischen Haushalte erfolgt aus verschiedenen Quellen:
- der Produktion von Gemüse im periurbanen Raum durch kommerzielle Farmen (direkt für die Märkte der Stadt),

- der Sammlung durch Haushalte als Wildgemüse und
- durch eigene Produktion in Hausgärten oder in den Regenfeldern.

OGLE et al. (1990) beschäftigten sich mit der Frage, woher die städtischen Haushalte das Gemüse beziehen und kamen zu den in Tabelle 7.4 festgehaltenen Ergebnissen.

OGLE et al. (1990) stellten fest, daß fast 50 % der Haushalte eigene Hausgärten betreiben. Dennoch wird ein Hauptanteil des Gemüses (80 %) von den städtischen Märkten bezogen.

Der Regenfeldbau ist nach SANYAL (1985), wie bereits oben ausgeführt, eine Aktivität, die hauptsächlich von der ärmsten Bevölkerungsschicht mit dem geringsten Pro-Kopf-Einkommen betrieben wird. Gleichzeitig ist diese Schicht auch diejenige, die den geringsten Prozentsatz von Hausgärten aufweist. Dies zeigt, daß die ärmste Bevölkerungsschicht, die immer in den am dichtesten besiedelten Stadtteilen wohnt, die mangelnde Gelegenheit zur Anlage eines Hausgartens durch verstärkten Anbau in der Regenzeit teilweise kompensiert (Abb. 7.9).

Eine weitere Methode zur Kompensation des beschränkten Zugangs zu Ressourcen ist die Kleintierhaltung wie z.B. GREENHOW (1994a) berichtet. Hierzu liegen jedoch aus Lusaka bisher keine Daten vor.

Stadt	Lusaka	Kabwe	Ndola	Gesamt
Anzahl der Haushalte	82	42	58	
Ursprung des Gemüses	%	%	%	%
Städtische Märkte	79	95	70	80
Straßenverkäufer	62	69	57	62
Eigene Gärten	49	50	50	50
Gesammelt im Wald	5	24	12	11

Tab. 7.4: Hauptquellen von Gemüse für urbane Haushalte in Zambia
Quelle: nach OGLE et al. 1990

DRESCHER (1996b, S. 17) führte 1992/93 in elf verschiedenen Stadtteilen Lusakas Befragungen zur landwirtschaftlichen und gartenbaulichen Aktivitäten der Bevölkerung durch.

Die Untersuchungen kommen zu dem Ergebnis, daß die gartenbauliche Aktivität stark von der sozialen Stellung der Haushalte abhängig ist. Den vorliegenden Daten zufolge, zeigt die Bevölkerung der ärmsten Stadtviertel die geringste Beteiligung sowohl im Gartenbau als auch im Regenfeldbau. Dies zeigt deutlich, daß die ärmste Bevölkerungsschicht, die in sehr dicht besiedelten Vierteln wohnt, kaum Zugang zu Ressourcen hat, da beide Formen der Landwirtschaft eng mit dem Zugang zu Ressourcen im städtischen Umfeld verknüpft sind. Wie

Abb. 7.9: Beziehung zwischen Einkommen und landwirtschaftlicher Tätigkeit von Familien in Lusaka

Die ärmsten Bevölkerungsschichten können sich keinen Hausgarten leisten. Sie haben keinen Zugang zu Gartenland, Bewässerungswasser steht nicht permanent zur Verfügung und die Landbesitzrechte sind ungeklärt

Quelle: nach SANYAL 1985

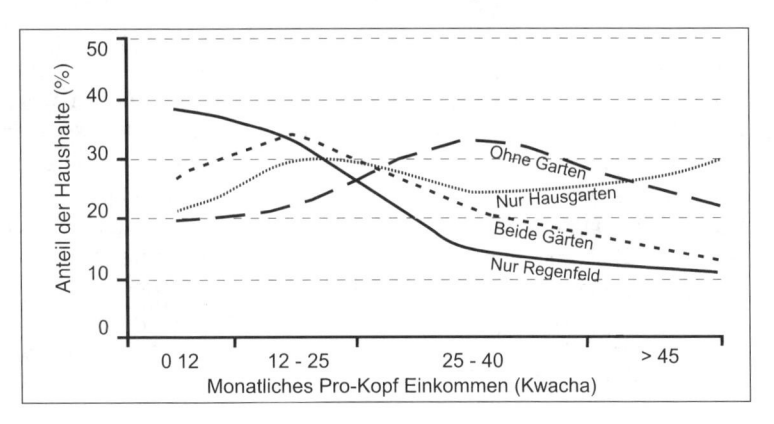

die Untersuchungen von OGLE et al. (1990) zeigen, wird ein beträchtlicher Teil des Gemüses in den urbanen und periurbanen Hausgärten produziert (vgl. Tab. 7.4).

Von den 648 Befragten betreiben 48 % der Frauen und 36 % der Männer Regenfeldbau und 31,5 % der Frauen bzw. 24,5 % der Männer Bewässerungsgartenbau in der Trockenzeit. Im Vergleich mit den Daten SANYALS (1985) bedeutet dies eine starke Zunahme der landwirtschaftlichen Aktivität im städtischen Bereich.

Das Viertel Jack im Süden Lusakas stellte diesbezüglich eine Ausnahme dar: Anfang der 1980er Jahre wurde das Stadtviertel durch eine Entwicklungsmaßnahme hinsichtlich des Gartenbaus unterstützt. Als der Projektträger das Projekt beendete, wurden die bisher durch das Projekt besetzten Gärten sofort von ihren eigentlichen „Besitzern" beansprucht und die bisherigen bewässerten ganzjährigen Gemüsegärten wurden wieder zu Regenfeldern. Dies zeigt sich deutlich in der vorliegenden Befragung, die für Jack nur noch 23 % männliche bzw. 31 % weibliche Gartenbesitzer ermittelt. In allen Stadtvierteln sind mehr Frauen mit Gartenbau und Regenfeldbau beschäftigt als Männer. In der Regenzeit werden hauptsächlich Grundnahrungsmittel produziert, während sich die Bewohner in der Trockenzeit auf den Gemüseanbau konzentrieren. Dies gilt generell auch für die ländlichen Gebiete Zambias und Zimbabwes. Auch die Unterschiede zwischen Gartenbau und regenzeitlichem Feldbau werden deutlich: Insgesamt betreiben nur 31,5 % der Frauen und 24,5 % der Männer Gartenbau. Während in Chilenje und Matero ca. 50 % der Frauen Gartenbau betreiben, sind es in anderen Stadtvierteln wie Matero, George oder Chawama nur noch 25 %. Der Regenfeldbau wird hingegen von 70 % der Frauen in Chilenje und gar von über 90 % der Frauen in Matero praktiziert.

Durch ihre produktive Arbeit, ihre Entscheidungen über den Verbrauch und die Verteilung von Nahrung in der Familie und durch ihr Einkommen, welches zur Ernährungssicherung beiträgt, spielen Frauen eine wichtige Rolle bei der Ernährungssicherung der Familie. MAXWELL/SMITH (1992) konnten zeigen, daß das Einkommen von Frauen einen größeren Einfluß auf die Ernährung und Gesundheit von Kindern hat als das der Männer. Auch die Rolle der Kinder sollte nicht unbeachtet bleiben, sie helfen schon im jüngsten Alter bei der Bewässerung und beim Unkrautjäten. Die Produktpalette des in Hausgärten produzierten Gemüses ist weit größer als die der Produkte in den Regenfeldern. Dies macht deutlich, welchen Beitrag die Hausgärten zur Erhaltung der Biodiversität von Kulturpflanzen leisten, was wohl eine der wichtigsten ökologischen Funktionen dieser Anbauform darstellt (DRESCHER 1998). Die Beliebtheit bestimmter Gemüsesorten drückt sich in der Häufigkeit ihres Vorkommens in den untersuchten Gärten aus: Tomaten werden in 74 % der Gärten produziert, gefolgt von Raps (67 %), Chinakohl (59 %), Zwiebeln (50 %), Kürbis (41 %), Mais (35 %), Süßkartoffeln (35 %), Kohl (24 %) sowie Zuckerrohr und Spinat (24 %). Weniger wichtige Produkte sind Karotten, Bohnen und Salat. Die wichtigsten Obstbäume sind Papaya und Mango (32 %), gefolgt von Pfirsich (23,5 %) und Zitrone (14,7 %).

Unter dem Aspekt der landwirtschaftlichen Nutzung kann das Jahr in drei wichtige Abschnitte eingeteilt werden:
• In der Regenzeit werden hauptsächlich Mais, Kürbis, Grüne Bohnen, Süßkartoffeln und Erdnüsse produziert (Abb. 7.10).
• In der kühlen, trockenen Jahreszeit werden Raps, Chinakohl, Kürbisse und Zwiebeln angebaut.
• In der heißen, trockenen Jahreszeit wird ein Teil der obengenannten Gemüsesorten weiter angebaut und zusätzlich werden Tomaten und Blattsalate produziert. Die Haupterntezeit für Tomaten ist September/Oktober, bevor die Temperaturen steigen.

Lusaka – tropische Großstadt mit Problemen

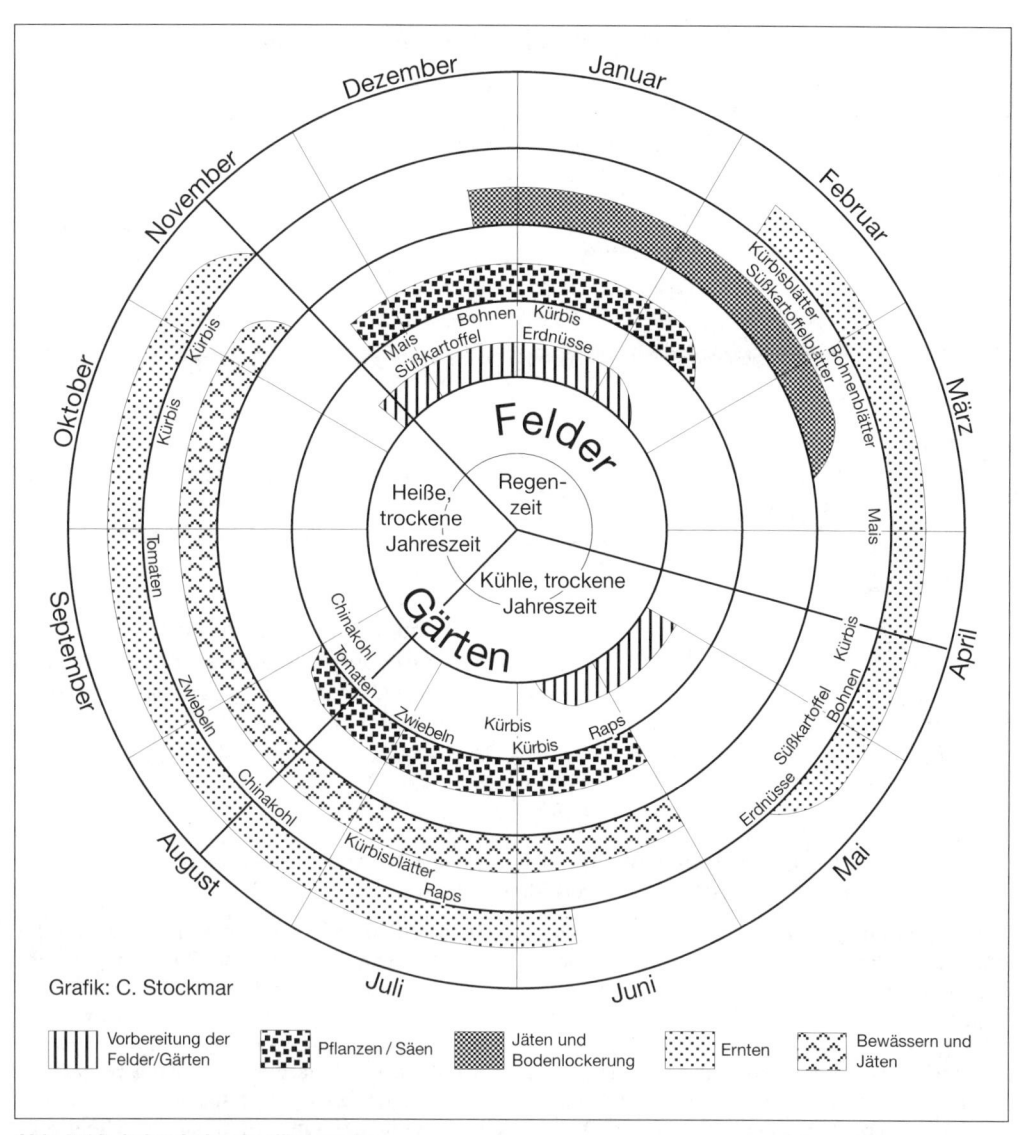

Abb. 7.10: Anbaukalender für Lusaka
Quelle: nach DRESCHER 1996a in Anlehnung an JAEGER / HUCKABAY 1986

Das Anbaujahr ist deutlich zweigeteilt: Der Regenfeldbau findet von Ende Oktober/Anfang November bis Mitte Mai statt, der Bewässerungsgartenbau von Mitte Mai bis Mitte November (Abb. 7.10). Die beiden Anbauformen sind gewissermaßen Konkurrenzunternehmen. Der Gartenbau wird in der Regenzeit in den meisten Fällen eingestellt, Bewässerungsfeldbau ist in der Stadt kaum zu finden.

7.2.2 Hausgärten und Nahrungsproduktion in den Armenvierteln Lusakas

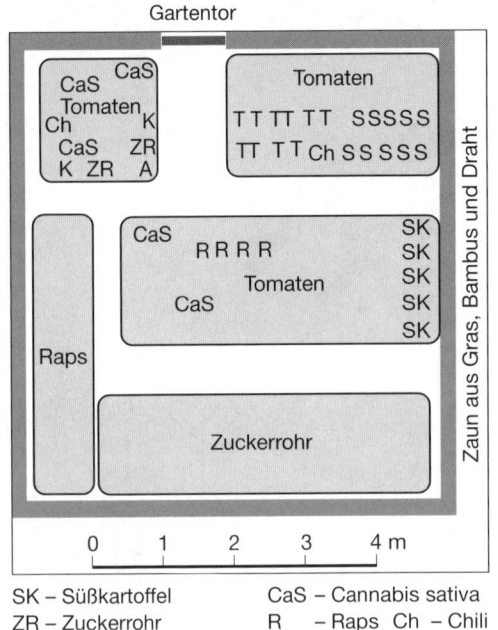

Abb. 7.11:
Skizze eines Gartens im Stadtteil Mtendere von Lusaka, August 1993

SK – Süßkartoffel
ZR – Zuckerrohr
A – Annanas
K – Kürbis
CaS – Cannabis sativa
R – Raps Ch – Chili
T – Tomate
S – Kopfsalat

Nach der Erläuterung der Bedeutung des urbanen Gartenbaus soll im folgenden an einigen konkreten Beispielen aufgezeigt werden, wie die Gärten in den Armenvierteln angelegt sind, welche Kulturpflanzen sie beherbergen und wie die Organisation der Gärten funktioniert.

Die Gärten zeichnen sich durch ihre Nähe zum Haus aus, durchschnittlich beträgt diese Entfernung ca. 10 m. Nur in Einzelfällen liegt der Garten weiter entfernt, bis max. 1 500 m vom Haus. Das zur Bewässerung verwendete Wasser stammt in 72 % der untersuchten Gärten aus der öffentlichen Wasserversorgung, d.h. entweder aus dem eigenen Wasserhahn oder von einer gemeinschaftlichen Wasserstelle ("community tap"). Diese Wasserstellen sind in den beobachte-

Übersicht 7.2.1: Hausgärten und Nahrungsproduktion in den Armenvierteln Lusakas – das Fallbeispiel des Stadtteils Mtendere

Eine fünfköpfige Familie besitzt einen kleinen Gemüsegarten von 35 m² Größe. Der 28jährige Familienvater hat zwar die Sekundarschule besucht, ist aber ohne Arbeit und Berufsausbildung. Seine Frau ist 23 Jahre alt, die beiden Töchter und der Sohn sind noch im Vorschulalter.

Die Gartenprodukte dienen ausschließlich der Selbstversorgung und gelegentlich als Geschenke für Nachbarn. Die Familie würde gerne einen Teil der Produkte verkaufen, aber der Garten ist hierfür zu klein. Die Familie baut hauptsächlich Tomaten, Raps und Zuckerrohr an. Sie kann es sich nicht leisten, Tomaten auf dem Markt zu kaufen. Der Raps wird fast täglich geerntet, um etwas Gemüse zum Maisbrei zuzubereiten. Das Zuckerrohr ist vor allem bei den Kindern sehr beliebt und ein gutes Tauschobjekt. Obwohl der Anbau verboten ist, finden sich einige Pflanzen von Cannabis sativa im Mischanbau mit Tomaten und Kürbis. Diese Drogenpflanze kommt in Hausgärten häufig vor. Die Familie nutzt den Garten nur in der Trockenzeit von Mai/Juni bis Oktober für die Gemüseproduktion. In der Regenzeit werden Mais und Süßkartoffeln angebaut. Die Süßkartoffelsetzlinge werden im Garten produziert während das Saatgut für die anderen Pflanzen in der Stadt gekauft wird. Dünger und Pflanzenschutzmittel werden nicht eingesetzt, dafür aber Kompost und Mist. Da die Familie außer einem Hund keine Tiere hält, muß sie den Mist von Nachbarn beziehen. Zum Garten gehören zwei Avocadobäume, deren Blätter zur Kompostierung verwendet werden.

Als die Familie noch auf dem Lande wohnte, wurden Kühe und Hühner gehalten. Dies ist nach ihrer Meinung aufgrund des städtischen Umfeldes nun nicht mehr möglich. Abbildung 7.11 gibt einen Eindruck von der Gestaltung des Gartens.

Lusaka – tropische Großstadt mit Problemen

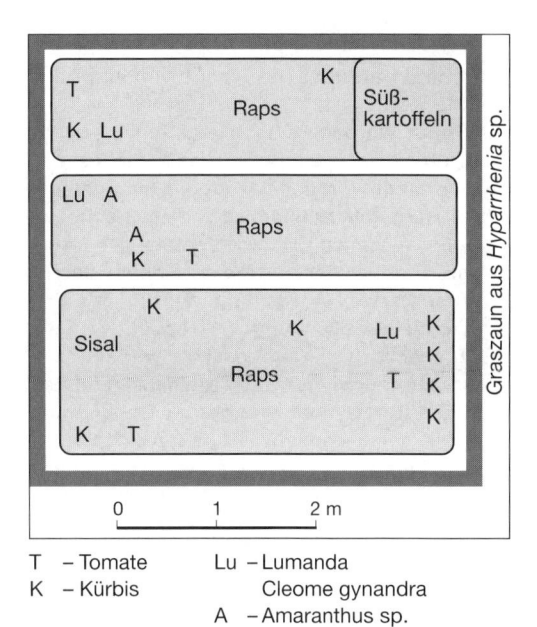

Abb. 7.12:
Skizze eines Gartens im Stadtteil Kanyama von Lusaka, September 1993

T – Tomate   Lu – Lumanda
K – Kürbis   Cleome gynandra
              A – Amaranthus sp.

ten Fällen maximal 70 m vom Haus entfernt. Die restlichen 28 % der Gartenbesitzer beziehen ihr Wasser aus Brunnen, die häufig in Eigenarbeit auf dem Grundstück gegraben werden. 45 % der Gartenbesitzer halten Kleintiere, wobei die Hühnerhaltung mit einem Anteil von 56 % überwiegt. Häufig werden Wachhunde gehalten (39 %), die unter den schwierigen Sicherheitsbedingungen in der Stadt gegen Diebstahl schützen sollen. Die durchschnittliche Größe (Median) der Gärten beträgt 124 m². Sehr kleine Gärten mit weniger als 20 m² sind sehr häufig zu beobachten. Sie sind z.B. entlang der engen Staubstraßen "road strip cultivation" oder im Schutze von Straßenbäumen als kleine Gartenflecken ("patches") angelegt. Wenn möglich, werden die Gärten versteckt, meist hinter den Häusern bzw. zwischen dichten Hecken oder hinter Mauern. Dies wurde in 95 % der beobachteten Fälle festgestellt. Trotzdem haben viele der Gartenbesitzer Probleme mit Diebstahl ihrer Gartenprodukte. Einige Beispiele sollen verdeutlichen, wie die Familien ihre Gärten anlegen.

Übersicht 7.2.2: Hausgärten und Nahrungsproduktion in den Armenvierteln Lusakas – das Fallbeispiel des Stadtteils Kanyama

Eine sechsköpfige Familie besitzt einen kleinen Gemüsegarten von 17 m² Größe. Das Familienoberhaupt ist eine alleinstehende ältere Frau. Sie hat keine Schulausbildung und kennt auch ihr Alter nicht. Im Haushalt leben noch zwei weitere junge Frauen, ein Baby und der 23jährige Enkel der Besitzerin. Auch hier dienen die Gartenprodukte der Selbstversorgung und als Geschenke für Nachbarn. Die Gartenarbeit wird ausschließlich von den Frauen erledigt. Die Familie baut hauptsächlich Raps, Tomaten und Kürbisse an. Raps und Kürbis sind Blattgemüse, die zum Maisbrei gegessen werden. Der Garten wird das ganze Jahr über mit Gemüse bestellt. Das Saatgut kauft die Besitzerin in der Stadt, gelegentlich erhält sie es auch von Nachbarn. Früher hat sie auch Chinakohl und Okra angebaut. Nun sei jedoch das Saatgut für diese Pflanzen schwer zu erhalten. Eine Sisalpflanze (vermutlich Agave sisalana) dient zur Herstellung einer Augensalbe. Hierfür werden die Blätter fein zerkleinert und in Wasser gelegt. Das entstehende Produkt wird direkt in die Augen appliziert. Die Familie hält keine Haustiere. Früher hat sie Schweine und Hühner gezüchtet. Die Schweinehaltung hat sie aufgegeben, die Hühnerhaltung ist wegen vieler Diebstähle nicht mehr möglich. Die Düngung des Gartens erfolgt über zersetzten organischen Müll vom Müllsammelplatz. Dünger und Pflanzenschutzmittel kann sich die Besitzerin nicht leisten. Der Garten wird durch einen Graszaun geschützt. Die Besitzerin ist der Ansicht, daß es für Diebe nicht lohne, ihr Gemüse zu stehlen. Das Bewässerungswasser wird am nächsten Gemeinschaftswasserhahn geholt, der 70 m vom Haus entfernt ist. Abbildung 7.12 vermittelt einen Eindruck von der Organisation des Gartens.

Auf einem ca. 400 m² großen Grundstück wohnt eine achtköpfige Familie. Die Gartenbesitzerin ist 28 Jahre alt, von Beruf ist sie Krankenschwester. Ihr Mann ist 34 Jahre alt, sein Beruf ist nicht bekannt. Die Familie beherbergt außer ihren zwei eigenen Söhnen im Alter von 5 und 7 Jahren noch fünf weitere Kinder der Verwandtschaft im Alter zwischen 6 und 13 Jahren.

Die Gartenflächen befinden sich rund um das Haus. Dort werden hauptsächlich Chinakohl, Raps, Tomaten, Zwiebeln und Karotten für den Eigenbedarf, als Geschenke und zum Verkauf angebaut. Der Anbau liegt alleine in der Hand der Hausfrau. Das Haus verfügt über einen eigenen Wasseranschluß, von welchem der Garten bewässert wird. Zahlreiche Obstbäume (Mango, Papaya, Pfirsich, Maulbeere) sind Bestandteile des Gartens. Der Verkauf erfolgt direkt ab Haus. Angebaut wird von April bis Oktober.

Früher wurden Hühner gehalten. Dies sei heutzutage zu teuer, erklärt die Gartenbesitzerin. Gedüngt wird der Garten mit Ammoniumnitrat, Harnstoff, Hühnermist von den Nachbarn und menschlichen Exkrementen aus der Senkgrube. Dies ist der einzige sämtlicher untersuchter Gärten, in welchem menschliche Exkremente zur Düngung verwendet werden. Auch chemischer Pflanzenschutz wird hier mit Rogor zur Bekämpfung von Blattläusen betrieben. Die Gartenbesitzerin betont die Wichtigkeit des Gemüseanbaus zur Kosteneinsparung beim Einkauf von Lebensmitteln. Abbildung 7.13 vermittelt einen Eindruck des Gartens.

Übersicht 7.2.3: Hausgärten und Nahrungsproduktion in den Armenvierteln Lusakas – das Fallbeispiel des Stadtteils Matero

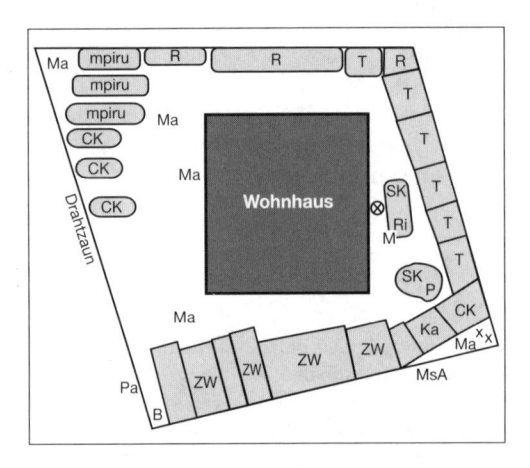

Abb. 7.13:
Skizze eines Gartens im Stadtteil Matero von Lusaka, September 1993

0 1 2 3 4 m

Ck – Chinakohl
R – Raps
SK – Süßkartoffeln
P – Pfirsich
Ka – Karotten
⊗ Wasserhahn
× Abfall

M – Mais
MsA – Morus alba
Ma – Mango
Pa – Papaya
Ri – Rizinus
B – Banane
ZW – Zwiebeln
mpiru – Brassica sp.

7.2.3 Die Auswirkungen von Stadt- und Infrastrukturentwicklung auf die Verfügbarkeit und Qualität von Gartenland

Die Knappheit der Landressourcen im städtischen Bereich macht sich während der Regenzeit besonders bemerkbar. Viele Stadtbereiche, die sich im öffentlichen Besitz befinden, wie z.B. das Campus-Gelände der Universität, das Gelände des Chainama Hills Hospitals oder Bereiche des Stadtflughafens, werden illegal genutzt.

Die starke Zersiedlung der illegalen Stadtviertel wirkt sich noch zusätzlich hemmend auf den Gartenbau aus. Untersuchungen von Schlyter/Schlyter (1980) und Schlyter (1991) für das Stadtviertel George zeigen exemplarisch, wie die Gartenflächen im Laufe der Zeit immer mehr abnahmen (Abb. 7.14).

Qualität der Ressourcen:
Bleibelastung im städtischen Umfeld

Straßenränder sind im städtischen Umfeld, aufgrund ihres Status als öffentlicher Landbesitz wichtige und begehrte Standorte für die landwirtschaftliche Produktion. Straßenbau kann manchmal zu einer Zunahme der gartenbaulichen Aktivitäten in den betroffenen Gebieten führen, wie SCHLYTER (1991) zeigen konnte. Die sogenannte "road strip cultivation" ist sehr weit verbreitet, betrifft allerdings aus Gründen der Wasserversorgung hauptsächlich den Regenfeldbau. Potentiell sind Straßenränder somit Anbaugebiete für Mais, Süßkartoffeln, Kassave und andere Anbaufrüchte (z.B. Gemüse im Mischanbau, die in der Regenzeit angebaut werden.

Eine Einschränkung für den Anbau, insbesondere in den Ballungszentren, stellt die hohe Schadstoffbelastung an den Straßenrändern dar. Dies zeigen auch die Daten von LIPEKESA (1993), der die Bleibelastung entlang einer Hauptverkehrsstraße in Lusaka, der "Great East Road", untersucht hat (Abb. 7.15).

Die durchschnittliche Belastung direkt am Straßenrand beträgt ca. 250 ppm Blei in 57 untersuchten Bodenproben. Die maximale Belastung beläuft sich auf ca. 500 ppm an einer Meßstelle, in ca. 50 m Distanz pendeln

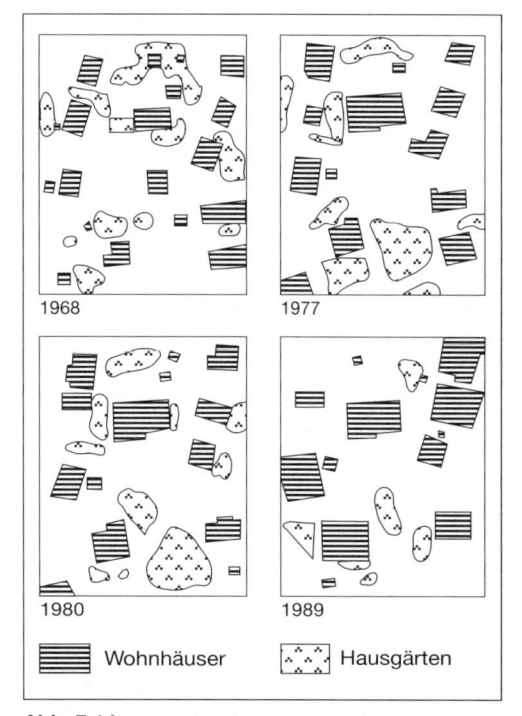

Abb. 7.14:
Abnahme der Gartenflächen im Stadtteil George Compound von Lusaka 1968–1989
Quelle: nach SCHLYTER 1991

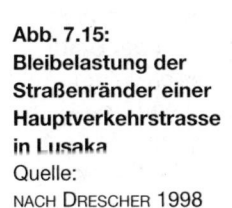

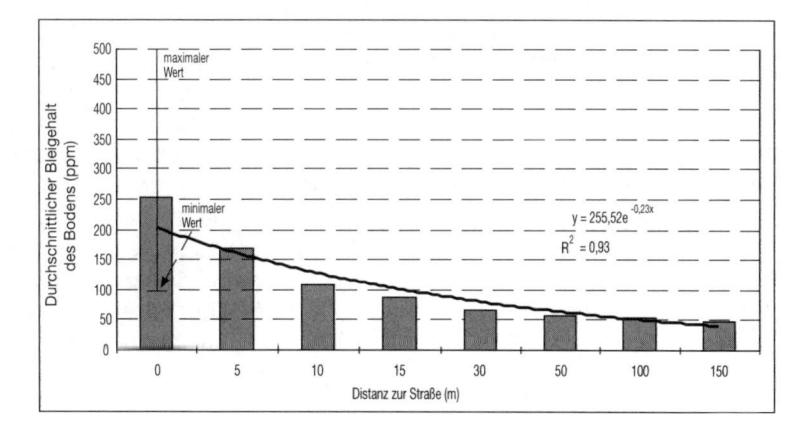

Abb. 7.15:
Bleibelastung der Straßenränder einer Hauptverkehrstrasse in Lusaka
Quelle: NACH DRESCHER 1998

$y = 255{,}52e^{-0{,}23x}$
$R^2 = 0{,}93$

sich die Werte bei +/−50 ppm ein (Abb. 7.15). Diese Werte sind vergleichbar mit Werten, die in der Bundesrepublik von stark mit Schwermetallen belasteten Böden erhoben wurden (vgl. HARRES et al. 1989).

Das Bestimmtheitsmaß der Trendkurve zeigt eine deutliche exponentielle Abnahme der Bleibelastung der Böden mit zunehmender Distanz zur Straße. Bereits in 30 m Abstand zur Straße reduziert sich die durchschnittliche Bleibelastung auf für den Gemüseanbau akzeptable Mittelwerte. Da die Studie außerhalb der regenzeitlichen Anbausaison durchgeführt wurde, liegen keine Ergebnisse über Akkumulationswerte von Blei in Gemüse vor.

Die Klärschlammverordnung (1982) gibt für Blei einen Grenzwert von 100 ppm vor. Dieser ist in den vorliegenden Fällen bei 21 Bodenproben (31 %), alle in 0−15 m Abstand von der Straße, z.T. erheblich überschritten. Diese Flächen sind aus diesem Grund für den Gemüseanbau nicht geeignet. Die aus diesen Ergebnissen resultierende Empfehlung an die Kleingärtner kann nur die sein, ihre Gärten in einen Mindestabstand von 30−50 m zu viel befahrenen Straßen anzulegen.

7.2.4 Einzug der Moderne ?: Müll und Müllmanagement in Lusaka

In Zambia sind Müllaufkommen und Müllentsorgung nicht auf dem gleichen Entwicklungsstand. Während das Müllaufkommen besonders in den Städten stetig wächst, sind die Methoden der Müllbeseitigung nicht einmal mehr auf dem Stand von vor zwanzig Jahren. Hohe Importraten aller möglicher Güter und veränderte Konsumgewohnheiten der Verbraucher haben sowohl die Menge des Müllaufkommens als auch die Art des Mülls entscheidend beeinflußt.

Erschwerend kommt hinzu, daß sich die wirtschaftliche Situation des Landes in den letzten Jahren stark negativ entwickelt hat und dadurch eine Verschlechterung der Müllbeseitigung eingetreten ist. Schulung hinsichtlich umweltfreundlicher Müllentsorgung findet nicht statt, mit dem Ergebnis, daß die Bürger wenig umsichtig mit jeglicher Art von Müll hantieren.

Wichtige Müllquellen sind die Industrien (einschließlich des Bergbaus und der metallverarbeitenden Industrien), Tankstellen und Autoreparaturbetriebe, Krankenhäuser und Labors und natürlich die individuellen Haushalte.

Die durchschnittliche Müllmenge pro Kopf wird für Lusaka mit 0,8−1,02 kg angenommen, zum Vergleich für die BRD 1,04 kg pro Kopf und Tag (Bundesumweltamt 1992). Das gesamte Müllaufkommen liegt etwa bei 364 t pro Tag beziffert (132 860 t/Jahr).

Müllabfuhr

Gesetzlich sind in Zambia nach dem "Environmental Protection and Pollution Controll Act" von 1992 die Distrikt-Verwaltungen ("District Councils") bzw. Stadtverwaltungen ("City Councils") für die Müllabfuhr und Müllentsorgung zuständig. Die Städtischen Behörden Lusakas sind offensichtlich nicht in der Lage die Müllentsorgung in der Stadt zu gewährleisten und zu organisieren (Tab. 7.5). Müllgebühren werden nicht erhoben. Die mangelnde Müllentsorgung schlägt sich in vielen illegalen innerstädtischen Mülldeponien nieder. Viele Stadtviertel sind nicht oder

Tab. 7.5:
Fahrzeuge der städtischen Müllabfuhr von Lusaka

Jahr	Bevölkerung	Fahrzeuge (gesamt)
1970	291 000	28
1975	462 000	52
1980	530 000	51
1985	750 000	49
1989	980 000	34
1992	1 200 000	6

Müll in Lusaka

nicht mehr an die Müllabfuhr angeschlossen. Wenig erstaunlich ist die Beobachtung, daß besonders da Müll abgeführt wird, wo hohe Regierungsbeamte, einflußreiche Geschäftsleute, Diplomaten und Politiker wohnen (SIMWANDA 1994, S. 29).

1975 verfügte die Städtische Müllabfuhr ("Cleansing Department") über 54 Fahrzeuge 1992 nur noch über sechs funktionstüchtige Fahrzeuge, die dringend der Wartung bedürfen und neue Reifen benötigen.

1993 verfügte die Müllabfuhr über einen Personalstand von ca. 250 Personen, darunter 200 Müllarbeiter, 35 Fahrer, 3 Vorarbeiter und ca. 10 stellvertretende Vorarbeiter. Da die Anzahl der Fahrzeuge aufgrund von fehlender Wartung und fehlenden Ersatzteilen drastisch zurückging, mußten auch zahlreiche Arbeiter entlassen werden. Diese Situation führt dazu, daß nur ca. 10 % des gesamten Müllaufkommens der Stadt tatsächlich gesammelt und abgeführt werden.

7.2.5 Zukunftsproblem Altlasten

Die Deponierung von Müll fand seit Bestehen der Stadt fast durchgängig im innerstädtischen Bereich statt. Die erste Deponie war, nach Angaben der Stadtverwaltung, Kamwala im heutigen Stadtzentrum. Dort befindet sich heute ein großer Markt. Abgelöst wurde diese Deponie durch Marapodi im Norden der Stadt. Abbildung 7.16 gibt

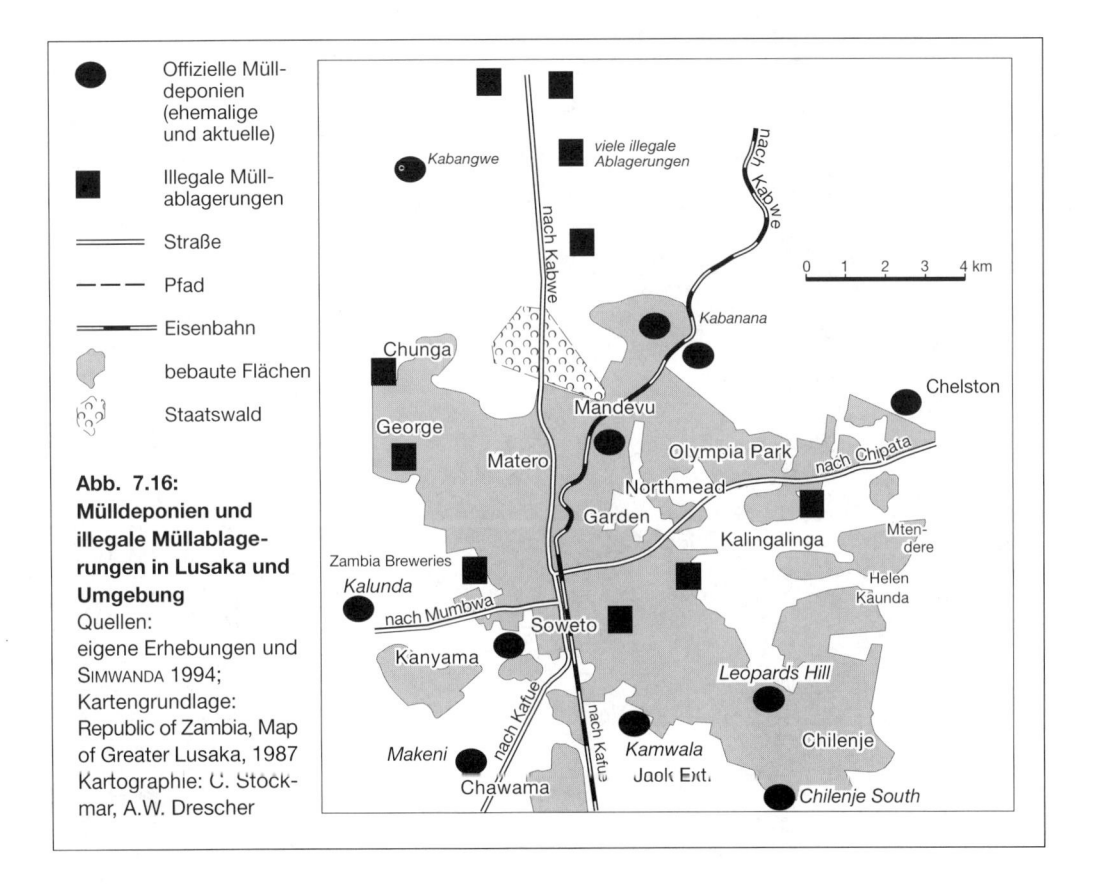

Abb. 7.16:
Mülldeponien und illegale Müllablagerungen in Lusaka und Umgebung
Quellen:
eigene Erhebungen und SIMWANDA 1994;
Kartengrundlage:
Republic of Zambia, Map of Greater Lusaka, 1987
Kartographie: C. Stockmar, A.W. Drescher

Entwicklungsprobleme

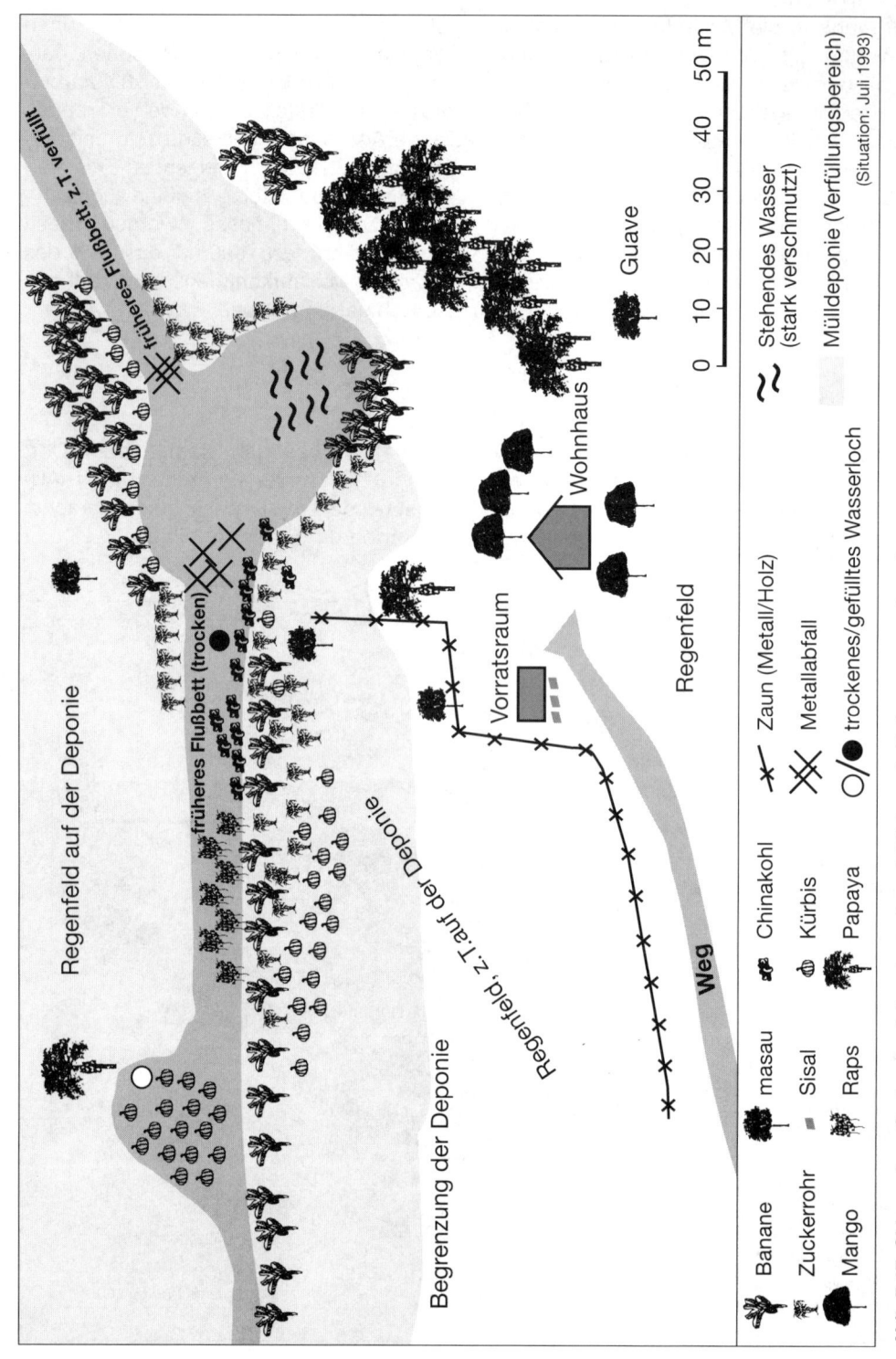

Abb. 7.17: Skizze eines Gartens auf der ehemaligen Mülldeponie Kabangwe von Lusaka
Entwurf: A.W. Drescher; Zeichnung: C. Stockmar, A.W. Drescher

einen Überblick über frühere und derzeit genutzte Deponien.

Bisher gibt es keine vollständige Erfassung von Altlasten bzw. früheren Deponien oder illegalen Müllablagerungen in Lusaka. Sehr wahrscheinlich ist jedoch eine Gefährdung von Boden und Wasser anzunehmen, da sämtliche Müllarten auf den Deponien gelagert werden.

Eine Sondermülldeponie exisitiert nicht. Auf zahlreichen illegalen Ablagerungen, hauptsächlich entlang der Great North Road, konnten Industriemüll, Abfälle von Autowerkstätten (Ölfilter etc.) und selbst von Krankenhäusern beobachtet werden. Die Bewohner in der Nähe dieser illegalen Deponien haben hier eine zusätzliche Einkommensquelle erschlossen. Sie verlangen für die illegalen Müllablagerungen Geld. Immerhin erhält der Lieferer, wie beobachtet werden konnte, aber ein Quittung.

Die Müllgärten von Kabangwe, ein Sonderfall periurbanen Gartenbaus

Gartenbau auf Mülldeponien ist eine gängige Praxis in vielen Entwicklungsländern. Einerseits bieten diese Standorte fruchtbare Böden und freien, nicht besetzten Raum für Gärten, andererseits sind sie hinsichtlich der Belastung mit toxischen Substanzen und Schwermetallen nicht ganz unbedenklich. Besonders die Schwermetalle führen inzwischen zu ernsthaften Problemen im Umkreis großer afrikanischer Städte (FAO 1986, S. 72).

In Lusaka findet man den Gartenbau auf ehemaligen oder aktuell genutzten Mülldeponien sehr häufig, z.B. im Norden von Lusaka (Maraport und Kabangwe).

Kabangwe ist eine Mülldeponie ca. 20 km nördlich außerhalb der Stadt, die seit 1967 genutzt und offiziell 1989 stillgelegt wurde. Hier wurden alle Sorten von Müll deponiert, sowohl aus Industrie und Krankenhäusern, als auch normaler Hausmüll. Im September 1992 wurde durch die städtische Müllabfuhr immer noch Müll dort abgelagert. Die Anwohner der Deponie erklärten, daß die Fahrer verrottetes Fleisch heranbringen und an die Menschen verkaufen. Dies erklärt, warum während des Besuches ca. 100 sogenannte "squatters" (Müllsammler) hinter dem Müllwagen herrannten, um die besten Stücke der Ware zu ergattern. Außer Fleisch sammeln die Menschen Gemüse, Plastik, Papier und jegliches anderes Brauchbares auf der Deponie.

Übersicht 7.3: Das Fallbeispiel „Gartenbauliche Nutzung einer ehemaligen Mülldeponie" in Lusaka

In Kabangwe besuchten wir 1992/93 häufig eine 54jährigen Frau, die einen Garten auf der Deponie betrieben hat. Der Garten war ca. 1 400 m² groß und diente teilweise dem marktorientierten Anbau. Die Familie bestand aus fünf Mitgliedern, ihrem 76jährigen Mann, ihrem Schwager, ihrer Tochter und ihren zwei Enkeln.

Das wichtigste Verkaufsprodukt waren Bananen, welche der Besitzerin fast ganzjährig den Verkauf ermöglichten und die auf den fruchtbaren Standorten der Deponie gut gediehen. 250 Bananenstauden wurden gezählt. Die Besitzerin gab an, ca. 160 000 ZK jährlich über den Verkauf einzunehmen. Dies bedeutete, je nach Dollarkurs, ein monatliches Einkommen von 20–25 US-$. In der Vergangenheit hielt die Familie Kühe, Ziegen und Hühner. Der Sohn, damals im Gefängnis, hat die Hühner und Ziegen verkauft. Die Kuh war an einer Krankheit eingegangen.

Folgende Obstbäume wurden aufgenommen: 26 Papaya, 14 Mango, 2 masau (Ziziphus mauritiana) und eine Guave. Der masau wird traditionell im Zambezital angebaut und produziert kleine, süße Früchte, die die Orange im Protein- und Vitamin C-Gehalt sowie bezüglich einiger Mineralien um einiges übertreffen (FAO 1988). Die Papaya trug zur zusätzlichen Einkommensschaffung im August bei.

Zuckerrohr wurde, ebenso wie das Gemüse (Raps, Kürbis, Chinakohl), für den Eigenbedarf angebaut.

Abbildung 7.17 gibt einen Eindruck des beschriebenen Gartens wieder.

Die Besonderheit von Kabangwe liegt darin, daß hier ein idealer Gartenstandort in einer feuchten Senke, vermutlich durch ein ehemaliges natürliches Grasland gebildet, verfüllt wurde. Direkt unterhalb der Deponie befindet sich ein künstlicher Stausee, dessen Wasser für den intensiven, marktorientierten Gartenbau verwendet wird. Die Abflußrinne, die einen kleinen Flußlauf bildet, ist teilweise völlig mit Müll verfüllt worden. Die Zersetzungsprozesse der abgelagerten Materialien führen dazu, daß aus dem in der Trockenzeit in Senken stehenden Wasser eine stinkende Brühe entsteht, die für die Bewässerung von den Kleinbauern nicht verwendet wird. Wo möglich, wird aus eigenen Brunnen oder Tiefbrunnen bewässert.

Die Gärten in Kabangwe zeigen eine ungewöhnlich regelmäßige Parzellierung, besonders da, wo genügend Wasser verfügbar ist. Je näher die Wasserquelle, um so undeutlicher wird diese Parzellierung. Außerdem werden die Flächen nach außen hin größer, was Regenfeldbauflächen erkennen läßt. Diese Form der klaren Parzellierung ist ansonsten im periurbanen Raum nur an den Wasserläufen zu beobachten und deutet auf eine gut organisierte Form des Anbaus hin. Die starke Parzellierung könnte eine Folge der Aufteilung vorher größerer Flächen sein. Im Jahre 1993 war die gartenbauliche Nutzung nur in den Monaten von April bis September möglich, weil die Wasserlöcher austrockneten.

Auch die offizielle neue Deponie Libala am südlichen Stadtrand Lusakas zieht die Menschen zur Nahrungsgewinnung an (SIMWANDA 1994, S. 28). Diese Deponie wurde eingerichtet, weil der Mülltransport nach außerhalb der Stadt nicht mehr zu finanzieren war. Die Deponie ist nicht umzäunt. Sie ist so für jedermann zugänglich. Meist brennt der Müll und die Menschen halten sich in dem beißenden Rauch auf.

Da die illegalen Stadtviertel Lusakas fast ausschließlich aus Grund- bzw. Oberflächenwasser versorgt werden, erhebt sich die Frage, inwieweit die illegalen Müllablagerungen und sonstige Einträge die Qualität dieses Wassers beeinflussen. Hier zeigt sich, daß 70–80 % aller Brunnen chemisch kontaminiert sind. Die Überschreitung der durch die WHO festgelegten Grenzwerte für Trinkwasser bezieht sich hauptsächlich auf Nitrate, Chloride und Sulfate und verschiedene Schwermetalle. Bei 87 % von 160 untersuchten Wasserproben waren die Nitratwerte erhöht, die Schwermetallbelastung war hinsichtlich Eisen bei 54 %, Blei bei 47 % und Nickel bei 32 % der Proben relevant (SIMWANDA 1994, S. 48f.).

Die bakteriologische Verschmutzung des Trinkwassers, bedingt durch fehlende sanitäre Einrichtungen, macht sich besonders in den dicht besiedelten Stadtteilen von Lusaka bemerkbar. Im Stadtteil George gab es 1990, bei einer Bevölkerung von über 39 000 Menschen, gerade einmal 3 200 Latrinen. Schlimmer noch die Situation in Chaisa: 26 000 Menschen teilen sich 670 Latrinen. Die Choleraepidemie 1994 zeigt die höchste Anzahl von Infektionen in den dichtbesiedelten Gebieten der Stadt, am stärksten war George mit 677 Cholerafällen betroffen. Dies zeigt deutlich, wie dringend der Bedarf nach Sanierung der dicht besiedelten Viertel ist. Eine geregelte Müllabfuhr ist bitter nötig.

7.3 Landbesitzrechte – Wem gehört das Land?

Bis zum Jahre 1995 gab es in Zambia kaum gesetzlich geregelte Landbesitzformen. Nur entlang der "Line of Rail", meist auf guten Böden, die der Nutzung durch europäische Siedler vorbehalten waren, gab es solche. Der Rest des Landes unterlag dem herkömmlichen Besitzrecht ("Customary Land Tenure"). Hauptmerkmale dieses traditionel-

Landbesitzrechte – Wem gehört das Land?

len Landrechtssystems waren die enge Verbundenheit des „Besitzes" mit der ständigen Nutzung des Landes für die landwirtschaftliche Produktion.

Individuelle Landrechte erlöschen normalerweise nur, wenn die Nutzung auf Dauer eingestellt wird oder die Rechte auf eigenen Entschluß oder bei Tod auf andere übertragen werden (SCHULTZ 1983, S. 147). Besitzrechte wurden durch Neuerschließung von Land erworben, d.h., dem ersten Nutzer gehörte das Land und er konnte es auch vererben. In den traditionellen ländlichen Gesellschaften wird das Land auch durch den Gemeindevorstand oder Dorfältesten ("chief") zugeteilt.

Die Landbesitzverfassung hat sich als hinderlich für Entwicklungsmaßnahmen in Zambia herausgestellt. Besonders in Regionen mit großer Bevölkerungsdichte und Viehhaltung besteht z.B. für gebietsfremde Zuwanderer eine Unsicherheit hinsichtlich der Besitzrechte, des Neuerwerbs von Land, des Landhandels und der Weiderechte (SCHULTZ 1983, S. 147). Im städtischen Bereich, wo Landwirtschaft oft illegal auf staatlichen, städtischen oder privaten Flächen ausgeübt wird, funktioniert das traditionelle Nutzrecht (mit Duldung der Besitzer) auch heute noch. Wer die Fläche zuerst erschließt, hat das Nutzungsrecht, und in der Regel macht es ihm keiner streitig.

Übersicht 7.4: Entwicklung und Merkmale des Systems der Landpacht in Zambia – ein Kommentar

Mit Erlangung der politischen Unabhängigkeit im Oktober 1964 erbte Zambia ein duales Landpachtsystem. Einerseits gab es Land, das gemäß dem englischen Recht erworben werden konnte – der Krone gehörendes Land ("Crownland") welches nun Staatsland wurde – und andererseits Land, welches unter das Gewohnheitsrecht fiel, z.B. Ureinwohnerland ("Native Reserves") und Treuhandland ("Trustland") einschließlich "Barotseland". "Crownland" wurde entweder als freier Grundbesitz oder als Pachtland bewirtschaftet.

Zambias Gesamtfläche beträgt 752 000 km². Ungefähr 80 % dieser Fläche sind Reservate und Treuhandland und fallen unter traditionelles oder Gewohnheitsrecht. Nur ungefähr 3,5 % sind Staatsland, welches größtenteils für städtische Siedlungen, Bergbau, Energiegewinnung und Dauerwirtschaft zu kommerziellen Zwecken genutzt wird. Weitere 7,9 % bzw. 8,6 % sind Nationalparke bzw. Waldschutzgebiete.

Seit der Unabhängigkeit hat sich die Politik hinsichtlich des Landrechts eher evolutionär als revolutionär vollzogen. Dies spiegelt den Charakter der politischen Entwicklung besonders während der Ersten (1964–1972) und der Zweiten (1973–1991) Republik unter Kenneth Kaunda und der regierenden "United National Independence Party" (UNIP) wider. Aufgrund der bereits während der Kolonialzeit begonnenen Agitation für eine Landreform gab die Landkommission 1967 Empfehlungen, die u.a. das gesamte Land dem Präsidenten unterstellten, der im Namen der Republik darüber verfügen sollte. Außerdem schlug die Kommission vor, daß für das Privileg der Landnutzung – ganz gleich wo sich dieses Land befindet – Geld zu bezahlen sei, entweder als Pacht oder in Form eines Kaufpreises.

Der Bericht der Landkommission aus dem Jahre 1967 wurde durch die Regierung nicht veröffentlicht, und die entscheidende Empfehlung, dem Land einen Marktwert zu geben, wurde bis 1995 abgelehnt. Erst in jenem Jahr hat die Regierung von Präsident Frederick Chiluba und der Bewegung für eine "Mehrparteiendemokratie" (MMD) dieses Prinzip wieder eingeführt.

Um die von nicht ortsansässigen Grundbesitzern in Privatbesitz gehaltenen Ländereien für eine Nutzung durch (ansässige) Zambier zugänglich zu machen, fand 1969 ein Referendum mit dem Ziel statt, die zambische Regierung zu ermächtigen, den verfassungsgemäß garantierten Schutz aufzuheben, der den Landbesitz durch Kolonialsiedler sicherte. Im Jahre 1970 wurde das Gesetz über Landerwerb ("Land Acquisition Act") angenommen, welches den Präsidenten im öffentlichen Interesse zum Zwangserwerb von Land ermächtigte, z.B. um die Umsiedlung von Menschen aus dichtbevölkerten Gebieten zu erleichtern. Der Staat bezahlte in diesen Fällen den früheren Besitzern eine Entschädigung.

Die Erlangung der Unabhängigkeit begünstigte den Teil der zambischen Bevölkerung, der Beziehungen zum Staat hatte, dabei, Land und Besitz im Staatsland und besonders entlang der "Line of Rail" zu erwerben, was früher ausschließlich den europäischen Siedlern vorbehalten war. Im Verlaufe des nationalen Befreiungskampfes im südlichen Afrika, in dem Zambia einer der Frontlinestaaten war, entstand innerhalb der UNIP eine politische Ideologie (zambischer Humanismus), welche von Kaunda formuliert wurde und die in verschleierter Form eine sozialistische Wirtschaftspolitik befürwortete, in der der Staat einen führende Rolle bei der Führung der Staatswirtschaft einnahm.

Dies führte zu einer Verurteilung von jeglichem Privatinteresse an Land und von privatem Grundbesitz insgesamt. Folgerichtig wurde 1975 das Gesetz zur Umwandlung von Landbesitzrechten ("Land Conversion of Title Act") erlassen, welches dem Präsidenten die Verfügungsgewalt über alles Land übertrug, den freien Grundbesitz in Pachtland für 99 Jahre umwandelte und Grundstücksmakler abschaffte. In der Tat hatten Grund und Boden in Zambia nach dem Gesetz keinen Marktwert, obwohl Individuen melioriertes Land verkaufen konnten.

1985 wurde die "Sakala Land Commission" berufen, um sich mit Landrechtsfragen in der Südprovinz auseinanderzusetzen. Dort forderten die Bauern eine Landreform, um Grund und Boden zurückzuerhalten, der ihnen unter den Kolonialisten genommen worden war. Die Kommission empfahl u.a. die Umwandlung eines Teils des Landes, welches in Reservaten und Treuhandgebieten unter das Gewohnheitsrecht fiel, zu Pachtland. Ziel war es, ein Programm zur Ansiedlung besonders solcher Menschen zu fördern, die in den Städten aus dem Arbeitsleben ausschieden. Offensichtlich wurde der Vorschlag von der Regierung akzeptiert, denn in der Folge wurden Bestimmungen erlassen, die es Einzelpersonen ermöglichten bis zu 250 ha Land zur Bewirtschaftung zu erhalten. Der Vorschlag, von allen Landnutzern einschließlich der Kleinbauern eine Grundsteuer zu verlangen, wurde von UNIP und der Kommission aber abgelehnt.

Mit der Einführung einer pluralistischen Politik unter Präsident Chiluba schwang das politische Pendel etwas stärker in Richtung „Marktwert für Land in Zambia". Der Übergang von einer staatlich gelenkten Wirtschaft zur freien Marktwirtschaft, wie er sich unter dem Einfluß des Strukturanpassungsprogrammes vollzieht, führte 1995 zur Erlassung des Landgesetzes ("Land Act"). Diese Gesetz soll Grund und Boden zu einem Entwicklungsfaktor machen.

Während das gesamte Land immer noch der Verfügung durch den Präsidenten untersteht, beinhaltet das neue Gesetz, daß sämtliches unter der Kontrolle von Stammesältesten ("chiefs") stehendes Gewohnheitsland in staatliches Pachtland umgewandelt wird. Damit geht eine Vereinheitlichung aller Landkategorien einher. Gemäß dem Gesetz, können Personen, die Gewohnheitsland bewirtschaften, an diesem Eigentumsrechte erwerben und diese auch als Sicherheit für Bankdarlehen nutzen.

Um ausländische Investoren ins Land zu holen, wird der Präsident darüber hinaus ermächtigt, Grund und Boden an als Investoren registrierte Nicht-Zambier zu vergeben. Nichtzambische Institutionen, wie z.B. Handelsbanken, können ebenfalls bei schriftlicher Zustimmung des Präsidenten Land erwerben.

Das Landgesetz von 1995 erlaubt dem Präsidenten jedoch nicht, die Vergabe oder die Veräußerung von Land vorzunehmen, welches in einem Distrikt oder Gebiet mit gewohnheitsrechtlichem Landbesitz liegt, ohne dabei dieses traditionelle Recht zu berücksichtigen bzw. den chief und die lokalen Verwaltungsbehörden zu konsultieren. Dies gilt besonders dann, wenn das Gewohnheitsrecht im Widerspruch zum neuen Landrecht steht. Landbesitzrechte sind nur für 99 Jahre zu erwerben, es sei denn, die Veräußerung liegt in nationalem Interesse bzw. wird durch eine Zwei-Drittel-Mehrheit der Nationalversammlung gebilligt.

Es scheint also die Aufgabe der MMD-Regierung zu sein, die Erwartungen an eine Landreform zu erfüllen, bei der Land einen Marktwert erhält. Diese Erwartung geht Jahre zurück, wurde aber durch die frühere Regierung aus ideologischen Gründen nie erfüllt. Es bleibt abzuwarten, wie das neue Gesetz in die Praxis umgesetzt wird, welchen Nutzen und welche Konsequenzen es nach sich ziehen wird.

G.M. Kajoba ist Senior Lecturer
am Geographischen Institut der
University of Zambia

7.4 Umweltprobleme und Umweltschutz

In der Vergangenheit oblagen Umwelt- und Naturschutz in Zambia verschiedenen Ministerien, die ihre Tätigkeit aber nur wenig koordinierten. Ein neuer Ansatz zur Harmonisierung des Umweltschutzes war die Vorbereitung der „Nationalen Naturschutz Strategie" ("National Conservation Strategy") die 1985 durch das Parlament verabschiedet worden ist.

Im Rahmen dieses Programmes wurde die Gründung des Umweltrates ("Environmental Council") beschlossen, dem die Überwachung der Umwelt obliegt und der Standards für die Kontrolle der Schadstoffbelastung erarbeiten soll. Gleichzeitig wurden neue Entwürfe für Umweltgesetze erarbeitet, die als Umweltschutz- und Schadstoffkontrollgesetz ("Environmental Protection and Pollution Control Act") das Parlament passierten. Das neue Gesetz legte den Grundstein zur Gründung von sogenannten "inspectorates", d.h. Kontrollinstanzen, die z.B. bei der Vergabe von Lizenzen für Industriebetriebe tätig werden sollen.

7.4.1 Energiewirtschaft und Umwelt – Wasserkraft und Holzkohle, zwei ungleiche Energiequellen

Der zambische Energiesektor wird von Holz und Wasserkraft dominiert. Beide sind im Übermaß vorhanden. Erdöl und Kohle sind mit einem Anteil von 11 % bzw. 6 % am gesamten Energieverbrauch von untergeordneter Bedeutung (Abb. 7.18). Erdöl wird über den Hafen von Dar es Salaam importiert, eine Pipeline führt von dort aus zur Raffinerie nach Ndola.

Der Gesamtverbrauch an Ölprodukten beläuft sich derzeit auf ca. 500 000 t pro Jahr (NRD 1990, S. 21). Der mangelnde Zugang zum Meer führt dazu, daß die Benzinpreise in Zambia zu den höchsten der Region gehören. Die Kohlereserven des Landes werden auf ca. 30 Mio. t geschätzt. Die Hauptverbraucher von Kohle sind die Kupferminen, die Zementfabriken und die chemische Industrie. Insgesamt gehen ca. 50 % des Gesamtenergieverbrauchs zu Lasten des Bergbaus, gefolgt vom Transportwesen und der Industrie mit je 20 %. Land- und Forstwirtschaft, sowie die privaten Haushalte verbrauchen zusammen die restlichen 10 %.

Bis im März 1989, als ein Feuer das größte Wasserkraftwerk am Kafue-River zerstörte, war Zambia in der Energieversorgung autonom. Nach der Reparatur, die über ein Jahr in Anspruch nahm, konnte das Land wieder Elektrizität in die Nachbarländer exportieren. Bis dahin mußte der Energiebedarf über Importe aus Zimbabwe und Zaïre gedeckt werden. Dies kostete das Land mehr als 10 Mio. US-$ (Financial Gazette 1990). Die Kapazität des Kafue-Wasserkraftwerk beträgt 900 MW und die des

Abb. 7.18:
Energieverbrauch nach Herkunft in Zambia
Quelle: CCGTM 1990, S. 20

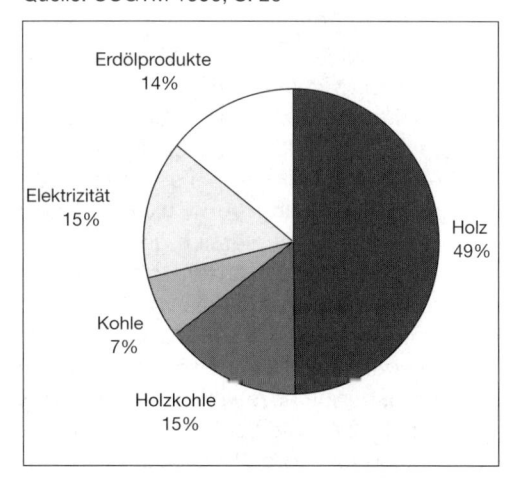

- Erdölprodukte 14%
- Elektrizität 15%
- Kohle 7%
- Holzkohle 15%
- Holz 49%

zweitgrößten Kraftwerkes am Karibadamm beläuft sich auf 600 MW.

Das Land verfügt über 40 Mio. ha Wald (56 % der gesamten Landesfläche). Der Holzvorrat beläuft sich auf ca. 3 000 Mio. t und der jährliche Holzzuwachs auf 90 Mio. t. Die Holzkohle dient den meisten ländlichen und sehr vielen städtischen Haushalten als Energiequelle, außerdem wird sie zur Energiegewinnung im Bergbau verwendet. Schätzungsweise 85 % der städtischen Haushalte hängen von der Holzkohle ab. Ein sechsköpfiger Haushalt verbraucht 120 –160 kg Holzkohle pro Monat. Die niederen Einkommensgruppen verbrauchen 19 % ihres Einkommens für Holzkohle. Der Holzkohleverbrauch nimmt jährlich um 5,5 % zu.

Die Entwaldung als Folge der Holzkohleproduktion macht sich besonders im Umfeld der Städte bemerkbar. Die Holzkohle für Lusaka wird inzwischen über Entfernungen von über 100 km herantransportiert, was ständig steigende Energiepreise nach sich zieht. Die jährliche Entwaldungsrate durch die Gewinnung der Holzkohle wird auf 135 000 ha geschätzt (SAKUBITA 1990, S. 18). In der Copperbelt-Region wurden zwischen 1937 und 1984 41 % der 8 419 km² großen Waldfläche vernichtet. Hauptverursacher der Zerstörung ist die Holzkohlegewinnung, die mit 89 400 ha zu Buche schlägt (CHIDUMAYO 1989, S. 209).

Die Holzkohle wird fast ausschließlich in traditionellen Köhlereien (Erdhaufen) hergestellt, die mit einfachsten Mitteln und unter großem Energieverlust arbeiten. Neuere Versuche zu Veränderungen bei der Herstellung und zur Verwendung von Eukalyptusholz sind bisher wenig erfolgreich gewesen. Die Bevölkerung bevorzugt die Holzkohle aus einheimischem Holz, da diese härter ist und länger brennt. Auch das Bestreben neue, energiesparende Kochstellen einzuführen, konnte bisher nicht realisiert werden. Das traditionelle Drei-Steine-Feuer, eine simple Konstruktion zur Stabilisierung der Kochtöpfe, liefert Kochhitze, Wärme und Licht in einem, alles Eigenschaften, die geschlossene Kochstellen nicht aufweisen, und ist außerdem transportabel.

Wasser

Zambia ist in der, für afrikanische Verhältnisse besonderen Situation, insgesamt einen Überschuß an Wasserressourcen zu besitzen. Tatsächlich schätzt man, daß Zambia über fast 45 % der gesamten Wasserressourcen des südlichen Afrika verfügt (NRD 1990, S. 8). Probleme des Landes sind aber die Qualität des Trinkwassers und der Zugang der Bevölkerung zu sauberem Trinkwasser. Nur ca. 30 % der ländlichen Bevölkerung verfügen über sauberes Trinkwasser (Stat. Bundesamt 1995, S. 34). Die meisten der städtischen Bewohner haben zwar Zugang zu Leitungswasser, welches mangels Chlorung jedoch nicht immer den Qualitätsstandards entspricht. Als Folge des wirtschaftlichen Niedergangs des Landes werden die Instandhaltung und Neubauten von Kläranlagen stark vernachlässigt. Dies führt zu einer hohen Schadstoffbelastung der Flüsse. Ein Beispiel ist der Kafue-River, der an der Grenze zu Zaïre entspringt, seinen Lauf zunächst durch die Minen- und Industriegebiete des Copperbelt nimmt und weiter südlich durch die großen Zuckerrohrgebiete fließt. Im Ort Kafue, ca. 60 km südlich von Lusaka befinden sich weitere Industrien, die ihre Abwässer in den Fluß leiten. Der Einfluß des Eintrags von Schadstoffen in den Fluß wird durch die drastische Erhö-

Übersicht 7.5: ⟶
Wasserqualitätsprüfungen der University of Zambia – das " Environmental/Public Health Engineering Laboratory" – ein Kommentar

Dr. W. Schäfer war von 1989 bis 1995 als Integrierte Fachkraft des „Zentrums für Internationale Entwicklung und Migration" (CIM) an der University of Zambia tätig

Die Abteilung für Bauingenieurwesen der Universität von Zambia hatte neben anderen Laboratorien auch ein Ingenieurlabor für Umweltschutz und Umwelthygiene. Für dieses Labor war ich neben meiner Lehrtätigkeit verantwortlich. Es war hauptsächlich eingerichtet für bakteriologische und physikalisch-chemische Untersuchungen von Wasser, Abwasser und Schlamm. Ursprünglich wurde das Labor nur für die Praktika der Bauingenieurstudenten genutzt. Während meiner Zeit kamen die Nutzung für Fortbildungskurse und vor allem für Wasserqualitätskontrollen und Gutachten hinzu.

Als ich meine Tätigkeit begann, war das Labor noch nicht voll eingerichtet. Bauliche Veränderungen waren notwendig, und es fehlte an Geräten, Glaswaren und Chemikalien. Im Rahmen eines Kooperationsabkommens mit den Niederlanden und z.T. aus Universitätsmitteln wurden die erforderlichen Maßnahmen durchgeführt und die notwendigen Bedarfsmittel angeschafft. Dadurch, sowie durch Einführung einiger neuer Analysemethoden, wurden die Arbeitsmöglichkeiten des Labors und Umfang und Qualität der ausführbaren Tests deutlich verbessert.

Wasserqualitätskontrollen
auf dem Universitäts-Campus
Eine Choleraepidemie im Februar 1990 gab Anlaß, das Trinkwasser auf dem Campus der Universität und in den Personalwohnungen regelmäßig bakteriologisch zu untersuchen. Nach Abklingen der Epidemie wurden diese Kontrollen beibehalten. In zweiwöchigem Abstand wurden Proben entnommen und auf coliforme Bakterien und E. coli untersucht. Bei Beanstandungen wurden Abhilfemaßnahmen vorgeschlagen, die dem Universitäts-Betriebsingenieur vorgelegt wurden. Meist handelte es sich um die Reinigung und Instandsetzung von Wasserbehältern.

Unser Labor bestand darauf, eine regelmäßige Chlorung einzuführen, und dies geschah zunächst manuell. 1991 konnte die Universität dazu gebracht werden, ein automatisches Chlorgerät anzuschaffen, welches aber 1993 wegen mangelnder Wartung unbrauchbar wurde. Da kein Geld für ein neues Chlorgerät vorhanden war, wurde die manuelle Chlorung wieder aufgenommen, aber leider nicht mit der gewünschten Regelmäßigkeit.

Nur etwa 6 % der untersuchten Proben mußten beanstandet werden. Die Trinkwasserqualität auf dem Campus war trotz der unregelmäßigen Chlorung für zambische Verhältnisse von 1990–1994 ziemlich zufriedenstellend.

Wasseranalytische Gutachten
für die Öffentlichkeit
Seit März 1990 wurde das Labor auch benutzt, um wasseranlytische Gutachten für die Öffentlichkeit zu erstellen. Diese Dienste trugen zu einer besseren Ausnutzung des Labors bei, brachten der Universität Einkommen und lieferten schließlich einen Beitrag zur öffentlichen Gesundheit und zum Umweltschutz. Regierungsstellen, diplomatische Vertretungen, das Wasserversorgungsunternehmen, die Getränkeindustrie, die Pharmaindustrie, Farmen, Entwicklungsorganistionen und private Haushalte beanspruchten diesen Service. Die meisten Klienten wollten ihr Trinkwasser untersucht haben. Im Gegensatz zu den Proben auf dem Campus erfolgte auch eine Bestimmung der physikalisch-chemischen Wasserparameter.

Von 1990 bis 1994 hat das Labor insgesamt 3 596 Wasser und Abwasserproben untersucht, durchschnittlich also ca. 60 monatlich. Die Gebühren für die Tests wurden auf der Basis des Zeitaufwands, der Geräteamortisation und des Chemikalienverbrauchs kalkuliert und laufend der Geldentwertung angepaßt. Der Umsatz belief sich auf etwa 12 000 DM pro Jahr, was für zambische Verhältnisse eine ansehnliche Summe bedeutet. Die Einnahmen halfen, die laufenden Kosten zu decken.

Personalprobleme
Anfänglich war keine ausgebildete Kraft für das Labor verfügbar, lediglich ein Helfer und ich mußte viel meiner Zeit dort verbringen. 1989 wurde ein zambischer Laborant eingestellt, den ich in die Arbeit einwies. Später kam ein niederländischer Oberlaborant und 1992 ein weiterer zambischer Mitarbeiter hinzu. Der Vertrag des Oberlaboranten endete 1992 und der zuerst eingestellte zambische Laborant verließ das Labor 1994, weil sein Gehalt den Lebensbedarf nicht decken konnte. Da für die Aufrechterhaltung des Labors mindestens zwei Kräfte notwendig sind, versuchte die Universität einen weiteren Laboranten zu rekrutieren, was aber bis zu meinem Weggang nicht gelang.

hung von Chlorid, Sulfat, Nitrat, Phosphat und anderen Ionen im Bereich der Industriegebiete deutlich. Einige der Schadstoffe, z.B. Chlorid, sind noch hunderte von Kilometer nach der Eintragstelle nachzuweisen. Neben der schleichenden Schadstoffbelastungen, die meist unbemerkt bleibt, kommt es in den letzten Jahren regelmäßig zu drastischen Äußerungen mangelnder Trinkwasserqualität in Form von Choleraepidemien (vgl. S. 39).

Übersicht 7.5 macht deutlich, welche große Nachfrage nach der Kontrolle des Trinkwassers besteht. Erstaunlich allerdings ist die Tatsache, daß selbst das Wasserversorgungsunternehmen auf die Dienste der Universität zurückgreift, offensichtlich selbst also keine funktionierende Qualitätskontrolle ihres Produktes vornimmt. Weiter zeigt das Beispiel wie schwierig sich Entwicklungsmaßnahmen in diesem Bereich gestalten. Solange die Universität als Trägerin des Labors die Gehälter der Laboranten nicht erhöht, wird sie kein zuverlässiges Personal finden und bleibt – völlig ungerechtfertigt – am Tropf der Entwicklungshilfe hängen. Nicht zuletzt wird deutlich, wie wirksam die Beschaffung von Drittmitteln durch universitäre Einrichtungen in Entwicklungsländern gestaltet werden kann.

7.4.2 Aktiver Umwelt- und Ressourcenschutz – das "Wetlands-Projekt"

Das Wetlandsprojekt, das gemeinsam vom "World Wildlife Fund for Nature" (WWF) und der ""International Union for Conservation of Nature" (IUCN) durchgeführt wird, hat zum Ziel, die Produktivität der Feuchtgebiete zu erhalten, den Nutzen, den die lokale Bevölkerung aus den Feuchtgebieten zieht zu verbessern und zu erweitern und den Schutz der lebenden Ressourcen der Feuchtgebiete zu verbessern. Das Projekt ist wohl eines der deutlichsten Anschauungsbeispiele für die Zusammenhänge zwischen politischer und wirtschaftlicher Isolation, ländlicher Armut, zentralistischer, ignoranter Regierungspolitik und Naturzerstörung in Afrika.

In das Programm wurden das Kafuebecken ("Kafue Flats") in Zentralzambia (Abb. 7.19) und das Bangweulubecken ("Bangweulu Swamps") im Norden des Landes einbezogen (Abb. 7.20).

Es handelt sich bei dem Projekt weltweit um eines der wichtigsten zur Erhaltung von Feuchtgebieten. Darüber hinaus kommt hier ein neues Modell der Umschuldung zum Tragen, das Konzept des sogenannten "Dept for Nature Swap". Hierbei wird ein Teil der Auslandsschulden Zambias vom WWF aufgekauft, und das Land bekommt die Auflage, die entsprechende Summe in einheimischer Währung zur Rehabilitation der Feuchtgebiete aufzuwenden. Dies hilft dem Land einerseits die ohnehin knappen Devisen zu sparen und kommt andererseits dem Naturschutz zugute.

Das Bangweulubecken ist fast kreisrund und umfaßt ein Gebiet von ca. 31 000 km^2. Es entspricht in seiner Ausdehnung etwa dem viel bekannteren Okavangodelta in Botswana. Die Kafue Flats sind wohl das am besten erforschte Feuchtgebiet Zambias – sie schließen die Nationalparke "Lochinvar" und "Blue Lagoon" sowie ein extensives Jagdgebiet ein.

Feuchtgebiete wurden weltweit lange Zeit als unproduktiv und überflüssig erachtet, was dazu führte, daß inzwischen ca. 50 % dieser Flächen unwiederbringlich zerstört sind (DUGAN 1992, S. 7). Lange Zeit wurde verkannt, welch wichtigen Einfluß diesen Flächen auf die Regulation des Wasserhaushalts und die Erhaltung und Verbesserung der Wasserqualität haben. Gleichermaßen wurde ihre Bedeutung als Habitat für viele Tier- (u.a. auch seltene Insekten-) und Pflanzenarten ignoriert.

Umweltprobleme und Umweltschutz 145

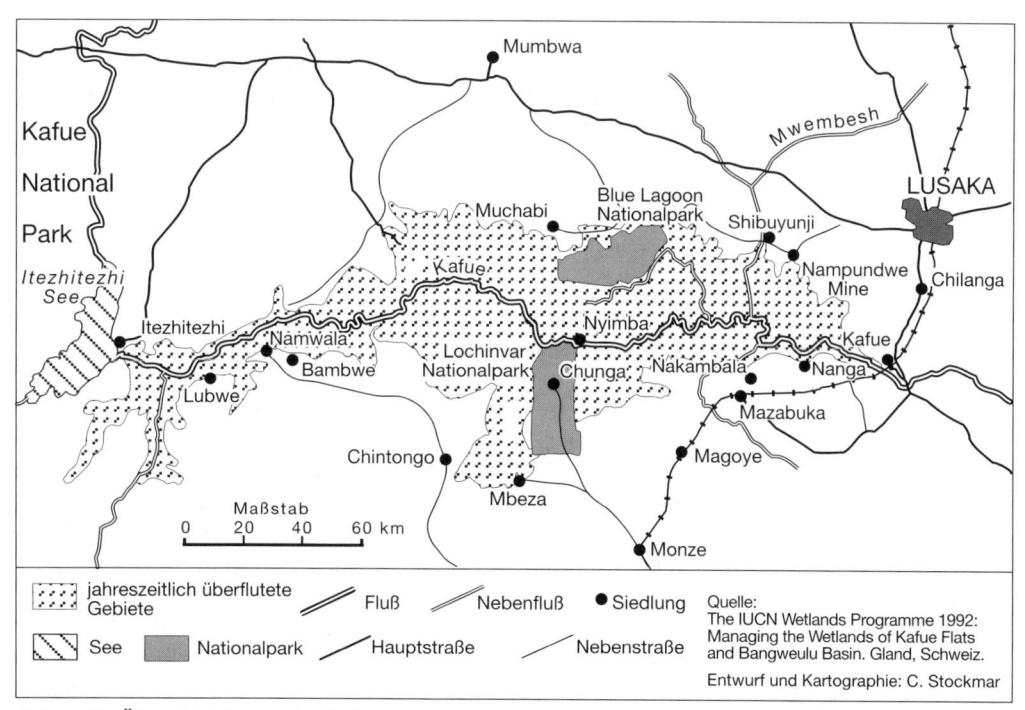

Abb. 7.19: Übersichtskarte der Kafue Flats

Abb. 7.20: Übersichtskarte der Bangweulu Swamps

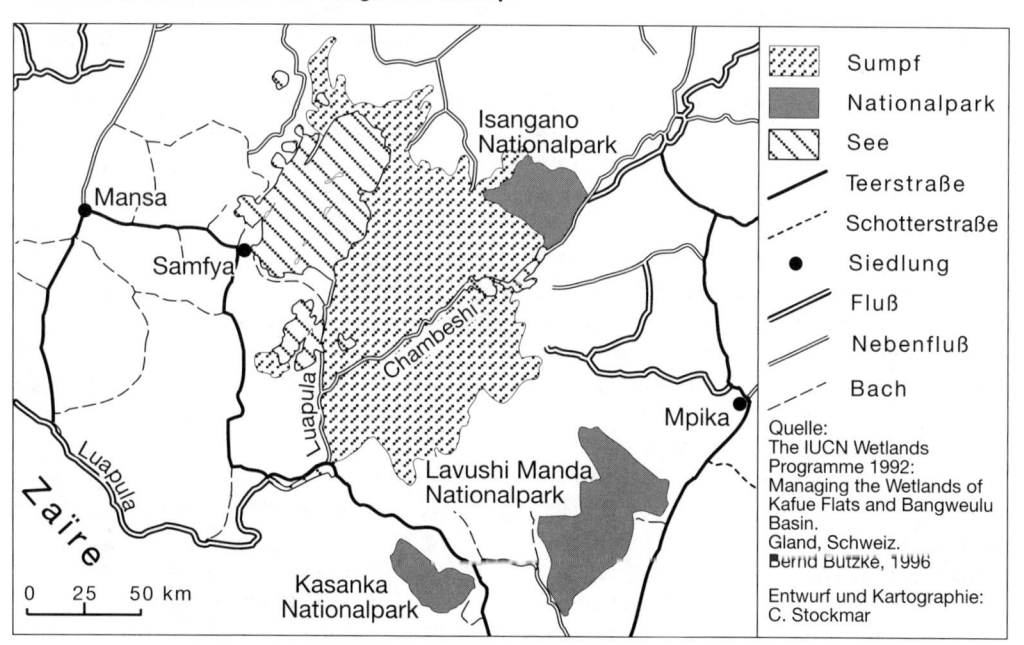

Grundprobleme der Feuchtgebiete sind in den unterschiedlichen Interessen verschiedener potentieller Nutzer und Naturschützer zu sehen. Der Schutz der artenreichen Wildtiervorkommen in den Feuchtgebieten ist z.B. aufgrund der zahlreichen Zugvögel von besonderem Interesse für den internationalen Umweltschutz und steht in vieler Hinsicht der wirtschaftlichen Nutzung der Gebiete entgegen. Die Gewinnung von Hydroenergie betrifft besonders die Kafue flats, indem künstlich in den Wasserhaushalt der fast 400 km langen und bis zu 100 km breiten Überflutungsflächen eingegriffen wird. Die Überflutung folgt nun nicht mehr dem natürlichen Rhythmus, sondern wird nach dem Energiebedarf gesteuert. Dies hat natürlich stellenweise Habitatveränderungen zur Folge, die sich im Weide-, Wander- und Brutverhalten vieler Spezies niederschlagen. Zwei Wasserkraftwerke befinden sich im Einzugsgebiet der Flats, der Itezithezi-Damm, der 1977 gebaut wurde, und das Kraftwerk an der Kafue-Schlucht ("Kafue Gorge"), welches seit 1972 besteht.

Die gezielte Nutzung der Wildtierpopulationen (insbesondere der Lechwe-Antilopen) durch die lokale Bevölkerung soll der Wilderei vorbeugen. Die landwirtschaftliche Nutzung wurde bislang wenig unterstützt, obwohl das Nutzungspotential der Feuchtgebiete besonders für Gemüse beträchtlich ist. In Zambia hatte das negative Image der Feuchtgebiete dazu geführt, daß besonders die Bangweulu Swamps von jeder staatlichen Entwicklungsmaßnahme ausgeschlossen wurden. Dies schlägt sich in fehlender Infrastruktur und extremer Armut der lokalen Bevölkerung nieder, die in krassem Gegensatz zu den reichen biologischen Ressourcen des Gebietes steht (CHABWELA 1992, S. 11). Die Vernachlässigung der Landwirtschaft und Entwicklung der Region hat dazu geführt, daß die Fisch- und Wildressourcen extremer unkontrollierter Nutzung unterliegen. Daraus resultierte in der Vergangenheit fast die Ausrottung der Black Lechwe (Kobus leche smithemani) in den Bangweulu Swamps. Nachdem sie durch die Naturschutzbehörde geschützt wurde, erholte sich die Population kurzfristig, ist nun aber erneut bedroht. Die jagdwirtschaftliche Nutzung der Swamps wird durch private Safari-Firmen organisiert, die jedoch die lokale Bevölkerung nicht in ihre Tätigkeit einbeziehen und deshalb von dieser mißtrauisch beäugt werden. Für die lokale Bevölkerung gibt es weder Nutzungsrechte an den Wildtieren, noch sind die Jagdrechte geklärt. Dies führt zu Spannungen zwischen Regierung, Naturschutzbehörden und der lokalen Bevölkerung. Letztere betrachtet sich als Besitzerin der natürlichen Ressourcen ihrer Heimatgebiete und empfindet die Eingriffe der Regierung als Einmischung. Die Entwicklungen in den Kafue flats verlaufen ganz ähnlich (CHABWELA 1992, S. 14). Nachdem die Kafue-Lechwe bis in die 1950er Jahre stark dezimiert worden war, wurde die traditionelle Jagd verboten. Die Population erholte sich bis 1976 auf ca. 100 000 Exemplare. Seit dem Bau des Itezi-tezhi Damms hat das Wildern aber drastisch zugenommen und es wird befürchtet, daß die Population inzwischen unter 50 000 gefallen ist. CHABWELA (1992, S. 20) schließt aus diesen Erkenntnissen, daß nur die Einbeziehung der Lokalbevölkerung in die wirtschaftliche Nutzung ihrer Wildressourcen verhindern kann, daß diese weiterhin durch Übernutzung bedroht werden.

Der Maßnahmenkatalog zur Verbesserung der Situation in den Feuchtgebieten Zambias schlägt folgendes vor (CHABWELA 1992, S. 23):

- Verbesserung des Schutzes der Wildtiere und Anpassung der Abschuß- und Fangquoten an die Erfolge der Schutzbemühungen;
- Verstärkung der projektbegleitenden Forschung;
- Einbeziehung der ländlichen Bevölkerung in die lokale Ressourcenplanung und -nutzung;

Umweltprobleme und Umweltschutz

- Mobilisierung der ländlichen Bevölkerung, einschließlich auch der Frauen, zur Erschließung anderer Einkommensquellen, Einbeziehung von Frauen in Entscheidungsprozesse, Schulung hinsichtlich adäquater Nahrungsproduktion und Hygiene;
- Einführung einer korrekten Verwaltung der Fisch-, Wild- und Wasserressourcen;
- Schaffung von Infrastruktur;
- Schaffung einer Verwaltungsstruktur zur Verbesserung von Forschung und Implementierung von Maßnahmen.

Die letzten große Fragen bleiben: Wie können all diese Maßnahmen umgesetzt werden, wer setzt sie um und gehen sie tatsächlich konform mit den Interessen der lokalen Bevölkerung?

Übersicht 7.6: "WWF-DANIDA BANGWEULU WETLANDS Project" – ein Kommentar

Das "Bangweulu Wetlands Conservation and Management Project Samfya District" wurde nach einem Abkommen zwischen der zambischen Regierung und dem WWF-Denmark im Januar 1992 mit finanzieller Unterstützung der "Danish International Development Agency" (DANIDA) gegründet.

Das "WWF-DANIDA Wetlands Project" ist dem "Department of National Parks and Wildlife Services" (NPWS) unterstellt und somit innerhalb des ADMADE Programmes implementiert.

Das Projektgebiet bedeckt große Flächen des südlichen und südöstlichen Teils des Samfya Districts in der Provinz Luapula.

Die Bangweulu Wetlands gehören mit ihren Sümpfen und den saisonal überfluteten Ebenen zu den biologisch bedeutungsvollsten Feuchtgebieten im südlichen Afrika. Dieses Areal weist eine große Vielfalt an Tier- und Pflanzenarten auf, endemische Spezies wie der Schuhschnabel (Balaeniceps rex) oder die Antilopengattung der Black Lechwe (Kobus leche smithemani) sind hier beheimatet.

Der lokalen Bevölkerung dienen diese Ressourcen mitunter als einzige Quelle für ihre Ernährung und einen möglichen Einkommenserwerb. Der geringe Versorgungsstand an medizinischen und schulischen Einrichtungen, fehlende Transportmöglichkeiten, sowie mangelnde Unterstützung der Regierung (z.B. in Form von Agrarsubventionen) tragen zu einem mageren Lebensstandard bei, der zu den niedrigsten in Zambia gehört.

Die existierende Armut und der Mangel an externer Hilfe zum Aufbau infrastruktureller Einrichtungen hat dramatische Folgen für die vorhandenen natürlichen Ressourcen im Projektgebiet. Insbesondere in der Fischerei und am Bestand der Black Lechwe-Antilopen hat man in den letzten Jahren starke Anzeichen von Übernutzung durch die wachsende Bevölkerung festgestellt, die in ihrem derzeitigen Ausmaß sofortigen Handlungsbedarf fordern.

Das "WWF-Danida Bangweulu Wetlands Project" hat sich diese Problemstellung zur Zielsetzung des Projektinhaltes gemacht:
- Aufbau einer Grundlage zur Entwicklung eines langfristigen Konzeptes zur nachhaltigen Nutzung der natürlichen Ressourcen;
- Verbesserung der lokalen Entscheidungsgewalt hinsichtlich der Nutzung natürlicher Ressourcen und der Entwicklung der Gemeinde;
- Verbesserung der lokalen Transportmöglichkeiten und des Versorgungssystems.

Langfristige Projektzielsetzungen

Das übergeordnete Projektziel des "WWF-DANIDA Projektes" ist die nachhaltige Nutzung aller natürlichen Ressourcen in den Bangweulu-Feuchtgebieten, die zu einer Entwicklung der Kommunen beiträgt. Der WWF verfolgt im Gegensatz zu ADMADE eine Strategie der nachhaltigen Nutzung aller natürlichen Ressourcen und nicht nur der des Wildbestandes. Mit Hilfe der folgenden Projekttätigkeiten soll diese langfristige Zielsetzung erreicht werden:
- Verbesserter Schutz der Feuchtgebiete;
- Erhöhung des Ertrages aus der nachhaltigen Nutzung der natürlichen Ressourcen der Feuchtgebiete;
- Dezentralisierung der Entscheidungsgewalt über die Verwaltung der natürlichen Ressourcen und Initiativen zur Entwicklung der lokalen Kommunen;
- Verbesserung der Lebensgrundlagen für die lokale Bevölkerung.

Der bisherige Hauptgeldgeber des Projektes, die " Danish International Development Agency" (DANIDA), zog sich Mitte 1996 infolge mangelnder Resultate aus dem Projekt zurück.

B. Butzke ist Student der Geographie an der Universität Freiburg i Br. und hat sich im Rahmen seiner Magisterarbeit mit dem Wetlandsprojekt intensiv beschäftigt. Er war von Mai–August 1994 mit Feldforschungen im Projekt tätig.

8 Der Kariba-Staudamm: Die Umsiedlungspolitik und ihre Folgen

8.1 Veränderungen der traditionellen Landnutzung in der Südprovinz Zambias (Gwembe-Distrikt) durch den Staudammbau

Das Zambezital im Süden der Republik Zambia wird von der ethnischen Gruppe der „Tal-Tonga" ("Valley Tonga", auch "Gwembe Tonga" nach dem Namen des jetzigen Distrikts) bewohnt, die aufgrund ihres unterschiedlichen Landnutzungssystems und ihrer Kultur von den Tonga auf dem Zentralplateau unterschieden werden. Die Bewohner des Zambezitales waren durch die Einflüsse des Kolonialismus und durch den Bau des Kariba-Staudamms (Inbetriebnahme 1959) erheblichen äußeren Störungen ausgesetzt, die nicht ohne Folgen für das traditionelle Landnutzungssystem und die Ernährungssicherung waren. Das Landnutzungssystem der Talbewohner wird als "Lower Valley System" oder "Gwembe-System" klassifiziert und wurde von TRAPNELL/CLOTHIER (1957) erstmals beschrieben. SCUDDER (1975) beschäftigte sich ausführlich mit der Ökologie dieser Landnutzung, und SCHULTZ (1976) gibt einen detaillierten, systematischen Überblick über die Einzelkomponenten des Systems. Es beruht auf semi-permanentem Hack- und Ochsenpflugbau. Die Hauptanbaufrüchte sind Sorghum (Sorghum sp.), Hirse (Pennisetum typhoides) und Mais (Zea mays). Außerdem werden Rinder und Ziegen gehalten. In den Jahren 1957 und 1958 wurden aus dem früheren Zambezital ca. 57 000 Menschen umgesiedelt, davon 6 000 in das Lusitugebiet unterhalb der Staumauer (COLSON 1971, SCUDDER 1966). Inzwischen, nach 40 Jahren,

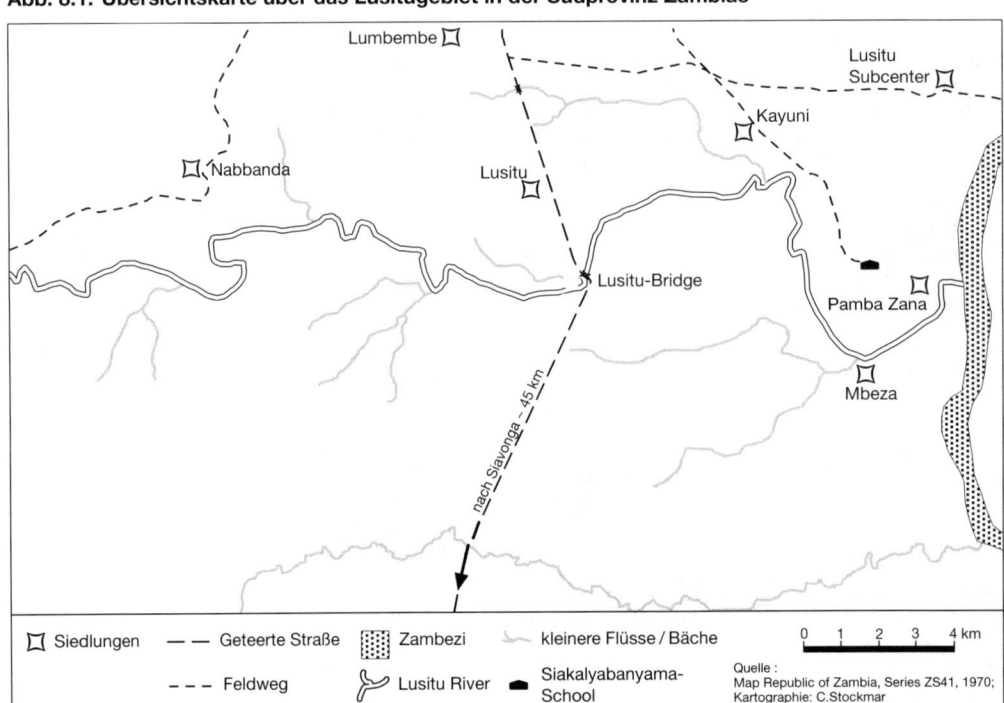

Abb. 8.1: Übersichtskarte über das Lusitugebiet in der Südprovinz Zambias

leben im Lusitugebiet ca. 20 000 Menschen (Abb. 8.1).

Im folgenden wird aufgezeigt, wie sich die Ernährungssicherung und das Landnutzungssystem der Tonga seither geändert haben. Außerdem werden einige Beispiele derzeitiger Landnutzung gegeben, die verdeutlichen, wie unterschiedlich das Nutzungspotential der verschiedenen Standorte ist.

8.2 Traditionelle Landnutzungssysteme am Zambezi

Das Klassifikationssystem der Tonga für ihre Gärten hat SCUDDER (1975) ausführlich beschrieben. Abbildung 8.2 stellt eine systematische Vereinfachung dieses Systems dar. Auch SCUDDER war klar, daß es für Außenstehende sehr schwierig ist, dieses komplexe System genau zu verstehen.

Die Bezeichnung „Gärten" ist etwas irreführend, da es sich um Produktionsflächen handelt, auf welchen hauptsächlich Grundnahrungsmittel angebaut werden. Diese Flächen werden auch von den Tonga selbst nicht als Gärten, sondern als Felder ("fields") bezeichnet. Die eigentlichen „Gärten" dienen bei den Tonga, wie auch bei uns, der Produktion von Gemüse. Die Gemüsegärten, liegen entweder direkt am Zambezi (Jelele-Gärten) bzw. an seinen Seitenflüssen

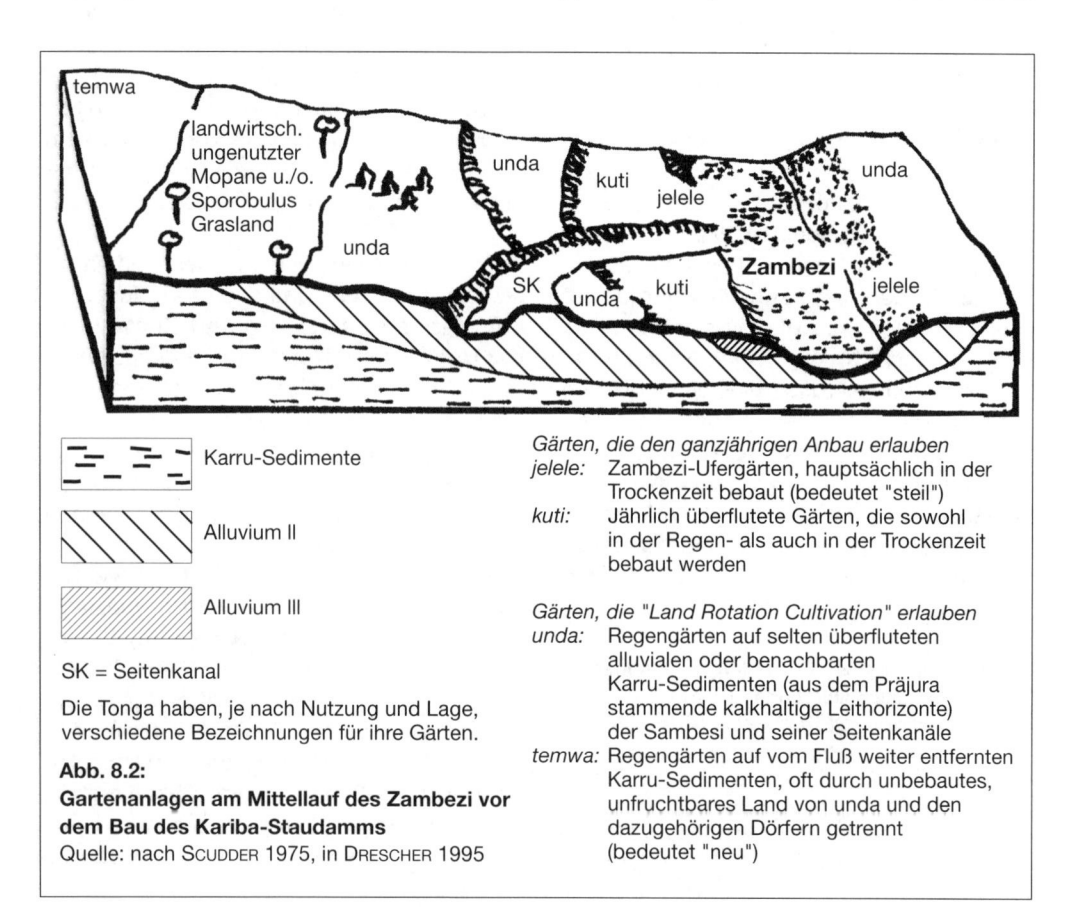

Gärten, die den ganzjährigen Anbau erlauben
jelele: Zambezi-Ufergärten, hauptsächlich in der Trockenzeit bebaut (bedeutet "steil")
kuti: Jährlich überflutete Gärten, die sowohl in der Regen- als auch in der Trockenzeit bebaut werden

Gärten, die "Land Rotation Cultivation" erlauben
unda: Regengärten auf selten überfluteten alluvialen oder benachbarten Karru-Sedimenten (aus dem Präjura stammende kalkhaltige Leithorizonte) der Sambesi und seiner Seitenkanäle
temwa: Regengärten auf vom Fluß weiter entfernten Karru-Sedimenten, oft durch unbebautes, unfruchtbares Land von unda und den dazugehörigen Dörfern getrennt (bedeutet "neu")

Karru-Sedimente

Alluvium II

Alluvium III

SK = Seitenkanal

Die Tonga haben, je nach Nutzung und Lage, verschiedene Bezeichnungen für ihre Gärten.

Abb. 8.2:
Gartenanlagen am Mittellauf des Zambezi vor dem Bau des Kariba-Staudamms
Quelle: nach SCUDDER 1975, in DRESCHER 1995

(Kalonga-Gärten) und in feuchten Randsenken (Kuti- und Unda-Gärten). Die Bezeichnung "temwa" leitet sich aus dem Tonga-Verb "kutema" = Bäume fällen ab und bezieht sich auf höher gelegene Flächen, die ausschließlich dem Anbau von Hirse in der Regenzeit dienten. Zwischen unda und temwa befand sich ein Vegetationsstreifen, der möglicherweise als traditionelle Erosionsschutzmaßnahme erhalten wurde. Dieser Streifen ist als Restvegetation einer vorher intakten Vegetationsdeckung zu verstehen (Abb. 8.2).

Heute werden diese Flächen als Munda-Gärten (alte Gärten, Brachen, nacktes Land) bezeichnet, weil in diesem Bereich kaum mehr intakte Vegetation existiert (DRESCHER 1995).

Wie in anderen Gebieten Zambias und weiten Teilen Afrikas liegt die Verantwortung für die Gemüseproduktion hauptsächlich in Frauenhand.

Die Tonga hatten ein Klassifikationssystem für ihre Produktionsflächen entwickelt, welches auf Indikatorpflanzen, wie z.B. verschiedenen Gattungen von Gräsern basiert. Die Gattung Echinochloa ist ein Indikator für Sorghumböden, während Dactyloctenium Perlhirseböden anzeigt. Auf sandigen und tonig-lehmigen Böden (Zeigerpflanze: Panicum maximum) werden beide Getreidearten angebaut (SCUDDER 1975). Außerdem trugen die Wasserverfügbarkeit, die Topographie der Standorte und die Art der Nutzung zur Namensgebung bei. Auch sozio-ökonomische Faktoren, wie das Geschlecht des Nutzers und die angebauten Nutzpflanzen ("cash-crops" oder Gemüse) waren mit beteiligt. Dies äußerte sich darin, daß die Eigennamen und die Nutzung dieser Gärten von verschiedenen Tonga-Dörfern fein mit diesen Faktoren abgestimmt sind (SCUDDER 1975).

Die Tonga Bezeichnung "miunda wa maila" steht z.B. für Unda-Gärten, in denen Sorghum angebaut wird, während "miunda wa inzembwe" für Unda-Gärten verwendet wird, in denen Perlhirse angebaut wird.

SCUDDER führt aus: „Obwohl diese beiden Getreidesorten oft in Mischkultur angebaut werden, wird Sorghum eher auf schweren Alluvialböden angebaut ..., während Hirse auf wasserdurchlässigen, sandigen Böden angebaut wird." ["Although these two cereals are frequently interplanted, sorghum is the preferred crop on heavy alluvial soils ..., while millet is planted on well drained sandy soils."] (SCUDDER 1975, S. 41).

Man kann durchaus einen Schritt weitergehen und dieses indigene Nutzungssystem als Synthese einer Bodenklassifikation mit einer Landnutzungsklassifikation interpretieren (Abb. 8.3).

Das Interessante ist, daß hierin die natürlich gewachsenen Strukturen zum Ausdruck kommen, sozusagen eine Art Koevolution der Böden, ihrer Nutzung und des bäuerlichen Wissens darüber. Dies folgt dem Prinzip des jahrtausende währenden Prozesses des "trial and error" (MANSHARD 1988). Die genauen Bezeichnungen der Nutzungsoptionen verschiedener Standorte sprechen für diese Interpretation.

Vergleichbare indigene Systeme werden z.B. auch von FAUST (1987) für den westafrikanischen Raum beschrieben. Im Unterschied zu dem hier dargestellten System handelt es sich dabei jedoch dabei um „echte" Bodenklassifikationssysteme (d.h. eine traditionelle Klassifizierung der Böden nach Korngrößen, z.B. sandig, tonig etc.), ohne daß der Nutzungsaspekt in den Bodenbezeichnungen explizit zum Ausdruck kommt.

Abb. 8.3: Faktoren zur Entwicklung indigener Landklassifikationssysteme
Quelle: nach DRESCHER 1995 verändert

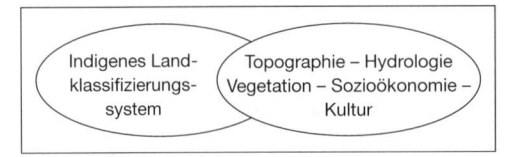

Indigenes Landklassifizierungssystem — Topographie – Hydrologie – Vegetation – Sozioökonomie – Kultur

8.3 Das traditionelle Nahrungssicherungsystem der Tonga im Zambezital

Die früheren Bewohner des Zambezitales hatten ein sorgfältig ausbalanciertes System der Ernährungssicherung. Die verschiedenen Produktionsflächen wurden in Abhängigkeit von der Wasserverfügbarkeit und auch der Verfügbarkeit von Arbeitskraft sukzessiv genutzt. Die Kuti-Gärten ("floodplain gardens") werden von SCUDDER (1975) als die wichtigsten Gärten der Tonga bezeichnet. Dies ist der ständigen Wasserverfügbarkeit zuzuschreiben, die eine Mehrfachnutzung fast das ganze Jahr über ermöglicht.

Die Größe der Kuti-Gärten hängt vom Grad der Überflutung ab: bei starker Überflutung werden nur die erhöhten Bereiche genutzt; bei Rückgang der Flut vergrößern sich die Gärten. Die sukzessive Nutzung von Jelele-Gärten ("riverbank gardens") hauptsächlich in der Trockenzeit, von Kuti-Gärten fast ganzjährig, und von Unda- und Temwa-Gärten in der Regenzeit, ermöglichte den Tonga flexible Reaktionen auf Störungen des Landnutzungssystems durch ausbleibende Regenfälle, Schädlinge und Pflanzenkrankheiten. Die Produktion der Grundnahrungsmittel war mehrfach gesichert: durch den Hirseanbau in der Regenzeit, den ganzjährigen Anbau zweier verschiedener Sorghumvarietäten und den Maisanbau in der Trockenzeit in den flußnahen Jelele-Gärten (Abb. 8.4).

Abb. 8.4:
Wichtigste Bestandteile des traditionellen Nahrungssicherungssystems der Tonga im Zambezital
Landwirtschaftliche Produktion von Grundnahrungsmitteln, Gartenbau, Tierhaltung, Sammelwirtschaft, Jagd und Fischerei sind die Grundpfeiler des Systems. Die vier wichtigsten Gartentypen erlauben den Anbau verschiedener Kulturpflanzen sowohl in der Trockenzeit als auch in der Regenzeit.
Quelle: nach DRESCHER 1995, S. 308, basierend auf Erläuterungen von SCUDDER (1975), schematisiert

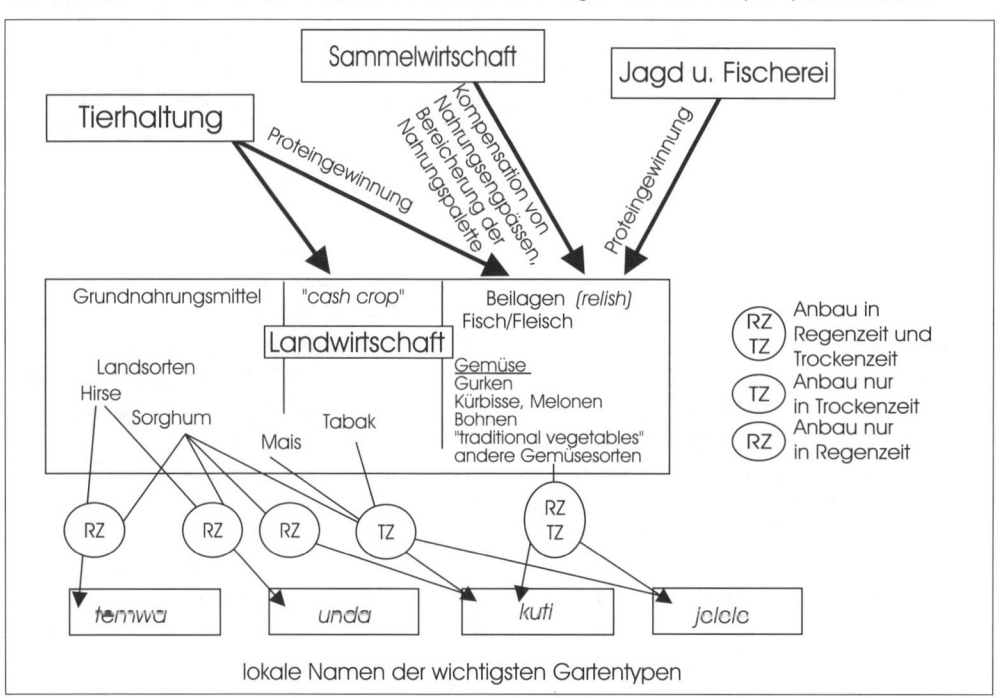

Wenn der regenzeitliche Anbau überdurchschnittlich erfolgreich war, wurden in der Trockenzeit Mais für den Verkauf oder oft auch Tabak für den Eigenbedarf und zum Verkauf oder Tausch angebaut. Dies half, die ökonomische Stabilität zu sichern. Idealer Standort für diesen Anbau war die saisonal überflutete "flood plain" des Zambezi, wo am Ende der Regenzeit die von den Fluten zurückbleibende Restfeuchte genutzt wurde. Im Zentrum der Aktivitäten stand also die Produktion von Grundnahrungsmitteln. Die Produktion von Verkaufsfrüchten ("cash-crops") war zunächst von sekundärer Bedeutung. Ähnliches wird über die Kayè in Togo berichtet, die Tabak immer zum Ende der Regenzeit anbauen, wenn die Erzeugung von Grundnahrungsmittel abgeschlossen ist (FAUST 1987). Tabak wurde bereits von Livingstone während seiner Reise im Jahre 1866 bei den Tonga vorgefunden (SCUDDER 1975). Vermutlich wurde er, wie auch der Mais, auf den alten Handelswegen der Portugiesen nach Afrika gebracht (PURSGLOVE 1975).

Zusätzliche Pfeiler der Ernährungssicherung waren die Jagd, Fischerei, Sammelwirtschaft und Tierhaltung. Die Jagd und die Fischerei brachten Protein in die Nahrung und die Sammelwirtschaft diente der Überbrückung von Nahrungsengpässen und der Bereicherung der Nahrungspalette. Der von vielen Autoren und frühen Reisenden beschriebene Wildreichtum der Gegend ist völlig verschwunden. Ganz selten verirrt sich einmal eine Antilope aus dem benachbarten Zimbabwe oder kleinen Rückzugsnischen in das Gebiet. Alle höheren Tierarten sind als Folge der intensiven Bejagung und landwirtschaftlichen Nutzung nicht mehr anzutreffen.

Gelegentliche Versuche, in den Nationalparks auf der Südseite des Zambezi zu wildern, werden von den dortigen Behörden mit der Schußwaffe rigoros verfolgt. Dies führte Gerüchten zufolge im Jahre 1992 zu sieben Toten.

Die Tierhaltung, auch heute noch von großer ökonomischer Bedeutung für die Tonga, hat (wie der Wildtierbestand) auch negative Folgen für den Gartenbau, da die Gärten mit großem Aufwand gegen Vieh und Wildtiere geschützt werden müssen. Die Flußgärten werden nach drei Seiten, die Kuti-Gärten nach vier Seiten mit Zäunen abgegrenzt. Dies hat sich bis heute nicht verändert.

8.4 Der Bau des Kariba-Staudamms und seine Folgen

Ende der 1950er Jahre wurde das damals größte Staudammprojekt der Welt, der Bau des Kariba-Damms, vollendet. Das Projekt wurde gemeinschaftlich von Nordrhodesien (dem heutigen Zambia) und Südrhodesien (dem heutigen Zimbabwe) durchgeführt und diente in erster Linie der Gewinnung von Elektrizität durch Wasserkraft. Noch heute ist der Karibasee mit einer Fläche von ca. 5 000 km^2 der drittgrößte künstliche See der Welt.

Die zwangsweise umgesiedelten Menschen mußten sich an ihren neuen Wohnorten eine völlig neue Existenz aufbauen. Zwar versprach die Regierung freies Wohnen, Wasserversorgung und Fleisch von wilden Tieren, dies konnte jedoch nur z.T. eingehalten werden. Die Amerikaner COLSON und SCUDDER, die während und nach der Umsiedlung intensive Forschungen im Zambezital betrieben, berichten von den enormen Schwierigkeiten der Menschen mit ihrer neuen Umgebung (COLSON 1971; SCUDDER 1960, 1966, 1971, 1975).

Die Sammelwirtschaft war eines dieser Probleme. Sie ist, wie bereits erwähnt, ein Hauptstützpfeiler der Ernährung der Tonga und dient dazu, zum üblichen Getreidebrei zusätzliche Beilagen auf den Tisch zu bringen. In mehreren Haushalten dreier Tonga-

Dörfer wurde die Nahrungspalette vor der Umsiedlung untersucht. Dabei ergab sich, daß von 953 Beilagen 642 ihren Ursprung in der Sammelwirtschaft hatten (67 %). Nur 22 % stammten aus der landwirtschaftlichen Produktion, 7 % aus der Tierhaltung, knapp 2 % aus der Jagd und 1,3 % kamen aus der Fischerei (SCUDDER 1975). Dies zeigt die außerordentlich wichtige Rolle dieser Aktivität für die Ernährungssicherung der Tonga. Infolge der Unkenntnis der fremden Vegetation im neuen Siedlungsgebiet soll es u.a. zu Vergiftungen durch das Sammeln giftiger Wildpflanzen gekommen sein (COLSON 1971; WADDY 1966).

Tabelle 8.1 zeigt die Veränderungen, die hinsichtlich der Nutzungsstruktur und der saisonalen Überschwemmung des Gebietes durch den Bau des Kariba-Staudamms eingetreten sind.

Die Veränderung des Abflußverhaltens des Zambezi hat einen weiteren Teil zu dieser Störung beigetragen. Flußebenen unterhalb des Dammes, die vorher jährlich überschwemmt waren, blieben plötzlich trocken, was deren Nutzung nachhaltig veränderte. Durch den Bau des Kariba-Dammes gingen nicht nur Siedlungen, sondern auch viele der flußnahen Wintergärten verloren. Dadurch stieg die Abhängigkeit der Tonga von unregelmäßigen Niederschlägen, wie SCHULTZ (1976) ausführt. Auch dies wirkt sich negativ auf die Ernährungssicherung der Tonga aus.

Die frühen Reisenden im Zambezital zeigten sich von den Gärten entlang des Ufers tief beeindruckt (SCUDDER 1975). Noch heute kann man insbesondere im Kuti-Bereich in der Regenzeit ausgedehnte Anbauflächen beobachten, während diese mangels Überflutung in der Trockenzeit nur noch selten zu beobachten sind.

Der Dammbau hat hier offensichtlich die Nutzungsmöglichkeiten der Jelele-Gärten

Tab. 8.1: Feld- bzw. Gartentypen und Landnutzung der Tonga vor und nach der Umsiedlung
Quelle: nach SCUDDER 1975, in DRESCHER 1995, S. 307

Feldbezeichnung	Überflutung früher	frühere traditionelle Nutzung	Überflutung heute	heutige Nutzung
früher temwa, heute munda	keine	Anbau von Perlhirse, Sorghum, Erdnuß	keine	Anbau von Mais, Gartenkürbis, Baumwolle, Sorghum
unda	selten	Anbau von Sorghum, Perlhirse mit Gemüse in Mischkultur (periodische Brache)	keine	Anbau von Mais, Sorghum
kuti	jährlich	Anbau von Sorghum, Perlhirse Intercropping mit Gemüse Anbau von Mais, Süßkartoffeln, Gemüse in Hausgärten und in Mischkultur mit Getreide (Anbau zweimal jährlich)	selten, feuchte Senkenfüllen sich mit Regen und Grundwasser	Anbau von Mais, Süßkartoffeln, Sorghum, Tabak, Hausgärten in feuchten Senken Mischkultur von Gemüse (Anbau einmal jährlich)
jelele	jährlich	Anbau von Mais, Tabak, Gartenkürbis, Bohnen, Hausgärten	gelegentlich bei Hochwasser	Hausgärten Tabak

und der Kuti-Flächen besonders eingeschränkt, wenn nicht zerstört. Die Unda- und Temwa-Flächen unterliegen dagegen einer Nutzungsintensivierung, bedingt durch die Teilkommerzialisierung des Maisanbaus, den Baumwollanbau und zunehmenden Bevölkerungsdruck. Dies führte u.a. zu einer permanenten Bodennutzung gerodeter Flächen. Die Flächenintensivierung und der Bevölkerungsdruck haben zur Folge, daß auch die Restbestände natürlicher Vegetation im Temwa-Bereich nun durch landwirtschaftliche Nutzung verschwunden sind. Deshalb werden diese Gärten, wie bereits erwähnt, heute auch Munda-Gärten genannt. Die Konsequenzen dieser Entwicklung sind starke Flächenspülung und Rillenerosion auf dem Hochgestade.

8.4.1 Gartenbau und Tierhaltung

Die Umzäunung der Gärten mit Trockenzäunen (Ästen von Acacia siberana und anderen dornigen Akazien) oder Umzäunungen Umzäunung" aus Lebendhecken (z.B. Euphorbia sp.) sind wichtig, um frei grasende Tiere, vor allem Ziegen, von den Gärten fernzuhalten. Allerdings beschränken sich die Umzäunungen hauptsächlich auf die mehr oder weniger permanenten Hausgärten, während im Regenfeldbau weniger Schutzbemühungen zu beobachten sind. Dies wurde auch von COLSON (1962) für die Tonga auf dem Zentralplateaus berichtet. Der Schutz größerer Flächen ist aus mehreren Gründen unmöglich. Metallzäune sind für die Bevölkerung nicht erschwinglich und der Arbeitsaufwand für die Konstruktion von Holzzäunen viel zu groß, da sie durch Termitenfraß innerhalb einer Saison zerstört würden.

Bereits früher waren die Schäden an den Kulturpflanzen erheblich, während das Interesse für Schutzmaßnahmen relativ gering war. Mangelnde geregelte Weidewirtschaft führte auf diese Weise oft zur Zerstörung ganzer Regenfelder (COLSON 1962). Weder COLSON (1962) noch SCUDDER (1975) haben eine Erklärung für dieses Phänomen. KARKOSCHKA (1989) schreibt, daß viele Flächen in Dorfnähe wegen der vielen weidenden Ziegen gar nicht mehr bewirtschaftet werden.

Besonders kritisch wird die Situation in der Trockenzeit, wenn kaum mehr Nahrung für die Tiere verfügbar ist. Das Gebiet präsentiert sich in dieser Zeit ohne jegliche bodendeckende Vegetation. Die Rinderherden werden meist von Kindern gehütet, was in der Regenzeit, bei großem Nahrungsangebot kein Problem darstellt. In der Trockenzeit wird das Futter so knapp, daß die Tiere täglich weite Strecken zurücklegen müssen. Dies führt zu starken Trittschäden und ist häufig Auslöser für das Entstehen tiefer Erosionsrinnen. Das Hüten der Tiere wird dann fast unmöglich, so daß der Schutz der Bewässerungsgärten nicht mehr gewährleistet ist. Der Aufwand zum Schutze der Gärten ist dann entsprechend groß und führt, insbesondere durch die starke Übernutzung der Akazienbestände, zur Zerstörung der Vegetation und dadurch auch zu Erosion. Die Akazien unterliegen vielfacher Nutzung: Außer zur Verwendung als Zaunmaterial werden sie auch als Feuerholz geschlagen und dienen dem Vieh als Nahrung. Frühe trockenzeitliche Brände bedingen Nahrungsmangel bei den Tieren, der durch die Beweidung von Bäumen und Sträuchern kompensiert wird. Dies führt zu verminderter Regenerationsfähigkeit der Bestände.

Ein weiterer Effekt des hohen Tierbestandes und der Schutzmaßnahmen für die Bodenfruchtbarkeit ist folgender: Die Tiere werden unmittelbar nach der Ernte auf die Stoppelfelder gelassen, wo sie die Ernterreste beweiden, gleichzeitig werden die Mais- und Sorghumstengel aber zur Konstruktion von Zäunen gegen das Vieh benutzt. Dies führt dazu, daß kein organisches

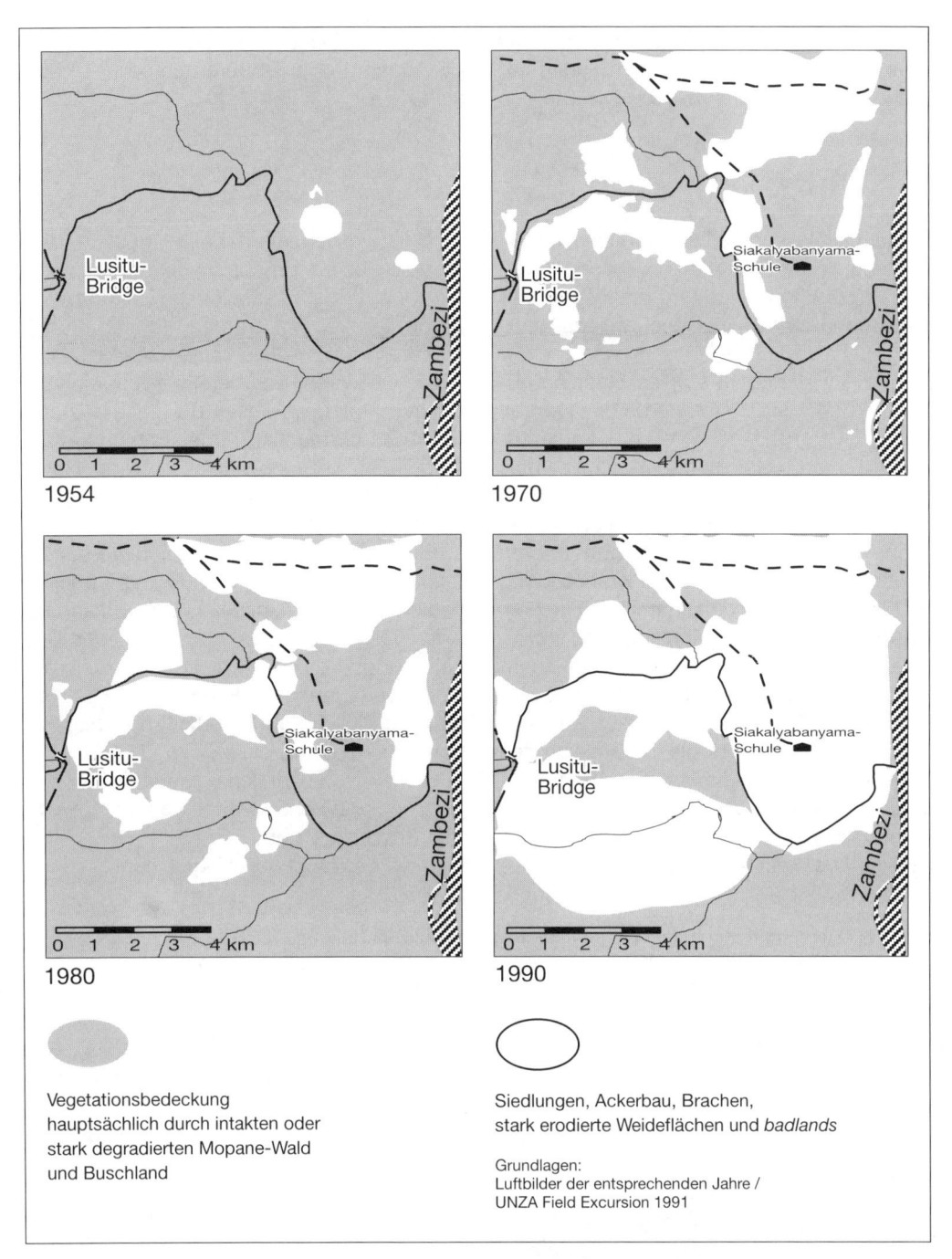

Der Bau des Kariba-Staudamms und seine Folgen 155

1954

1970

1980

1990

Vegetationsbedeckung
hauptsächlich durch intakten oder
stark degradierten Mopane-Wald
und Buschland

Siedlungen, Ackerbau, Brachen,
stark erodierte Weideflächen und *badlands*

Grundlagen:
Luftbilder der entsprechenden Jahre /
UNZA Field Excursion 1991

Abb. 8.5:
Veränderung der Vegetationsbedeckung des Lusitugebietes – stark schematisiert (1957–1990)
Quelle: UNZA-Fieldtrip 1992, überarbeitet
Kartographie: C. Stockmar

Material auf den Feldern zurückbleibt. Die Überpopulation des Viehbestandes führt deshalb heute zu einer erheblichen Störung des Nährstoffkreislaufs, was eine mittelfristige Abnahme der Bodenfruchtbarkeit nach sich zieht.

8.4.2 Der Einfluß von Feuer

Die natürliche Vegetation ist intensiver Beweidung, Feuer, Feuerholzgewinnung (Holzkohleproduktion), Nutzung als Konstruktionsmaterial und landwirtschaftlicher Nutzung ausgesetzt. Die Auswirkungen dieser Eingriffe, wie z.B. verstärkte Flächenspülung, Rillen- und Grabenerosion, werden von MÄCKEL (1975, 1985) für das Escarpmentland und für das Hochplateau Zambias ausführlich beschrieben.

Feuer hat im Lusitugebiet zwei Hauptursachen: Die Jagd nach kleinen Bodentieren ("bush rats", "mice") und die Brandrodung zur Gewinnung landwirtschaftlicher Flächen. Der erstgenannte scheint derzeit der wichtigere Grund für das Legen von Buschfeuern zu sein. Die störende bodendeckende Grasschicht der Savannenvegetation wird dadurch entfernt und gibt die Zugänge zu den Bodengängen der Tiere frei (diese Beobachtung gilt übrigens auch für die Nordwest - Provinz Zambias und für den periurbanen Bereich Lusakas). Mit ausgeklügelten Methoden werden dann Fallen gestellt. Die Tiere dienen der Ernährung der Familien und zur Schaffung zusätzlichen Einkommens durch den Verkauf auf den Märkten. In der Literatur wurden keine entsprechenden Hinweise gefunden, daß bereits früher eine intensive Nutzung dieser Bodentiere stattfand. Ein erstaunlich hoher Anteil jagdbedingter Brandlegungen wird indes auch von MEURER et al. (1994) für Westafrikanische Savannen berichtet.

Einige Bäume wie feuerresistente bzw. -tolerante Arten (z.B. einige Akazien) überleben diese Umwelteinflüsse, während andere Arten völlig zerstört werden. Durch den Bevölkerungsdruck kommt es außerdem zu einer Zunahme der Feuerfrequenz. Dies führt zu einem kontinuierlichen Rückgang der lokalen Waldressourcen. Nutzbäume (z.B. Ziziphus mauritiana), die entweder der Nahrungsgewinnung oder anderen Zwecken (medizinischen, handwerklichen) dienen, werden hingegen oft geschont.

Abb. 8.6: Querschnitt durch den oberen Lusitu-Lauf im Juli 1993
Quelle: nach DRESCHER 1995, S. 320
Entwurf: A.W. Drescher, Grafik: C. Stockmar

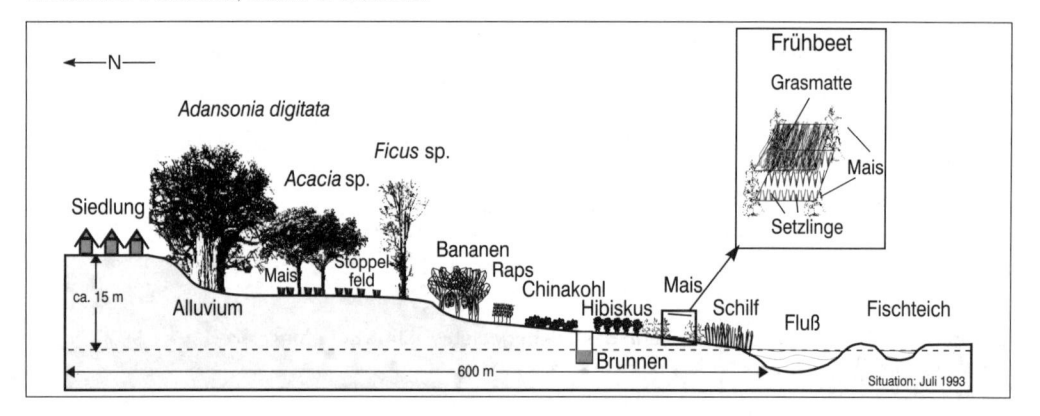

Der Bau des Kariba-Staudamms und seine Folgen

Die Überweidung, Abholzung, Feuer und Brandrodung zum Zwecke der landwirtschaftlichen Nutzung führen in weiten Bereichen der Zambezi-Hochterrasse zur Zerstörung der Vegetationsdecke (Abb. 8.5). Die Folgen sind Flächenspülung, eine ausgeprägte Deflation und im Bereich von Viehpfaden und von Wegen lineare Erosion ("rill erosion", "gully erosion") der Böden. Dies ist ein Beispiel dafür, wie die Armut zur Zerstörung der Lebensgrundlagen beitragen kann.

Die Gärten am Oberlauf des Lusitu bieten aufgrund ihrer Lage ganz andere Nutzungsmöglichkeiten als die oben beschriebenen Gärten. Die Siedlungen befinden sich in sicherem Abstand zum Fluß, der in der Regenzeit enorme Wassermengen transportiert und weite Flächen überflutet. Die verschiedenen Flußterrassen werden entsprechend der Verfügbarkeit von Wasser genutzt. Abbildung 8.6 zeigt, daß noch in der Mitte der Trockenzeit auf der flußnahen Terrasse Mais angebaut werden kann.

Die Wasserversorgung des Mais erfolgt ausschließlich über die Restfeuchte des Bodens. Der Schatten des Maisfeldes und die hohe Feuchtigkeit in diesem Bereich werden zur Anlage eines Frühbeetes für Gemüsesetzlinge genutzt. Zusätzlich wird dieses Beet durch ein Grasdach beschattet. Weiter vom Fluß entfernt werden in der Trockenzeit Gemüse wie z.B. Okra, Chinakohl und Raps angebaut. Das Gemüse wird aus einem Brunnen bewässert. Am Rande dieser Terrasse stehen leicht erhöht entlang der Böschung Bananen (Musa sp.). Der gesamte Bereich bis zur Böschung ist während der Regenzeit überflutet, dann werden auf der folgenden Terrasse in der Nähe der Siedlungen Mais und Sorghum angebaut.

Mächtige Baobab-Bäume (Adansonia digitata), Akazien (Acacia sp.) und Feigen (Ficus sp.) wachsen entlang des Flußlaufes und bieten durch ihre Früchte und Blätter zusätzliche Nahrung für Mensch und Tier. Der Standort unter den Akazien (tropische Leguminosen) bietet sich besonders zum Anbau von Getreide an, da die Stickstoffverfügbarkeit durch die natürliche Fixierung von Luftstickstoff hier besser gewährleistet ist.

Mango wird direkt bei den Wohnhäusern angebaut. Die Früchte des Mangobaumes sind, neben Wildfrüchten z.B. von Adansonia digitata oder Ziziphus mauritiana, die Hauptversorgungsquelle für Vitamine.

Der Fluß führte auch zur Zeit der Aufnahme im Juli 1993 noch Wasser. Dies ermöglichte die Anlage von Fischteichen, die zur zusätzlichen Versorgung mit Protein dienten. Der Standort erlaubt hier eine semipermanente Aquakultur in der Trockenzeit, die in den anderen Flußbereichen in dieser Form nicht möglich ist. Die naturräumlichen Gegebenheiten erlauben den Anbau von Mais und die Anlage von kleinen Fischteichen in der Trockenzeit. Die höher gelegene Flußterrasse wird nur in der Regenzeit für den Maisanbau genutzt. Auch die Bäume sind Bestandteil des Nutzungssystems, sie liefern Früchte, Blätter und Viehfutter.

Zu dieser Zeit führt der Fluß am Mittellauf nur noch wenig Wasser und ist am Unterlauf bereits völlig ausgetrocknet. Die Wasserverfügbarkeit und die Geländemorphologie ermöglichen hier also ganz andere Nutzungsstrategien als auf den zambezinahen Standorten.

Übersicht 8.1: Die Gärten am Oberlauf des Lusitu als Beispiel der aktuellen Landnutzung in Zambia

9 Projekte der Entwicklungszusammenarbeit

Zambia wird, wie die meisten Entwicklungsländer durch die Entwicklungsorganisationen und Regierungen vieler Industriestaaten unterstützt. Die finanzielle Unterstützung führte 1995 dazu, daß 75 % des Staatshaushaltes durch Geberländer finanziert wurden (The Post 1996a). 1993 betrug die offizielle Entwicklungshilfe, d.h Nettoauszahlungen, Schenkungen und Kredite mit einem Schenkungsanteil von mindestens 25 %, auf bilateraler und multilateraler Ebene 874,6 Mio. US-$ (BFAI 1996, S. 17). Die wichtigsten Geberländer sind Deutschland, Japan, Italien, Großbritannien und Schweden. Deutschland steht mit Auszahlungen von knapp 129 Mio. US-$ (1993) an der Spitze der bilateralen Geber Zambias. Die Hauptschwerpunkte, die die Bundesregierung in Zusammenarbeit mit den Partnerländern zu verwirklichen versucht, sind Armutsbekämpfung, Umwelt- und Ressourcenschutz und Bildung (BMZ 1996, S. 34).

9.1 Projektbeispiele

Wichtige Entwicklungsprojekte der Bundesrepublik und anderer Industrieländer finden in den unterschiedlichsten Sektoren statt.

Durch die Beratung des Wasserwirtschaftsamtes ("Department of Water Affairs") fördert die Gesellschaft für Technische Zusammenarbeit (GTZ) seit 1980 die städtische und ländliche Wasserversorgung (GTZ 1988, S. 5). Weitere konkrete Maßnahmen der deutschen Entwicklungszusammenarbeit sind die Unterstützung der Strukturanpassung, die Beratung der Privatisierungsagentur, die Förderung der Klein- und Mittelindustrie sowie ein neuer Programmansatz in den Bereichen Familienplanung/Familiengesundheit/Tuberkulosekontrolle (BMZ 1996).

Mehr als ein Jahrzehnt wurden die Ländliche Regionalentwicklung in der Nordwestprovinz und in der Südprovinz des Landes durch die GTZ und andere Organisationen gefördert.

In der Südprovinz (Gwembetal) befaßten sich die verschiedenen Projekte z.B. mit dem Aufbau eines Schifftransportsystems auf dem Karibasee (SCHOLZ/MUNZINGER 1990, S. 20), der Ernährungsberatung der Tonga-Bevölkerung (durch die dänische Entwicklungsorganisation), dem Aufbau eines Bewässerungssystems zur Gemüseproduktion am Karibasee (getragen durch die Gossner-Mission und den Deutschen Entwicklungsdienst – DED), dem Aufbau und der Förderung der Bananenproduktion im Gwembetal (durch die italienische Entwicklungsorganisation), der Wiederaufforstung und Erosionsbekämpfung (durch GTZ und DED), Förderung kleinbäuerlicher Landwirtschaft und Ausbildung im Landwirtschaftsbereich (DED) u.s.w.

Immer wichtiger werden auch die Einsätze von sogenannten Integrierten Fachkräften (d.h von Fachleuten), die mit einem lokalen Arbeitgeber einen Arbeitsvertrag abschließen und die ein lokales Gehalt beziehen. Die deutsche Vermittlungsstelle, das Centrum für Internationale Migration und Entwicklung (CIM), eine Arbeitsgemeinschaft zwischen der Zentralen Arbeitsvermittlung der Bundesanstalt für Arbeit und der GTZ, bezahlt einen Gehaltsausgleich ("topping up"). Die CIM-Fachkräfte sind häufig in der Ausbildung, sowohl im Hochschulbereich als auch an Fach- und Gewerbeschulen, aber auch in der Kleinindustrieförderung und anderen Bereichen tätig. Sie haben durch ihre Einbindung in die lokalen Strukturen die Chance des besseren Verständnis für die hemmenden und fördernden Entwicklungspotentiale in den entsprechenden Institutionen.

In der Nordwestprovinz unterstützte die GTZ lange Zeit ein integriertes ländliches Entwicklungsprojekt. Stützpfeiler dieses Projektes waren die Einführung von Ochsenzugkraft und Ochsenkarren zur Verbesserung der Transportsituation und für den Einsatz von Pflügen in der Landwirtschaft, sowie die Förderung der traditionellen Bienenhaltung und Honigverarbeitung in dieser Region (MÜLLER 1985, S. 38-39, CLAUSS 1992). Eine weitere Komponente war die Verbesserung des Landwirtschaftlichen (Subsistenz-) Produktionssystems (basierend auf der Hauptanbaufrucht Kassave) durch den verstärkten Anbau von Mais im Rahmen eines staatlichen Förderungsprogrammes (Lima-Programm). Das Integrierte ländliche Entwicklungsprojekt in der Nordwestprovinz ist ein gutes Beispiel dafür, wie komplex (und wie schwierig) es ist, eine Region zu entwickeln. Neben der Erfassung der aktuellen Situation (Produktionssysteme, Nutzungsstrukturen, Marktstrukturen, Familienstrukturen, naturräumliche Gegebenheiten) bedarf es zum besseren Vertändnis auch intensiver Recherchen über die historische Entwicklung der Region (für einen Geographen war es übrigens verwunderlich, keine aktuellen Luftbilder über das Projektgebiet vorzufinden). Entsprechende Fragestellungen sind z.B.: Wie wirkten sich die Kolonialzeit und die Entwicklungen in der Grenzregion zum Nachbarland Angola auf die Produktionssysteme und Familienstrukturen aus? Inwieweit zwingen bilaterale Abkommen und lokale politische Strukturen zu Projektmaßnahmen, die nicht im Einklang mit bestehenden Strukturen stehen?

REDDER/RAUCH (1987) und die GTZ (1989) dokumentieren diese Überlegungen auf der Basis von historischen sowie aktuellen wirtschaftlichen und politischen Überlegungen und von Interviews mit Bauern in exemplarischer Weise.

Wiederum am Beispiel des Mais läßt sich auch hier aufzeigen, wie politische und wirtschaftliche Interessen zur Verschärfung der Nahrungssituation in einzelnen Regionen führen können. Die staatliche Förderung des Anbaus von Hybridmais führte zur zunehmenden Abhängigkeit der Kleinbauern von wirtschaftlichen Kreisläufen und externen Ressourcen- wie Saatgut, Dünger und Beratungsdiensten. Um diesem Trend entgegenzuwirken, begann das Integrierte Entwicklungsprojekt, gegen den massiven Widerstand lokaler Politiker, Versuche mit besser angepaßten Sorten, Mischfruchtsystemen und reduziertem Düngereinsatz durchzuführen.

Die ländliche Entwicklung gehört nach wie vor zu den wichtigsten übersektoralen Schwerpunktbereichen der entwicklungspolitischen Zusammenarbeit (BMZ 1996, S. 38).

Paradigmenwechsel in der Entwicklungszusammenarbeit

Seit Mitte der 1980er Jahre findet im Bereich der Entwicklungszusammenarbeit ein deutlicher Paradigmenwechsel statt. Immer deutlicher wurde den Politikern und Experten vor Augen geführt, daß die bisherigen Konzepte und Entwicklungsstrategien häufig nicht die gewünschten Erfolge brachten. Dies führte zur neuen Idee der „Entwicklung von unten", die sich seither mit dem Begriff der „Partizipation" in entwicklungspolitischen Konzepten niederschlägt. Führend bei dieser Entwicklung waren die Gedanken von ROBERT CHAMBERS (vgl. CHAMBERS / PACEY / THRUPP 1989). In der praktischen Entwicklungszusammenarbeit vor allem in landwirtschaftlichen Projekten wird heute häufig nach dem Prinzip der „partizipativen Technologieentwicklung" ("Participatory Technology Development" – PTD) gearbeitet (vgl. VAN VELDHUIZEN et al. 1997).

Ein Beispiel für solch ein Projekt, in welchem die Projektbeteiligten (manchmal noch als Zielgruppe bezeichnet) selbst agieren und konzeptionieren ist das durch die FAO und die holländische Entwicklungsorganisation geförderte "People's Partici-

> Eine Bestandsaufnahme erfolgreicher Zusammenarbeit zwischen Bauern und Außenseitern (Forschern, Beratern, Entwicklungshelfern) in der Verbesserung von Anbautechnik und Anbausystemen zeigte, daß diese einigen grundlegenden Aspekten folgte, die den Prinzipien der partizipativen Technologieentwicklung entsprechen.
> Die Basis für erfolgreiche PTD erfordert die folgende Vorgehensweise:
> - *einen Anfang finden:*
> in Kontakt treten, grundlegende Informationen sammeln, gegenseitige Übereinkunft über Vorgehensweise und zukünftige Zusammenarbeit;
> - *Situationsanalyse:*
> ein gemeinsames Verständnis der lokalen Probleme und Ressourcen gewinnen;
> - *ermitteln, was möglich ist:*
> Identifikation von erfolgsversprechenden Lösungen oder neuen Möglichkeiten zur Verbesserung der Landwirtschaft;
> - *ausprobieren:*
> experimentieren mit und annehmen von neuen Ideen in Feldversuchen, die, mit Hilfe von Außenseitern, durch die Bauern geplant und durchgeführten werden und die gemeinsam entwickelt und evaluiert werden;
> - *an den Ergebnissen teilhaben lassen:*
> anderen Bauern, Forschern und Entwicklungshelfer Einblick in die Ergebnisse geben, hauptsächlich durch den Austausch zwischen den Bauern und Workshops;
> - *den Prozess nachhaltig gestalten:*
> lokale Organisationen, Verbindungen zu anderen Bauern und landwirtschaftlichen Organisationen stimulieren, so daß sich die durch die Bauern initierte Verbesserung ohne direkte Unterstützung durch Außen weiterentwickeln kann

Übersicht 9.1: PTD – "Participatory Technology Development"
Quelle: nach: VAN VELDHUIZEN et al. 1997, S. 13–14

pation Project" (PPP) in der Westprovinz Zambias. Hier geht es darum, den Zugang von Frauen zu öffentlichen Dienstleistungen zu verbessern, und zwar durch deren Zusammenschluß in Gruppen, die sich selbst organisiert verschiedene Einkommenquellen erschließen (CHIBINGA/GROVERMAN/RUBEN 1994).

9.2 Entwicklung von innen – Zum Einsatz lokaler Experten in Projekten der Entwicklungszusammenarbeit

In allen Bereichen der Entwicklungszusammenarbeit hat sich das Profil der „Entwicklungsexperten" durch den Paradigmenwechsel gewandelt. Heute ist immer häufiger vom „Koordinator/Koordinatorin", „Berater/Beraterin" oder auch der „Integrierten Fachkraft" die Rede als von Experten und Spezialisten. Dennoch hat die internationale Kritik an der Entsendung von Langzeitexperten zugenommen. Den Gebern wird vorgeworfen, das lokal vorhandene Potential nicht in ausreichendem Maße zu identifizieren, zu qualifizieren und zu engagieren (BMZ 1995, S. 5).
Der Erfahrungsbericht in Übersicht 9.2 gibt einen Einblick in die Praxis:

Der Einsatz lokaler Experten oder lokaler „man power" in Projekten der Entwicklungszusammenarbeit ist im Sinne der Nutzung lokaler Ressourcen unbedingt als sinnvoll zu erachten und wird u.a. auch von zambischen Akademikern gefordert. Diese Maßnahme kann dazu beitragen, die weitere Abwanderung von Fachkräften, die teilweise auf mangelhafter Bezahlung basiert ("brain drain"), zumindest zu reduzieren oder hinauszuzögern, bis sich die Verhältnisse bessern mögen.

Der Einsatz lokaler Experten ist in vielen Fällen zunächst jedoch als Bildungs- oder Trainingsmaßnahme zu betrachten, da bisher, sowohl für ausländische Auftraggeber als auch für die lokalen Experten wenig Möglichkeit bestand, Erfahrungen in diesem Felde zu sammeln. Dieser Trainingsprozeß ist (bei falscher Handhabung) von der akuten Gefahr begleitet, daß er auf beiden Seiten in einer Frustration endet, die weitere Zusammenarbeit für die Zukunft eventuell ausschließt.

Falsche Handhabung kann in der Form auftreten, daß keine der beiden Parteien den Trainingseffekt realisiert und respektiert, sondern beide vielmehr davon auszugehen scheinen, diese Art der Zusammenarbeit sei eine völlig gewöhnliche. In der Tat ist sie das nicht. Ganz im Gegenteil dazu basiert der entwicklungspolitische Alltag in der Regel immer noch auf der klassischen Rollenverteilung des ausländischen „Experten" und des einheimischen „Lehrlings". Deshalb sind Versuche der gleichberechtigten Zusammenarbeit als absolute Ausnahmesituationen zu betrachten, die dementsprechend viel „Sprengstoff" in sich bergen.

Ein hohes Erwartungspotential seitens ausländischer Auftraggeber, welches sich an den Maßstäben europäischer oder amerikanischer „Effizienz" orientiert, ist zu beobachten.

Viel zuwenig wurde bisher dafür getan, die psychologischen und gruppendynamischen Prozesse deutlich zu machen, die sich zwangsläufig zwischen einheimischen und ausländischen Mitarbeitern in gemeinsamer Projektarbeit entwickeln, obwohl es mit Sicherheit genügend einschlägige Erfahrungen in dieser Richtung gibt.

Unter diesen Gesichtspunkten ist die Durchführung gemeinsamer Projekte bzw. der Einsatz qualifizierter einheimischer Wissenschaftler und Techniker in Projekten der Entwicklungshilfe als ein hochsensibles Feld der Entwicklungszusammenarbeit zu betrachten.

Einheimische Fachkräfte haben zweifellos große Vorteile gegenüber Kurzzeitexperten. Sie kennen die Mentalität ihrer Landsleute besser, sie kennen die Geographie und die Verwaltungsstruktur und wissen deshalb oft besser, wo gewisse Daten erhoben werden können, die als Grundlage für die Arbeit erforderlich sind. Darüber hinaus verfügen sie über Kontakte und private oder berufliche Beziehungen, die einer Kurzzeitkraft nicht zugänglich sind und oft auch von Langzeitkräften nicht erschlossen werden können.

Es steht außer Frage, daß es in manchen Ländern sehr schwierig ist, kompetente einheimische Fachkräfte zu finden, dies ist ein Grund mehr, lokale Experten zu trainieren und bereits in der Projektkonzeption Platz für solche Einsätze zu schaffen.

So schwierig „Zusammenarbeit" in der Praxis auch aussehen mag, sie ist ein Schlüssel zur Verständigung beider Seiten. Wenn Entwicklungsarbeit meint, darauf verzichten zu können, indem vorwiegend Kurzzeitexperten aus Industriestaaten eingesetzt werden, dann geht das Konzept langfristig an den entwicklungspolitischen Notwendigkeiten und Realitäten vorbei.

Übersicht 9.2: Zum Einsatz lokaler Experten in Projekten der Entwicklungszusammenarbeit – Ein Erfahrungsbericht aus Zambia

10 Weltbank, IWF und das Strukturanpassungsprogramm – ein Weg aus der Krise ?

Beispiele aus Zambia und vielen anderen von Strukturanpassungsprogrammen betroffenen Ländern zeigen die Auswirkungen dieser Programme auf die armen Bevölkerungsschichten. Gemeinsam sind den meisten Berichten die steigenden Lebenshaltungskosten.

Das Strukturanpassungsprogramm hat u.a. seit 1990 in Zambia zu einer enormen Verteuerung von Grundnahrungsmitteln geführt. Im Jahre 1990 kosteten 25 kg Maismehl noch unter 500 Zambische Kwacha (ZK), im Jahre 1995 bezahlte man dafür über 10 000 ZK. Ein Bericht der FAO (1990) beleuchtet die Rolle der zambischen Wechselkurspolitik im Zusammenhang mit den Auswirkungen der Strukturanpassung auf die ländliche Bevölkerung. Der größte Teil der Bevölkerung des Landes lebt in unterentwickelten ländlichen Gebieten, teilweise auf Subsistenzbasis, d.h., er hat weder ein geregeltes Einkommen noch Kaufkraft. In ähnlicher Weise sind übrigens auch die vielen Arbeitslosen und städtischen Unterschichten in den Armenviertel ("compounds") der Städte von der Verteuerung betroffen (RAUCH 1990). KALUWA et al. (1992) berichten von vergleichbaren Erfahrungen aus Malawi. Grundnahrungsmittel werden für diesen Bevölkerungsteil schlicht unerschwinglich, eine drastische Zunahme von Mangelernährung und Armut sind als Folgen nicht auszuschließen. Dies konnten SHAO et al. (1992) auch für Tansania und KADENGE et al. (1992) für Zimbabwe zeigen. Wie GERTEL (1993) z.B. für Kairo zeigen konnte, wirkt sich das Strukturanpassungsprogramm direkt auf die Ernährung aus, indem die Bevölkerung als Antwort auf die steigenden Preise weniger Nahrungsmittel kauft bzw. die Nahrungsaufnahme reduziert oder ändert. Vielleicht hat der ehemalige zambische Präsident K. Kaunda gar nicht so unrecht, wenn er das Programm als „Killerprogramm" bezeichnet, welches vielen „gewöhlichen Sambiern Unglück gebracht hat" (CHANDA 1990, S. 24).

LOHNERT (1995) nennt dies auch einen durch „Preisschereneffekte" verursachten "entitlement decline", d.h. eine Verminderung des Zugangsrechtes zu Nahrung. Den Umstand, daß Nahrung zwar ausreichend verfügbar sein kann, aber für die Bevölkerung nicht erschwinglich ist, könnte man auch als "access decline" bezeichnen, also als verminderte Zugangsmöglichkeit zu Nahrung. Dies führt mitten in die derzeit stark geführte Diskussion über politische und ökonomische Ursachen für Armut und Hunger, die hier nicht weiter vertieft werden kann (vgl. SEN 1990, BOHLE/WATTS 1993, LOHNERT 1995).

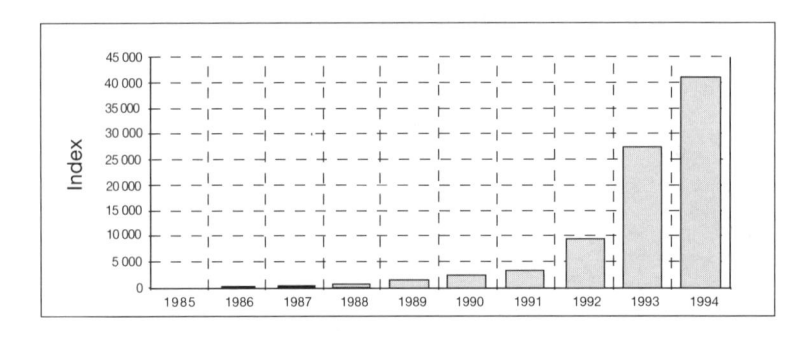

Abb. 10.1:
Index der Verbraucherpreise in Zambia 1986–1991
(1985 = 100)
Quelle:
Stat. Bundesamt 1992

Im Gegensatz zu den Erwartungen der Weltbank hat das Strukturanpassungsprogramm nicht zu einer Verbesserung der Lebenssituation der armen ländlichen Bevölkerung geführt, sondern in vielen Fällen, z.B. aufgrund fehlender Infrastruktur, zu einer drastischen Verminderung des Lebensstandards (OXFAM 1993). Auch RAUCH (1990) befürchtet eine Verschärfung des Problems der ländlichen Armut. Wie SMIT (1994) berichtet, hat das Strukturanpassungsprogramm in vielen Ländern zu einer Zunahme der landwirtschaftlichen Aktivitäten in den Städten geführt.

**Übersicht 10.1: Zambia im Vergleich von 1991 und 1996:
ein Entwicklungsland im Wandel – Eindrücke eines deutschen Experten**

Nach fünfjähriger Abwesenheit aus Zambia wurde während eines zweiwöchigen Aufenthaltes der Unterschied zu der Zeit vor 1991 deutlich.

In der Zeit meiner Dozententätigkeit an der University of Zambia (UNZA) 1986 bis 1991 sind mir die Menschen in Zambia ruhig und friedfertig begegnet, und das trotz der Unruhen durch die Erhöhung der Maismehlpreise. Es war die Zeit der subventionierten Maismehlpreise, der "Coupons". Es war die Zeit in der die Einstellung herrschte, daß der Staat für das Leben seiner Bürger sorgen soll. Das Gefühl, daß ein Minimum an Versorgung garantiert war, herrschte vor.

Im Geschäftsleben dominierten die Inder. Aber auch Zambier führten Verkaufsstände auf dem Markt und einzelne Reparaturstände (z.B. für Armbanduhren) auf den Gehsteigen der Hauptstadt. In den Geschäften, für die Investitionen nötig sind, waren in der Regel Inder hinter dem Ladentisch. Die zambische Elite war natürlich auch in diesem Bereich des Verkaufs wirksam. Das Erscheinungsbild des Handels jedenfalls wurde von Indern geprägt. Südafrikaner traten hier überhaupt nicht in Erscheinung. Aus politischen Gründen war das erklärlich, schließlich wurde Lusaka noch im Mai 1986 von der Südafrikanischen Luftwaffe bombardiert.

Ganz anders 1996. Den südafrikanischen Dialekt hört man jetzt oft. Hier könnte eine Konkurrenz zum indisch dominierten Handel erwachsen sein. Die Bürgersteige sind jetzt voller Kleinverkaufsstände. Das ist aus der Not heraus geboren, um überleben zu können. Jedermann erkennt, daß man für jeden Bissen arbeiten muß. Es gibt keine "Coupons" mehr, die ein irgendwie geartetes Lebensminimum garantieren. In dieser Situation des täglichen Kampfes ums Überleben sind Zeichen eines Selbstbewußtseins der Menschen zu erkennen, eine aktive, bestimmende Einstellung des einzelnen. Ein Pioniergeist ist auszumachen. Das Leben ist härter geworden, daran besteht kein Zweifel, aber dieser Kampf ums tägliche Überleben fordert die Menschen heraus.

Es ist zu befürchten, daß in diesem Überlebenskampf die Schwächeren unterliegen. Mildtätige Spenden sind hier die falsche Hilfe. Wenn die Mehrheit der Bevölkerung die Möglichkeit des wirtschaftlichen Aufstieges durch persönlichen Einsatz hat, dann wäre diese Entwicklung positiv einzuschätzen.

Leider zeichnet sich durch die Verfassungsänderung im Frühjahr 1996 eine Entwicklung ab, die die politische Rahmenbedingungen verschlechtert. Das Ziel ist die Verhinderung einer wirksamen Opposition. Der Einfluß auf die Wirtschaft bleibt abzuwarten. Wirtschaftliche Aktivitäten richten sich meist auf den Handel. Das zambische produzierende Gewerbe kann gegen Importe nicht bestehen. In der Praxis führt das zur Schließung lokaler Produktionsanlagen. Qualität, gleichbleibender Standard, ungenügende Kapazität sind einige dieser Probleme.

Es ist dem zambischen Volke zu wünschen, daß der junge Pioniergeist auch Früchte für eine Mehrheit der Bevölkerung trägt.

Dr. R. Schmid war 5 Jahre als Integrierte Fachkraft des „Zentrums für Internationale Migration und Entwicklung" (CIM) in Zambia tätig.
Im Jahre 1991 reiste er aus und kehrte dann fünf Jahre später für einige Wochen nach Zambia zurück.

Literatur

Africa Insight (1985):
Africa at a glance (1960-1985), Vol. 15, No. 3.

Afrikaforum (1994):
Wirtschaft Import Südafrika.

ALLAN, W. (1945):
African Land Usage. In: GLUCKMAN, M./ WINTERBOTTOM, J.M.: Human Problems in British Central Africa. The Rhodes-Livingstone Journal, No. 3, Institut for African Studies, S. 13–20, Manchester.

ALLAN, W. (1967):
The African Husbandman. Edinburgh, London, New York.

ARCHER, D.R. (1971):
Relief. In: DAVIES, D.H. (1971): Zambia in Maps, S. 14–15, London.

ARPT/Kabompo (1990):
Dambo Utiliziation Survey Report in the Southern Districts of NW-Province. Kabompo, Zambezi and Mufumbwe. Ministry of Agriculture, Republic of Zambia (unveröffentlicht).

Badische Zeitung (1995):
Im Epizentrum des Aids-Todes läuten die Alarmglocken. Badische Zeitung Nr. 54, 6.3.1995, S. 3.

BALDAUF, B./LWAMBUKA, L. (1989):
University Education and Engineering Profession in Tanzania – Results of the Graduates and Employer Survey 1989. Fac. of Engineering, University of Dar es Salaam in Co-operation with WZI/Kassel.

BELLIN, F./LEITZMANN, C. (1995):
Die Bedeutung der Mikronährstoffe für die menschliche Entwicklung – ein Plädoyer für Gemüse. In: Entwicklung und Ländlicher Raum, 4, S. 7–9.

BFAI (1996):
Länderreport – Zambia – Wirtschaftstrends zum Jahreswechsel 1995/96. Bundesstelle für Außenhandelsinformation, Bonn.

BINGHAM, M.G. (1989):
Report on an Expedition to Kabompo, North-Western Province of Zambia, 17-20. July 1987. In: KADUMURA, H. (Hrsg.): Savannization Processes in Tropical Africa I, S. 121-126. Dpt. of Geography, Tokyo Metropolitan University, Tokyo.

BINSACK, R. (1988):
Mineraldünger in tropischer Landwirtschaft. In: Entwicklung + ländlicher Raum, 1/88, S. 13–15.

BMZ (1996): Entwicklungspolitik – Jahresübersicht 1995. Bundesministerium für wirtschaftliche Zusammenarbeit und Entwicklung, Bonn.

BOHLE, H.-G./WATTS, M.J. (1993):
Hunger, Famine and the Space of Vulnerability. In: Geojournal, 30, 2, S. 117–125.

BOND, G. (1964):
The Origin of the Victoria Falls. In: FAGAN, B.M. (Hrsg.): The Victoria Falls, S. 45–54. Glasgow.

BOS, F. (1994):
The role of household gardens in household food security. Agricultural University of Wageningen (= Reeks publikaties van de vakgroep Huishoudstudies, 14).

BOWN, L. (1991):
African Universities; The Reality of Interdependence. In: KING, K./BIERVLIET, W. (Ed.) (1991): Norrag News, 11, S. 5–7.

BRINCK, F.J. (1995):
Der informelle Sektor muß gefördert werden. In: Dialog – Zeitschrift für internationale Weiterbildung und Zusammenarbeit, 6/1995, S. 3.

BULLROCK, A. (1988):
Dambos and Discharge in Central Zimbabwe. Diss., Dept. of Geography, University of Southampton, UK.

Bundesumweltamt (1992):
A–Z of Environmental Pollution. Informationszentrum Umwelt, Düsseldorf.

CCGTM (1990):
Institutional Development for Environmental Action – The Idea Programme. The State of Environment Report of Zambia. Commonwealth Consultative Group on Technology Management (CCGTM), Georgetown Workshop Report.

CHABWELA, H.N. (1992):
The Ecology and resource use of the Bangweulu Basin and the Kafue Flats. In: JEFFERY, R.C.V./CHABWELA, H.N./HOWARD, G./DUGAN, P.J. (1992): Managing the Wetlands of Kafue Flats and Bangweulu Basin. Proceedings of the WWF-Zambia Wetlands Project Work-shop. IUCN, S. 11–33.

CHAMBERS, R./PACEY, A./THRUPP, L.A. (Hrsg.) (1989): Farmers First. Intermediate Technology Publications. London.

CHANDA, R. (1988):
The Human and Environmental Factors in Traditional Crop Complex Development in Zambia. In: Singapore Journal of Tropical Geography, Vol. 9, No. 1, S. 33–44.

CHANDA, D. (1990):
Zambia: Structural Adjustment Bites. In: SAPEM, Juni 1990, S. 24–28.

CHAVUNDUKA, G.L. (1992):
The Function of Universities: Priorities for the Nineties. In: HOEPER, B. (1991): Quality, Relevance and Efficiency in Higher Education in Africa. Report on the International Seminar in Harare, Zimbabwe, 13–18 Sept. 1992, ZED-DSE, Bonn.

CHEATLE, M. E. (1986):
Water Supply, Sewage and Drainage. In: WILLIAMS, G. J. (Hrsg.) (1986): Lusaka and its Environs. Zambia Geographical Association Handbooks Series), Lusaka.

CHIBINGA, P./GROVERMAN, V./RUBEN, C. (1994): Mid-term Review, People's Participation in Rural Development through the Promotion of Self-Help Organisations, Phase III. GCP/ZAM/047/NET, FAO, November 1994.

CHIDUMAYO, E.N. (1989):
Landuse, Deforestation and Reforestation in the Zambian Copperbelt. In: Land Degradation and Rehabilitation, Vol. 1, S. 209–216.

CHILIVUMBO, A. (1987):
Small Scale Farming For Self-Reliance in SADCC Countries: The Zambian Experience. In: ACHOLA, P.W./MSIMUKO, A. K. (Eds.) (1987): Development Through Self Reliance in the SADCC Region. Professors World Peace Academy, New York, S. 153–168.

CHITENDWE, M. (1992):
PTA, SADCC merger nessecary. In: National Mirror-Weekly, July 6 - July 12, S. 5. Lusaka.

CHUZU, P.M./RUKANDEMA, M. (1986):
The Farming System of North-Western Province of Zambia, Part 2. GTZ/IFAD/FAO, N.W. Province Area Development Project.

CLAUSS, B. (1992):
Bees and Beekeeping in the North Western Province of Zambia. Forest Dept.-IRDP, Ndola.

COLSON, E. (1962):
The Plateau Tonga of Northern Rhodesia (Zambia) – Social and Religious Studies. London.

COLSON, E. (1963):
Land rights and land use among the Valley Tonga of the Rhodesian Federation: the background to the Kariba settlement program. In: BIEBUYCK, D. (Ed.): African Agrarian Systems, S. 137–156. London

COLSON, E. (1971):
The social consequences of resettlement (= Kariba Studies, IV). Manchester.

COURT, D. (1991):
Issues in Higher Education. A Note from East Africa. In: KING, K./BIERVLIET, W. (Ed.) (1991): Norrag News, 11, S. 5–7.

CSO (1980, 1984, 1986, 1987, 1988, 1989, 1990): Zambia in Figures. Central Statistical Office, Lusaka, Zambia.

CSO (1992):
Selected socio-economic indicators. Central Statistical Office, Lusaka, Zambia.

DALOZ, J.-P./CHILESE, J.D. (1996):
La Zambie contemporaine. Paris, Nairobi.

DAVIES, D.H. (1967):
The New Geography in the New Africa. South African Geographical Jubilies Conference, Durban, July 17th, 1967.

DAVIES, D.H. (Hrsg.) (1971):
Zambia in Maps. London.

DERRICOURT, R.M. (1980): Peoples of the Lakes. Archaeological Studies in Northern Zambia. University of Zambia, Institute of African Studies. (= Zambian Papers, No. 13). Lusaka.

DE WINTER, D. (1992):
Interner Bericht für das Integrated Rural Development Project (IRDP), Section Women's Promotion, Kabompo (unveröffentlicht).

DORNBUSCH, G. (1989):
Land Use Planning for Rainfed Farming by Smallholders in Gwembe-North, Zambia. Diss., School of Environmental Sciences, University of East Anglia.

DRAISMA, T. (1987):
The Struggle against Underdevelopment in Zambia since Independence: What role for Education. Amsterdam.

DRESCHER, A.W. (1994):
Geographiestudium im südlichen Afrika: Das Beispiel der Universität von Zambia. In: Geographische Rundschau, 46, H. 10, S. 585-588.

DRESCHER, A.W. (1994a):
Urban Agriculture in the Seasonal Tropics of Central Southern Africa – A Case Study of Lusaka/Zambia. Contribution to the International Policy Workshop on Urban Agriculture: A growing Development Tool. University College London (NRI/CPU), 29.06.1994.

DRESCHER, A.W. (1995):
Traditionelle und rezente Landnutzungsstrukturen und Nahrungssicherungssysteme im unteren Zambezital (Südzambia). In: Petermanns Geographische Mitteilungen, 139, H. 5/6, S. 305-322.

DRESCHER, A.W. (1996):
Management Strategies in African Homegardens and the Need for new Extension Approaches. Proceedings of the International Symposium on Food Security and Innovations – Successes and Lessons learned. Stuttgart, 11.-13. März 1996.

DRESCHER, A.W. (1996a):
Urban Agriculture and Vegetable Marketing in Central Southern Africa (A Case Study of Lusaka/Zambia). In: African Urban Quarterly, Sonderheft zur urbanen Landwirtschaft, Vol. 11, No. 3/4.

DRESCHER, A.W. (1996b):
Die Hausgärten der wechselfeuchten Tropen des Südlichen Afrika – ihre ökologische Funktion und ihr Beitrag zur Ernährungssicherung (Fallstudien aus Zambia). APT-Reports, No. 4, Berichte des Arbeitsbereichs "Angewandte Physische Geographie der Tropen und Subtropen". Institut für Physische Geographie der Universität Freiburg i. Br., März 1996.

DRESCHER, A. W. (1998):
Hausgärten in afrikanischen Räumen – Bewirtschaftung nachhaltiger Produktionssysteme und Strategien der Ernährungssicherung in Zambia und Zimbabwe. Centaurus Vlg. Pfaffenweiler (im Druck)

DRESCHER, A.W./BOS, F. (1994):
Report on the Zambian Homegarden Project and the Rural Household Food Security Survey. Report for FAO-Projekt FAHNIS "Food, Health, and Nutrition Information System". Lusaka.

DRILLING, M. (1993):
Der informelle Sektor als Entwicklungspotential? (= Freiburger Studien zur Geographischen Entwicklungsforschung). Breitenbach, Saarbrücken, Fort Lauderdale.

DRU (1987):
The use of Dambos in Rural Development with special Reference to Zimbabwe. Final Report of ODA-Project, No. R/3 399.

DUE, J.M. (1985):
Women made Visible: Their Contributions to Farming Systems and Household Incomes in Zambia and Tanzania. Illinois Agricultural Economics Staff Paper, Urbana.

DUE, J.M./MUDENDA, T./MILLER, P./ WHITE, M. (1985):
Women's Contribution to Farming Systems and Household Income in Zambia. Working Paper '85, May 1985. Michigan State University, USA.

DUGAN, P.J. (1992):
International initiatives to conserve the world's wetlands. In: JEFFERY, R.C.V./ CHABWELA, H.N./HOWARD, G./DUGAN, P.J. (1992): Managing the Wetlands of Kafue Flats and Bangweulu Basin. Proceedings of the WWF-Zambia Wetlands Project Workshop, S. 7–9, IUCN, Gland.

DUPRIEZ, H./DE LEENER, P. (1988): Agriculture in African Rural Communities - Crops and Soils. London.

DUPRIEZ, H./DE LEENER, P. (1989): African Gardens and Orchards - Growing Vegetables and Fruits. London.

ENDA-ZW (1994):
Urban Agriculture in Harare. Report on an IDRC-Supported Project.

ENGELHARD, K. (1994):
Tansania. Perthes Länderprofile. Gotha.

FAGAN, B.M. (Hrsg.) (1966):
A short History of Zambia. London.

FANSHAWE, B. A. (1969):
The Vegetation of Gwembe District. Forest Research Pamphlet, No. 21.

FANSHAWE, D.B. (1972):
Useful Trees of Zambia for the Agriculturist. Ministry of Lands and Natural Resources, Republic of Zambia.

FAO (1986):
Natural resources and the human environment for food and agri-culture in Africa. FAO Environment and Energy Paper, 6. Rome.

FAO (1987): Promoting under-exploites Food Plants in Africa – a Brief for Policy Makers. Rome.

FAO (1988):
Vegetable Production and Arid and Semi-arid Conditions in Tropical Africa. FAO Plant Production and Protection Paper, 89. Rome.

FAO (1988a):
Traditional food plants. FAO Food and Nutrition Paper, 42. Rome.

FAO (1989):
Utilization of tropical foods: Cereals. FAO Food and Nutrition Paper, 47/1. Rome.

FAO (1990):
The Impact of stabilization and structural adjustment policies on the rural sector. FAO Economic and Social Development Paper 90. Rome.

FAO (1992):
Food Outlook – Global information and early warning system on food and agriculture. Rom.

FAO (1992a):
Resource Guide of Monitoring Indicators for Household Food Security and Drought. The National Early Warning System (NEWS), Lusaka.

FAO (1993):
Household Food Security, Nutrition and Health Monitoring System (FAHNIS). Republic of Zambia, Lusaka.

FAUST, D. (1987):
Traditionelle Bodennutzung in den Monts Kayè/N-Togo.
In: Zeitschrift für Agrargeographie, 5, S. 336–351.

FAZ (1994):
Minister werben um Auslandsinvestitionen im südlichen Afrika. FAZ Nr. 209, 8.9.1994, S. 17.

FAZ (1994a):
Die Europäische Union und das südliche Afrika wollen enger zusammenarbeiten. FAZ Nr. 206, 5.9.1994, S. 4.

Financial Gazette (1990):
Power Exports to resume towards the end of 1990. Financial Gazette, 2. Februar 1990. Harare.

Financial Mail (1993):
Rural Areas ignored. Financial Mail, Vol. 1/67, June 1-7, 1993, S. 15.

FNDP (1966):
First National Development Plan 1966-1970. National Commission for Development Planning, Republic of Zambia, Lusaka.

FNDP (1989):
Fourth National Development Plan 1989-1993. National Commission for Development Planning, Republic of Zambia, Lusaka.

FRANKENBERGER, T.R. (1992):
Indicators and Data Collection Methods for assessing Household Food Security. Arizona.

FRESCO, L. (1985):
Vrouwen en Voedselvoorziening. Hoofdstuk, 6. In: Honger op ons Bord: Over Politiek en Voedselveiligheid. Amsterdam.

GABLER, P. (1989):
Die Bedeutung des Rohstoffexports für die Volkswirtschaften Schwarzafrikas. In: Internationales Afrikaforum, 25, 1/1989, S. 57-70.

GAEBE, W. (1983):
Ansätze und Hemmnisse des räumlichen Disparitätenabbaus in Zambia. In: Zeitschrift für Wirtschaftsgeographie, 27, H. 1, S. 10-19.

GERTEL, J. (1993):
Food Security within Metropolitan Cairo under the conditions of Structural Adjustment. In: BOHLE, H.-G. (Hrsg.): Worlds of Pain and Hunger, S. 101-130 (= Freiburger Studien zur Geographischen Entwicklungsforschung, 5). Saarbrücken, Fort Lauderdale.

GIBBON, D./PAIN, A. (1985):
Crops of the drier regions of the Tropics. ELBs, Essex.

GREENHOW, T. (1994):
Urban Agriculture: Can Planners make a Difference ? Cities Feeding People Series Report, 12. International Development Research Centre, Ottawa.

GREENHOW, T. (1994a):
Urban Agriculture in Lesotho, Botswana and Sweden: Some Brief Observations. Stockholm.

GTZ (1988):
Zambia. Documentation on German Financial and Technical Cooperation. Gesellschaft für Technische Zusammenarbeit, Eschborn.

GTZ (1989):
Ländliche Regionalentwicklung in Sambia und Simbabwe. Dokumentation 1/89, Gesellschaft für Technische Zusammenarbeit, Eschborn.

GUTHÖRL, V. (1995):
Wildtierbewirtschaftung als Integration von nachhaltiger Ressourcennutzung und Naturschutz - Perspektiven und Probleme im südlichen Afrika. In: MÄCKEL, R./DRESCHER, A.W./RIES, J.B. (Hrsg.): APT-Bericht Nr. 1, S. 26-40. Berichte des Arbeitsbereiches Angewandte Physiogeographie der Tropen und Subtropen, Freiburg.

GUTHÖRL, V. (1996):
Wildtierbewirtschaftung als eine umweltverträgliche Form der Ressourcennutzung im südlichen Afrika. Erfassung und Bewertung des Potentials und Umsetzung im Rahmen nachhaltiger Entwicklungskonzepte. In: GUTHÖRL, V. (1996) (Hrsg.): Aspekte der Wildtierbewirtschaftung im südlichen Afrika. APT-Berichte, Nr. 6, S. 3-20. Arbeitsbereich Angewandte Physiogeographie der Tropen und Subtropen, Freiburg i. Br.

HANZAWA, K. (1993):
Dambo Use and Agriculture Productions in Chinena Village. In: SHIMADA, S. (Hrsg.) (1993): Agriculture Land Use and Environmental Change of Dambo – A case Study of Chinena Village, Central Zambia, S. 42–61. Institute of Geography, Tohoku University, Sendai 1980, Japan.

HALL, R. (1965):
Zambia. London.

HARRES, P./UNGER, H.-J./HÖLLWARRTH, M./BARGMANN, H., u.a. (1989):
Darmstädter Kleingartenanlagen – Entwicklung, Nutzung und Belastung aus soziologischer und geoökologischer Sicht. Geoökotest, Nr. 1. Darmstadt.

HELLEN, J.A. (1968):
Rural Economic Development in Zambia, 1980–1964. Ifo, Afrika Studien, No. 32, München.

HENKEL, R. (1985):
Innerstädtische Zentralorte in einer Stadt der Dritten Welt – Lusaka (Zambia). In: Zeitschrift für Wirtschaftsgeographie, 29, 1/1985, S. 19–37.

HENKEL, R. (1989):
Christian Missions in Africa. Geographia Religionum (= Interdiziplinäre Schriftenreihe zur Religionsgeographie, Bd. 3), Berlin.

HOEPER, B. (1992):
Quality, Relevance and Efficiency in Higher Education in Africa. Report on the International Seminar in Harare, Zimbabwe, 13–18 Sept. 1992, ZED-DSE, Bonn.

HOHNHOLZ, J.H. (1991):
Education and Development in the Third World – Some Observations on the Spot by a Geographer. Education, Vol. 43, S. 20–28. Institute for Scientific Co-operation, Tübingen.

HOLUBS, E. (1975):
Travel north of the Zambezi 1885-6. Institute for African Studies, University of Zambia. Manchester.

HUCKABAY, J.D. (1987):
The Rocks in God's Highway. Zambian Geographical Association. Occasional Study, No. 13. University of Zambia. Lusaka.

HUCKABAY, J.D. (1989):
Man and Disappearance of the Zambezian Dry Evergreen Forest. In: KADUMURA, H. (Hrsg.): Savannization Processes in Tropical Africa I, S. 89–106. Dpt. of Geography, Tokyo Metropolitan University, Tokyo.

HUDSON, R.J./DREW, K.R./BASKIN, L.M. (1989): Wildlife Production Systems: Economic Utilization of Wild Ungulates. Cambridge.

IKAFA, N.P. (1985):
Wild Plant Consumption in an Urban Area. (unveröffentlicht).

ILEIA (1995):
The ILEIA learning process. In: ILEIA Newsletter, Vol. 11, No. 4, S. 7.

Infodienst (1994) = Informationsstelle Südliches Afrika (1994):
sadc-brief, S. 1–94, Bonn.

INGRAM, J. (1991):
Wetlands and Drylands: The Agro-ecology of Savanna Systems in Africa. Part 2: Soil and water processes. Drylands Programme, IIED, London.

Internationales Afrikaforum (1993):
Zambia – Spaltung der Regierungspartei. Chronik Ostafrika, S. 350.

Internationales Afrikaforum (1994):
Zambia – Chilubas Ringen um wirtschaftichen Aufschwung. Chronik Ostafrika, S. 163f.

Internationales Afrikaforum (1995):
Zambia – Ringen um die Führung in UNIP und NP. Chronik Ostafrika, S. 52.

IPS (1993):
Landwirtschaft: Hilfslieferungen treiben Zambia in den Ruin. IPS-Hintergrunddienst, Nr. 46, 20.11. 1993.

ISHUMI, A. (1991):
The Trade-offs and Dilemmas Of Higher Education: A Brief from East Africa. In: KING, K./BIERVLIET, W. (Ed) (1991): Norrag News, 11, S. 5–7.

IUCN (1987):
The Nature of Zambia – A Guide to Conservation and Development Issues, No. 2. Gland, Schweiz.

IUCN (1992):
The IUCN Wetlands Programme: Managing the Wetlands of Kafue Flats and Bangweulu Basin. Gland, Schweiz.

JAEGER, D./HUCKABAY, J. D. (1986):
The Garden City of Lusaka: Urban Agriculture. In: WILLIAMS, G.J. (ed.) (1986): Lusaka and its Environs. Lusaka, Zambia.

JOHNSON, C.E. (1956):
African Farming Improvement in the Plateau Tonga Maize Areas of Northern Rhodesia. Agricultural Bulletin, 11. Lusaka.

KADENKE, P.G./NDORO, H./ZWIZWAI, B.M. (1992): Zimbabwe's Structural Adjustment Programme: The First Year Experience. Sapes. Harare, Zimbabwe.

KADOMURA, H. (1989):
Savannization in Tropical Africa. In: KADUMURA, H. (Hrsg.): Savannization Processes in Tropical Africa I, S. 3–16. Dpt. of Geography, Tokyo Metropolitan University, Tokyo.

KAITE, C.D. (1990):
Consumption and Utilization of Traditional Food Crops in Zambia. National Food and Nutrition Commission, Lusaka.

KAJOBA, G. M. (1982):
Rural Transformation in Southern Africa: An Overview. Beitrag zur Southern African Conference of the Commonwealth Geographical Bureau, Lusaka 9.–15.7. 1982 (unveröffentlichte Maschinenschrift).

KAKISINGI MWOKA, M.-N. (1983):
Les dembos dans le paysage du Shaba Méridional (Zaire): Note Préliminaire. In: Mus. roy. Afr. centr., Tervuren (Belg.), Dépt. Géol. Min., Rapp. ann. 1981–1982, S. 11–113.

KAKOMA, C. (1995):
ZAP cracks whip. In: Financial Mail (31.01.–06.02.1995), Lusaka.

KALUWA, B./SILUMBU, E./BANDA, E.N./CHILOWA, W. (1992): The Structural Adjustment Programme in Malawi: A Case of Successful Adjustment ? Sapes, Harare, Zimbabwe.

KAPAPA, P. (1980):
The Role of the Traditional Healer in Malawi and Zambia. In: Curare, Vol 3, S. 205–208.

KAPLAN, I. (1979):
Zambia: A Country Profil. American University, Washington.

KARKOSCHKA, O. (1989):
Erosionsprobleme und Möglichkeiten der Erosionsschadensverhütung im Gwembe-Tal, Zambia. Unveröffentl. Diplomarbeit, Institut für Pflanzenbau und Tierhygiene in den Tropen und Subtropen. Universität Göttingen.

KAY, G. (1967):
A social Geography of Zambia. London.

KAY, G. (1969):
Agricultural Progress in Zambia. In: THOMAS, F.M./WHITTINGTON, G.W. (1969): Environment and Landuse in Africa, S. 495–524.

Klärschlammverordnung (1982):
AbfKlärV vom 25. Juni 1982, Bundesgesundheitsblatt, Jahrgang 1982, Teil I, S. 734–739.

KLIMM, E. (Hrsg.) (1985):
Afrika 2 – Die Länder südlich der Sahara. Harms Handbuch der Geographie. München.

KOKWE, M. (1991):
Wetlands and Drylands: The Agroecology of Savanna Systems in Africa.

Part 3: The role of dambos in agricultural development in Zambia. Drylands Programme, IIED, London.

LANGWORTHY, H.W. (1971):
European Exploration before 1895. In: DAVIES, D.H. (Hrsg.) (1971): Zambia in Maps, S. 36-37, London.

LAWTON, R.M. (1982):
Natural Resources of Miombo Woodland and Recent Changes in Agricultural Land-Use Practices. In: Forest Ecology and Management, 4, S. 287-297.

LEWIS, I. U. (1995):
Förderung traditioneller Gemüsearten – Beispiele aus Afrika. In: Entwicklung und ländlicher Raum, H. 4/95, S. 10-11.

LEWIS, D./KAWECHE, V./MWENYA, A. (1990):
Wildlife conservation outside protected areas – Lessons from an Experiment in Zambia. In: Conservation Biology, 4, Nr. 2, S. 171-189.

LINEHAM, S. (1959):
Dates of onset and end of the rains in Sambia. Meteorological notes, Series B, Nr. 21, Salisbury.

LIPEKESA, D. (1993):
Evaluation of Lead Pollution Along Great East Road in Lusaka. Dept. of Chemistry, University of Zambia, Lusaka (unveröffentlicht).

LIVINGSTONE, D. (1861):
A popular Account of missionary travels and researches in South Africa. London.

LIVINGSTONE, D. (1929):
Die Erschließung des dunkeln Erdteils – Reisetagebücher aus Zentral Afrika 1866-1873. Berlin.

LOHNERT, B. (1995):
Überleben am Rande der Stadt: Ernährungssicherungspolitik, Getreidehandel und verwundbare Gruppen in Mali: Das Beispiel Mopti. Diss. Geowissenschaftliche Fakultät der Albert Ludwigs Universität Freiburg i. Br. (= Freiburger Studien zur Geographischen Entwicklungsforschung, 8).

LÖMBARD, C.S./TWEEDIE, A.H.C.: (1972)
Agriculture in Zambia since independence. National Educational Company of Zambia Limited. Lusaka

LUCHEMBE, C. (1992):
Etnic stereotypes, violence and labour in early colonial Zambia, 1889-1924. In: CHIPUNGU, S.N. (Hrsg.): Guardians in their Time, S. 30-49. London.

LUNGWANGWA, G. (1990):
From crisis to a Meaningful Educational Policy in Zambia: Suggestions for Educational Development in the 1990s. In: SUMAILI, F.K.M./LUNGWANGWA, G. (Ed.) (1990): Zambia in the 1990s, Professors World Peace Academy of Zambia, S. 1-22. Lusaka, Zambia.

MÄCKEL, R. (1971):
Vegetation and the Forest Estate. In: DAVIES, H.D.: Zambia in Maps, S. 24-25. London.

MÄCKEL, R. (1972):
Geomorpholocical Studies in the Chainama Hill Area. Zambian Geographical Association (= Occasional Studies, No. 6). University of Zambia.

MÄCKEL, R. (1972a):
The physiographic regions of Zambia. In: Zambian Geogr. Assoc. Mag. 19, S. 1-10. University of Zambia.

MÄCKEL, R. (1975):
Untersuchungen zur Reliefentwicklung des Zambezi-Eskarpmentlandes und des Zentralplateaus von Zambia (= Gießener Geographische Schriften, 36 = Sonderheft 3).

MÄCKEL, R. (1976):
Probleme afrikanischer Wildparks am Beispiel Zambia. In: Geographische Rundschau 8/76, S. 319-324.

MÄCKEL, R. (1985):
Dambos and related Landforms in Africa – an example for the ecological approach to tropical geomorphology. In: Zeitschrift für Geomorphie, N.F., Suppl. 52, S. 1-23.

MÄCKEL, R. (1986):
Dambo Environments of the Central Plateau Region of Zambia. In: Zambian Geographical Journal, No. 36, S. 29–47.

MÄCKEL, R. (1995):
Angewandte Physiographie der Tropen dargestellt am Beispiel Afrika. In: APT Reports, No. 1. Institut für Physische Geographie, Arbeitsbereich Angewandte Physiogeographie der Tropen und Subtropen (APT), Universität Freiburg i. Br., S. 2–14.

MÄCKEL, R./SIEBERT, M. (1990):
Rezente und potentielle Nutzungsformen der saisonalen feuchten Grasländer Zambias. In: Räumliche Strukturen im Wandel – Festschrift für Wolf-Dieter Sick, Teil B: Beiträge zur Agrarwirtschaft der Tropen, Inst. f. Physische Geographie, Universität Freiburg i. Br.

MÄCKEL, R./SIEBERT, M.(1992):
Recent and potential types of use for seasonaly wet graslands in Zambia. In: Applied Geography and Development, 40, S. 7–21.

MACNAIR, J.I. (1954):
Livingstone's Travels. London.

MAD (1992):
Zambian Local Vegetables and Fruits. Handbook for Agricultural Field Workers. Ministry od Agriculture and Water Development, Department of Agriculture, Lusaka.

MANSHARD, W. (1988):
Entwicklungsprobleme in den Agrarräumen des tropischen Afrika. Darmstadt.

MANSHARD, W./R. MÄCKEL (1995):
Umwelt und Entwicklung in den Tropen: Naturpotential und Landnutzung. Darmstadt.

MAXWELL, S./SMITH, M. (1992):
Household Food Security: A Conceptual Review. IDS, Sussex.

MAXWELL, S. (ed.) (1990):
Food Security in Developing Countries: Issues and Options for the 1990s. In: IDS-Bulletin, 21 (3), S. 2–13.

MBIKUSITA-LEWANIKA, A. (1990):
Milk in the Basket ! The Political-Economical Malaise in Zambia. Zambia Research Foundation. Lusaka, Zambia.

McEVANS, M.A. (1993):
The Importance of Dambos in Small-Scale Farmer Livelihood Strategies. Experiences from Southern and Eastern Africa Regional Workshop on Nutrition and Household Food Security in Farming Systems Research. September 1992, Mansa, Zambia. Beitrag zum Workshop on Sustainable Use of Dambos in Southern Africa. January 1993. Lusaka, Zambia.

MEURER, M./REIFF, K./STURM, H.-J./WILL, H. (1994): Savannenbrände in Tropisch-Westafrika. In: Petermanns Geographische Mitteilungen, 138, S. 35–50.

MICHLER, W. (1991):
Weißbuch Afrika. Bonn.

MILIMO, J.T. (1988):
Women in Small-Scale Enterprise. In: LUNGU, G.F./SINYANGWE, V. (Eds.) (1988): Women and Development in Africa. Proceedings of a conference of the Professors World Peace Academy, Zambia Chapter, July 3-6. Siavonga, Zambia, S. 108–112.

MILIMO, M.C. (1988):
Unequal Development: An Examination of the Situation of Women in Zambia's Development. In: LUNGU, G.F./SINYANGWE, I.M. (Eds.) (1988): Women and Development in Africa. Proceedings of a conference of the Professors World Peace Academy, Zambia Chapter, July 3-6. Siavonga, Zambia, S. 5–14.

MILIMO, J.T. (1990):
The Role of Research in Zambia's Development Efforts in the 1990s. In: SUMAILI, F.K.M./LUNGWANGWA, G. (Ed.) (1990): Zambia in the 1990s, Professors World Peace Academy of Zambia. Lusaka, Zambia, S. 115–126.

Ministry of Agriculture (1991):
Census of Agricultural Production. Lusaka.

MIRACLE, M.P. (1960):
Plateau Tonga Entrepreneurs in historical Inter-Regional Trade. In: FOSBROOKE, H.A.: Human Problems in British Central Africa, XXVI, S. 34–50 (= The Rhodes Livingstone Journal, Nr. 26). Manchester.

Mitteldeutsche Zeitung (1995):
Zambia: Im Epizentrum des Todes sterben Tausende an Aids. MDZ, 1. März 1995/V1. Halle.

MLM – Ministry of Land and Mines (1966):
Gazetter of Geographical Names in the Republic of Zambia. Lusaka.

MÖLLERS, H. (1993):
Vorschuß aufgebraucht. In: Informationsdienst Südliches Afrika, 2/93, S. 35–37.

MÖLLERS, H. (1995):
Die Europäische Union und SADC. In: Südliches Afrika – Zeitschrift zum Südlichen Afrika, Nr. 2, S. 34–37.

MÜLLER, H. (1985):
Promotion of the use of draught animals in the North-Western Province of Zambia. In: Gate, No.3, GTZ, Eschborn.

MUNNIK, V. (1987):
Women in Zambia. In: Africa Insight, Vol. 17, No. 1.

MWALE, P. (1996):
Fraud hits UNZA. In: Lusaka Star – A Teaching Newspaper for the Department of Mass Communication, University of Zambia, 1.

MWENYA, A. (1989):
The legal aspects of game ranching. In: Proceedings of the Game Ranching Seminar held at Lusaka, 13–14. April 1998. Wildlife Conservation Society of Zambia, S. 21–25.

NEBEL, S. (1995):
Habitat, Verstädterung und kulturelle Identität. Entwicklungsbedingungen kulturspezifischer Wohnformen in Verstädterungsräumen von Entwicklungsländern – dargestellt am Beispiel Lusaka/Sambia. Frankfurt/Main.

NRD (1990):
The State of Environment Report of Zambia. Resources Department, Lusaka.

NUDING, M.A. (1996):
Bedeutung der Wildtierbewirtschaftung in der ländlichen Entwicklungszusammenarbeit Savannen-Afrikas: Das Campfire-Beispiel.
In: GUTHÖRL, V. (1996) (Hrsg.): Aspekte der Wildtierbewirtschaftung im südlichen Afrika. APT-Berichte, Nr.6. Arbeitsbereich Angewandte Physiogeographie der Tropen und Subtropen, Freiburg i. Br., S. 21–36.

NAYKUTEMBA, E. (1991):
Ethnic Rumblings. In: Africa Events, August 1991, S. 22ff.

OGLE, B.A./MALAMBO, L./MINGOCHI, D.S./NKOMESHA, A./MALASHA, I. (1990):
Traditional vegetables in Zambia. A Study of procurement, marketing and consumption of traditional vegetables in selected urban and rural areas in Zambia. IRDC, Uppsala.

OXFAM (1993):
Africa – Make or Break; Action for Recovery. Oxfam Report, Oxford.

PHILLIPSON, D.W. (1971):
Early man 1. In: DAVIES, D.H. (1971): Zambia in Maps, S. 28–29. London.

PHIRI, S.H. (1982):
Some Geographical Aspects of the History of Rural Development in the Eastern Province of Zambia. Beitrag zur Southern African Conference of the Commonwealth Geographical Bureau, Lusaka 9.–15.7.1982 (unveröffentlichte Maschinenschrift).

PRESVELOU, C. (1985):
A household economic approach to malnutrition and poverty in rural Africa. In: BADIR, D. R. (ed.) (1985): Proceedings of the First All Africa Home Economics Meeting. Accra, Ghana.

Profit (1995):
Still a long way to go. Dezember 1995, S. 22–24.
PURSGLOVE, J. W. (1974):
Tropical Crops – Dicotyledons. Longman Scientific/Technical, ELBS edition, Essex.
PURSGLOVE, J. W. (1975): Tropical Crops: Monocotyledons. Longman Scientific/Technical, ELBS edition, Essex.

RATTRAY, J.M./CORMARCK, R.M.M./ STAPLES, R.R. (1953): The vlei areas of Southern Rhodesia and their uses. Rhodesian Agricultural Journal, 50, S. 456–483.
RAUCH, T. (1986):
Dezentralisierung, Bauern und Staat in Zambia. In: Zeitschrift für Wirtschaftsgeographie, 30, S. 52–71.
RAUCH, T. (1990):
Auswirkungen der Strukturanpassungspolitik in Zambia auf die ländliche Entwicklung. In: Zeitschrift für Wirtschaftsgeographie, 34, S. 18–26.
REDDER, A./RAUCH, TH. (1987):
Möglichkeiten und Grenzen der Umsetzung des Konzepts kleinräumiger Wirtschaftskreisläufe im ländlichen Zambia. In: Die Erde, 118, S. 127–141.
REIJNTJES, C./HAVERKORT, B.
WATERS-BAYER, A. (1992): Farming for the Future – An Introduction to Low-External-Input and Sustainable Agriculture. London/Basingstoke.
REIS, B./LEITZMANN, C. (1985):
Der Beitrag des Hausgartens zur Verbesserung der Ernährung in den Tropen und Subtropen. In: Entwicklung + ländlicher Raum, 19, S. 8–12.
ROBERTS, A.D. (1969):
Pre-colonial trade in Zambia.
In: African Social Research, 10, S. 715–746. Manchester.
ROZEMA, A. E. (1993):
Dambo Research in Chipala Dambo, Copperbelt. Report of Agricultural Shows, Lusaka, August 1993.

SAINT, W. (1992):
Universities in Africa: Strategies for Stabilisation and Revitalisation, Draft, Education and Training Division. Technical Department, Africa Region, The World Bank.
SAKUBITA, G. (1990):
Household Energy in Zambia. Kenya Energy and Environment Organisations (KENGO), Nairobi.
SANYAL, B. (1985):
Urban Agriculture: Who Cultivates and Why? A Case-study of Lusaka, Zambia. In: Food and Nutrition Bulletin, Vol. 7, No. 3, S. 15–24.
SCHAFFMANN, C. (1986):
Das Kupfer im Gürtel glänzt nicht mehr. In: Berliner Zeitung, Nr. 181, 2/3.08. 1986, S. 4.
SCHLYTER, A. (1991):
Twenty Years of Development in George, Zambia. Swedish Council for Building Research, Stockholm.
SCHLYTER, A./SCHLYTER, T. (1980):
George – The Development of a Squatter Settlement in Lusaka, Zambia. Stockholm, Swedish Council for Building Research.
SCHMIDT-KALLERT, E. (1994):
Ghana. Perthes Länderprofile. Gotha.
SCHULTZ, J. (1976):
Land Use in Zambia: Part I: The Basically Traditional Land Use Systems and their Regions. Part II: Landuse Map (= Afrika Studien 95). München.
SCHULTZ, J. (1983):
Zambia (= Wiss. Länderkunden, 23). Darmstadt.
SCHULTZ, J. (1988):
Die Ökozonen der Erde. UTB-Taschenbücher. Stuttgart.
SCNVYO (Standing Conference of National Voluntary Organisation) (1992):
The Bundu Book of Trees, Flowers and Youth Grasses. Harare, Zimbabwe.
SCOONES, I. (1991):
Wetlands in Drylands: The Agroecology of Savanna Systems in Africa. Part 1:

Overview – ecological, economica and social issues. Drylands Programme, IIED, London.

SCOONES, I. (1992):
Wetlands in Drylands: Key Resources for Agricultural and Pastoral Production in Africa. Dryland Network Programme, IIED, Paper No. 38, London.

SCOONES, I./CHIBUDU, C./CHIKURA, S./ JERANYAMA, P./MACHAKA, D./MACHANJA, W./ MAVEDZENGE, B./MOMBESHORA, B./ MUDHARA, M./MUDZIWO, C./ MURIMBARIMBA, F./ZIRERERA, B. (1996):
Hazards and Opportunities. Farming Livelihoods in Dryland Africa: Lessons from Zimbabwe. International Insitute for Environment and Development. London.

SCUDDER, T. (1960):
Man made lakes and population resettlement in Africa. In: Man made Lakes. London/New York, S. 90–108.

SCUDDER, T. (1966):
Fishermen of the Zambezi. In: FOSBROOKE, H.A. (Ed.) Human Problems in British Central Africa. The Rhodes-Livingstone Journal, XXVII, S. 41–49.

SCUDDER, T. (1971):
Gathering Among African Woodland Savannah Cultivators. A Case Study: The Gwembe Tonga. (= Institute for African Studies Zambian Papers, 5). Manchester.

SCUDDER, T. (1975):
The ecology of the Gwembe-Tonga (= Kariba Studies, II). Manchester.

SCUDDER, T./HABARAD, J. (1989):
Local Responses to involuntary Relocation and Development in the Zambian Portion of the Middle Zambezi Valley. Forschungsbericht. O. O.

SEN, A. (1990):
Food Entitlements and Economic Chains. In: NEWMANN, L.F. (Hrsg.) (1990): Hunger in History. Food Shortage, Poverty and Deprivation. Cambridge.

SENFTLEBEN, W. (1989):
Zambia – Reiseführer mit Landeskunde (= Mai's Weltführer, No. 44). Dreieich.

SHALVINDI, F.K.M. (1986):
Utilization of Dambos in Zambia. In: National Workshop on Dambos – Proceedings. Ministry of Agriculture and Water Development/FAO, Nanga, 22.–24. April 1986, S. 12–19. Lusaka.

SHAO, I. F./KIWARA, A. D./MAKUSI, G. J. (1992): Structural Adjustment in a Socialist Country: The Case of Tanzania. Sapes. Harare, Zimbabwe.

SHERRIFF, L. (1996):
Pioneers of the new age. In: Living Africa, April 1996, S. 50–53.

SHIMADA, S. (Hrsg.) (1993):
Agricultural Land Use and Environmental Change of Dambo – A case study of Chinena Village, Central Zambia. Institute of Geography, Tohoku University, Sendai 1980. Sendai, Japan.

SICK, W.-D. (1983):
Agrargeographie. Braunschweig.

SILWIMBA, C. (1993):
Poverty for many, wealth for some. In: The Courier, No. 138, March–April 1993.

SIMWANDA, L.S. (1994):
Survey on Solid Waste Management in Lusaka 1994. Unveröffentlichter Projektbericht für das Volunteer Agency Coordinating Commitee (V.A.C.C.)

SKJØNSBERG, E. (1989):
Change in An African Village – Kefa Speaks. West Hartford.

SMIT, J. (1994):
Urban Agriculture Prospects, in Africa, Latin America and Asia: The role of food production within urban areas in the tropics and subtropics for food security, income generation and quality of life. Paper presented to the International Expert Consultation on "Vegetable Production in Peri-Urban Areas in the Tropics and Subtropics – Food, Income and Quality of Life. Zschortau, Germany, Nov. 1994.

SMIT, J. (1995):
Urban Agriculture Prospects in Africa, Latin America and Asia.
In: RICHTER, J./SCHNITZLER, W.H./GURA, S. (Hrsg.) (1995): Vegetable Production in Periurban Areas in the Tropics and Subtropics – Food Income and Quality of Life. Proceedings of an International Workshop held from 14 to 17 Nov.1994 in Zschortau, Germany. DSE/ATSAF, Feldafing.

SNELSON, P. (1990): Educational Development in Northern Rhodesia 1883–1945. Kenneth Kaunda Foundation. Lusaka, Zambia.

SPARKS, A. (1993):
Boers say grass is greener in Zambia.
In: The Observer, 31/1.

Statistisches Bundesamt Wiesbaden (1987, 1991, 1993, 1995):
Statistik des Auslandes; Länderbericht Zambia. Stuttgart und Mainz.

Statistisches Bundesamt Wiesbaden (1993):
Länderbericht Staatengruppe SADC-Staaten. Stuttgart und Mainz.

STODDART, D.R. (1981):
Geography. Education and Research. The Geographical Journal, Vol. 147, No. 3, S. 287–297. London.

STROMGAARD, P. (1984):
Prospects of Improved Farming Systems in a Shifting Cultivation Area in Zambia. In: Quarterly Journal of International Agriculture, Vol. 23, No. 1, S. 38–50.

STROMGAARD, P. (1985):
A Subsistence Society under Pressure: The Bemba of Northern Zambia.
In: Africa 55 (1), S. 39–58

STROMGAARD, P. (1985a):
The infield-outfield system of shifting cultivation among the Bemba of South Central Africa. In: Tools and Tillage, 5 (2), S. 67–84.

TAZ (1993):
Krise eines Demokratiemodells in Zambia. die tageszeitung, 9. März 1993.

The Courier (1993):
Zambia – The score so far: Democracy, 2, Economic Recovery, 1. The Courier, No. 138, March–April 1993.

The Observer (1993):
Zambia dies in Aids explosion.
The Observer, 28.2.1993.

The Post (1996):
Law Association of Zambia (S. 3), Zambias bad image (S. 1) No. 534, Wednesday, August, 14., Lusaka.

The Post (1996a):
75 % of Zambia's 1995 budget donor funded. The Post, No. 389, 18/1/1996, Lusaka.

The Post (1997):
Police acted on orders, No. 795 Tuesday, August 26, Lusaka.

THROWER, L. B. (1988):
Development Policy and Research. – Vegetable Production under arid and semiarid conditions in tropical Africa. Plant Production and Protection Paper, 89, S. 1–13. FAO, Rome.

TILLER, K./WIRTH, CHR. (1991):
Zwischenbericht Landnutzungs- und Vegetationskartierung Gwembe-North, Lusitu-Region. GTZ – GIDDP. Siavonga (unveröffentlicht).

Times of Zambia (1995):
Forex runs out. 14.06.1995, Lusaka.

TRAPNELL, C.G. (1953):
The Soils, Vegetation and Agriculture of North-Eastern Rhodesia. Report of the Ecological Survey. Lusaka.

TRAPNELL, C.G./CLOTHIER, J.N. (1957):
The Soils, Vegetation and Agricultural Systems of North-Western Rhodesia. Government Printer. Lusaka.

VAN DER BERG, L.M. (ed.) (1982):
In the Shadow of Lusaka: Land and People under Pressure of Urban Growth. Studies in Zambian Society, 6. University of Zambia, Lusaka.

VAN DER BERG, L.M. (1986):
Between the City and the Farms.

In: WILLIAMS, G.J. (Hrsg.) (1986): Lusaka and its Environs. Zambia Geographical Association Handbook Series, No. 9, S. 290–307. Lusaka.

VAN VELDHUIZEN, L./WATERS-BAYER, A./RAMIREZ, R./JOHNSON, D.A./THOMPSON, J. (Hrsg.) (1997): Farmers Reserach in Practice. London.

VON FRIELING, H.-D. (1989): Das Konzept des informellen Sektors – Kritik eines Entwicklungsidealismus. In: SCHAMP, E. (Hrsg.): Der informelle Sektor: geographische Perspektiven eines umstrittenen Konzeptes; Fallstudien aus Afrika, S. 169–200. Aachen.

VON OPPEN, A. (1989): Just Cassava Eaters? – 'Informelle' ländliche Warenproduktion in einer Abwanderungsregion Zambias. In: SCHAMP, E. (Hrsg.): Der informelle Sektor: geographische Perspektiven eines umstrittenen Konzeptes; Fallstudien aus Afrika, S. 131–168. Aachen.

VON OPPEN, A. (1991): Cassava, "The Lazy Man's Food" – Indigenous Agricultural Innovation and Dietary Change in Northwestern Zambia (ca. 1650–1970). In: Food and Foodways, Vol. 5 (1), S. 15–38.

VON WEIZSÄCKER, E. U./LOVINS, A.B/LOVINS, H. (1995): Faktor 4 – Doppelter Wohl-stand – halbierter Naturverbrauch. Der Neue Bericht an den Club of Rome. München.

WADDY, B.B. (1966): Medical problems arising from the making of lakes in the tropics. In: Man made Lakes. S. 87–94. London/New York.

WALDECK, W. (1983): Lusaka – Determinanten der Stadtentwicklung. In: Africa-Spectrum, 18, H. 2, S. 157–170

WEISCHET, W./CAVIEDES C.N. (1993): The Persisting Ecological Constraints of Tropical Agriculture. New York.

Wiese, B. (1995): Senegal/Gambia. Perthes Länderprofile. Gotha.

WINKLER, H./HARTMANN, K./SCHOMBURG, H. (1992): Engineers in Tanzania – Graduate and Employer Survey 1985, Fac. of Engineering, University of Dar es Salaam. GTZ/WZI Eschborn/Kassel.

WINTERBOTTOM, J.M. (1945): The Ecology of Man and Plants in Northern Rhodesia. In: GLUCKMAN, M./WINTERBOTTOM, J.M.: Human Problems in British Central Africa. The Rhodes-Livingstone Journal, No. 3, Institut for African Studies, Manchester University, S. 33–44.

WITTERN, U./WITTERN, J. (1988): Local Vegetables – an Example from Zambia. In: Entwicklung/ländlicher Raum, 2/88, S. 22–23.

Zambian National Early Warning System (1992): Crop weather summary, Issue Nr. 2. Lusaka.

ZORN, T. (1994): Hoffnung auf Südafrika – Der wirtschaftliche Niedergang Zambias. In: Frankfurter Allgemeine Zeitung, 13. Juni 1994, S. 6.

Karten und Luftbilder

British South Africa (1895): Blatt 5. London (Verlag Edward Stanford).

Map of Greater Lusaka (1987): Survey Department, Lusaka.

Luftbildserie 78/2, Lusaka - Kalingalinga (1978): Survey Department, Lusaka.

Orthophotokarte 1: 5000, Sheet PN 4496, (1989): Surveyor General, Lusaka.

Republic of Zambia. Map of Greater Lusaka (1987): Lusaka.

Republic of Zambia , Series 2S41.

Satellite Image Map of Lusaka, SPOT, (1989): SSC (Swedish Space Cooperation), Survey Department, Lusaka.

Register

agroklimatischen Regionen 59ff.
AIDS 39; 41
Anbausysteme 77ff.
Armut 122; 127; 162f.

Baumwolle 80; 154
Bevölkerung 31; 87; 117
 – ländliche 115; 142; 147; 163
 – städtische 80; 115ff.; 120; 127
Bevölkerungswachstum 79; 87; 97; 116; 120; 122; 147; 154; 156
Bewässerung 105; 130
Bewässerungsgartenbau 104; 108; 125; 128
Bewässerungssystem 106; 108
Bildungssystem 23; 33ff.
Biodiversität 128; 147
Blei 18f.; 133f.
brain drain 35
British South Africa Company 68

Chitemene 59; 77ff.
Cholera 39
Compound 69; 119; 122
Copperbelt Universität 35

dambo 51
 – Landnutzungsänderung 81; 88
 – landwirtschaftliche Nutzung 81f.
 – Pufferfunktion 82
 – Schwammfunktion 88
Demokratisierung 27f.; 70; 76
Dezentralisierung 21; 27; 33; 147
DIMS drought impact monitoring system 57; 115
Dürre 29; 56f.; 97

Elefanten 64; 66
Elfenbein 64
Entwicklung 116
 – wirtschaftliche 70ff.
Entwicklungszusammenarbeit 158ff.
Ernährungssicherung 21; 115; 128; 151ff.;
 – Beitrag traditioneller Nutzpflanzen 113
 – traditionelle 151ff.
Erosion 150; 154; 157
Escarpment 109
European Farmland 68

female headed households 45
Feuer 156
Flüchtlinge 26
Frontline states 25f.
Frauen
 – Bildung 35
 – Ernährung 42ff.; 115; 128

Gemüse 82
 – Herkunft 127
 – traditionelles 111f.
Gesundheit 38; 43; 57; 143
Gesundheitswesen 38f.
Grasländer s. dambo
Grundnahrungsmittel 77; 87; 128
periurbane Produktion 87

Hangspülmulde 106
Hausgärten 46; 49; 74; 89; 104f.; 115; 126; 130ff.;157
 – auf Mülldeponien 136
 – Umzäunung 154
 – Sammelwirtschaft 115
Hirse 93; 97; 148
Hochplateau 51; 54
Hochschulen 34f.
Humanismus 23
Hungerkompensation 115

informeller Sektor 42; 71ff.
Intensivierung 81; 88ff.
IWF 24; 27; 162f.

Jagd 156

Kafue Lechwe 62
Karibasee 152
 – Lusitu 148
 – Umsiedlungen 148
Kassave 47; 49; 59; 61; 77ff.; 93; 95; 102; 104; 111; 133
Kaunda 21ff.
Kleingewerbe 42
Klima 55ff.
Kolonialherrschaft 18; 21
 – Auswirkungen 20f.; 26
Korruption 27f.

Kulturpflanzen 77
– traditionelle 77
Kupfer 19; 23; 68f.; 71; 141
Kupfergürtel 20; 30; 68

Landbesitzrechte 21; 137; 139
ländlichen Entwicklung 21
Landnutzung
– traditionelle 100; 102; 150
Landschaftsgliederung 53ff.
Landwirtschaft 95
– marktorientierte 89ff.; 100ff.; 126
– urbane 124ff.; 163
Line of Rail 20f.; 68; 89;
93; 137; 140
low external input 18; 101

Mais 77; 93; 97; 148
Mangelernährung 41; 57; 65; 69; 102
Maniok s. Kassave
Marginalisierung 122
Medizin
– regionale Disparität 38
– traditionelle 41
Miombo 58; 83
Mischanbau 133
Monoökonomie 69
Mopane 58
Müll 134f.; 137
– und Gartenbau 136f.

Nahrungshilfe 29
Nahrungsknappheit 46; 97
Nashorn 62
Nationalparks 61ff.
Native Reserves 21
Naturraum 51ff.
nshima 50; 77
Nutzfläche, landwirtschaftliche 125

Physiographischen Regionen 53
PTA 29

Regenfeldbau 126f.
Religion 32
relish 77; 114
– Verfügbarkeit 46
road strip cultivation 131

Saatgut
– Verfügbarkeit 49
SADC 29f.
Sammelwirtschaft 111ff.; 152f.
– Geschlechterunterschiede 115
– Wildfrüchte 115
Savannisierung 58
Schadstoffe 133; 137
Schwermetalle 133f.; 136
Sorghum 93; 148
Straßenhandel 126
Strukturanpassung 162
Strukturwandel
– im periurbanen Raum 87
Subsistenz 20; 68f.; 72; 92; 125;
smallholders 97
– städtische 125
– traditionelle 100
Stadtentwicklung 125; 132f.
Süßkartoffel 74; 88; 128
SWAPO 25

Tabak 152
Tierhaltung 92; 152ff.
Tourismus 66; 76
Tribalismus 32
Trinkwasser 39; 57; 82; 89; 106; 122; 137;
142ff.

Umwelt 38; 55; 125; 134; 141; 143f.
Umweltschutz 37f.; 141; 146
Unabhängigkeit 22ff.; 25f.; 69; 139f.
Universität von Sambia 23; 34ff.; 163

Vegetation 40; 58ff.; 114
Verstädterung 20; 32; 71; 117; 125
Victoria-Fälle 52f.
Vielfalt, ethnische 31f.

Wanderfeldbau 77; 79
Wasser
– -mangel 82; 122
– -qualität 137; 142ff.

Wild 152
– -schutz 63ff.; 146

Zierpflanzen 74

Sambia

Fakten, Zahlen, Übersichten

Datenzusammenstellung: Christiane Weber

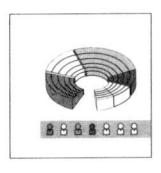

1 Staat und Territorium

Zambia/Sambia
Republik Zambia
Republic of Zambia

Amtliche Sprache: Englisch

Fahne: Grün, im rechten unteren Eck rot-schwarz-gelbe Längseinteilung, darüber das Wappentier, der Seeadler

Währung: 1 Kwacha (ZK) = 100 Ngwee

Fläche: 752 614 km²

Lage im Gradnetz
   Nördlichster Punkt: 26°O 08°S
   Südlichster Punkt: 31°O 18°S
   Westlichster Punkt: 24°O 13°S
   Östlichster Punkt: 34°O 11°S
Nord-Süd-Ausdehnung: 1 152 km
Ost-West-Ausdehnung: 784 km

Zeitzone: Osteuropäische Zeit, d. i. MEZ + 1 h

Bevölkerung:
   Volkszählung 1980: 5,7 Mio.
   Volkszählung 1990: 7,8 Mio.
   Schätzung 1994: 9,3 Mio.

Hauptstadt: Lusaka (1997 ca. 1,6 Mio. Ew.)

Staatsform, Verwaltungsaufbau, Verwaltungsgliederung:

Seit dem 24. Oktober 1964, dem Tag der Unabhängigkeit von der britischen Kolonialherrschaft, ist Zambia eine Präsidiale Republik. Der derzeitige Staatschef ist Frederick J.T. Chiluba, der die Macht in den ersten demokratischen Wahlen 1991 von seinem Vorgänger Kenneth Kaunda übernommen hat. Chiluba ist Vorsitzender der Bewegung für Mehrparteien Demokratie (MMD). Im Parlament sind nach den Wahlen 1996 5 Parteien vertreten. MMD gewann diese Wahlen mit großer Mehrheit. Im ganzen Land gibt es derzeit 41 politische Parteien, viele davon kleine Splitterparteien der ehemaligen Unabhängigkeitspartei (UNIP) und auch von MMD. Die Nationalversammlung hat 150 Sitze, 130 davon sind durch Abgeordnete der MMD besetzt.

Der Staat ist in 9 Provinzen gegliedert, die sich wiederum in 52 Distrikte unterteilen. Auf Gemeindeebene spielt das traditionelle Verwaltungssystem der Dorfvorsteher ("chiefs") noch eine wesentlich Rolle.

Zambia ist Mitglied in zahlreichen internationalen Organisationen, so der Vereinten Nationen und UN-Sonderorganisationen, der Organisation für Afrikanische Einheit (OAU) und der Südafrikanischen Entwicklungsgemeinschaft (SADC).

Die ältesten Städte Zambias sind kaum 100 Jahre alt: Kabwe wurde 1902 und Livingstone 1903 gegründet. Die Verstädterung ist ein Hauptproblem des Landes, inzwischen leben fast 50% der Menschen in Städten.

Provinzen	Hauptort	Landfläche	1980	1990	1980	1990	1980–1990
		(km^2)	Bevölkerung		Bevölkerungs-dichte		Veränderung
			(1 000)		(Einwohner je km^2)		(%)
Central	Kabwe	94 395	511,9	725,6	5,4	7,7	+41,7
Copperbelt	Ndola	31 328	1 251,2	1 579,5	39,9	50,4	+26,2
Eastern	Chipata	69 106	650,9	973,8	9,4	14,1	+49,6
Luapula	Mansa	50 567	421,0	526,7	8,3	10,4	+25,1
Lusaka	Lusaka	21 896	691,1	1 208,0	31,6	55,2	+25,7
Northern	Kasama	147 826	674,8	867,8	4,6	5,9	+28,6
North-Western	Solwezi	125 827	302,7	383,1	2,4	3,0	+26,6
Southern	Livingstone	85 283	671,9	946,4	7,9	11,1	+40,9
Western	Mongu	126 386	486,5	607,5	3,8	4,8	+24,9

* Ergebnis der Volkszählung

Tab. A. 1: Fläche, Bevölkerung und Bevölkerungsdichte Zambias nach Provinzen*

Stadt/Land	Einheit	1974	1980	1985[1]	1990	1995[1]
Städte	1 000	1 664,9	2 259,1	2 807,4	3 283,6	4 043,2
	%	35,6	39,9	40,9	42,0	43,1
Land-gemeinden	1 000	3 011,8	3 402,1	4 056,6	4 534,4	5 337,8
	%	64,4	60,1	59,1	58,0	56,9

Tab. A 2: Bevölkerung Zambias nach Stadt und Land*

* Ergebnis der Volkszählung   [1] Stand: Jahresmitte

2 Landesnatur

Zambia ist ein Binnenstaat im zentralen südlichen Afrika, der sich zwischen 8° und 18° südlicher Breite und 22° und 33° östlicher Länge erstreckt und damit zu den äußeren Tropen gehört.

Das aus dem Präkambrium stammende Grundgebirge (der sogenannte Basementkomplex) und die späteren Ablagerungen (Katangasystem) sind die beiden wichtigsten Hauptsedimentationsabfolgen. Jüngere Sedimente stammen aus dem Karbon/Jura (Karrusystem, vor ca. 300–150 Mio. Jahren) und aus dem Tertiär/Pleistozän (Kalaharisystem, vor ca. 30 Mio. bis 600 000 Jahren). Die Karrusedimente sind weitgehend auf die großen Talregionen beschränkt, wo sie in mehreren Phasen abgelagert wurden. Die ältesten Schichten stammen aus dem Karbon (Tillite), die von Sandsteinen und der jüngeren Gwembe-Kohleformation überlagert werden.

Im Westen des Landes entstand bis ins frühe Quartär das Kalahari-System, tertiäre bis pleistozäne, äolische Sandablagerungen und lose Sandsteine.

Ein Großteil des Landes erstreckt sich auf dem Zentralafrikanischen Hochplateau (1000–1500 m NN.). Es ist Teil der zentralen und östlichen Lundaschwelle, einem Bergrücken, der sich durch weite Teile Zentralafrikas zieht. Die recht monotone Landschaft ist geprägt durch zahlreiche baumlose Flußauen und riesige, ausgedehnte Waldbestände und wird nur von wenigen Einzelbergen oder kleineren Bergzügen, die als Härtlinge erhalten blieben, unterbrochen. Das Hochplateau steigt nach Norden hin an und erreicht im Nyika-Hochland, im Grenzgebiet zu Malawi, eine Höhe von über 2 000 m NN. Nach Süden und Südwesten liegt das Niveau nur noch bei ca. 900 m NN. Die verschiedenen Niveaus sind Ergebnisse verschiedener Pediplanationszyklen, die durch eine Reihe von kontinentalen und subkontinentalen Hebungen ausgelöst worden sind. Die heutigen Höhenverhältnisse sind das Ergebnis der Hebungen und Senkungen ab Ende des Tertiärs. Nach Süden hin fällt das Plateau auf ca. 1 200 m NN ab. Das Flachrelief des Plateaus bedingt besonders interessante geomorphologische Strukturen, die sogenannten dambos. Diese sind natürliche Grasländer und wichtige Bestandteile des geohydrologischen Systems.

Die Monotonie der Plateauregion wird nur durch die tief eingeschnittenen, großen Talregionen des Zambezi und Luangwa unterbrochen. Das Plateau fällt in sogenannten Escarpments, meist asymmetrisch ausgebildeten Bruchlinienstufen steil zu den Tälern hin ab, die selbst nur noch ein Höhenniveau von ca. 30–600 m NN aufweisen. Die Entstehung dieser Täler geht auf die frühen Grabenbrüche in der Zeitspanne vom oberen Karbon (300 Mio. Jahre) bis zum Perm (175 Mio. Jahre) zurück. Im Pleistozän konnten die Flüsse diese „vorgefertigten" Grabensysteme erobern und sie weiter vertiefen. Auch die Bildung der Flußterrassen geht deshalb bis in das Pleistozän zurück. Das Luangwatal ist der mächtigste dieser Einschnitte. Es erstreckt sich mit einer Länge von 560 km und einer Breite bis zu 100 km von Nordosten nach Südwesten. Das Zambezital, welches im Südosten an das Luangwatal grenzt, könnte eine südwestliche Fortsetzung dieses Tales sein.

Station Lage Seehöhe	Mbala 9°S 31°O 1 673 m	Kasama 10°S 31°O 1 384 m	Mpika 12°S 26°O 1 402 m	Solwezi 12°S 26°O 1 333 m
Monat				
Lufttemperatur (°C), mittlere tägliche Maxima				
Kältester Monat: Juli	22,6 I	24,6	21,8 VII	24,7
Wärmster Monat: Oktober	27,8	31,1	29,7	30,6
Jahr:	24,7	26,9	25,2	27,0
Lufttemperatur (°C), mittlere tägliche Minima				
Kältester Monat: Juli	10,6	9,6	9,1	4,6
Wärmster Monat: November	15,3	16,5	16,3	16,3 I+II
Jahr	13,6	15,8	13,8	11,7
Relative Luftfeuchtigkeit (%), mittleres Maximum (morgens)				
Feuchtester Monat: Februar	96	98	97	-
Trockenster Monat: Oktober	70	73	65	-
Jahr	86	89	85	-

Station Lage Seehöhe	Ndola 13°S 29°O 1 270 m	Mongu 15°S 23°O 1 053 m	Lusaka 15°S 28°O 1 154 m	Livingstone 18°S 26°O 986 m
Monat				
Lufttemperatur (°C), mittlere tägliche Maxima				
Kältester Monat: Juni	24,3	26,2	24,2 VI+VII	25,2 VI+VII
Wärmster Monat: Oktober	31,6	33,9	32,0	34,5
Jahr	27,1	29,3	27,3	29,3
Lufttemperatur (°C), mittlere tägliche Minima				
Kältester Monat: Juli	6,4	8,4 VI	7,7	6,5
Wärmster Monat: November	16,8 XI+II	18,6 II	17,8	18,9
Jahr	13,1	15,0	14,1	14,4
Relative Luftfeuchtigkeit (%), mittleres Maximum (morgens)				
Feuchtester Monat: Februar	98 I+II	95 XII-I	96	88 I
Trockenster Monat: September	69	49	55 X	37 IX+X
Jahr	88	77	77	61

* römische Zahlen geben abweichende Monate an. Über ausführlich Klimaangaben für diese und weitere Stationen verfügt der Deutsche Wetterdienst, Seewetteramt Hamburg, Postfach 30 11 90, 20309 Hamburg. Diese Klimadaten werden im allgemeinen nur gegen Gebühr abgegeben.

Tab. A 3: Das Klima Zambias

3 Landesgeschichte

Die Situation im heutigen Afrika läßt sich nicht ohne die Betrachtung der geschichtlichen Entwicklung dieses Kontinents begreifen.

Auch im heutigen Zambia, welches diesen Namen ja erst seit 33 Jahren trägt, und erst seit dieser Zeit überhaupt zu einem eigenständigen Staat heranwuchs, herrschte in der Vergangenheit reges geschichtliches Treiben. Dies manifestiert sich in den vielen Funden historisch bedeutsamer Felsmalereien und anderen steinzeitlichen Funden im Lande. Zahlreiche Quellen belegen den regen Handel, den die Vorfahren der Zambier mit den Nachbarvölkern und später auch mit den ersten portugiesischen Händlern trieben. Die Handelswaren waren vielfältig, schon früh begann der Kupferhandel, aber auch das Salz war ein begehrtes Handelsobjekt.

Der Einfluß der Kolonialmächte auf das Land war tiefgreifend. Was war denn eigentlich so interessant für die Europäer an diesem Teil Afrikas? Natürlich war es zunächst Machtstreben und außerdem war es im dichtbesiedelten Europa des 17. und 18. Jahrhunderts hier ziemlich eng – man suchte neue Siedlungsgebiete. Ein dritter Grund, vielleicht der wichtigste, waren die Rohstoffe, besonders Gold und Diamanten, die man zu finden hoffte. Dies hatte sich in Betschuanaland, dem heutigen Botswana sehr wohl bestätigt, und auch in vielen anderen Gebieten des südlichen Afrika. In Zambia fand man aber keine Diamanten und auch kein Gold. Hier war es das Kupfer, was das Interesse der europäischen Eroberer erregte. Dieses Interesse war so stark, daß die landwirtschaftliche Entwicklung des Landes nicht einmal in Betracht gezogen wurde. Ein Umstand, unter dem Zambia noch heute leidet, übrigens ganz im Gegensatz zum Nachbarland Zimbabwe, welches von Beginn an landwirtschaftlich entwickelt wurde und deshalb heute auch eine andere Agrarstruktur zeigt.

Chronik

16. Jahrhundert
1514 Erste portugiesische Erforschung des Zambezitales
1570 Abraham Ortelius´ Karte des südlichen Afrika „Africae Nova Tabula" erscheint

17. Jahrhundert
1650 Reich der Lozi im oberen Zambezital. Im Westen des heutigen Zambia bestand das Rotsereich, im Nordosten treiben arabische Sklavenjäger ihr Unwesen.

18. Jahrhundert
1740 Kazemba II. dringt ins Luapula-Becken ein und errichtet dort das Königreich Kazembe.
1798 Der Gouverneur von Moçambique dringt bis zum Mweru-See vor.

19. Jahrhundert
1840 Die Kololo übernehmen die Macht im Rotseland.
1855 Der Missionar Livingstone entdeckt als erster Europäer die Victoria-Fälle des Zambezi.

Er unternimmt weitere Entdeckungsreisen durch ganz Zambia.
1865 Die Kololo verlieren die Macht im Rotseland.
1884 Die portugiesischen Entdecker Capello und Ivens bereisen den Westen und Süden Zambias.
1891 Der deutsche Kaufmann Wiese schließt seine Handelsexpedition nach Mpezeni ab.
Er hatte diese im Auftrag der portugiesischen Regierung unternommen.
1889 Cecil Rhodes überredet den Oberhäuptling von Barotseland, Lewanika, sich der British South Africa Company zu unterstellen.
1890 Die British South Africa Company übernimmt die Herrschaft in Nordrhodesien.
Grenzfestlegung zwischen dem britischen Nordrhodesien und Deutsch-Ostafrika im sogenannten Helgolandvertrag. Gleichzeitig sichert der Caprivi-Zipfel Deutsch-Südwestafrika den Zugang zum Zambezi.
1891 Grenzfestlegung zwischen Nordrhodesien und Njassaland in einem Vertag zwischen dem britischen Foreign Office und der British South Africa Company.
1894 Grenzfestlegung zwischen Nordrhodesien und dem belgischen Kongostaat Katanga.

20. Jahrhundert
1900 Die britische Regierung überträgt der British South Africa Company die Verwaltung des Barotselandes, behält sich jedoch das Protektorat vor.
1905 Gründung der Stadt Lusaka
1924 Nordrhodesien mit der Hauptstadt Livingstone wird direktes Protektorat von Großbritannien.
1931 Beginn des Kupferbergbaues in Luanshya; weitere Kupferminen werden erschlossen, zuletzt in Bancroft (1957).
1935 Lusaka löst Livingstone als Hauptstadt ab.
1953 Erste Entwürfe zur „Zentralafrikanischen Föderation"
1962 Inkrafttreten einer neuen Verfassung, Parlamentswahlen und Antritt der ersten farbigen Regierung in Nordrhodesien
1963 Die Zentralafrikanische Föderation, bestehend aus Nord- und Südrhodesien sowie Njassaland unter dem Premierminister Sir Roy Welensky ist ausgerufen.
Auflösung der Zentralafrikanischen Föderation
1964 Proklamation der Unabhängigkeit und Ausrufung der Republik Zambia, das Barotseland wird als Provinz integriert.
Bei den Parlamentswahlen wird Kenneth Kaunda Premierminister.
1968 Sieg der Regierungspartei bei den ersten allgemeinen Wahlen seit der Unabhängigkeit.
1970 Wahl Kaundas zum Vorsitzenden der Organisation für afrikanische Einheit (OAU).
1971 Gründung der oppositionellen United Progressive Party (UPP) durch den ehemaligen Vizepräsidenten Simon Kapwepwe.
1972 Verbot der UPP und Gefangennahme Kapwepwes,
Umwandlung Zambias in einen Einparteienstaat und Ausrufung der zweiten Republik
1973 Allgemeine Wahlen unter einem Einparteiensystem
1974 Erstes Treffen der sogenannten „Frontstaaten" (Zambia war zu einer wichtigen Basis für die zimbabwische Befreiungsbewegung geworden.)
1978 Wiederwahl Kaundes für eine vierte Wahlperiode
1979 Commonwealth-Konferenz in Lusaka

1980 Gründung der "Southern African Development Coordination Conference", einer Wirtschaftsgemeinschaft des südlichen Afrika
1983 Kenneth Kaunda wird erneut für eine weitere Amtperiode gewählt. Bei den folgenden Parlamentswahlen gehen alle Sitze an die UNIP. Staatsbesuch Kaundas in der BRD
1984 Vereinbarung eines Umschuldungsabkommens über rund 200 Mill. US-$ mit dem „Pariser Club"
1986 Der IWF gewährt einen Kredit von etwa 300 Mill. SZR, die Einhaltung der vom IWF empfohlenen Finanzpolitik lösen schwere Unruhen aus, was zur teilweisen Zurücknahme der Preiserhöhungen führt.
1987 Kaunda verkündet das Ende der vom IWF verordneten Sparpolitik und begrenzt seinen Schuldendienst auf 10% der Deviseneinnahmen. Die Staatschefs von Zaïre, Angola und Zambia beschließen die Wiederinstandsetzung der Benguela-Bahn. Kaunda wird ein weiteres Mal zum Vorsitzenden der OAU gewählt.
1988 Gipfeltreffen der „Frontstaaten" in Lusaka. Kaunda wird für eine weitere Amtsperiode von fünf Jahren gewählt
1991 Erste demokratische Wahlen. Ablösung von Kenneth Kaunda durch Frederick J.T. Chiluba und die Bewegung für ein Mehrparteiensystem, Beginn der „Dritten Republik"
1996 Zweite demokratische Wahlen, Bestätigung von Chiluba im Amt
1997 Attentatsversuch auf den früheren Präsidenten Kaunda, mißlungener Putschversuch gegen Chiluba

4 Bevölkerung und Siedlungen

Angesichts der großen Fläche Sambias (750 614 km^2 – mehr als doppelt so groß wie die BRD) und einer derzeitigen durchschnittlichen Besiedlungsdichte von ca. 10 Einwohnern/km^2 (BRD 217 Ew./km^2) kann eigentlich nicht von einer Überbevölkerung des Landes gesprochen werden. Das schnelle Bevölkerungswachstum um jährlich durchschnittlich 3 % und die regionale Verteilung der Bevölkerung sind aber Faktoren, die die Entwicklung des Landes beeinflussen.

Inzwischen leben ca. 56 % der Gesamtbevölkerung meist unter ärmlichsten Lebensbedingungen in den Großstädten des Landes.

Die größte Stadt ist Lusaka mit ca. 1,2 Mio. Einwohnern (1995). Sie wurde 1905 als Station an der Eisenbahnstrecke zwischen Südafrika und dem Kupfergürtel gegründet. Der kleine Ort, benannt nach einem Ältesten des nächstgelegenen Dorfes, hieß zunächst Lusakas und diente als Anlaufstelle für die ersten weißen Siedler, meist britische und burische Farmer. 1931 löste Lusaka die bisherige Hauptstadt Livingstone als zentraler gelegene Hauptstadt ab und erfuhr daraufhin zunächst einen Aufschwung. 1950 hatte die Stadt ca. 45 000 Einwohner, davon 10 % Europäer. Nach der Gründung der Föderation von Rhodesien und Nyassaland (1953) verlor Lusaka an Bedeutung und mußte seine Hauptstadtfunktion an Salisbury (Harare) abgeben.

Heute wirkt Lusaka auf den ersten Blick recht westlich. Aber dies täuscht. Nur im Zentrum der Stadt dominieren als Zeugen einer besseren, reichen Vergangenheit einige Hochhäuser und westlich geprägte Wohngebiete. Die Hochhäuser sind allesamt in schlechtem baulichen Zustand, häufig funktionieren die Aufzüge nicht mehr und die oberen Stockwerke sind verwaist. Im Unterschied zu Städten in Industrieländern siedeln in den peripheren Randlagen der Stadt die ärmsten Bevölkerungsschichten. Diese Siedlungen bestehen aus zahlreichen, meist illegalen "compounds" oder "squatter settlements", wie die stark zersiedelten, weit ausgedehnten „Vororte" oder „Notquartiere" genannt werden. Diese Stadtstruktur, die auf die Entstehung von Spontansiedlungen zurückzuführen ist, teilt Lusaka mit vielen anderen Städten in den Entwicklungsländern. Bereits in den 1970er Jahren lebten 55 % der Bevölkerung Lusakas in diesen Quartieren, heute sind es schätzungsweise über 80 %.

Die Landflucht führt zu großen Problemen in den städtischen Agglomerationszentren Zambias, die bisher in ihrer Tragweite wenig untersucht sind. Ein Hauptproblem ist die städtische Ernährungssicherung, deren Bedeutung man sich heute langsam bewußt wird. Die Menschen begegnen diesem Problem, indem sie städtische Landwirtschaft betreiben. In Lusaka sind es, vorsichtig geschätzt, derzeit mindestens 500 000 Menschen, die in irgendeiner Form in der städtischen Landwirtschaft tätig sind.

Die United Nations schätzen für Zambia im Jahre 2025 eine Bevölkerung von max. 21,7 Mio. (hohe Variante) und minimal ca 20,2 Mio. (niedere Variante).

Fläche: 725 614 km²

Tab. A 4: Fläche und Bevölkerung Zambias

Bevölkerung	1 000	Bevölkerungsdichte (Ew./km²)
1969	4 057	5,4
1980	5 662	7,5
1987	7 563	10,0
1991	8 776	11,7
1995	9 381	12,5
Gegenstand der Nachweisung	Einheit	1980–1990	1990–1995
Bevölkerungswachstum	%	38,1	36,7
Durchschnittliche jährliche Wachstumsrate	%	+3,28	+3,17
		1970–1975	1990–1995
Geburtenrate	je 1 000 Ew.	49,1	46,4
Sterberate	je 1 000 Ew.	18,0	18,0
Lebenserwartung:	Jahre		
Männer		45,7	49,0
Frauen		43,5	44,8

Stadt	1969	1974	1980	1990
Lusaka (Hauptstadt)	262	401	536	982
Kitwe	200	251	320	349
Ndola	160	229	281	376
Chingola	103	134	146	187
Mufulira	108	136	150	175
Luanshya	96	121	130	148
Kabwe	66	99	136	167
Livingstone	45	58	71	84
Chililabombwe	45	56	62	87
Kalulushi	33	41	59	91

* Ergebnis der Volkszählung
Tab. A 5: Bevölkerung in ausgewählten Städten Zambias*

Konfessionsgruppe	1 000	%
Christen	4 077	72,0
darunter:		
Protestanten	1 936	34,2
Katholiken (röm.-kath.)	1 483	26,2
Animisten	1 529	27,0
Moslems	17	0,3
Sonstige	40	0,7

* Ergebnis der Volkszählung
Tab. A 7: Bevölkerung Zambias 1980 nach Religionszugehörigkeit*

Stammes- bzw. Sprachgruppe	1969	1980	1969	1980
	1 000		%	
Bemba	1 363	2 050	33,6	36,2
Nyanja (einschl. Chewa, Nsenga, Ngoni)	690	997	17,0	17,6
Tonga (einschl. Lenje, Soli, Ila)	617	855	15,2	15,1
Nordwest-Gruppe (einschl. Luvale, Lunda, Kaonde)	430	572	10,6	10,1
Barotse einschl. Lozi, Nkoya)	373	464	9,2	8,2
Mambwe	211	260	5,2	4,6
Tumbuka	191	260	4,7	4,6
Sonstige	183	204	4,5	3,6

* Ergebnis der Volkszählung
Tab. A 6: Bevölkerung nach Stammes- bzw. Sprachgruppen*

5 Wirtschaft

Im sekundären und tertiären Wirtschaftsbereich Zambias (Dienstleistung und Industrie) tut sich momentan aufgrund der Privatisierungswelle am meisten. Nach einem Tief im Jahre 1995 hat sich die zambische Wirtschaft 1996 mit einem Realwachstum von 6,4 % kräftig erholt. Ein besonderer wirtschaftlicher Sektor ist der Kupferbergbau, der im Zusammenhang mit der gesamtwirtschaftlichen Entwicklung kritisch reflektiert werden muß. Die Außenhandelsbilanz des Landes mit Deutschland macht deutlich, wo die Schwächen und Stärken der zambischen Wirtschaft liegen. Der Schwerpunkt bei den Ausfuhren liegt bei Maschinen und Fahrzeugen.

Der große Druck, der durch das Strukturanpassungsprogramm des IWF, also Einsparungen im Staatshaushalt, entsteht, hat natürlich direkte Auswirkungen auf das zambische Volk. Eine dieser Folgen manifestiert sich in der Entstehung des sogenannten „informellen Sektors" über welchen so gut wie keine statistischen Daten vorliegen.

Obwohl die Mehrheit der zambischen Bevölkerung in der Landwirtschaft tätig ist, tut sich hier weit weniger Innovatives. Der Großteil der Bevölkerung Zambias ist abhängig von der eigenen Nahrungsmittelproduktion. Wie vor hunderten von Jahren leben die Menschen von ihren in der Regenzeit erwirtschafteten Vorräten. Diese Form der Landwirtschaft nennt man Subsistenzlandwirtschaft. Die Hauptakteure der Nahrungsproduktion in Zambia sind die Frauen. Im Lande gibt es verschiedenen traditionelle landwirtschaftliche Produktionssysteme, die bezüglich ihrer Organisation und der Anbaufrüchte gut an die Böden und an das Klima angepaßt sind. Neben traditionellem Hackfeldbau und Ochsenpflugbau gibt es, vor allem im Norden des Landes, auch heute noch den Wanderfelbau ("shifting cultivation"). Man nennt dieses System hier chitemene (Bemba: schneiden, to cut). Hauptmerkmal des chitemene ist die Brandrodung. Sie repräsentiert eine der ältesten Landnutzungsformen, die in Afrika bereits seit dem Neolithikum praktiziert wird. Der traditionelle Wanderfeldbau zeichnet sich dadurch aus, daß eine Fläche kurze Zeit zur landwirtschaftlichen Produktion genutzt wird und anschließend für sehr lange Zeit der Brache anheimfällt. Die lange Brachezeit ermöglicht die Regeneration der Bodenfruchtbarkeit. Das Besondere am chitemene-System ist die Konzentration von Nährstoffen im Zentrum der gerodeten Fläche. Dies geschieht, indem die Bauern die abgehackten Äste und Baumstümpfe im Zentrum der Rodungsfläche aufhäufen und erst dort verbrennen. Die kleineren Bäume werden bis etwa auf Brusthöhe abgehackt, von größeren Bäumen werden oft nur die Äste entfernt. Durch den hohen Bevölkerungsdruck werden die Brachezeitem immer kürzer, und damit ist sowohl die Produktivität des Systems als auch die natürliche Vegetation gefährdet.

Neben den Subsistenzbauern gibt es die Gruppe der "Small Scale Farmers", Bauern, die einen Teil ihrer Ernte auf dem Markt verkaufen. Die dritte wichtige Bauerngruppe sind die "Commercial Farmers", Großproduzenten also, die vor allem entlang der Eisenbahnlinie ("line of rail") auf großen Flächen marktorientiert produzieren. Genau diese Flächen wurden während der Kolonialzeit von den weißen Kolonisten bewirtschaftet. Hauptprobleme der zambischen Landwirtschaft liegen im starken Entwicklungsgefälle zwischen stadtnahen und ländlichen Regionen, im Mangel an Düngern und Pflanzenschutzmitteln und fehlender Infrastruktur. Obwohl die Bevölkerung stark zugenommen hat, hat sich die offizielle Maisproduktion in den letzten Jahren nicht stark verändert. Trotzdem hungert in Zambia unter normalen Verhältnissen niemand. Dies liegt z.T. daran, daß die Produktion des Subsistenzsektors nicht in die Statistik eingeht. Nur wenn das Klima, z.B. durch ausbleibende Regenfälle, die Nahrungsproduktion vermindert, kommt es zu Engpässen. Hiervon sind vor allem die südlichen, westlichen und südöstlichen Gebiete des Landes betroffen. Während der beiden letzten Dürren in den Jahren 1992 und 1994 gab es leider auch Hungertote. Dies lag aber weniger an fehlender Nahrung, als an schlechter Organisaton der Nahrungsmittelverteilung und an der schlechten Infrastruktur.

Der Tourismus soll in Zukunft nach dem Vorbild Kenias stark gefördert werden, ist aber momentan noch wenig entwickelt. Zum zambischen Tourismus gehört natürlich das "Wildlife", welches auch in den Nachbarländern von großer Bedeutung ist. Beliebte Slogans des Landes sind "Zambia - the real Africa" und "Zambia under the Sun", die beide auf die eine oder andere Weise zutreffend sind. Die geringe Entwicklung dieses Sektors bietet einerseits den wenigen Touristen den Vorteil des individuellen Erlebens der Natur, führt andererseits aber auch zur Vernachlässigung der Nationalparks. In letzter Zeit haben sich die Erwartungen der Zambier aber nicht erfüllt, im Gegenteil, zahlreiche Arbeitsplätze sind in der Tourismusindustrie verloren gegangen.

Wirtschaftsbereich	1989	1990	1992	1993	1989	1993
	1 000				Anteil (%)	
Land-, Forstwirschaft, Fischerei	80,7	78,6	80,9	75,4	15,3	14,7
Produzierendes Gewerbe	174,7	175,1	164,2	156,0	33,0	30,4
Energie und Wasser	6,8	6,9	8,1	5,4	1,3	1,0
Bergbau, Steine und Erden	61,4	61,6	59,0	56,1	11,6	11,0
Verarbeitendes Gewerbe	73,0	74,4	71,4	67,2	13,8	13,1
Baugewerbe	33,5	31,8	26,8	27,3	6,3	5,3
Dienstleistungen	273,0	277,5	288,0	280,5	51,7	54,8
Handel und Gastgewerbe	51,8	52,4	48,9	52,3	9,8	10,2
Banken, Versicherungen und Immobilien	30,4	31,1	35,9	32,8	5,7	6,4
Verkehr und Nachrichten	35,7	36,2	33,3	32,3	6,8	6,3
Kommunale, soziale und private Dienstleistungen	155,1	157,8	168,9	163,1	29,4	31,9
Insgesamt	528,4	531,2	533,9	511,9	100	100

Tab. A 8: **Lohn- und Gehaltsempfänger in Zambia nach Wirtschaftsbereichen*** * Stand: Jahresmitte

Gegenstand der Nachweisung	Einheit	1977	1980	1984	1985	1990
Erwerbspersonen*	1 000	1 586	1 796	2 032	2 242	2 644
männlich	1 000	1 135	1 156	1 465	1 611	1 877
weiblich	1 000	451	640	568	632	767
Anteil an der Gesamtbevölkerung	%	30,5	31,7	30,7	32,7	32,5
männlich	%	44,4	41,7	45,0	47,8	46,8
weiblich	%	17,1	22,1	16,9	18,1	18,6

Tab. A 9: **Erwerbspersonen in Zambia und deren Anteil an der Gesamtbevölkerung**

* 1977 u. 1984: Personen im Alter von 15 u. mehr Jahren, 1980: Personen im Alter von 12 u. mehr Jahren; Ergebnis der Volkszählung. Ab 1985: Personen im Alter von 10 und mehr Jahren, Projektion der ILO, Genf.

Tab. A 10:
Elektrizitätsverbrauch in Zambia (Mio. kWh)

[1] Januar bis September
[2] einschließlich Zambia Consolidated Coppermines (ZCCM)

Verbrauchergruppe	1988	1989	1990	1991	1992[1]
Bergbau, Steine, Erden[2]	4 460	4 388	4 278	4 128	3 211
Verarbeitendes Gewerbe	486	383	361	369	286
Land- und Forstwirtschaft	175	186	179	188	191
Handel- und Dienstleistungen	530	499	579	606	433
Haushalte	411	494	581	596	449
Verkehr	5	9	10	10	10
Baugewerbe	9	11	10	9	6
Sonstiges	106	134	136	114	77
Insgesamt	6 182	6 104	6 135	6 020	4 663

Tab. A 11:
Gefördertes Kupfererz in Zambia nach Abbaugebieten (1 000 t)

* erstes Halbjahr

Abbaugebiet	1987	1988	1989	1990	1991*
Insgesamt	25 046	23 804	24 146	26 848	10 760
darunter:					
Chingola Division	9 348	9 508	9 343	9 158	4 332
Mufulira Mine	4 425	4 603	5 144	4 838	1 889
Nkana Mine	3 513	3 228	3 296	3 402	1 803
Luanshya Mine	4 806	4 463	4 315	4 299	1 995

Tab. A 12:
Außenhandelsentwicklung Zambias (Mio. ZK)

* vorläufiges Ergebnis

Einfuhr/Ausfuhr	1988	1989	1990	1991	1992*	1993*
Einfuhr	6 861	12 601	36 554	61 537	144 109	434 650
Ausfuhr	9 791	18 477	39 143	69 940	129 475	535 296
Einfuhr- (-) bzw. Ausfuhrüberschuß (+)	+2 930	+5 876	+2 589	+8 403	-14 634	+100 646

Tab. A 13:
Ausgewählte Einfuhrwaren Zambias (Mio. ZK)

[1] vorläufiges Ergebnis
[2] einschließlich Getreidezubereitung

Einfuhrware	1988	1989	1990	1991[1]	1992[1]
Getreide	130	171	176	384[2]	13 491[2]
Andere Nahrungsmittel, Getränke und Tabak	93	143	430	739	2 932
Rohstoffe	100	155	760	1 012	3 266
Erdöl und Erdölerzeugnisse	828	2 219	5 209	8 315	22 856
Chemische Erzeugnisse	1 180	1 274	4 335	6 281	23 030
Kautschuk	156	181	579	-	-
Papier und Papiererzeugnisse	124	180	493	1 085	2 229
Textilerzeugnisse	163	263	1 212	1 198	3 276
Eisen und Stahl	263	451	1 303	-	-
Andere Metallwaren	266	450	1 403	-	-
Maschinen	1 838	2 467	7 999	-	-
Straßenfahrzeuge	1 150	1 443	4 501	6 132	8 383
Andere Transportmittel	257	548	3 724	1 147	2 852
Meß- und Prüfinstrumente	120	164	598	945	2 062

Tab. A 14:
Ausgewählte Ausfuhrwaren Zambias (Mio. ZK)

* vorläufiges Ergebnis

Ausfuhrwaren	1988	1989	1990	1991*	1992*
Tabak	29	24	125	256	787
Kobalt	598	1 101	2 544	7 289	2 483
Kupfer	8 340	16 353	33 734	52 539	83 783
Zink	162	302	438	429	782

Einfuhrwarengruppe	1991		1992		1993[1]	
	1 000 US-$	1 000 DM	1 000 US-$	1 000 DM	1 000 US-$	1 000 DM
Kaffee, Tee; Kakao, Gewürze und Waren	1 069	1 781	1 046	1 675	721	1 182
daraus:						
Tabak und Tabakerzeugnisse	3 311	5 471	4 898	7 596	1 388	2 249
Garne, Gewebe, andere fertiggestellte Spinnstofferzeugnisse	1 058	1 793	1 058	1 661	1 413	2 332
Waren aus nichtmetallischen mineralischen Stoffen	1 497	2 524	1 934	3 009	1 206	1 992
Nichteisenmetalle	10 876	18 427	6 232	10 080	1 411	2 298
Maschinen, Apparate usw. für verschiedene Zwecke	2	4	241	381	674	1 122
Bekleidung und Bekleidungszubehör	65	101	1 338	2 127	1 188	1 945

* Angaben nach der Standard International Trade Classification (SITC, Rev.3)   [1] vorläufiges Ergebnis

Tab. A 15: Ausgewählte Einfuhrwaren Deutschlands aus Zambia*

Ausfuhrwarengruppen	1991		1992		1993[1]	
	1 000 US-$	1 000 DM	1 000 US-$	1 000 DM	1 000 US-$	1 000 DM
Milch und Milcherzeugnisse, Vogeleier	241	430	261	392	608	1 000
Andere chemische Erzeugnisse und Waren	260	433	385	581	720	1 216
Garne, Gewebe, andere fertiggestellte Spinnstofferzeugnisse	1 011	1 659	2 441	3 681	631	1 043
Andere Metallwaren	3 065	5 192	877	1 361	2 265	3 739
Kraftmaschinen und -ausrüstungen	1 027	1 648	492	762	1 132	1 879
Arbeitsmaschinen für besondere Zwecke	11 829	19 361	4 913	7 666	16 939	28 067
Metallbearbeitungsmaschinen	490	799	819	1 276	714	1 176
Maschinen, Apparate usw. für verschiedene Zwecke	6 328	10 469	5 252	8 104	7 114	11 824
Andere elektrische Maschinen, Apparate, Geräte usw.	1 364	2 224	2 538	3 896	1 659	2 787
Straßenfahrzeuge (einschließlich Luftkissenfahrzeuge)	8 105	13 417	6 377	9 947	7 560	12 325
Andere Meß-, Prüfinstrumente	499	837	512	784	2 503	4 213

* Angaben nach der Standard International Trade Classification (SITC, Rev.3)   [1] vorläufiges Ergebnis

Tab. A 16: Ausgewählte Ausfuhrwaren Deutschlands nach Zambia*

Reisezweck	1975	1980	1985	1988	1989	1990
Tourismus	9,0	11,5	11,7	10,9	10,8	21,5
Geschäftsreise	17,7	25,9	26,5	26,6	25,6	27,4
Durchreise	6,0	16,4	34,1	23,9	24,4	28,7
Andere Gründe	19,0	33,2	37,0	29,0	37,2	33,3
Insgesamt	51,7	86,9	136,8	108,3	113,2	141,0

Tab. A 18: Tourismus Zambias (Mio. Reisende)

Produkte	1965	1971	1974	1980	1981	1982	1983	1984
Mais	273 000	340 000	559 000	382 000	693 000	510 000	458 300	571 300
Hirse und Sorghum	455 000	439 000	443 000	89 000	–	–	31 000	43 000
Kassava (Maniok)	153 000	145 000	183 000	183 000	–	–	210 000	210 000
Weizen	–	170	1 000	–	–	12 850	30 460	40 400
Reis	–	170	345	–	–	–	6 000	6 000
Erdnüsse	7 500	6 800	6 400	–	18 000	–	18 000	19 000
Zuckerrohr	–	330 700	768 200	919 000	893 000	1 010 500	1 086 200	1 178 500
Rohbaumwolle	2 100	1 700	2 600	–	–	12 800	31 200	40 900
Sonnenblumenkerne	–	–	8 500	–	–	21 300	30 450	39 571
Sojabohnen	–	–	680	–	–	5 160	6 900	–
Rindfleisch	12 400	13 200	17 200	29 000	28 000	–	34 000	35 000
Geflügel	1 230	6 700	14 600	–	22 000	–	21 000	22 000
Milch	39 000	44 000	–	59 000	59 000	–	–	–
Tabak	9 130	6 300	7 000	7 800	10 700	8 200	9 600	5 100

Produkte	1985	1987	1988	1989	1990	1991	1992	1993
Mais	636 000	657 000	1 349 000	1 219 000	640 000	601 000	464 000	929 850
Hirse und Sorghum	59 000	73 000	101 000	100 000	–	71 000	–	–
Kassava (Maniok)	210 000	210 000	230 000	–	240 000	–	270 000	–
Weizen	32 200	30 200	42 200	36 100	40 400	51 800	64 200	69 500
Reis	7 000	8 000	9 000	5 500	4 700	5 500	5 500	–
Erdnüsse	20 000	–	33 000	30 000	–	45 000	–	–
Zuckerrohr	1 170 500	941 300	1 174 000	1 241 000	1 300 200	1 350 000	1 255 200	1 222 000
Rohbaumwolle	30 250	–	20 156	58 530	34 092	30 666	27 800	–
Sonnenblumenkerne	22 400	7 000	12 000	7 400	19 000	9 500	5 100	–
Sojabohnen	10 960	–	2 340	1 434	–	–	–	–
Rindfleisch	('86) 35 000	36 000	38 000	–	–	39 000	–	–
Geflügel	('86) 16 000	17 000	18 000	–	–	19 000	–	–
Milch	('86) 75 000	77 000	60 500	–	–	82 000	–	–
Tabak	8 800	10 000	7 200	8 800	4 600	5 000	6 100	–

Tab. A 17: Landwirtschaft: Agrarproduktion Zambias nach Produkten ausgewählter Jahre zwischen 1965 und 1993 (t)

Gegenstand der Nachweisung	Einheit	1980	1985	1990	1991	1992
insgesamt	1 000	86,9	136,8	141,0	171,5	158,8
Afrika	%	74,6	77,7	74,4	82,5	–
Zaire	%	23,5	18,3	16,4	24,0	16,5
Simbabwe	%	15,7	20,5	19,3	21,6	21,6
Tansania	%	7,8	9,7	13,3	11,1	11,9
Malawi	%	14,4	8,8	12,0	11,5	7,5
Südafrika	%	4,2	4,4	3,2	4,8	1,9
Botswana	%	2,0	1,3	1,8	1,1	1,7
Europa	%	17,2	15,4	16,0	11,2	–
Großbritannien und Nordirland	%	8,3	7,2	7,7	5,4	7,0
Italien	%	1,2	1,1	1,3	0,7	0,9
Deutschland[1]	%	1,5	1,4	1,3	1,0	1,6
Amerika	%	3,7	3,3	3,9	3,6	0,8
Vereinigte Staaten	%	2,4	2,3	2,9	1,3	0,1
Asien	%	3,5	2,7	2,6	2,1	–
Indien	%	1,7	1,4	1,4	1,5	0,1
Ozeanien	%	1,0	0,9	2,2	0,1	–

Tab. A 19: Auslandsgäste in Zambia nach ausgewählten Herkunftsgebieten und -ländern

[1] bis einschließlich 1990 früheres Bundesgebiet

6 Verkehr und Nachrichtenwesen

Verkehr

Zambia ist vom direkten Zugang zum Meer abgeschnitten, man nennt solche Entwicklungsländer auch "land locked". Dieser Standortnachteil behindert die wirtschaftliche Entwicklung vieler dieser Länder.

Zur besseren Anbindung des Landes an seine Nachbarländer und zur Erschließung der ländlichen Räume wurde die Asphaltierung der meistbefahrenen Straßen seit 1964 kontinuierlich vorangetrieben. Diese Maßnahmen bezogen sich vor allem auf die von Lusaka ausgehenden Fernstraßen Great East Road (Verbindung nach Malawi) und Great North Road (Verbindung nach Zaïre und Tanzania). Darüber hinaus wurde 1965 der Bau der Eisenbahnlinie nach Tansania beschlossen. Nach der einseitigen Unabhängigkeitserklärung der weißen Bevölkerung Südrhodesiens war der Zugang zu den lebenswichtigen Verkehrshäfen Beira und Maputo (Mosambik) erschwert, was erforderte, einen neuen Hafen zu erschließen.

"Transport is a problem" ist ein geflügeltes Wort in Zambia. Im ländlichen Raum sind kaum Fahrzeuge vorhanden, der städtische Raum dagegen überfüllt und teuer. Schlaglöcher behindern vor allem zum Ende der Regenzeit den Verkehr erheblich und führen nicht selten zu Unfällen. Die Zulassung von Neufahrzeugen stagniert seit Jahren. Bedingt durch starke Nutzung der Fahrzeuge und schlechte Straßen, ist die Lebensdauer der Fahrzeuge relativ gering.

Nachrichtenwesen

Das Nachrichtenwesen, früher ganz in der Hand der Regierung, wurde in der Dritten Republik unter Präsident Chiluba zunächst liberalisiert. Zahlreiche neue Presseorgane, nicht alle von besonders hoher Qualität, erschienen auf dem Markt. Besonders hervorgetan hat sich die "Post". Sie begann als Wochenblatt mit kritischen Beiträgen zur Politik und Wirtschaft und nahm sich besonders des Korruptionsthemas an, was sie bei den Politikern nicht gerade beliebt machte. Gelegentlich wurden Ausgaben zensiert oder eingezogen – es stellte sich bald heraus, daß es die zambische Regierung nicht ganz so ernst mit der Liberalisierung meinte.

Die früheren Presseorgane, Sprachrohre der Kaunda-Regierung, wurden in ähnlicher Weise fortgeführt, hier seien "Times of Zambia" oder Daily Mail" erwähnt. Vor kurzem ist der "Monitor" neu erschienen – eine weitere kritische Belebung des Marktes.

Der staatliche Fernsehsender Zambian National Broadcasting Cooperation (ZNBC) strahlt zwei Programme aus. Die Privatisierung steht aus, weil die Regierung um ihr Nachrichtenmonopol bangt.

Im Internet ist Zambia inzwischen stark vetreten, durch den National Gopher http://www. zamnet.zm, von wo man viele andere Seiten erreicht, aber auch durch zahlreiche internationale Informationsdienste. Unter dieser Web-Adresse kann eine detaillierte Karte Zambias abgefrufen werden oder z.B. auch eine Karte über die Verteilung der Sprachgruppen im Lande. Auch ein Teil der Tageszeitungen ist von hier aus frei zugänglich, so z.B. "Post" und "Monitor".
http://africa-insites.com/Zambia/ bietet Reiseinformationen, Informationen zu Geographie und Industrie in Zambia. http://www.dse.de/za/lis/sambia/sambia.htm, die Landesseite der Deutschen Stiftung für Internationale Entwicklung (DSE) gibt viele Informationen zu Zambia.

Tab. A 20:
Beförderungsleistungen der zambischen Eisenbahn*

* Zambia Railways (ZR)

Beförderungsleistung	Einheit	1987	1988	1989	1990	1991
Beförderte Personen	1 000	1 571	1 884	2 182	1 187	788
Personenkilometer	Mio.	–	–	–	268	176
Beförderte Güter	1 000 t	4 543	4 620	4 902	4 087	3 435
Tonnenkilometer	Mio.	1 337	1 355	–	1 404	776

Tab. A 21:
Neuzulassungen von Kraftfahrzeugen in Zambia

Fahrzeugart	1980	1985	1988	1989	1990
Personenkraftwagen	3 156	1 762	2 032	2 989	2 930
Kraftomnibusse	386	356	293	234	177
Liefer- und Krankenwagen	3 152	1 209	1 584	{2 102	2 495
Lastkraftwagen	904	321	333		
Motorräder, -roller	778	487	477	409	574

Tab. A 22:
Nachrichtenübermittlung in Zambia*

* Stand: Jahresmitte
** ab 1985: Hauptanschlüsse
[1] 1977
[2] 1991: 680 000
[3] 1991: 217 000

Gegenstand der Nachweisung	Einheit	1970	1980	1985	1988	1989	1990
Fernsprechanschlüsse**	1 000	38,0	61,3	74,6	91,6	95,3	99,8
je 1 000 Einwohner	Anzahl	8,9	10,5	10,7	11,8	11,9	12,1
Telexanschlüsse	Anzahl	769[1]	1 146	1 500	2 520	2 770	2 900
Hörfunkgeräte	1 000	75	135	500	576	603	650[2]
je 1 000 Einwohner	Anzahl	17,6	23,1	71,6	74,3	75,3	78,7
Fernsehgeräte	1 000	17	60	90	120	200	250[3]
je 1 000 Einwohner	Anzahl	4,0	10,3	12,9	15,5	25,0	30,3

Tab. A 23:
Zambia im Internet

* Stand: 1998

National Gopher	http://www.zamnet.zm
Deutsche Stiftung für Internationale Entwicklung (DSE)	http://www.dse.de/za/lis/sambia/sambia.htm
Geographie, Industrie, Reiseinformationen	http://africa-insites.com/Zambia/

7 Soziales, Gesundheitswesen, Bildung und Kultur

Das staatliche Bildungssystem ist auch heute noch stark an das englische Vorbild angelehnt. Für die Grund- und Mittelschulen sind Schuluniformen obligatorisch. Die Schulverwaltung wählt dabei (manchmal unter Einbeziehung der Eltern) die Farbe der Uniform. Auch die Farbe der Schuhe und Socken ist vorgeschrieben. Immer weniger Studierende gehen ins Ausland. Der Staat vergibt weniger Stipendien, die Gastländer haben immer weniger Geld für Bildung. Regionale Bildungsprogramme – sinnvoller und billiger – sind die Ausnahme.

Das Gesundheitssystem Zambias ist besonders stark durch die Sparmaßnahmen der Regierung betroffen. Die bisherigen Leistungen des Staates, wie z.B. der Anspruch auf kostenlose Inanspruchnahme medizinischer Einrichtungen und Behandlungen, werden abgebaut. Dies bedeutet für die einkommensschwachen Bevölkerungsschichten einen tiefen Einschnitt in ihre soziale Absicherung und führt Familien im Krankheitsfalle an den Rand des finanziellen Ruins.

Auf 100 000 Einwohner kommt noch nicht einmal ein Zahnarzt. Ein Hauptgrund liegt in der Abwanderung ("brain drain") der Ärzte in die südlichen Nachbarstaaten, wo sie besser verdienen. Nur 50 % der ländlichen Bevölkerung hat Zugang zu Gesundheitszentren, die nicht mehr als eine Stunde Fahrzeit vom Wohnort entfernt liegen. Der ländliche Raum leidet besonders unter der Unterversorgung mit Ärzten. Hier gibt es wenig attraktive Standorte, so daß die Mehrzahl der Ärzte sich lieber in den Städten niederläßt.

Die Verfügbarkeit bestimmter Medikamente ist bereits in den Städten eingeschränkt, im ländlichen Raum sind sie schlicht nicht erhältlich.

Die wichtigsten Leiden sind Erkrankungen des Verdauungsapparates (inklusive Cholera), Infektionen der Atmungsorgane und Malaria. Die Malaria, besonders die cerebrale Form (Malaria tropica) nimmt zu. Dies ist einerseits auf die zunehmende Resistenz des Erregers gegen die gängigen Malariamittel zurückzuführen, andererseits aber besonders in den Städten durch mangelnde Umwelthygiene bedingt. Besonders Choleraerkrankungen haben in den letzten Jahren deutlich zugenommen. Die Verbreitung der Cholera ist bedingt durch mangelnden Zugang zu sauberem Trinkwasser und mangelnde Hygiene.

Auch AIDS ist stark in der Ausbreitung begriffen, die Zahlen über Infektionsraten sind jedoch sehr schwankend und unzuverlässig. 1987 wurden die meisten Sterbefälle aufgrund von Mangelernährung registriert.

Die Kultur eines Volkes ist durch viele Einflüsse geprägt. Die Kultur Zambias ist durch die Heterogenität des zambischen Volkes noch schwieriger zu verstehen und zu erklären, als die anderer Völker. Natürlich gibt es in Zambia „Kultur" – es gibt z.B. zambische Literatur, die es aufgrund der vielen verschiedenen Sprachen und der englischen Amtssprache natürlich nicht einfach hat, sich durchzusetzen. Es gibt Theater, Tanz, Masken und Figuren, und nicht zuletzt eine eigene Architektur, die von den verschiedenen Ethnien geprägt wird.

Tab. A 24:
Sterbefälle in Zambia nach ausgewählten Todesursachen

Todesursache	1983	1985	1986	1987	1988
Infektiöse Krankheiten des Verdauungssystems[1]	495	807	598	822	632
Lungentuberkulose	558	912	932	1 209	-
Krankheiten der Atmungsorgane	2 172	2 845	2 772	1 479	1 636
Masern[1]	1 442	1 270	892	1 106	1 511
Malaria[1]	940	1 605	2 142	2 075	2 826
Ernährungsmangelkrankheiten[1]	3 272	3 743	3 819	4 633	3 922
Anämien[1]	731	948	831	824	1 405
Bösartige Neubildungen	524	579	-	438	1 058
Herzkrankheiten	864	946	1 048	1 257	1 081
Bestimmte Affektionen[1][2]	2 465	2 622	2 832	2 800	2 452
Unfälle und Verletzungen	759	696	943	909	865

[1] nur Personen unter 15 Jahren
[2] mit Ursprung in der Perinatalzeit

Tab. A 25:
Ärzte, Zahnärzte und anderes medizinisches Personal in Zambia

Gegenstand der Nachweisung	Einheit	1980	1982	1984	1990
Ärzte	Anzahl	689	880	798[1]	713[1]
Einwohner je Arzt	1 000	8,3	7,0	8,3	11,4
Zahnärzte	Anzahl	35	48	52[2]	26[1]
Einwohner je Zahnarzt	1 000	163,9	128,4	122,9[2]	313,0
Anderes medizinisches Personal:					
Apotheker	Anzahl	35[3]	49	–	24
Krankenpflegepersonal*	Anzahl	}1 737[3]	}1 861	–	1 503**
Hebammen	Anzahl			–	311

* nur mit Ausbildung
** 1988
[1] nur im Staatsdienst
[2] 1983
[3] 1981

Tab. A 26:
Analphabeten in Zambia

Gegenstand der Nachweisung	1980	1985	1990	1980	1985	1990
	1 000			% der Altersgruppe		
15 Jahre und mehr	917	868	1 170	31,4	24,3	27,2
männlich	290	278	398	20,7	15,8	19,2
weiblich	627	591	772	41,7	32,6	34,7

Tab. A 27:
Zambische Studenten im Ausland nach ausgewählten Gastländern

Gastland	1987	1988	1989	1990	1991
Großbritannien / Nordirland	662	650	605	620	–
Vereinigte Staaten	380	324	345	363	405
Ehem. Sowjetunion	–	–	159	128	–
Kanada	62	57	77	74	74
Australien	–	–	29	45	54
Bulgarien	–	–	–	60	50
China	56	–	47	–	45
Kuba	83[2]	56	37	38	–
Ehem. Tschechoslowakei	31	39	40	39	37
Polen	15	17	16	21	26
Deutschland[1]	11[2]	15	–	26	–

[1] bis einschließlich 1990 früheres Bundesgebiet
[2] 1986

Perthes GeographieKolleg

Diese neue Studienbuchreihe behandelt wichtige geographische Grundlagenthemen. Die Bücher dieser Reihe bestechen durch ihre Aktualität (Erscheinungsdaten ab 1994), ihre Kompetenz (fast ausschließlich von Hochschuldozenten verfaßt) und ihre gute Lesbarkeit (zahlreiche Abbildungen, Karten und Tabellen). Sie sind daher für den Studenten und Lehrer aller geo- und ökowissenschaftlichen Disziplinen eine unverzichtbare Informationsquelle für Aus- und Weiterbildung.

Physische Geographie Deutschlands
Herbert Liedtke und Joachim Marcinek (Hrsg.)
2. Auflage 1995, 560 Seiten, 3-623-00840-0

Das Klima der Städte
Von Fritz Fezer
1. Auflage 1995, 199 Seiten, 3-623-00841-9

Das Wasser der Erde
Eine geographische Meeres- und Gewässerkunde
Von Joachim Marcinek und Erhard Rosenkranz
2. Auflage 1996, 328 Seiten, 3-623-00836-2

Naturressourcen der Erde und ihre Nutzung
von Heiner Barsch und Klaus Bürger
2. Auflage 1996, 296 Seiten, 3-623-00838-9

Geographie der Erholung und des Tourismus
Von Bruno Benthien
1. Auflage 1997, 192 Seiten, 3-623-00845-1

Wirtschaftsgeographie Deutschlands
Elmar Kulke (Hrsg.)
1. Auflage 1998, ca. 480 Seiten, 3-623-00837-0

Agrargeographie Deutschlands
Von Karl Eckart
1. Auflage 1998, ca. 440 Seiten, 3-623-00832-X

Allgemeine Agrargeographie
Von Adolf Arnold
1. Auflage 1997, 248 Seiten, 3-623-00846-X

Lehrbuch der Allgemeinen Physischen Geographie
Manfred Hendl und Herbert Liedtke (Hrsg.)
3. Auflage 1997, 867 Seiten, 3-623-00839-7

Umweltplanung und -bewertung
Von Christian Poschmann, Christoph Riebenstahl und Einhard Schmidt-Kallert
1. Auflage 1998, 152 Seiten, 3-623-00847-8

Landschaftsentwicklung in Mitteleuropa
Von Hans-Rudolf Bork u.a.
1. Auflage 1998, ca. 220 Seiten, 3-623-00849-9

Perthes Länderprofile
Seit 1993 in Hardcover erschienen!
Mit einem Anhang „Fakten, Zahlen, Übersichten"

Algerien/Adolf Arnold
3-623-00665-3, 1995, 224 S.
Bayern/Jörg Maier (Hrsg.)
3-623-00692-0, 1998, ca. 350 S.
Berlin und Brandenburg/
Konrad Scherf und
Hans Viehrig (Hrsg.)
3-623-00671-8, 1995, 480 S.
Ghana/Einhard Schmidt-Kallert
3-623-00661-0, 1994, 232 S.
Großbritannien
(Neubearbeitung)/
Heinz Heineberg
3-623-00669-6, 1997, 416 S.
Indien/Dirk Bronger
3-623-00667-X, 1996, 526 S.
Kanada/Roland Vogelsang
3-623-00680-7, 1993, 356 S.
Mecklenburg-Vorpommern/
Wolfgang Weiß (Hrsg.)
3-623-00685-5, 1996, 240 S.
Mexiko/
Erdmann Gormsen
3-623-00668-8, 1995, 368 S.

Nordrhein-Westfalen (Neubearbeitung)/
Ewald Gläßer, Martin W. Schmied
und Claus-Peter Woitschützke
3-623-00691-2, 1997, 424 S.
Sachsen-Anhalt/
Eckart Oelke (Hrsg.)
3-623-00673-4, 1997, 424 S.
Sambia/Axel Drescher
3-623-00686-6, 1998, ca. 200 S.
Saudi-Arabien/Hans Karl Barth
und Konrad Schliephake
3-623-00689-0, 1998, ca. 350 S.
Senegal (Gambia)/Bernd Wiese
3-623-00664-5, 1995, 160 S.
Tansania/Karl Engelhard
3-623-00662-9, 1994, 295 S.
Türkei/Volker Höhfeld
3-623-00663-7, 1995, 284 S.
Westsamoa/Werner Hennings
3-623-00688-2, 1996, 200 S.

Perthes Regionalprofile
Sibirien/ Norbert Wein
3-623-00693-9, 1998, ca. 208 S.

Weiterhin kartoniert lieferbar!

Argentinien/Jürgen Bünstorf
3-12-928905-4, 206 S.
Baden-Württemberg/Siegfried Kullen
3-12-928805-8, 312 S.
China/Dieter Böhn
3-12-928892-9, 320 S.
Frankreich/Alfred Pletsch
3-12-928732-9
Die kleinen Golfstaaten/
Fred Scholz (Hrsg.)
3-12-928894-5, 240 S.
Hamburg/Ilse Möller
3-12-928891-0, 248 S.
Kenya/Karl Vorlaufer
3-12-928898-8, 261 S.
Marokko/
Klaus Müller-Hohenstein
und Herbert Popp
3-12-928803-1, 229 S.

Norwegen/Rolf Lindemann
3-12-928871-6, 193 S.
Peru/Werner Mikus
3-12-928802-3, 230 S.
USA/Roland Hahn
3-12-928901-1, 287 S.

Letzte Bestandsaufnahme und Ausgangspunkt für die heutige Entwicklung!

DDR/Karl Eckart
3-12-928889-9, 246 S.
Bundesrepublik Deutschland/
Gerhard Fuchs
3-12-928904-6, 296 S.
Polen/Alice Kapala
3-12-928899-6, 260 S.

Afrika, Südteil
1 : 25 000 000

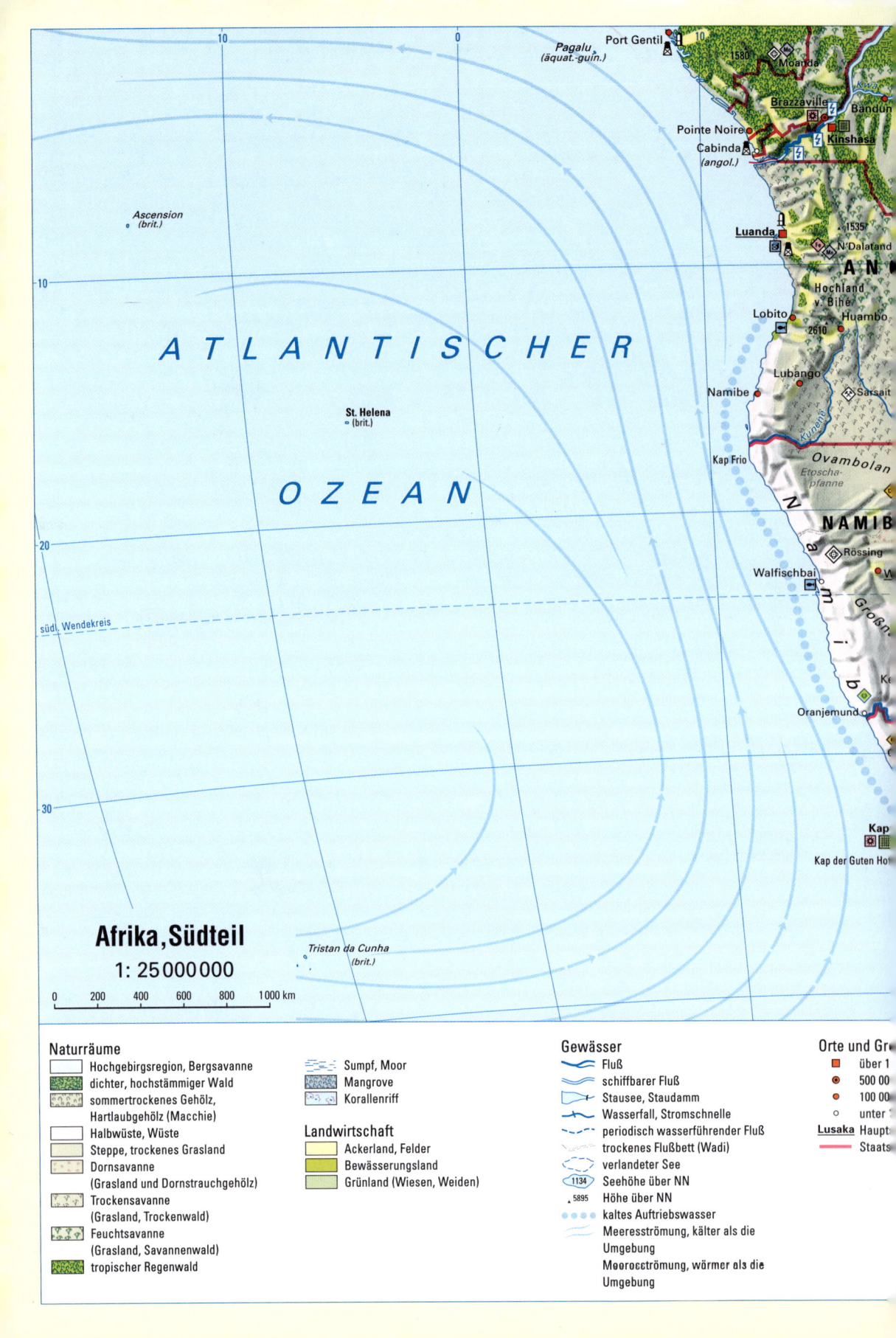

0 200 400 600 800 1000 km

Naturräume
- Hochgebirgsregion, Bergsavanne
- dichter, hochstämmiger Wald
- sommertrockenes Gehölz, Hartlaubgehölz (Macchie)
- Halbwüste, Wüste
- Steppe, trockenes Grasland
- Dornsavanne (Grasland und Dornstrauchgehölz)
- Trockensavanne (Grasland, Trockenwald)
- Feuchtsavanne (Grasland, Savannenwald)
- tropischer Regenwald
- Sumpf, Moor
- Mangrove
- Korallenriff

Landwirtschaft
- Ackerland, Felder
- Bewässerungsland
- Grünland (Wiesen, Weiden)

Gewässer
- Fluß
- schiffbarer Fluß
- Stausee, Staudamm
- Wasserfall, Stromschnelle
- periodisch wasserführender Fluß
- trockenes Flußbett (Wadi)
- verlandeter See
- Seehöhe über NN
- Höhe über NN
- kaltes Auftriebswasser
- Meeresströmung, kälter als die Umgebung
- Meeresströmung, wärmer als die Umgebung

Orte und Gr[enzen]
- über 1...
- 500 00...
- 100 00...
- unter 1...
- Lusaka Haupt[stadt]
- Staats[grenze]

Labels on map: ATLANTISCHER OZEAN, Ascension (brit.), St. Helena (brit.), Tristan da Cunha (brit.), Pagalu (äquat.-guin.), Port Gentil, Moanda, Brazzaville, Bandun, Pointe Noire, Cabinda (angol.), Kinshasa, Luanda, N'Dalatando, AN[GOLA], Hochland v. Bihé, Lobito, Huambo, Lubango, Sarsait, Namibe, Kap Frio, Ovambo[land], Etoschapfanne, NAMIB[IA], Rössing, Walfischbai, Namib, Große[r], Oranjemund, Kap der Guten Ho[ffnung], süd. Wendekreis